ENLACES

nivel intermedio | curso intensivo

José A. Blanco

C. Cecilia Tocaimaza-Hatch
Texas State University

Contributing writer
Próspero N. García
Rutgers University

VISTA® HIGHER LEARNING

Boston, Massachusetts

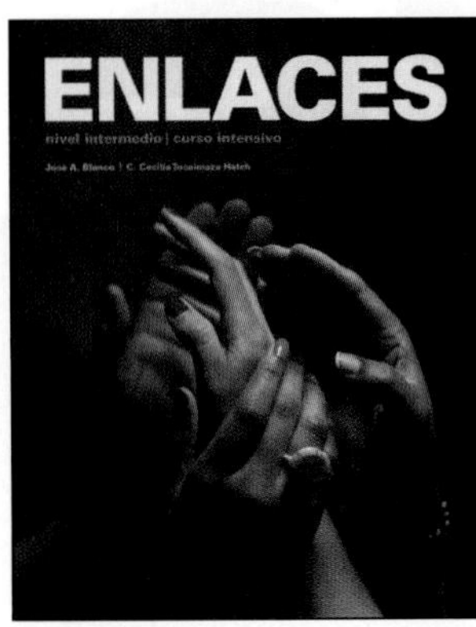

Publisher: José A. Blanco

President: Janet Dracksdorf

Editorial Development: Deborah Coffey, Verónica Tejeda, Katie Wade

Project Management: Maria Rosa Alcaraz, Cécile Engeln, Sharon Inglis

Technology Editorial: Lauren Krolick, Paola Ríos Schaaf

Design and Production Director: Marta Kimball

Senior Creative Designer, Print & Web/Interactive: Susan Prentiss

Production Manager: Oscar Díez

Design and Production Team: Liliana Bobadilla, María Eugenia Castaño, Michelle Groper, Mauricio Henao, Jhoany Jiménez, Andrés Vanegas, Nick Ventullo

Student Text ISBN-13: 978-1-61857-085-7

Instructor's Annotated Edition ISBN-13: 978-1-61857-086-4

Library of Congress Card Number: 2012948069

2 3 4 5 6 7 8 9 CR 15 14 13

Bienvenidos a

ENLACES, an exciting intermediate Spanish program designed to provide you with an active and rewarding learning experience as you continue to strengthen your language skills and develop cultural competency.

The next several pages provide key information about the **ENLACES** program:

Here are some of the key features you will find in **ENLACES**:

- Vibrant, engaging cultural materials integrated throughout the entire lesson
- Authentic TV clips and dramatic short films by contemporary Hispanic filmmakers that carefully tie in the lesson theme and grammar structures
- A fresh, magazine-like design and lesson organization that both support and facilitate language learning
- An emphasis on authentic language and practical vocabulary for communicating in real-life situations, as showcased by the **Blog de un catalán en Colombia**
- Grammar explanations that highlight the key concepts in intermediate Spanish
- Short and comprehensible literary and cultural readings that recognize and celebrate the diversity of the Spanish-speaking world
- A built-in **Manual de gramática** for reference, review, and additional practice

CONTENIDO

CONTENIDO

Apéndice

Textbook Icons

Familiarize yourself with these icons that appear throughout **ENLACES**.

 Content available on Supersite

 Activity available on Supersite

 Pair activity

 Group activity

Each section of your textbook comes with resources and activities on the **ENLACES** Supersite. You can access them from any computer with an Internet connection. Plus, the Supersite is iPad®-friendly, so it can be accessed on the go! Visit **vhlcentral.com** to explore this wealth of exciting resources.

PARA EMPEZAR
- Audio-synced reading of Javier's **Blog de un catalán en Colombia**
- Audio of the **Vocabulary** with student recording activity for oral practice
- **Tu reacción** composition activity
- Auto-graded textbook and extra practice activities

CORTOMETRAJE
- Streaming video of the short film
- Instructor-managed options for subtitles and transcripts in Spanish and English
- Pre- and post-watching activities

IMAGINA
- Main **IMAGINA** reading
- **Galería de creadores** reading
- Internet search activities
- Streaming video of **En pantalla** TV clip
- Auto-graded textbook and extra practice activities

ESTRUCTURAS
- Grammar explanation from textbook
- Auto-graded textbook and extra practice activities

CULTURA
- Audio-synced reading of the main **CULTURA** text
- Internet search activities
- Student recording activity for oral practice
- Auto-graded textbook and extra practice activities

LITERATURA
- Audio-synced reading of the literary text
- Auto-graded textbook and extra practice activities
- **Plan de redacción** composition activity

VOCABULARIO
- Vocabulary list with audio
- Flashcards with audio

MANUAL DE GRAMÁTICA
- Review grammar topics from textbook
- Practice activities with immediate feedback for grammar review
- Animated grammar tutorials for review topics

Plus! Also found on the Supersite:
- All textbook and lab audio MP3 files
- Communication center for instructor notifications and feedback
- A single gradebook for all Supersite activities
- WebSAM online Workbook and Lab Manual
- **vText** online, interactive student edition with access to Supersite activities, audio, and video.

CONTENIDO

outlines the content and themes of each lesson.

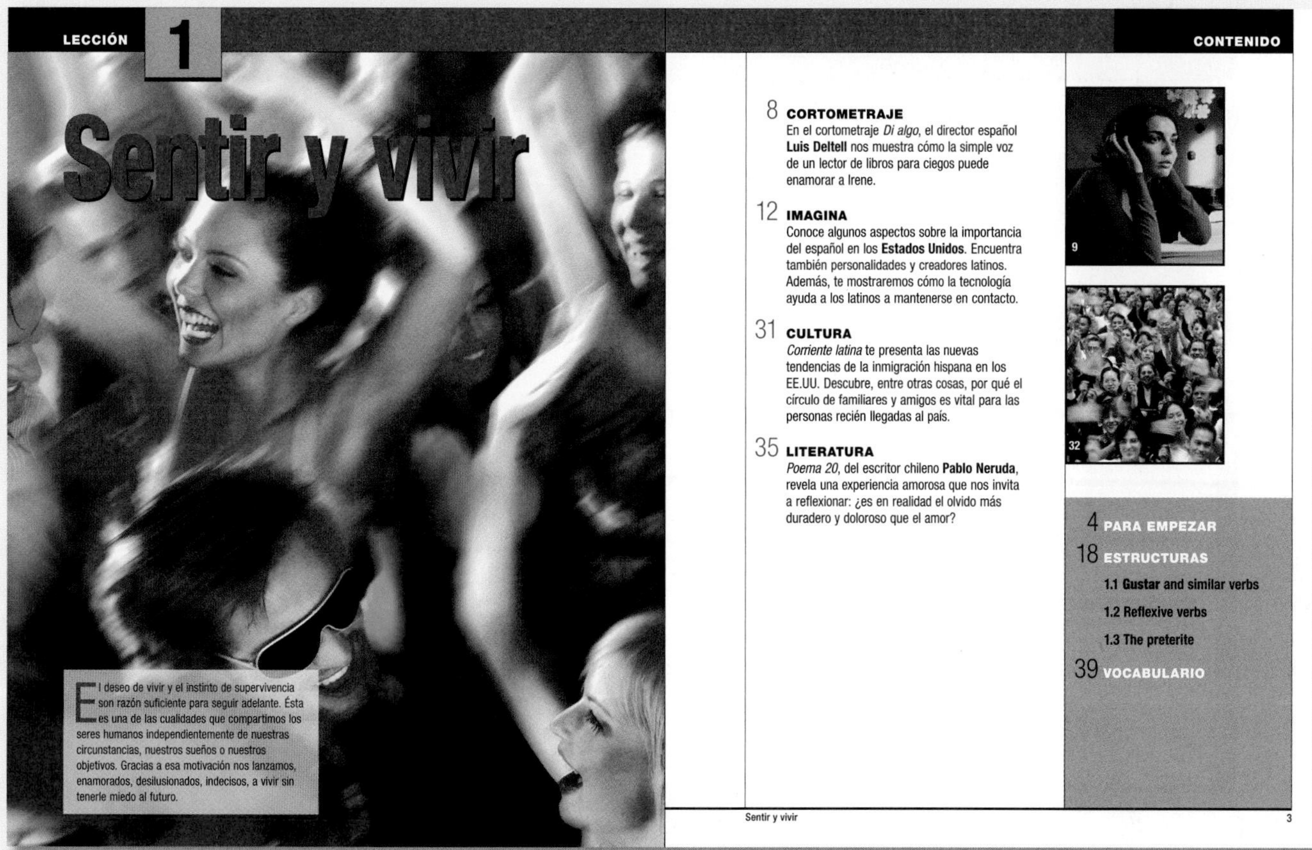

LECCIÓN 1

Sentir y vivir

El deseo de vivir y el instinto de supervivencia son razón suficiente para seguir adelante. Ésta es una de las cualidades que compartimos los seres humanos independientemente de nuestras circunstancias, nuestros sueños o nuestros objetivos. Gracias a esa motivación nos lanzamos, enamorados, desilusionados, indecisos, a vivir sin tenerle miedo al futuro.

CONTENIDO

Sentir y vivir 3

Lesson opener The first two pages introduce you to the lesson theme. Dynamic photos and brief descriptions of the theme's film, culture topics, and readings are a springboard for class discussion.

Lesson overview A lesson outline prepares you for the linguistic and cultural topics you will study in the lesson.

Supersite

Supersite resources are available for every section of the lesson at **vhlcentral.com.** Icons show you which textbook activities are also available online, and where additional practice activities are available. The description next to the Ⓢ icon indicates what additional resources are available for each section: videos, audio recordings, readings and presentations, and more!

PARA EMPEZAR

introduces the lesson vocabulary in the engaging context of a blog.

PARA EMPEZAR

Blog de un catalán en Colombia

Datos personales
Mi nombre es Javier y nací en Barcelona el 27 de junio de 1988. Vivo en Medellín desde hace dos años. Estudio Administración de Negocios en la EAFIT. Me encanta salir con mis amigos y tocar la guitarra. Mi frase favorita es "Nunca es triste la verdad, lo que no tiene es remedio", de Serrat. Me llevo fatal con las personas falsas y con el análisis matemático. En este blog cuento mis aventuras cotidianas y un montón de cosas que no le interesan a nadie... pero, al fin y al cabo, es mi blog.

Entradas recientes
- ¡Mi propia madre me ha dejado plantado!
- ¿No estás harto de los vendedores telefónicos?
- Me quiere, no me quiere...
- Tres recetas simples para mejorar el ánimo
- El problema de las amistades pasajeras

Una cita (in)olvidable

24 de octubre 10:13 por Javier

Anoche tuve una cita a ciegas. Yo no estaba muy emocionado con la idea, pero mi amiga Noelia —preocupada porque no he salido con nadie desde que rompí con Antonia— se puso pesada. Entonces, por el bien de nuestra amistad, acepté cenar en un restaurante del parque Lleras con Rachel, una estudiante estadounidense de Psicología.

La chica genial y graciosa que Noelia me había descrito no se parecía en nada a esa muchacha aburrida con la que pasé dos horas eternas. ¿Puedes creer que no dejó de hablar de su ex novio? ¡Ni siquiera probó la comida! Me contó que el tipo era inseguro (no sabía tomar decisiones), tacaño (nunca le regaló nada) y mentiroso "como todos" (¡gracias por el cumplido!). También me dijo que la había engañado con otra chica. Mientras escuchaba los chismes de la tempestuosa pareja de Rachel, no dejaba de preguntarme qué había hecho yo para merecer ese castigo. ¿Acaso Noelia me odia?

¡Por suerte, la bandeja paisa estaba riquísima!

Audio: Reading

Comentarios

Carlos dice:
24 de octubre 22:28
Carlos R. Caracas, Venezuela

Sé cómo te sientes, Javier. Quedé bastante deprimido después de mi última cita a ciegas. Estábamos compartiendo una noche bien divertida en un bar cuando, de repente, apareció un muchacho con cara de enojado. Me preguntó qué estaba haciendo yo con "su novia". Me levanté y salí corriendo del bar, mientras ellos se quedaron allí discutiendo. ¡Increíble!

Gabriela dice:
24 de octubre 23:40
Gabriela F. Puebla, México

¡Vaya! ¡Qué mala suerte tuviste, Javier! ☹ A mí me encantan las citas a ciegas. Es cierto que pueden salir mal, pero opino que hay que correr el riesgo. ¿Un consejo? Es mejor tener siempre un plan B. La próxima vez pídele a un amigo que te llame al celular durante la cita. Así podrás desaparecer con una excusa si la chica no te parece interesante.

Nicolás dice:
25 de octubre 01:16
Nicolás C. Córdoba, Argentina

Javier, me sorprende lo que cuentas porque acá en Córdoba la gente de nuestra edad suele conocer gente por Internet. Yo mismo me enamoré de una chica que conocí de esa manera. Hace dos años que salimos y nos llevamos muy bien. Por supuesto, debes ser cuidadoso porque en Internet encuentras de todo: chicas que coquetean con varios hombres a la vez, mujeres casadas que dicen que son solteras... Pero eso también puede suceder en una discoteca, ¿no es cierto?

PARA EMPEZAR

Análisis

Clasificar Lee el blog de Javier y las respuestas de los lectores. Escribe las palabras y expresiones que asocias con estas categorías.

las relaciones | los estados emocionales | los estados civiles | las personalidades

Expresiones útiles Fíjate en estas expresiones que Javier y sus amigos usan para expresar sorpresa.

¿Puedes creer que...? | ¡Vaya!
¡Increíble! | Me sorprende...

Aquí tienes otras palabras y expresiones con las que puedes expresar lo mismo:

¡No me digas! | Me extraña...
¿De verdad? | Me parece raro...
¿En serio?

Busca en el blog las expresiones del primer recuadro y reescribe las oraciones usando las expresiones del segundo recuadro.

Etiquetas En parejas, elijan al menos seis etiquetas (*tags*) para esta entrada del blog.

Tu reacción Piensa en una respuesta para el blog de Javier. Luego escribe por lo menos cinco oraciones usando algunas de las palabras y expresiones que has aprendido.

Escribe un comentario...

Publicar

4 Lección 1 | Sentir y vivir 5

El blog de un catalán en Colombia Javier is a college-age student from Spain who is living in Colombia. His observations, and those of his friends, bring the lesson theme and vocabulary to life.

Vocabulary New vocabulary is activated in its communicative context. English translations are provided on the following page.

Análisis Activities guide you to take an in-depth look at the way language is used, from classifying words thematically to studying synonyms, antonyms, or colloquial expressions. **Tu reacción** gives you a chance to add your own comment to the blog.

Supersite

- Audio-sync technology for the main blog entry that highlights text as it is being read
- **Tu reacción** composition activity with editing and commenting tools for instructor feedback

PARA EMPEZAR

practices the lesson vocabulary with thematic activities.

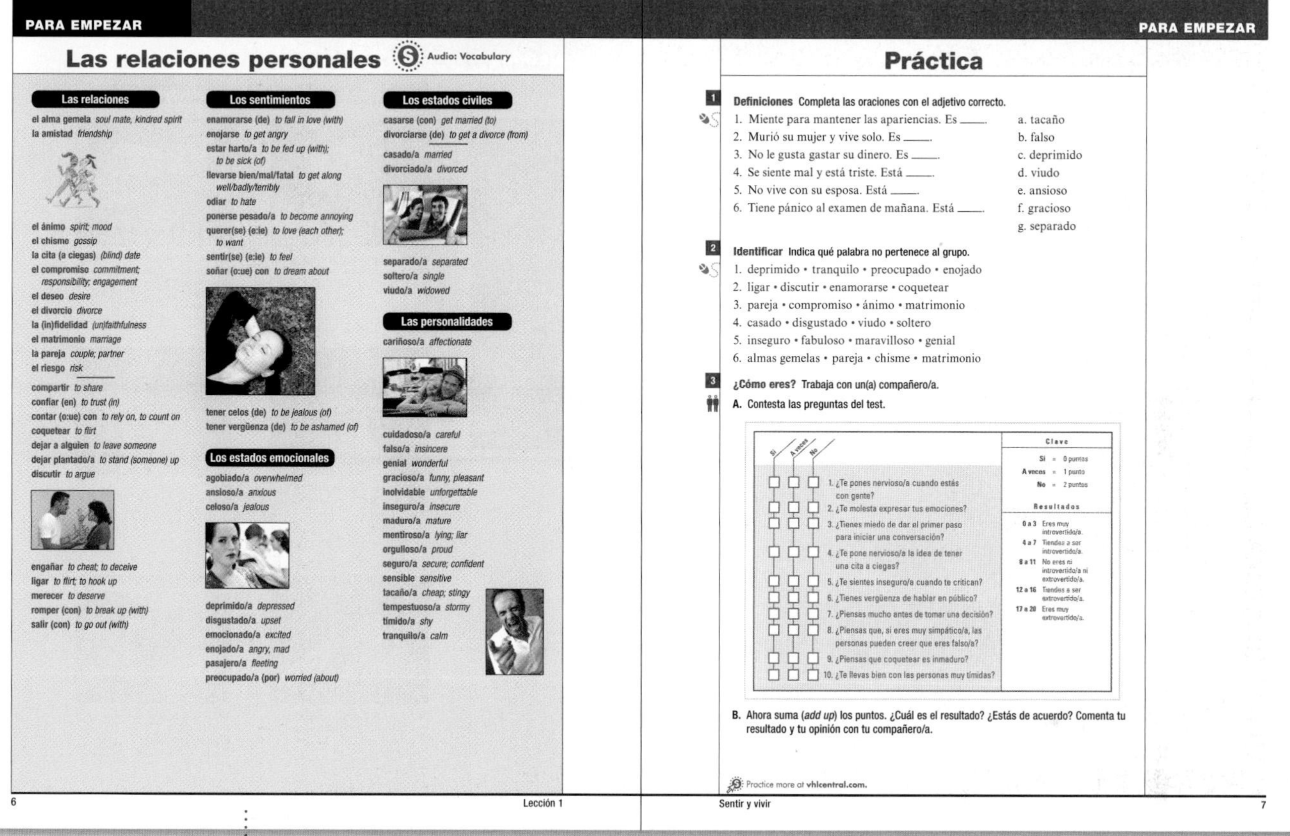

PARA EMPEZAR

Las relaciones personales — Audio: Vocabulary

Las relaciones

el alma gemela *soul mate, kindred spirit*
la amistad *friendship*

el ánimo *spirit; mood*
el chisme *gossip*
la cita (a ciegas) *(blind) date*
el compromiso *commitment; responsibility; engagement*
el deseo *desire*
el divorcio *divorce*
la (in)fidelidad *(un)faithfulness*
el matrimonio *marriage*
la pareja *couple; partner*
el riesgo *risk*

compartir *to share*
confiar (en) *to trust (in)*
contar (o:ue) con *to rely on, to count on*
coquetear *to flirt*
dejar a alguien *to leave someone*
dejar plantado/a *to stand (someone) up*
discutir *to argue*

engañar *to cheat; to deceive*
ligar *to flirt; to hook up*
merecer *to deserve*
romper (con) *to break up (with)*
salir (con) *to go out (with)*

Los sentimientos

enamorarse (de) *to fall in love (with)*
enojarse *to get angry*
estar harto/a *to be fed up (with); to be sick (of)*
llevarse bien/mal/fatal *to get along well/badly/terribly*
odiar *to hate*
ponerse pesado/a *to become annoying*
querer(se) (e:ie) *to love (each other); to want*
sentir(se) (e:ie) *to feel*
soñar (o:ue) con *to dream about*

tener celos (de) *to be jealous (of)*
tener vergüenza (de) *to be ashamed (of)*

Los estados emocionales

agobiado/a *overwhelmed*
ansioso/a *anxious*
celoso/a *jealous*

deprimido/a *depressed*
disgustado/a *upset*
emocionado/a *excited*
enojado/a *angry, mad*
pasajero/a *fleeting*
preocupado/a (por) *worried (about)*

Los estados civiles

casarse (con) *get married (to)*
divorciarse (de) *to get a divorce (from)*

casado/a *married*
divorciado/a *divorced*

separado/a *separated*
soltero/a *single*
viudo/a *widowed*

Las personalidades

cariñoso/a *affectionate*

cuidadoso/a *careful*
falso/a *insincere*
genial *wonderful*
gracioso/a *funny, pleasant*
inolvidable *unforgettable*
inseguro/a *insecure*
maduro/a *mature*
mentiroso/a *lying; liar*
orgulloso/a *proud*
seguro/a *secure; confident*
sensible *sensitive*
tacaño/a *cheap; stingy*
tempestuoso/a *stormy*
tímido/a *shy*
tranquilo/a *calm*

6 Lección 1

PARA EMPEZAR

Práctica

1 **Definiciones** Completa las oraciones con el adjetivo correcto.

1. Miente para mantener las apariencias. Es ____.
2. Murió su mujer y vive solo. Es ____.
3. No le gusta gastar su dinero. Es ____.
4. Se siente mal y está triste. Está ____.
5. No vive con su esposa. Está ____.
6. Tiene pánico al examen de mañana. Está ____.

a. tacaño
b. falso
c. deprimido
d. viudo
e. ansioso
f. gracioso
g. separado

2 **Identificar** Indica qué palabra no pertenece al grupo.

1. deprimido • tranquilo • preocupado • enojado
2. ligar • discutir • enamorarse • coquetear
3. pareja • compromiso • ánimo • matrimonio
4. casado • disgustado • viudo • soltero
5. inseguro • fabuloso • maravilloso • genial
6. almas gemelas • pareja • chisme • matrimonio

3 **¿Cómo eres?** Trabaja con un(a) compañero/a.

A. Contesta las preguntas del test.

Sí / A veces / No

1. ¿Te pones nervioso/a cuando estás con gente?
2. ¿Te molesta expresar tus emociones?
3. ¿Tienes miedo de dar el primer paso para iniciar una conversación?
4. ¿Te pone nervioso/a la idea de tener una cita a ciegas?
5. ¿Te sientes inseguro/a cuando te critican?
6. ¿Tienes vergüenza de hablar en público?
7. ¿Piensas mucho antes de tomar una decisión?
8. ¿Piensas que, si eres muy simpático/a, las personas pueden creer que eres falso/a?
9. ¿Piensas que coquetear es inmaduro?
10. ¿Te llevas bien con las personas muy tímidas?

Clave
Sí = 0 puntos
A veces = 1 punto
No = 2 puntos

Resultados
0 a 3 Eres muy introvertido/a.
4 a 7 Tiendes a ser introvertido/a.
8 a 11 No eres ni introvertido/a ni extrovertido/a.
12 a 16 Tiendes a ser extrovertido/a.
17 a 20 Eres muy extrovertido/a.

B. Ahora suma (*add up*) los puntos. ¿Cuál es el resultado? ¿Estás de acuerdo? Comenta tu resultado y tu opinión con tu compañero/a.

Practice more at **vhlcentral.com**.

Sentir y vivir 7

Vocabulary Easy-to-study thematic lists present useful vocabulary.

Photos and Illustrations Dynamic, full-color photos and art illustrate selected vocabulary terms.

Práctica This set of activities practices vocabulary in diverse formats and engaging contexts.

Supersite

- Audio recordings of all vocabulary items
- Textbook activities with auto-grading
- Additional online-only practice activities

CORTOMETRAJE

features award-winning short films by contemporary Hispanic filmmakers.

CORTOMETRAJE

Video: Cortometraje

1er Premio Tiflos de Cine Corto Audesc ONCE

Di algo

Una producción de ENIGMA FILMS/EL MÉDANO PRODUCCIONES/LORELEI
Guión y Dirección LUIS DELTELL Jefe de Producción RAFAEL LINARES
Dirección de Fotografía JAVIER BILBAO Montaje JUANMA NOGALES
Dirección de Arte DAVID TEMPRANO Sonido MIGUEL ÁNGEL GALÁN
Actores VÍCTOR CLAVIJO/MARÍA BALLESTEROS/BLANCA NICOLÁS/ÁLVARO GARCÍA

Sentir y vivir 9

CORTOMETRAJE

ESCENAS

ARGUMENTO *Una joven ciega se enamora de la voz de un hombre que escucha en grabaciones. Cuando se acaban las cintas, ella busca otra manera de seguir escuchando su voz.*

Nota CULTURAL

La ONCE

La ONCE (Organización Nacional de Ciegos Españoles) es una institución española que tiene como objetivo mejorar la calidad de vida de personas con deficiencia visual. Esta organización tiene centros de enseñanza y asociaciones artísticas por toda España. La principal recaudación de fondos° de la ONCE proviene de cupones° de lotería que los discapacitados venden en pequeños kioscos en todo el territorio español. La venta de cupones genera numerosos puestos de trabajo para estas personas.

recaudación de fondos *funding*
cupones *tickets*

1 **VOZ DE PABLO** "Menos tu vientre, todo es confuso, fugaz, pasado, baldío, turbio..."

2 **IRENE** Quería información sobre el lector 657... ¿No me podrías conseguir su número de teléfono?
BIBLIOTECARIA No puedo, Irene; eso está prohibido.

3 **GUARDIA** ¡Espera! ¿Estás bien?
IRENE Sí, sí, muchas gracias; es que me he entretenido.

4 **PABLO** ¿Sí? ¿Quién es? ¿Sí?
IRENE Di algo.

5 **PABLO** Todo el día esperando que me llame una chica que no conozco y que no habla... bueno, sí, que solamente dice: "Di algo".

6 **PABLO** ¿Hay alguien que esté pidiendo mis cintas?
BIBLIOTECARIA No sé, vamos a ver... Creo que un señor mayor... ¡ah!, y una chica también.

10 Lección 1

Films Compelling short films from four different countries let you see and hear Spanish in its authentic contexts. Films are thematically linked to the lessons.

Escenas Video stills with captions from the film prepare you for the film and introduce some of the expressions you will encounter.

Notas culturales These sidebars with cultural information related to the **Cortometraje** help you to understand the cultural context and background surrounding the film.

Supersite

- Streaming video of short films with instructor-controlled subtitle options

PREPARACIÓN and ANÁLISIS

provide pre- and post-viewing support for each film.

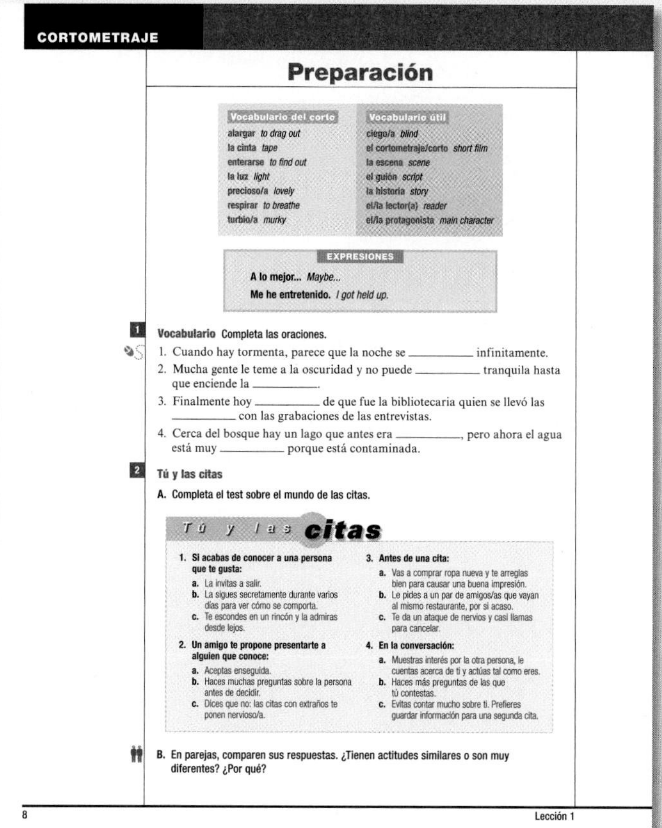

CORTOMETRAJE

Preparación

Vocabulario del corto	Vocabulario útil
alargar *to drag out*	ciego/a *blind*
la cinta *tape*	el cortometraje/corto *short film*
enterarse *to find out*	la escena *scene*
la luz *light*	el guión *script*
precioso/a *lovely*	la historia *story*
respirar *to breathe*	el/la lector(a) *reader*
turbio/a *murky*	el/la protagonista *main character*

EXPRESIONES

A lo mejor... *Maybe...*
Me he entretenido. *I got held up.*

1 **Vocabulario** Completa las oraciones.

1. Cuando hay tormenta, parece que la noche se ________ infinitamente.
2. Mucha gente le teme a la oscuridad y no puede ________ tranquila hasta que enciende la ________.
3. Finalmente hoy ________ de que fue la bibliotecaria quien se llevó las ________ con las grabaciones de las entrevistas.
4. Cerca del bosque hay un lago que antes era ________, pero ahora el agua está muy ________ porque está contaminada.

2 **Tú y las citas**

A. Completa el test sobre el mundo de las citas.

Tú y las citas

1. **Si acabas de conocer a una persona que te gusta:**
   a. La invitas a salir.
   b. La sigues secretamente durante varios días para ver cómo se comporta.
   c. Te escondes en un rincón y la admiras desde lejos.
2. **Un amigo te propone presentarte a alguien que conoce:**
   a. Aceptas enseguida.
   b. Haces muchas preguntas sobre la persona antes de decidir.
   c. Dices que no: las citas con extraños te ponen nervioso/a.
3. **Antes de una cita:**
   a. Vas a comprar ropa nueva y te arreglas bien para causar una buena impresión.
   b. Le pides a un par de amigos/as que vayan al mismo restaurante, por si acaso.
   c. Te da un ataque de nervios y casi llamas para cancelar.
4. **En la conversación:**
   a. Muestras interés por la otra persona, le cuentas acerca de ti y actúas tal como eres.
   b. Haces más preguntas de las que tú contestas.
   c. Evitas contar mucho sobre ti. Prefieres guardar información para una segunda cita.

B. En parejas, comparen sus respuestas. ¿Tienen actitudes similares o son muy diferentes? ¿Por qué?

8 Lección 1

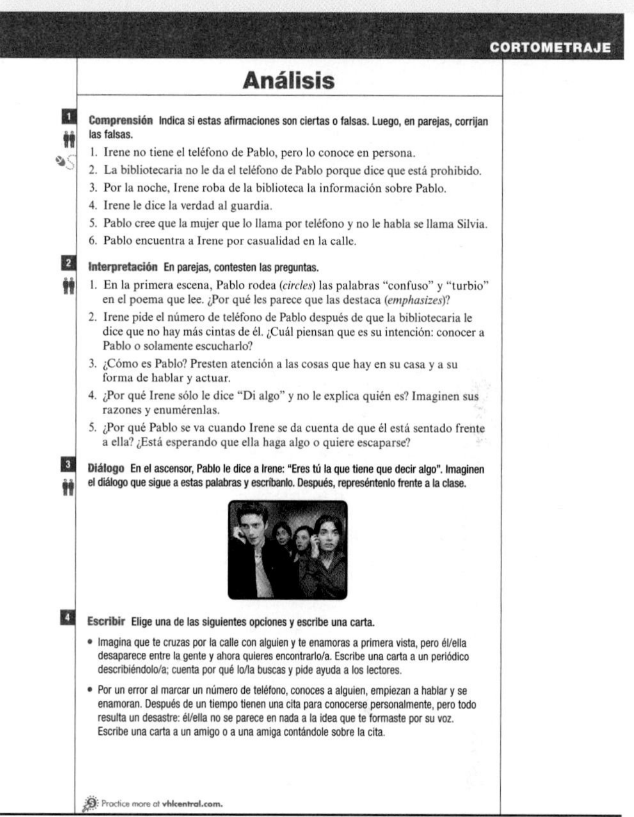

CORTOMETRAJE

Análisis

1 **Comprensión** Indica si estas afirmaciones son ciertas o falsas. Luego, en parejas, corrijan las falsas.

1. Irene no tiene el teléfono de Pablo, pero lo conoce en persona.
2. La bibliotecaria no le da el teléfono de Pablo porque dice que está prohibido.
3. Por la noche, Irene roba de la biblioteca la información sobre Pablo.
4. Irene le dice la verdad al guardia.
5. Pablo cree que la mujer que lo llama por teléfono y no le habla se llama Silvia.
6. Pablo encuentra a Irene por casualidad en la calle.

2 **Interpretación** En parejas, contesten las preguntas.

1. En la primera escena, Pablo rodea (*circles*) las palabras "confuso" y "turbio" en el poema que lee. ¿Por qué les parece que las destaca (*emphasizes*)?
2. Irene pide el número de teléfono de Pablo después de que la bibliotecaria le dice que no hay más cintas de él. ¿Cuál piensan que es su intención: conocer a Pablo o solamente escucharlo?
3. ¿Cómo es Pablo? Presten atención a las cosas que hay en su casa y a su forma de hablar y actuar.
4. ¿Por qué Irene sólo le dice "Di algo" y no le explica quién es? Imaginen sus razones y enumérenlas.
5. ¿Por qué Pablo se va cuando Irene se da cuenta de que él está sentado frente a ella? ¿Está esperando que ella haga algo o quiere escaparse?

3 **Diálogo** En el ascensor, Pablo le dice a Irene: "Eres tú la que tiene que decir algo". Imaginen el diálogo que sigue a estas palabras y escríbanlo. Después, represéntenlo frente a la clase.

4 **Escribir** Elige una de las siguientes opciones y escribe una carta.

- Imagina que te cruzas por la calle con alguien y te enamoras a primera vista, pero él/ella desaparece entre la gente y ahora quieres encontrarlo/a. Escribe una carta a un periódico describiéndolo/a; cuenta por qué lo/la buscas y pide ayuda a los lectores.
- Por un error al marcar un número de teléfono, conoces a alguien, empiezan a hablar y se enamoran. Después de un tiempo tienen una cita para conocerse personalmente, pero todo resulta un desastre: él/ella no se parece en nada a la idea que te formaste por su voz. Escribe una carta a un amigo o a una amiga contándole sobre la cita.

Practice more at **vhlcentral.com.**

Sentir y vivir 11

Preparación Pre-viewing activities set the stage for the film by providing vocabulary support, background information, and opportunities to anticipate the film content.

Análisis Post-viewing activities check your comprehension and allow you to explore broader themes from the film in relation to your own life.

Supersite

- Textbook activities with auto-grading
- Additional online-only practice activities

IMAGINA

IMAGINA | IMAGINA

Reading

IMAGINA

Cuando se presentó como candidato para gobernador de **California**, **Arnold Schwarzenegger** se despidió de los reporteros con una de sus famosas frases de la película *The Terminator*: ***"¡Hasta la vista, baby!"***. Miles y miles de niños pequeños repiten frases en español que aprendieron de *Dora, la exploradora*. Éstos no son ejemplos aislados. Hoy día, en todo el territorio de los **Estados Unidos**, personas de todas las edades, profesiones y razas utilizan frases en español, a veces sin saber que vienen de este idioma o incluso sin saber qué significan. Seguramente tú también has escuchado con frecuencia frases como: ***"Hola", "Mi casa es su casa", "Vamos", "Adiós, amigo"*** y muchas otras expresiones de boca de personas que no saben español.

ESTADOS UNIDOS

¡EL ESPAÑOL ESTÁ DE MODA!

¿A qué debemos la creciente popularidad del español? La respuesta es sencilla[1]: la influencia del idioma español en la cultura y en la vida diaria de los **Estados Unidos** es cada día mayor. Hoy día, en los Estados Unidos viven más de 50 millones de hispanohablantes que utilizan el español a diario. Se calcula que para el año 2020 la población latina va a llegar a casi 60 millones. Además del hecho[2] de que el número de latinos ha aumentado, hay que señalar que la población latina está cada vez más dispersa por todo el país: podemos encontrar comunidades de hispanohablantes desde Florida hasta Alaska y desde Hawaii hasta Maine. Actualmente, por lo menos una de cada ocho personas en los Estados Unidos es de origen hispano.

Los efectos del rápido crecimiento de la población latina son palpables en la vida diaria de todos los habitantes de los Estados Unidos. ¿Cuántas veces el cajero automático[3] te dio la opción de escoger entre inglés y español? ¿Cuántas veces llamaste a un contestador automático[4] de atención al cliente y te dieron la opción de seguir el menú en español? ¿Has notado los anuncios[5] en español en aeropuertos, estaciones de tren, hospitales y otros lugares públicos?

Lo que es realmente significativo es el hecho de que millones de estadounidenses están aprendiendo español en escuelas y universidades de todo el país. En la actualidad[6], el 70% de los estudiantes de secundaria eligen español como segunda lengua y más de 860.000 estudiantes universitarios se matriculan[7] todos los años en cursos de español. De hecho, el español es el idioma más solicitado[8] en los departamentos de lenguas extranjeras. No queda duda de que el español es el idioma extranjero que tiene un mayor impacto en la cultura estadounidense actual, lo cual se refleja a diario en la calle, en el cine, en Internet y en los medios de comunicación en general.

Signos vitales

Los **Estados Unidos** se encuentran actualmente entre los cinco países con más hispanohablantes en el mundo. Algunos argumentan que la cantidad de hispanohablantes podría reducirse a medida que el inglés se convierte en el primer idioma de hijos y nietos de inmigrantes. Sin embargo, algunas estadísticas contradicen este argumento. Además, el número de hispanohablantes se mantiene vivo gracias a la constante inmigración.

[1] *simple* [2] *fact* [3] *ATM* [4] *answering machine* [5] *notices* [6] *At present* [7] *enroll* [8] *in demand; popular*

El español en los Estados Unidos

Expresiones del español de uso común en inglés

Adiós, amigo.	*Goodbye, my friend.*
fiesta	*party, celebration, get-together*
gracias	*thank you*
Hasta la vista.	*See you later.*
Mi casa es su casa.	*My house is your house.*
número uno	*the best (lit. number one)*
plaza	*plaza; shopping mall*
pronto	*now; quick*
salsa	*sauce; Latin music*
sombrero	*hat*
Vamos.	*Let's go.*

Influencia del inglés en el español

Muchas palabras de uso común en español, especialmente palabras relacionadas con tecnología, están adaptadas del inglés.

chatear	*to chat (online)*
computadora	*computer*
escáner	*scanner*
esnob	*snob*
flirtear	*to flirt*
gol	*goal (in sports)*
marketing	mercadotecnia; *marketing*

Latinos en los EE.UU.

Jorge Ramos nació en la Ciudad de México el 16 de marzo de 1958. Desde noviembre de 1986, es el conductor[1] titular del **Noticiero Univisión** en los Estados Unidos. Es el personaje de la televisión estadounidense en español que más tiempo ha estado en el aire en un mismo programa o noticiero. Además de presentador, Ramos es columnista y autor.

America Ferrera nació en los Estados Unidos el 18 de abril de 1984, pero sus padres son de **Honduras**. Comenzó a actuar desde muy pequeña en la escuela, y luego pasó al cine y a la televisión. En 2007 ganó los premios **Globo de Oro**, **EMMY** y **Alma** por su papel de Betty Suárez en la serie *Ugly Betty*. En 2010 fue la voz de Astrid en *How to Train Your Dragon*.

César Pelli, arquitecto argentino graduado de la **Universidad de Tucumán** en 1949, viajó a los Estados Unidos en 1952 para realizar una maestría en Arquitectura en la Universidad de Illinois y luego se radicó[2] en este país. En 1977 creó su propia firma y ese mismo año fue nombrado decano[3] de la **Escuela de Arquitectura de Yale**, puesto que mantuvo hasta 1984. De su trabajo podemos mencionar el **World Financial Center** en **Nueva York**, las **Torres Petronas** en **Kuala Lumpur, Malasia** y la **terminal norte del aeropuerto Ronald Reagan National** de **Washington, D.C.**

Bill Richardson, gobernador de **Nuevo México** por dos períodos (2003–2006 y 2007–2010), es hijo de un estadounidense y una mexicana. Nació en los EE.UU. en 1947, pero pasó la infancia en la Ciudad de México. Realizó sus estudios secundarios y universitarios en Massachusetts. Su carrera política antes de ser gobernador incluye catorce años como representante en el Congreso, uno y medio como **Embajador ante las Naciones Unidas**, y dos y medio como Secretario de Energía. En 2011 fue nombrado enviado especial[4] para la **Organización de Estados Americanos** (OEA).

[1] *anchor* [2] *settled* [3] *dean* [4] *special envoy*

12 Lección 1 | Sentir y vivir 13

Magazine-like design Each reading is presented in the attention-grabbing visual style you would expect from a magazine.

Readings Dynamic readings draw your attention to culturally significant locations, traditions, and monuments of the country or region.

El español de... Terms and expressions specific to the country or region are highlighted in easy-to-reference lists.

- All reading selections

GALERÍA DE CREADORES

profiles important cultural and artistic figures from the region.

IMAGINA

¿Qué aprendiste?

MINIPRUEBA

IMAGINA

IMAGINA

GALERÍA DE CREADORES

DISEÑO Y MODA **Narciso Rodríguez**
En 1996, Narciso Rodríguez causó sensación con el vestido de novia (*wedding gown*) que diseñó (*designed*) especialmente para Carolyn Bessette, quien lo lució (*wore*) el día de su boda con John F. Kennedy, Jr. En el mundo de la moda (*fashion*), este elegante y sencillo traje fue uno de los diseños más comentados de la década. Desde entonces, el diseñador de ascendencia cubana ha tenido por clientes a Salma Hayek, Sarah Jessica Parker, Anna Paquin, Michelle Obama y Charlize Theron. Las características de sus creaciones son la simplicidad, el uso de materiales ligeros (*lightweight*) y la influencia latina.

LITERATURA **Julia Álvarez**
La escritora Julia Álvarez nació en Nueva York, pero pasó su niñez en la República Dominicana. Su familia se exilió en los Estados Unidos cuando Julia tenía diez años. Algunos de los temas de sus libros son sus experiencias derivadas de la dictadura en su país, su proceso de adaptación a una cultura desconocida y la importancia de la identidad. Es autora de *¡Yo!*, *A cafecito story*, *En el tiempo de las mariposas* y *De cómo las muchachas García perdieron el acento*, entre otras obras. También escribió la serie *Tía Lola* para lectores más jóvenes.

PINTURA **Carmen Lomas Garza**
Esta artista chicana pinta escenas de la vida cotidiana (*everyday*) mexicano-americana inspiradas en recuerdos (*memories*) y experiencias de su niñez en Kingsville, Texas. El objetivo de su arte es mostrar (*to show*) el valor y la humanidad de su cultura. Celebraciones, historias familiares, rituales, preparación de comidas, mitos, tradiciones, juegos, remedios caseros (*home remedies*) y sueños forman parte de ese paisaje cotidiano. *Earache Treatment* es el título de este cuadro (*painting*). Aquí vemos una práctica antigua, pero todavía muy común hoy día entre muchas familias latinoamericanas y chicanas para curar el dolor de oído (*earache*).

CINE **Robert Rodríguez**
En veinte días y con sólo siete mil dólares, Robert Rodríguez filmó *El mariachi*, la película que ganó el Premio (*Award*) del Público del Festival de Cine de Sundance de 1993. Las aventuras de *El mariachi* continuaron con *Desperado* y *Once Upon a Time in Mexico*, películas en las cuales actuaron sus amigos Antonio Banderas, Quentin Tarantino y Johnny Depp. El joven tejano forma parte del grupo de directores que han ganado más de $100 millones por película, gracias al éxito (*success*) de su serie *Spy Kids*. Es autor, productor y director de la película *Machete*, estrenada en 2010.

CONEXIÓN INTERNET
En vhlcentral.com encontrarás más información y actividades relacionadas con esta sección.

14 Lección 1 | Sentir y vivir 15

Profiles Brief descriptions provide a synopsis of the featured person's life and cultural importance.

Dramatic images Colorful photos show you the faces and artistic creations of the artists presented in this section.

Activities **¿Qué aprendiste?** activities check your comprehension of the **Imagina** and **Galería de creadores** readings and lead you to further exploration.

Supersite

- All reading selections
- **Conexión Internet** research activity
- Textbook activities with auto-grading
- Additional online-only comprehension activities

EN PANTALLA

features engaging authentic TV clips.

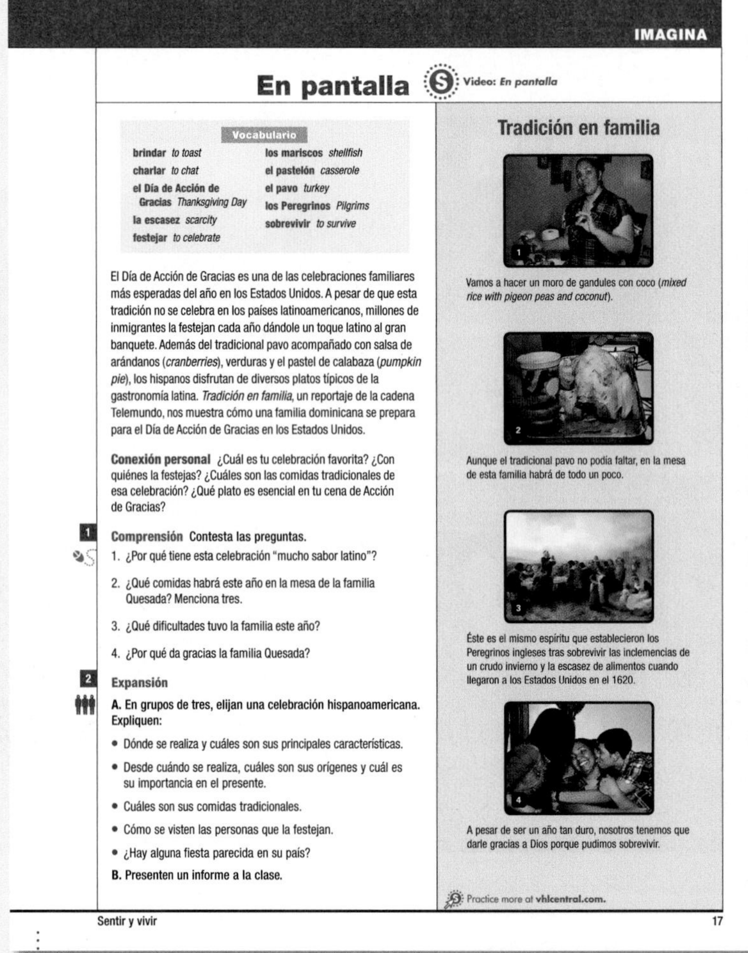
IMAGINA

En pantalla

Video: *En pantalla*

Vocabulario

brindar *to toast*
charlar *to chat*
el Día de Acción de Gracias *Thanksgiving Day*
la escasez *scarcity*
festejar *to celebrate*
los mariscos *shellfish*
el pastelón *casserole*
el pavo *turkey*
los Peregrinos *Pilgrims*
sobrevivir *to survive*

El Día de Acción de Gracias es una de las celebraciones familiares más esperadas del año en los Estados Unidos. A pesar de que esta tradición no se celebra en los países latinoamericanos, millones de inmigrantes la festejan cada año dándole un toque latino al gran banquete. Además del tradicional pavo acompañado con salsa de arándanos (*cranberries*), verduras y el pastel de calabaza (*pumpkin pie*), los hispanos disfrutan de diversos platos típicos de la gastronomía latina. *Tradición en familia*, un reportaje de la cadena Telemundo, nos muestra cómo una familia dominicana se prepara para el Día de Acción de Gracias en los Estados Unidos.

Conexión personal ¿Cuál es tu celebración favorita? ¿Con quiénes la festejas? ¿Cuáles son las comidas tradicionales de esa celebración? ¿Qué plato es esencial en tu cena de Acción de Gracias?

1 **Comprensión** Contesta las preguntas.

1. ¿Por qué tiene esta celebración "mucho sabor latino"?
2. ¿Qué comidas habrá este año en la mesa de la familia Quesada? Menciona tres.
3. ¿Qué dificultades tuvo la familia este año?
4. ¿Por qué da gracias la familia Quesada?

2 **Expansión**

A. En grupos de tres, elijan una celebración hispanoamericana. Expliquen:

- Dónde se realiza y cuáles son sus principales características.
- Desde cuándo se realiza, cuáles son sus orígenes y cuál es su importancia en el presente.
- Cuáles son sus comidas tradicionales.
- Cómo se visten las personas que la festejan.
- ¿Hay alguna fiesta parecida en su país?

B. Presenten un informe a la clase.

Tradición en familia

1 Vamos a hacer un moro de gandules con coco (*mixed rice with pigeon peas and coconut*).

2 Aunque el tradicional pavo no podía faltar, en la mesa de esta familia habrá de todo un poco.

3 Éste es el mismo espíritu que establecieron los Peregrinos ingleses tras sobrevivir las inclemencias de un crudo invierno y la escasez de alimentos cuando llegaron a los Estados Unidos en el 1620.

4 A pesar de ser un año tan duro, nosotros tenemos que darle gracias a Dios porque pudimos sobrevivir.

Practice more at **vhlcentral.com.**

Sentir y vivir 17

TV clips Each lesson features an authentic TV clip from the country or region of focus.

Video stills Images from the TV clips with captions give you visual and linguistic cues to help prepare you to watch the video.

Support and activities Vocabulary support and background information prepare you to watch the video. Comprehension and expansion activities help you get the most out of it.

Supersite

- Streaming video for **En pantalla** TV clips with optional subtitles
- Textbook activities with auto-grading
- Additional online-only comprehension activities

ESTRUCTURAS

presents key intermediate grammar topics with detailed visual support.

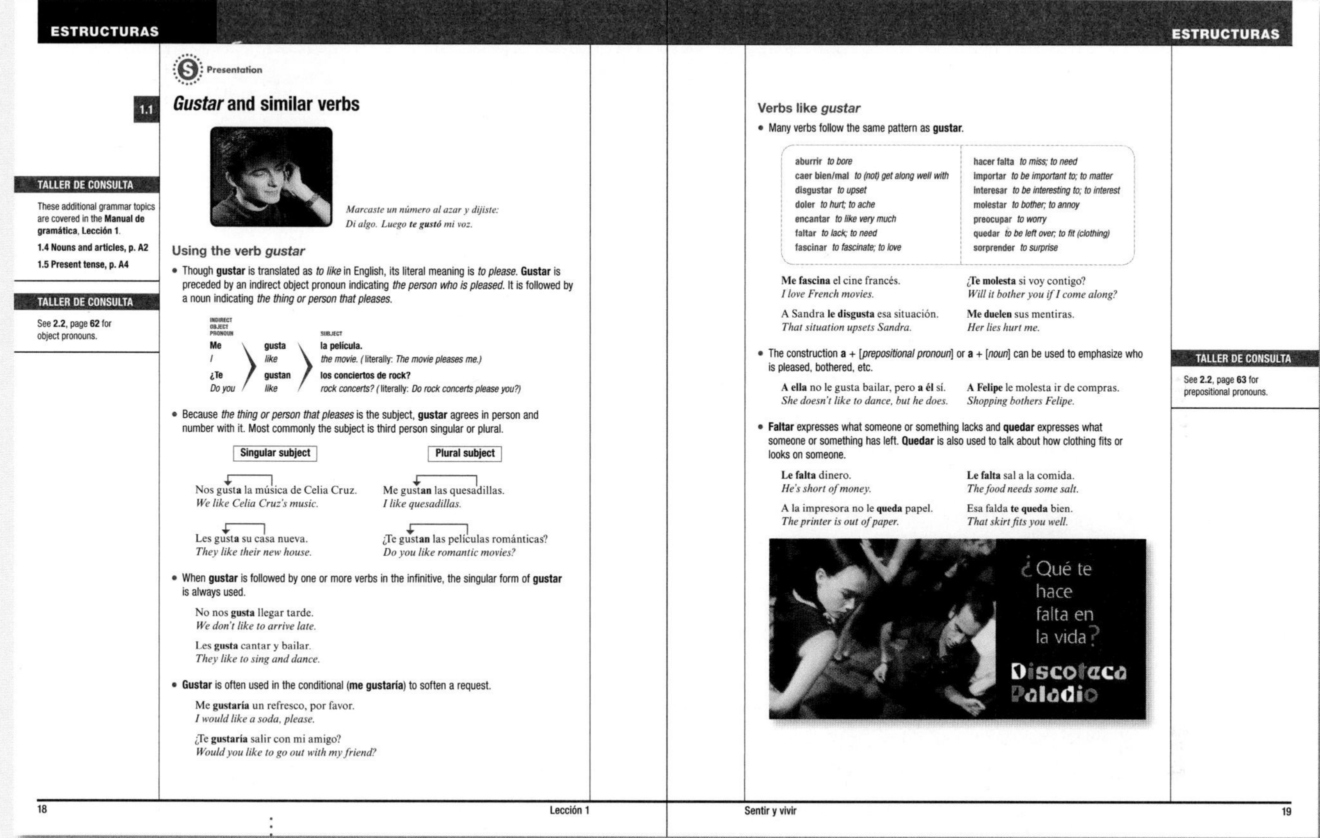

ESTRUCTURAS

Presentation

1.1 ***Gustar* and similar verbs**

*Marcaste un número al azar y dijiste: Di algo. Luego **te gustó** mi voz.*

TALLER DE CONSULTA

These additional grammar topics are covered in the **Manual de gramática, Lección 1**.

1.4 Nouns and articles, p. A2

1.5 Present tense, p. A4

TALLER DE CONSULTA

See **2.2**, page **62** for object pronouns.

Using the verb *gustar*

- Though **gustar** is translated as *to like* in English, its literal meaning is *to please*. **Gustar** is preceded by an indirect object pronoun indicating *the person who is pleased*. It is followed by a noun indicating *the thing or person that pleases*.

INDIRECT OBJECT PRONOUN		SUBJECT
Me	**gusta**	**la película.**
I	*like*	*the movie.* (literally: *The movie pleases me.*)
¿Te	**gustan**	**los conciertos de rock?**
Do you	*like*	*rock concerts?* (literally: *Do rock concerts please you?*)

- Because *the thing or person that pleases* is the subject, **gustar** agrees in person and number with it. Most commonly the subject is third person singular or plural.

Singular subject	Plural subject
Nos gust**a** la música de Celia Cruz. *We like Celia Cruz's music.*	Me gust**an** las quesadillas. *I like quesadillas.*
Les gust**a** su casa nueva. *They like their new house.*	¿Te gust**an** las películas románticas? *Do you like romantic movies?*

- When **gustar** is followed by one or more verbs in the infinitive, the singular form of **gustar** is always used.

No nos **gusta** llegar tarde.
We don't like to arrive late.

Les **gusta** cantar y bailar.
They like to sing and dance.

- **Gustar** is often used in the conditional (**me gustaría**) to soften a request.

Me **gustaría** un refresco, por favor.
I would like a soda, please.

¿Te **gustaría** salir con mi amigo?
Would you like to go out with my friend?

18 Lección 1

ESTRUCTURAS

Verbs like *gustar*

- Many verbs follow the same pattern as **gustar**.

aburrir *to bore*	**hacer falta** *to miss; to need*
caer bien/mal *to (not) get along well with*	**importar** *to be important to; to matter*
disgustar *to upset*	**interesar** *to be interesting to; to interest*
doler *to hurt; to ache*	**molestar** *to bother; to annoy*
encantar *to like very much*	**preocupar** *to worry*
faltar *to lack; to need*	**quedar** *to be left over; to fit (clothing)*
fascinar *to fascinate; to love*	**sorprender** *to surprise*

Me fascina el cine francés.
I love French movies.

¿Te molesta si voy contigo?
Will it bother you if I come along?

A Sandra **le disgusta** esa situación.
That situation upsets Sandra.

Me duelen sus mentiras.
Her lies hurt me.

- The construction **a** + [*prepositional pronoun*] or **a** + [*noun*] can be used to emphasize who is pleased, bothered, etc.

A ella no le gusta bailar, pero **a él** sí.
She doesn't like to dance, but he does.

A Felipe le molesta ir de compras.
Shopping bothers Felipe.

TALLER DE CONSULTA

See **2.2**, page **63** for prepositional pronouns.

- **Faltar** expresses what someone or something lacks and **quedar** expresses what someone or something has left. **Quedar** is also used to talk about how clothing fits or looks on someone.

Le falta dinero.
He's short of money.

Le falta sal a la comida.
The food needs some salt.

A la impresora no le **queda** papel.
The printer is out of paper.

Esa falda **te queda** bien.
That skirt fits you well.

¿Qué te hace falta en la vida?
Discoteca Paladio

Sentir y vivir 19

Integration of *Cortometraje* Photos with quotes or captions from the lesson's short film show the new grammar structures in meaningful contexts.

Charts and diagrams Colorful, easy-to-understand charts and diagrams highlight key grammatical structures and related vocabulary.

Grammar explanations Explanations are written in clear, comprehensible language for easy comprehension and reference both in and out of class.

Atención These sidebars expand on the current grammar point and call attention to possible sources of confusion.

Taller de consulta These sidebars reference relevant grammar points presented actively in **Estructuras**, and refer you to the supplemental **Manual de gramática** found at the end of the book.

ESTRUCTURAS

progresses from directed to communicative practice.

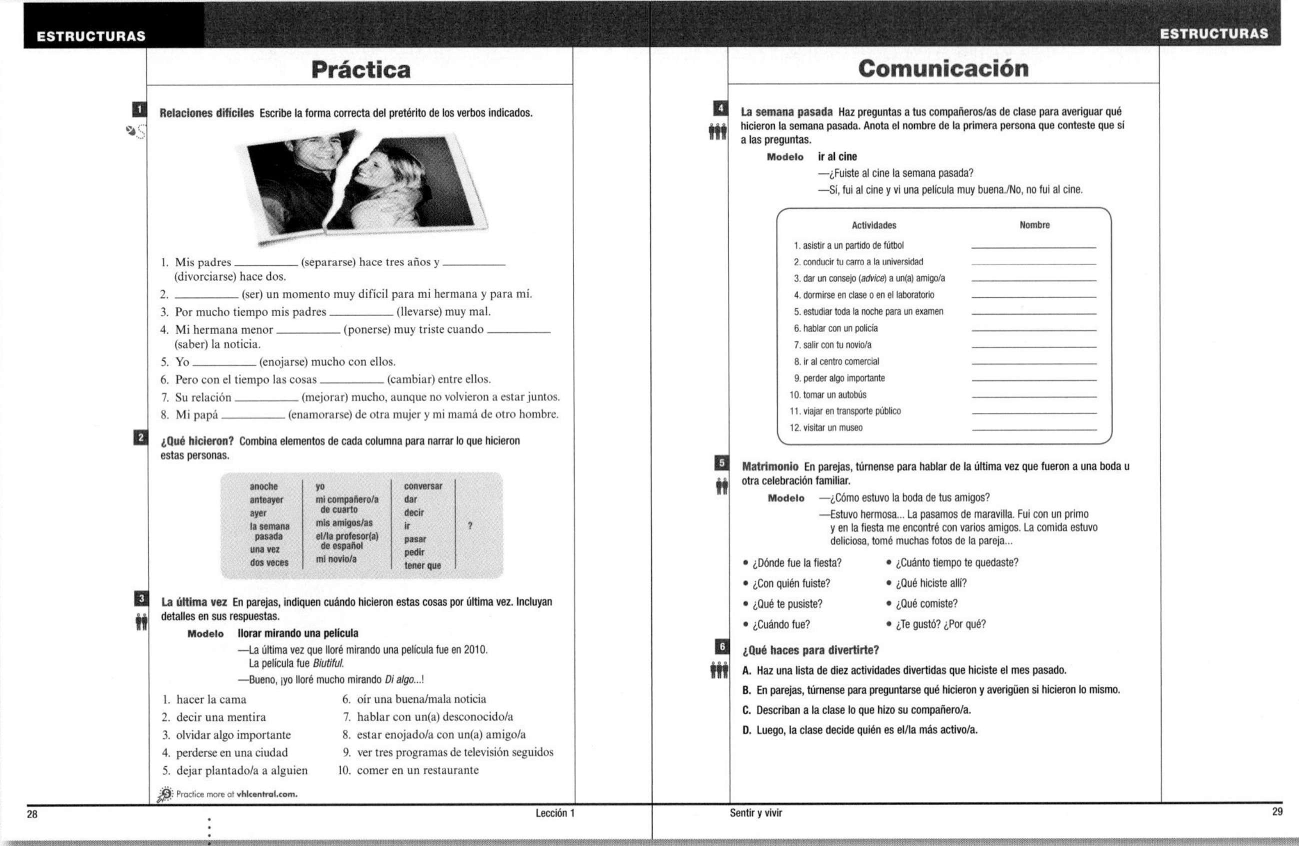

ESTRUCTURAS

Práctica

1 **Relaciones difíciles** Escribe la forma correcta del pretérito de los verbos indicados.

1. Mis padres ________ (separarse) hace tres años y ________ (divorciarse) hace dos.
2. ________ (ser) un momento muy difícil para mi hermana y para mí.
3. Por mucho tiempo mis padres ________ (llevarse) muy mal.
4. Mi hermana menor ________ (ponerse) muy triste cuando ________ (saber) la noticia.
5. Yo ________ (enojarse) mucho con ellos.
6. Pero con el tiempo las cosas ________ (cambiar) entre ellos.
7. Su relación ________ (mejorar) mucho, aunque no volvieron a estar juntos.
8. Mi papá ________ (enamorarse) de otra mujer y mi mamá de otro hombre.

2 **¿Qué hicieron?** Combina elementos de cada columna para narrar lo que hicieron estas personas.

anoche anteayer ayer la semana pasada una vez dos veces	yo mi compañero/a de cuarto mis amigos/as el/la profesor(a) de español mi novio/a	conversar dar decir ir pasar pedir tener que	?

3 **La última vez** En parejas, indiquen cuándo hicieron estas cosas por última vez. Incluyan detalles en sus respuestas.

Modelo **llorar mirando una película**
—La última vez que lloré mirando una película fue en 2010. La película fue *Biutiful*.
—Bueno, ¡yo lloré mucho mirando *Di algo*...!

1. hacer la cama
2. decir una mentira
3. olvidar algo importante
4. perderse en una ciudad
5. dejar plantado/a a alguien
6. oír una buena/mala noticia
7. hablar con un(a) desconocido/a
8. estar enojado/a con un(a) amigo/a
9. ver tres programas de televisión seguidos
10. comer en un restaurante

Practice more at **vhlcentral.com.**

28 Lección 1

ESTRUCTURAS

Comunicación

4 **La semana pasada** Haz preguntas a tus compañeros/as de clase para averiguar qué hicieron la semana pasada. Anota el nombre de la primera persona que conteste que sí a las preguntas.

Modelo **ir al cine**
—¿Fuiste al cine la semana pasada?
—Sí, fui al cine y vi una película muy buena./No, no fui al cine.

Actividades	Nombre
1. asistir a un partido de fútbol	________
2. conducir tu carro a la universidad	________
3. dar un consejo (*advice*) a un(a) amigo/a	________
4. dormirse en clase o en el laboratorio	________
5. estudiar toda la noche para un examen	________
6. hablar con un policía	________
7. salir con tu novio/a	________
8. ir al centro comercial	________
9. perder algo importante	________
10. tomar un autobús	________
11. viajar en transporte público	________
12. visitar un museo	________

5 **Matrimonio** En parejas, túrnense para hablar de la última vez que fueron a una boda u otra celebración familiar.

Modelo —¿Cómo estuvo la boda de tus amigos?
—Estuvo hermosa... La pasamos de maravilla. Fui con un primo y en la fiesta me encontré con varios amigos. La comida estuvo deliciosa, tomé muchas fotos de la pareja...

- ¿Dónde fue la fiesta?
- ¿Con quién fuiste?
- ¿Qué te pusiste?
- ¿Cuándo fue?
- ¿Cuánto tiempo te quedaste?
- ¿Qué hiciste allí?
- ¿Qué comiste?
- ¿Te gustó? ¿Por qué?

6 **¿Qué haces para divertirte?**

A. Haz una lista de diez actividades divertidas que hiciste el mes pasado.
B. En parejas, túrnense para preguntarse qué hicieron y averigüen si hicieron lo mismo.
C. Describan a la clase lo que hizo su compañero/a.
D. Luego, la clase decide quién es el/la más activo/a.

Sentir y vivir 29

Práctica Directed exercises support you as you begin working with the grammar structures, helping you master the forms you need for personalized communication.

Comunicación Open-ended, communicative activities help you internalize the grammar point in a range of contexts involving pair and group work.

Manual de gramática Practice for grammar points related to those taught in **Estructuras** are included for review and/or enrichment at the end of the book.

Supersite

- Grammar presentations
- Textbook activities with auto-grading
- Additional online-only practice activities
- **Manual de gramática** with corresponding activities

SÍNTESIS

brings together the lesson grammar and vocabulary themes.

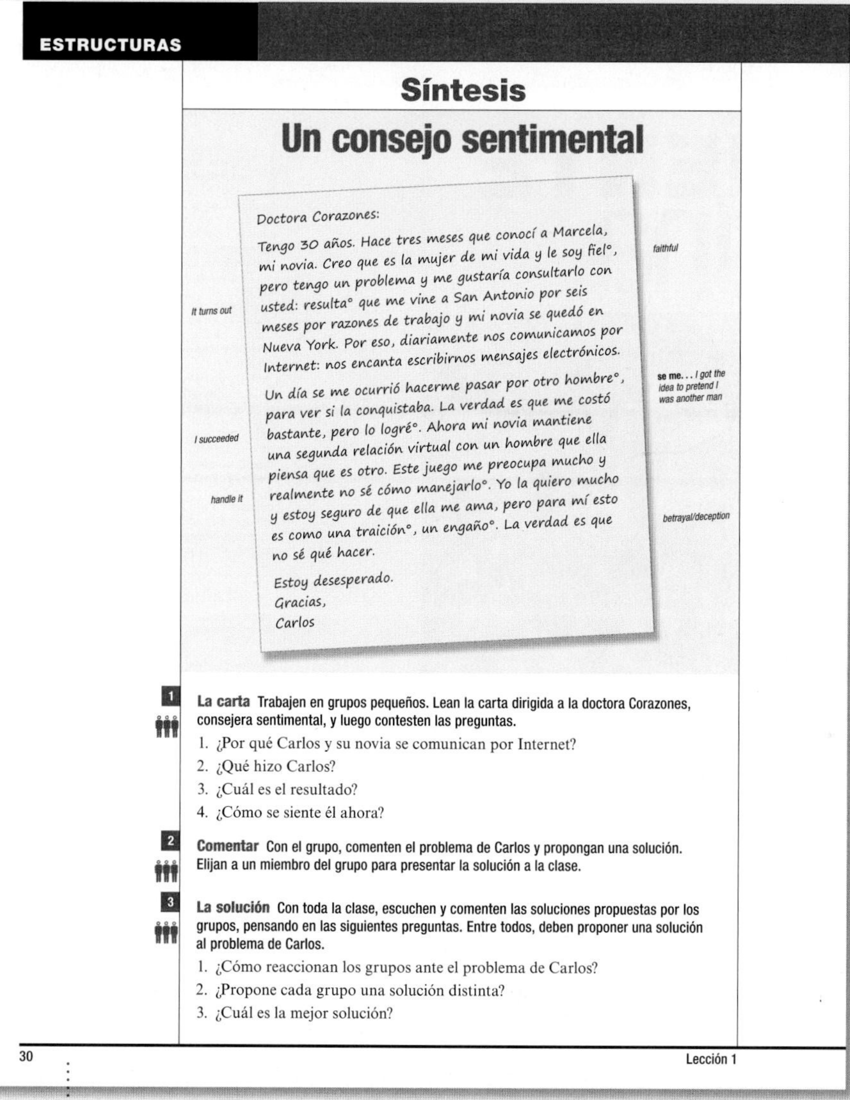

ESTRUCTURAS

Síntesis

Un consejo sentimental

Doctora Corazones:

Tengo 30 años. Hace tres meses que conocí a Marcela, mi novia. Creo que es la mujer de mi vida y le soy fiel°, pero tengo un problema y me gustaría consultarlo con usted: resulta° que me vine a San Antonio por seis meses por razones de trabajo y mi novia se quedó en Nueva York. Por eso, diariamente nos comunicamos por Internet: nos encanta escribirnos mensajes electrónicos.

Un día se me ocurrió hacerme pasar por otro hombre°, para ver si la conquistaba. La verdad es que me costó bastante, pero lo logré°. Ahora mi novia mantiene una segunda relación virtual con un hombre que ella piensa que es otro. Este juego me preocupa mucho y realmente no sé cómo manejarlo°. Yo la quiero mucho y estoy seguro de que ella me ama, pero para mí esto es como una traición°, un engaño°. La verdad es que no sé qué hacer.

Estoy desesperado.
Gracias,
Carlos

faithful; It turns out; **se me...** I got the idea to pretend I was another man; I succeeded; handle it; betrayal/deception

1 **La carta** Trabajen en grupos pequeños. Lean la carta dirigida a la doctora Corazones, consejera sentimental, y luego contesten las preguntas.

1. ¿Por qué Carlos y su novia se comunican por Internet?
2. ¿Qué hizo Carlos?
3. ¿Cuál es el resultado?
4. ¿Cómo se siente él ahora?

2 **Comentar** Con el grupo, comenten el problema de Carlos y propongan una solución. Elijan a un miembro del grupo para presentar la solución a la clase.

3 **La solución** Con toda la clase, escuchen y comenten las soluciones propuestas por los grupos, pensando en las siguientes preguntas. Entre todos, deben proponer una solución al problema de Carlos.

1. ¿Cómo reaccionan los grupos ante el problema de Carlos?
2. ¿Propone cada grupo una solución distinta?
3. ¿Cuál es la mejor solución?

30 Lección 1

Reading Theme-related readings, realia, and charts reinforce the grammar structures and lesson vocabulary in engaging formats.

Activities This section integrates the three grammar points of the lesson, providing built-in, consistent review and recycling as you progress through the text.

CULTURA

features a dynamic cultural reading.

CULTURA

CORRIENTE Latina

CULTURA

Audio: Reading

Las tendencias de la inmigración hispana han variado de manera considerable en los últimos años. El perfil del inmigrante ha cambiado y con mayor frecuencia el latino llega a los Estados Unidos con un nivel de estudios más alto y mejor preparado para ejercer° trabajos bien remunerados°.

También está cambiando el destino que elige para empezar su nueva vida. Si antes se establecía en las grandes ciudades y en los estados del suroeste°, ahora busca oportunidades en pueblos y ciudades del centro y norte del país.

La distribución de la inmigración se debe en parte a la disponibilidad° de trabajo y en parte a que los inmigrantes que llegan necesitan una red de apoyo. Muchos de ellos no pueden recurrir° a la ayuda que ofrecen los estados por su desconocimiento del inglés y de la cultura norteamericana. Los familiares y amigos son los responsables de ayudar a los miembros de su círculo y les facilitan casa y trabajo hasta que se puedan establecer por su cuenta. De esa forma, se han producido y se siguen produciendo grandes concentraciones de hispanos del mismo país de origen en áreas donde su presencia antes era escasa° o inexistente.

Un muy buen ejemplo es Central Falls, en el estado de Rhode Island. Hoy en día, más de la mitad de sus habitantes° son de origen colombiano, específicamente del departamento° de Antioquia. Todo empezó en 1964 cuando el antioqueño° Pedro Cano llegó a Central Falls. Vino con la ilusión de tener una vida mejor y con la voluntad de trabajar duro° para conseguir sus ideales. Una vez establecido e integrado en la comunidad, fue acogiendo° a sus familiares y a personas conocidas que huían° de la difícil situación socioeconómica y política de su país. Allí iban encontrando el apoyo que necesitaban y podían, de esa forma, mejorar su calidad de vida a la vez que mantenían sus tradiciones y costumbres.

El nacimiento de estos microcosmos también está cambiando el paisaje urbano. Una visita a Central Falls lleva al viajero a un mundo nuevo: las tiendas especializadas en música hispana, los restaurantes de comida colombiana y los establecimientos para enviar dinero a otros países conviven mano a mano con los símbolos de la cultura norteamericana. ■

to carry out; well-paid; southwest; availability; rely on; scarce; inhabitants; state, province; from Antioquia; hard; taking in; were fleeing

Vino con la ilusión de tener una vida mejor y con la voluntad de trabajar duro para conseguir sus ideales.

Latino USA

16,3% Porcentaje de población hispana en los EE.UU.

16 Número de estados en los que viven más de 500.000 hispanos.

50% Porcentaje de la población hispana de los EE.UU. que vive en los estados de California, Texas y Florida.

100.000.000 Número de hispanos en los EE.UU. proyectado para el año 2050.

32 Lección 1 | Sentir y vivir 33

Readings Brief, comprehensible readings present you with additional cultural information related to the lesson theme.

Design Readings are carefully laid out with line numbers, marginal glosses, pull quotes, and box features to help make each piece easy to navigate.

Photos Vibrant, dynamic photos visually illustrate the reading.

Supersite

- Audio-sync technology for the long article that highlights text as it is being read

LITERATURA

showcases literary readings by well-known writers from across the Spanish-speaking world.

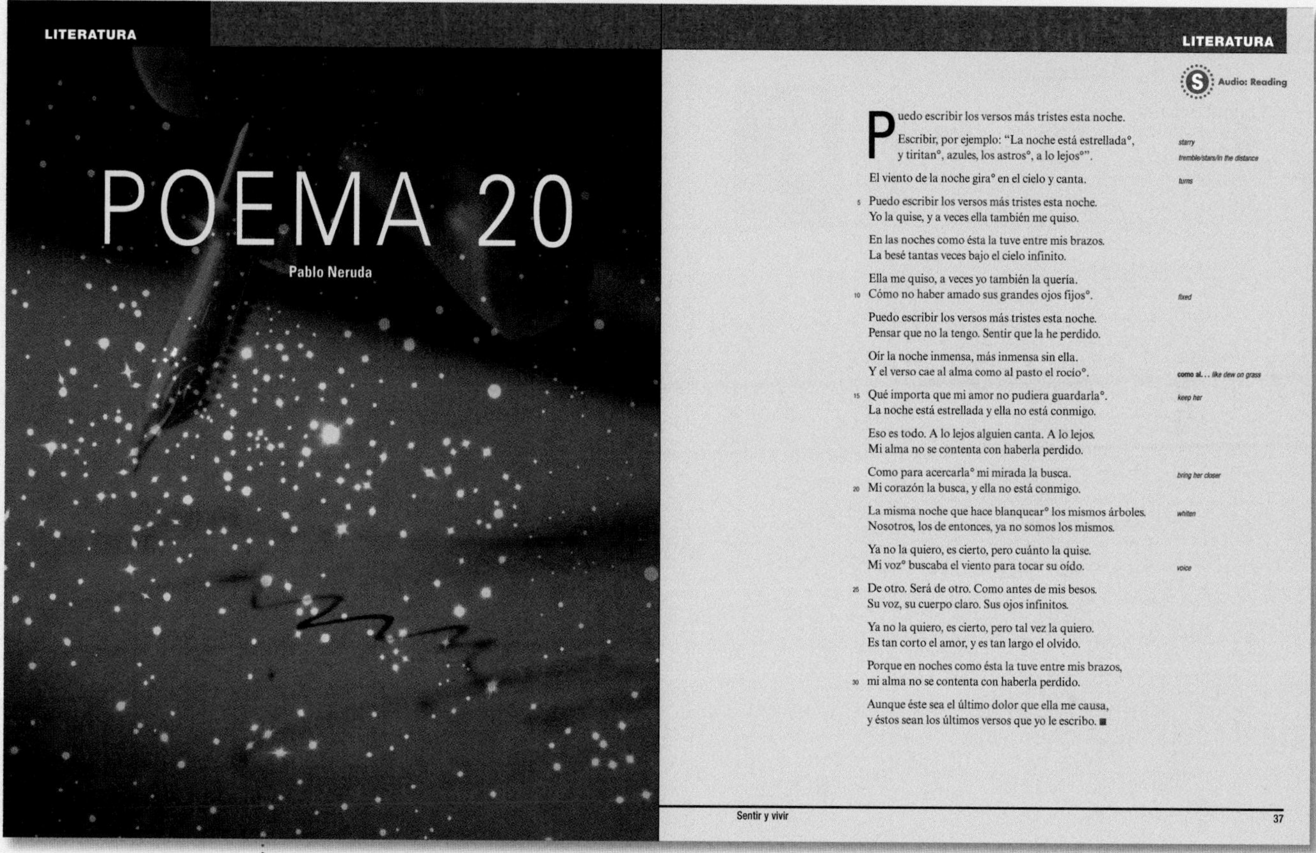

LITERATURA

POEMA 20

Pablo Neruda

LITERATURA

Audio: Reading

Puedo escribir los versos más tristes esta noche.

Escribir, por ejemplo: "La noche está estrellada°,
y tiritan°, azules, los astros°, a lo lejos°".

El viento de la noche gira° en el cielo y canta.

Puedo escribir los versos más tristes esta noche.
Yo la quise, y a veces ella también me quiso.

En las noches como ésta la tuve entre mis brazos.
La besé tantas veces bajo el cielo infinito.

Ella me quiso, a veces yo también la quería.
Cómo no haber amado sus grandes ojos fijos°.

Puedo escribir los versos más tristes esta noche.
Pensar que no la tengo. Sentir que la he perdido.

Oír la noche inmensa, más inmensa sin ella.
Y el verso cae al alma como al pasto el rocío°.

Qué importa que mi amor no pudiera guardarla°.
La noche está estrellada y ella no está conmigo.

Eso es todo. A lo lejos alguien canta. A lo lejos.
Mi alma no se contenta con haberla perdido.

Como para acercarla° mi mirada la busca.
Mi corazón la busca, y ella no está conmigo.

La misma noche que hace blanquear° los mismos árboles.
Nosotros, los de entonces, ya no somos los mismos.

Ya no la quiero, es cierto, pero cuánto la quise.
Mi voz° buscaba el viento para tocar su oído.

De otro. Será de otro. Como antes de mis besos.
Su voz, su cuerpo claro. Sus ojos infinitos.

Ya no la quiero, es cierto, pero tal vez la quiero.
Es tan corto el amor, y es tan largo el olvido.

Porque en noches como ésta la tuve entre mis brazos,
mi alma no se contenta con haberla perdido.

Aunque éste sea el último dolor que ella me causa,
y éstos sean los últimos versos que yo le escribo. ■

starry
tremble/stars/in the distance
turns
fixed
como al... *like dew on grass*
keep her
bring her closer
whiten
voice

Sentir y vivir 37

Literatura Comprehensible and compelling, these readings present new avenues for using the lesson's grammar and vocabulary.

Design Each reading is presented in the attention-grabbing visual style you would expect from a magazine, along with glosses of unfamiliar words.

Supersite

- Audio-sync technology for the literary reading that highlights text as it is being read

PREPARACIÓN and ANÁLISIS

activities provide in-depth pre- and post-reading support for each selection in Literatura and Cultura.

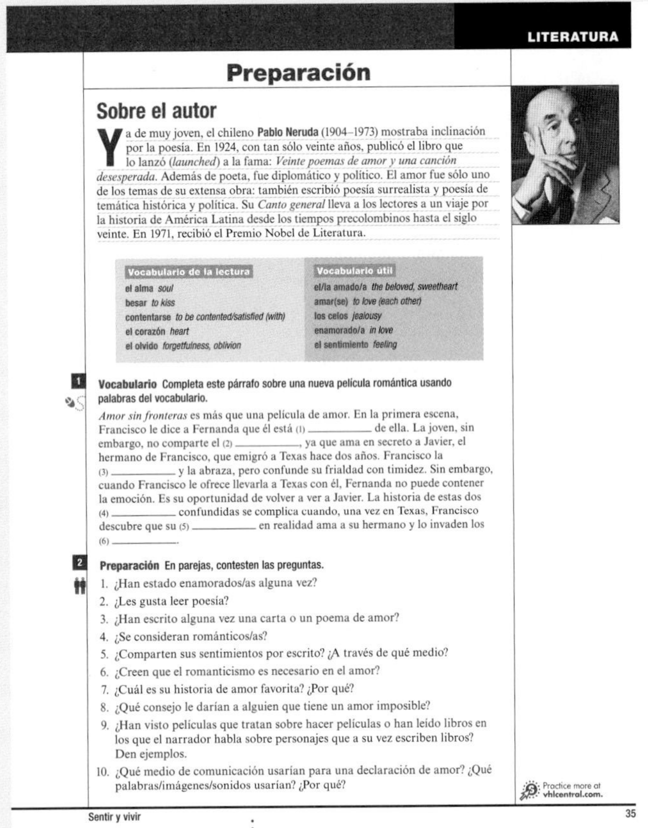

LITERATURA

Preparación

Sobre el autor

Ya de muy joven, el chileno **Pablo Neruda** (1904–1973) mostraba inclinación por la poesía. En 1924, con tan sólo veinte años, publicó el libro que lo lanzó (*launched*) a la fama: *Veinte poemas de amor y una canción desesperada*. Además de poeta, fue diplomático y político. El amor fue sólo uno de los temas de su extensa obra: también escribió poesía surrealista y poesía de temática histórica y política. Su *Canto general* lleva a los lectores a un viaje por la historia de América Latina desde los tiempos precolombinos hasta el siglo veinte. En 1971, recibió el Premio Nobel de Literatura.

Vocabulario de la lectura	Vocabulario útil
el alma *soul*	**el/la amado/a** *the beloved, sweetheart*
besar *to kiss*	**amar(se)** *to love (each other)*
contentarse *to be contented/satisfied (with)*	**los celos** *jealousy*
el corazón *heart*	**enamorado/a** *in love*
el olvido *forgetfulness, oblivion*	**el sentimiento** *feeling*

1 **Vocabulario** Completa este párrafo sobre una nueva película romántica usando palabras del vocabulario.

Amor sin fronteras es más que una película de amor. En la primera escena, Francisco le dice a Fernanda que él está (1) ________ de ella. La joven, sin embargo, no comparte el (2) ________, ya que ama en secreto a Javier, el hermano de Francisco, que emigró a Texas hace dos años. Francisco la (3) ________ y la abraza, pero confunde su frialdad con timidez. Sin embargo, cuando Francisco le ofrece llevarla a Texas con él, Fernanda no puede contener la emoción. Es su oportunidad de volver a ver a Javier. La historia de estas dos (4) ________ confundidas se complica cuando, una vez en Texas, Francisco descubre que su (5) ________ en realidad ama a su hermano y lo invaden los (6) ________.

2 **Preparación** En parejas, contesten las preguntas.

1. ¿Han estado enamorados/as alguna vez?
2. ¿Les gusta leer poesía?
3. ¿Han escrito alguna vez una carta o un poema de amor?
4. ¿Se consideran románticos/as?
5. ¿Comparten sus sentimientos por escrito? ¿A través de qué medio?
6. ¿Creen que el romanticismo es necesario en el amor?
7. ¿Cuál es su historia de amor favorita? ¿Por qué?
8. ¿Qué consejo le darían a alguien que tiene un amor imposible?
9. ¿Han visto películas que tratan sobre hacer películas o han leído libros en los que el narrador habla sobre personajes que a su vez escriben libros? Den ejemplos.
10. ¿Qué medio de comunicación usarían para una declaración de amor? ¿Qué palabras/imágenes/sonidos usarían? ¿Por qué?

Practice more at vhlcentral.com.

Sentir y vivir 35

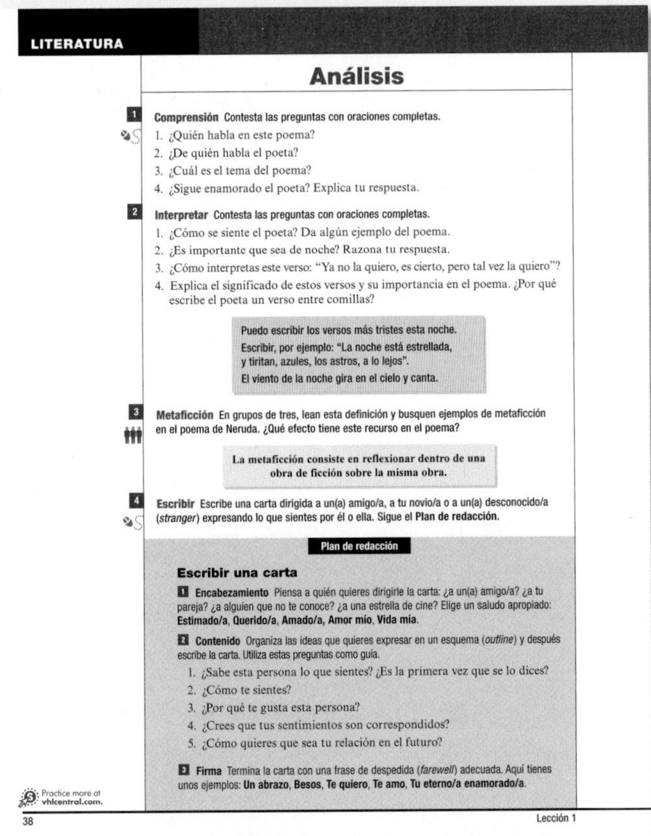

LITERATURA

Análisis

1 **Comprensión** Contesta las preguntas con oraciones completas.

1. ¿Quién habla en este poema?
2. ¿De quién habla el poeta?
3. ¿Cuál es el tema del poema?
4. ¿Sigue enamorado el poeta? Explica tu respuesta.

2 **Interpretar** Contesta las preguntas con oraciones completas.

1. ¿Cómo se siente el poeta? Da algún ejemplo del poema.
2. ¿Es importante que sea de noche? Razona tu respuesta.
3. ¿Cómo interpretas este verso: "Ya no la quiero, es cierto, pero tal vez la quiero"?
4. Explica el significado de estos versos y su importancia en el poema. ¿Por qué escribe el poeta un verso entre comillas?

> Puedo escribir los versos más tristes esta noche.
> Escribir, por ejemplo: "La noche está estrellada,
> y tiritan, azules, los astros, a lo lejos".
> El viento de la noche gira en el cielo y canta.

3 **Metaficción** En grupos de tres, lean esta definición y busquen ejemplos de metaficción en el poema de Neruda. ¿Qué efecto tiene este recurso en el poema?

> **La metaficción consiste en reflexionar dentro de una obra de ficción sobre la misma obra.**

4 **Escribir** Escribe una carta dirigida a un(a) amigo/a, a tu novio/a o a un(a) desconocido/a (*stranger*) expresando lo que sientes por él o ella. Sigue el **Plan de redacción**.

Plan de redacción

Escribir una carta

1 **Encabezamiento** Piensa a quién quieres dirigirle la carta: ¿a un(a) amigo/a? ¿a tu pareja? ¿a alguien que no te conoce? ¿a una estrella de cine? Elige un saludo apropiado: **Estimado/a**, **Querido/a**, **Amado/a**, **Amor mío**, **Vida mía**.

2 **Contenido** Organiza las ideas que quieres expresar en un esquema (*outline*) y después escribe la carta. Utiliza estas preguntas como guía.

1. ¿Sabe esta persona lo que sientes? ¿Es la primera vez que se lo dices?
2. ¿Cómo te sientes?
3. ¿Por qué te gusta esta persona?
4. ¿Crees que tus sentimientos son correspondidos?
5. ¿Cómo quieres que sea tu relación en el futuro?

3 **Firma** Termina la carta con una frase de despedida (*farewell*) adecuada. Aquí tienes unos ejemplos: **Un abrazo**, **Besos**, **Te quiero**, **Te amo**, **Tu eterno/a enamorado/a**.

Practice more at vhlcentral.com.

38 Lección 1

Preparación Vocabulary presentation and practice, author biographies, and pre-reading discussion activities prepare you for the reading.

Análisis Post-reading activities check your understanding and guide you to discuss the topic of the reading, express your opinions, and explore how it relates to your own experiences.

Plan de redacción A guided writing assignment concludes every **Literatura** section.

Supersite

- Textbook activities with auto-grading
- Additional online-only comprehension activities
- **Sobre el autor** reading
- **Conexión Internet** cultural research activity

VOCABULARIO

summarizes the active vocabulary in each lesson.

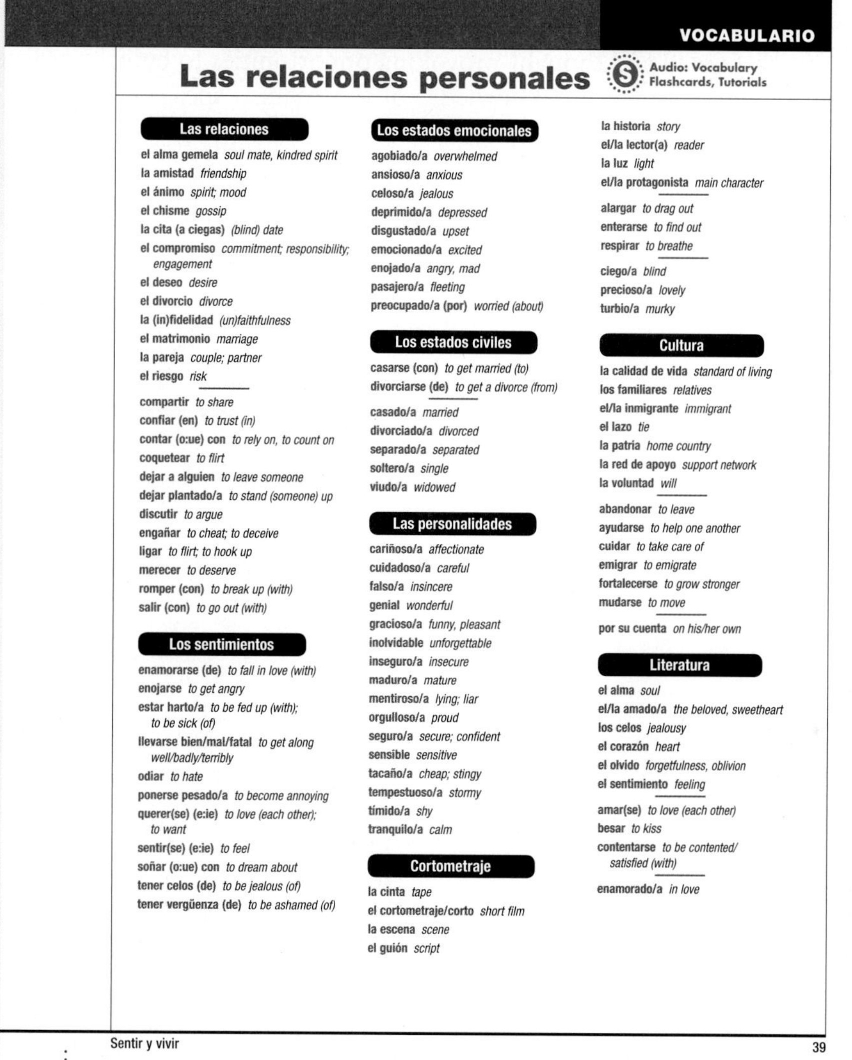

VOCABULARIO

Las relaciones personales

Audio: Vocabulary Flashcards, Tutorials

Las relaciones

el alma gemela *soul mate, kindred spirit*
la amistad *friendship*
el ánimo *spirit; mood*
el chisme *gossip*
la cita (a ciegas) *(blind) date*
el compromiso *commitment; responsibility; engagement*
el deseo *desire*
el divorcio *divorce*
la (in)fidelidad *(un)faithfulness*
el matrimonio *marriage*
la pareja *couple; partner*
el riesgo *risk*

compartir *to share*
confiar (en) *to trust (in)*
contar (o:ue) con *to rely on, to count on*
coquetear *to flirt*
dejar a alguien *to leave someone*
dejar plantado/a *to stand (someone) up*
discutir *to argue*
engañar *to cheat; to deceive*
ligar *to flirt; to hook up*
merecer *to deserve*
romper (con) *to break up (with)*
salir (con) *to go out (with)*

Los sentimientos

enamorarse (de) *to fall in love (with)*
enojarse *to get angry*
estar harto/a *to be fed up (with); to be sick (of)*
llevarse bien/mal/fatal *to get along well/badly/terribly*
odiar *to hate*
ponerse pesado/a *to become annoying*
querer(se) (e:ie) *to love (each other); to want*
sentir(se) (e:ie) *to feel*
soñar (o:ue) con *to dream about*
tener celos (de) *to be jealous (of)*
tener vergüenza (de) *to be ashamed (of)*

Los estados emocionales

agobiado/a *overwhelmed*
ansioso/a *anxious*
celoso/a *jealous*
deprimido/a *depressed*
disgustado/a *upset*
emocionado/a *excited*
enojado/a *angry, mad*
pasajero/a *fleeting*
preocupado/a (por) *worried (about)*

Los estados civiles

casarse (con) *to get married (to)*
divorciarse (de) *to get a divorce (from)*

casado/a *married*
divorciado/a *divorced*
separado/a *separated*
soltero/a *single*
viudo/a *widowed*

Las personalidades

cariñoso/a *affectionate*
cuidadoso/a *careful*
falso/a *insincere*
genial *wonderful*
gracioso/a *funny, pleasant*
inolvidable *unforgettable*
inseguro/a *insecure*
maduro/a *mature*
mentiroso/a *lying; liar*
orgulloso/a *proud*
seguro/a *secure; confident*
sensible *sensitive*
tacaño/a *cheap; stingy*
tempestuoso/a *stormy*
tímido/a *shy*
tranquilo/a *calm*

Cortometraje

la cinta *tape*
el cortometraje/corto *short film*
la escena *scene*
el guión *script*
la historia *story*
el/la lector(a) *reader*
la luz *light*
el/la protagonista *main character*

alargar *to drag out*
enterarse *to find out*
respirar *to breathe*

ciego/a *blind*
precioso/a *lovely*
turbio/a *murky*

Cultura

la calidad de vida *standard of living*
los familiares *relatives*
el/la inmigrante *immigrant*
el lazo *tie*
la patria *home country*
la red de apoyo *support network*
la voluntad *will*

abandonar *to leave*
ayudarse *to help one another*
cuidar *to take care of*
emigrar *to emigrate*
fortalecerse *to grow stronger*
mudarse *to move*

por su cuenta *on his/her own*

Literatura

el alma *soul*
el/la amado/a *the beloved, sweetheart*
los celos *jealousy*
el corazón *heart*
el olvido *forgetfulness, oblivion*
el sentimiento *feeling*

amar(se) *to love (each other)*
besar *to kiss*
contentarse *to be contented/satisfied (with)*

enamorado/a *in love*

Sentir y vivir 39

Vocabulary All the lesson's active vocabulary is brought together, grouped in easy-to-study thematic lists and tied to the lesson section in which it was presented.

Supersite

- Audio recordings of all vocabulary items
- Vocabulary flashcards
- Supplementary grammar tutorials

The ENLACES Film Collection

Fully integrated with your textbook, the **ENLACES** Film Collection features dramatic short films by Hispanic filmmakers. The films are a central feature of the lesson, providing opportunities to review and recycle vocabulary from **Para empezar**, and previewing and contextualizing the grammar presented in **Estructuras**.

These films offer entertaining and thought-provoking opportunities to build your listening comprehension skills and your cultural knowledge of the Spanish-speaking world.

Besides providing entertainment, the films serve as a useful learning tool. As you watch the films, you will observe characters interacting in various situations, using real-world language that reflects the lesson themes as well as the vocabulary and grammar you are studying.

Film Synopses

LECCIÓN 1

Di algo

(Spain: 15 minutes)

A young blind woman falls in love with a man. The only problem is that she has never met him; she's fallen in love with the sound of his voice.

LECCIÓN 2

Adiós mamá

(Mexico: 8 minutes)

In this award-winning short film, a man is grocery shopping alone on an ordinary day when a chance meeting makes him the focus of an elderly woman's existential conflict.

LECCIÓN 3

Rincón de Venezuela

(Venezuela/U.S.A: 19 minutes)

It's enough of a struggle for one immigrant family to keep their restaurant afloat without having to worry about the political leanings of their patrons.

LECCIÓN 4

Recursos humanos

(Spain: 14 minutes)

A woman goes on a job interview. But her interviewer isn't who he appears to be.

LECCIÓN 5

Hiyab

(Spain: 8 minutes)

On her first day at a new school, Fátima is confronted by a teacher who is concerned that her headscarf will make her stand out. How far will Fátima go to fit in?

LECCIÓN 6

Un pedazo de tierra

(Mexico/U.S.A./Argentina: 24 minutes)

In honoring their great-great-grandfather's dying wish, two brothers learn a little more about themselves and the people who came before them.

Ancillaries

Student Activities Manual (SAM)

The **Student Activities Manual** consists of two parts: the **Workbook** and the **Lab Manual**.

- **Workbook**
  The Workbook activities provide additional practice of the vocabulary and grammar for each textbook lesson. They also reinforce the content of the **Imagina** section.

- **Lab Manual**
  The **Lab Manual** activities focus on building your pronunciation and listening comprehension skills in Spanish. They provide additional practice of the vocabulary and grammar of each lesson. They also revisit the **Literatura** reading with dramatic recordings and activities.

WebSAM

Completely integrated with the **ENLACES** Supersite, the **WebSAM** provides access to online workbook and lab manual activities with instant feedback and grading for select activities. The complete audio program is online in the **Lab Manual** and features record-submit functionality for select activities.

The MP3 files can be downloaded from the **ENLACES** Supersite and can be played on your computer, portable MP3 player or mobile device.

Student Activities Manual Answer Key

This component, available upon instructor request, includes answers for all activities with discrete answers in the **Workbook** and **Lab Manual**.

The ENLACES Story

You might notice that **ENLACES: nivel intermedio • curso intensivo** shares the look and feel of another Vista Higher Learning title, **IMAGINA: español sin barreras**, also by José A. Blanco and C. Cecilia Tocaimaza-Hatch. **IMAGINA** is a ten-lesson intermediate Spanish program designed to be used over two semesters.

After **IMAGINA** was published, students and instructors got in touch with VHL and requested a shorter version of **IMAGINA**, for use in a one-semester course. And so VHL published **SUEÑA**, a shorter version of **IMAGINA**, with only 6 lessons.

But our work was not yet done! Students, instructors and VHL's Modern Language Specialists reported that they wanted a real fourth-semester intermediate program —one to use after three semesters of introductory Spanish coursework.

This is how **ENLACES** came to be! **ENLACES** is brief enough, at six lessons, to be used over one semester, and there is minimal review of introductory-level material. Vocabulary is presented in a new way in **ENLACES**: the blog gives students a contextualized reading experience. Intermediate students should be able to infer the meaning of unknown words or expressions. Grammar topics have been carefully selected, consolidated, and organized to eliminate review of introductory topics. The **Cortometraje** section has been shortened somewhat to four pages. Cultural readings in the **Imagina** and **Cultura** sections, along with TV clips, continue to provide access to high-interest and authentic aspects of the Spanish-speaking world.

Since our founding in 2000, VHL has relied on the continuous and invaluable feedback from language instructors and students nationwide. This partnership has proved to be the cornerstone of our success by allowing us to constantly improve our programs to meet your instructional needs.

In particular we would like to thank Próspero N. García, contributing writer, at Rutgers University, along with other professors who reviewed early drafts of the the plans for grammar sequencing of **ENLACES**, namely: Jerry Miner at Knox College, and Pedro Gómez and Casilde Isabelli at the University of Nevada, Reno.

We hope you enjoy studying with **ENLACES**!

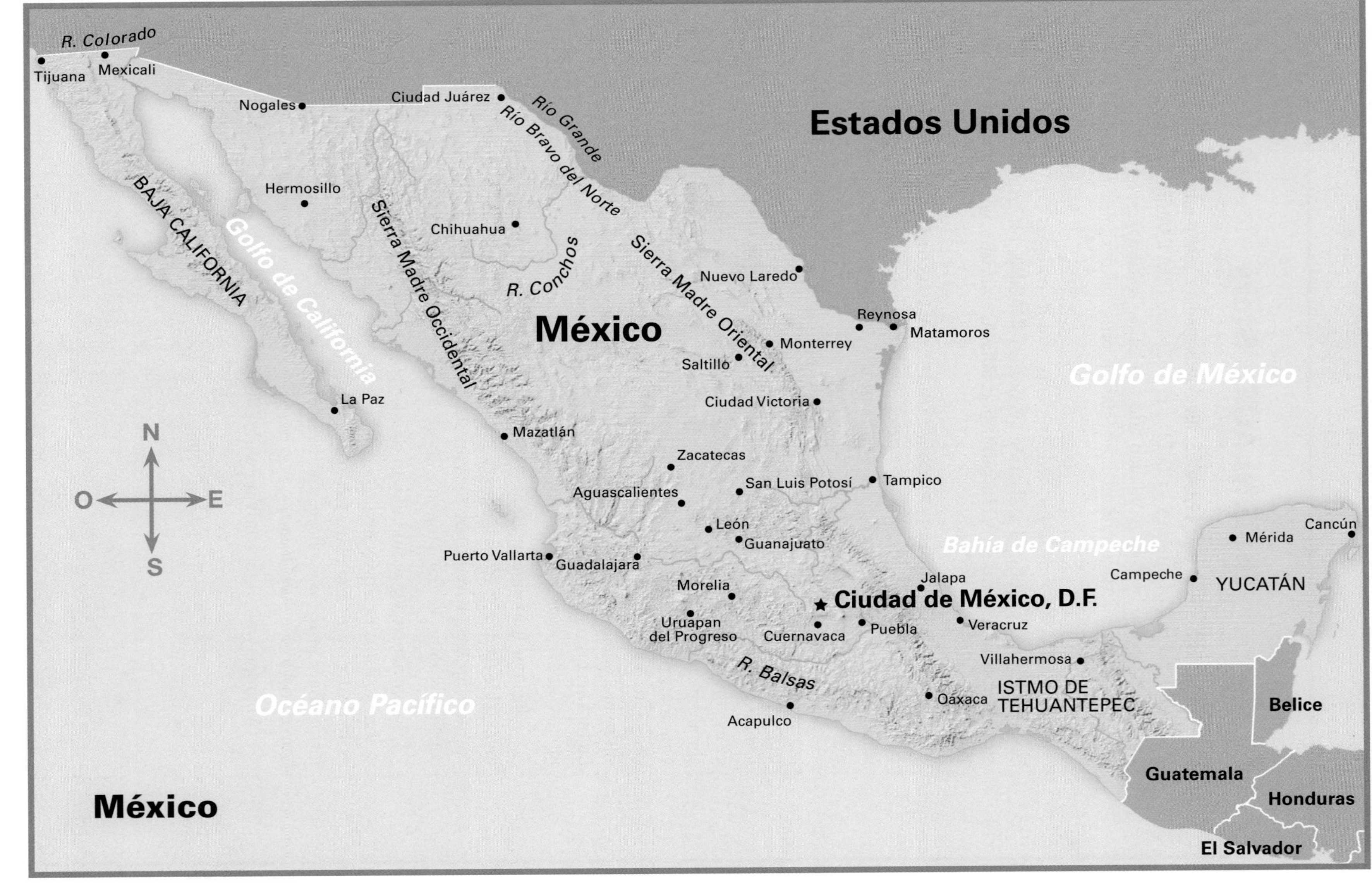

R. Colorado
Tijuana
Mexicali
Nogales
Ciudad Juárez
Río Grande
Río Bravo del Norte
Estados Unidos
BAJA CALIFORNIA
Golfo de California
Hermosillo
Sierra Madre Occidental
Chihuahua
R. Conchos
Sierra Madre Oriental
Nuevo Laredo
Reynosa
Matamoros
México
Monterrey
Saltillo
Golfo de México
La Paz
Ciudad Victoria
N
Mazatlán
Zacatecas
San Luis Potosí
Tampico
O
E
Aguascalientes
León
Cancún
Mérida
Bahía de Campeche
Guanajuato
S
Puerto Vallarta
Guadalajara
Campeche
YUCATÁN
Jalapa
Morelia
Ciudad de México, D.F.
Uruapan del Progreso
Cuernavaca
Puebla
Veracruz
Villahermosa
R. Balsas
ISTMO DE TEHUANTEPEC
Océano Pacífico
Oaxaca
Belice
Acapulco
Guatemala
Honduras
El Salvador

México

América Central y el Caribe
N
O
E
S
Estados Unidos
Golfo de México
Océano Atlántico
Estrechos de la Florida
Canal de Yucatán
Islas Bahamas
La Habana
Matanzas
Pinar del Río
Cienfuegos
Cuba
Camagüey
Guantánamo
Santiago de Cuba
República Dominicana
Haití
Puerto Príncipe
Santo Domingo
Puerto Rico
San Juan
Mayagüez
Ponce
Jamaica
Kingston
México
Belice
Belmopán
Guatemala
Cobán
Quetzaltenango
Ciudad de Guatemala
Honduras
Tegucigalpa
San Salvador
El Salvador
Nicaragua
Managua
Mar Caribe
Islas Vírgenes (EE.UU.)
Antigua y Barbuda
Antillas Menores
Guadalupe (Francia)
Dominica
Martinica (Francia)
Sta. Lucía
San Vicente y las Granadinas
Barbados
Aruba (Países Bajos)
Bonaire(Países Bajos)
Curaçao (Países Bajos)
Granada
Isla de Margarita
Trinidad y Tobago
Puerto España
Puntarenas
San José
Puerto Limón
Colón
Canal de Panamá
Ciudad de Panamá
Costa Rica
Panamá
Océano Pacífico
Colombia
Venezuela

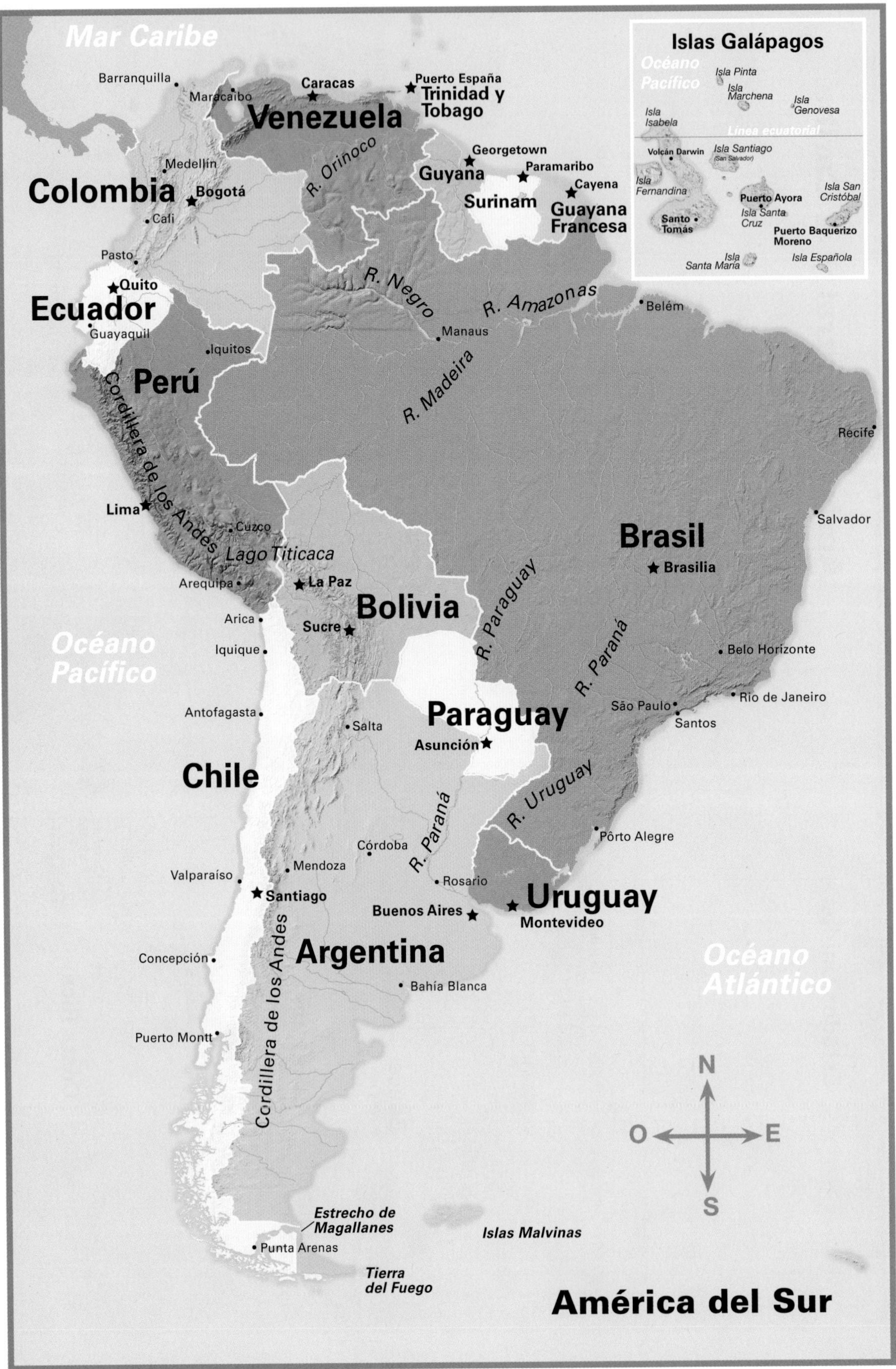

Mar Caribe
Barranquilla
Maracaibo
Caracas
Puerto España
Trinidad y Tobago
Venezuela
R. Orinoco
Georgetown
Paramaribo
Cayena
Guyana
Surinam
Guayana Francesa
Medellín
Colombia
Bogotá
Cali
Pasto
Quito
Ecuador
Guayaquil
Iquitos
Perú
R. Negro
R. Amazonas
Belém
Manaus
R. Madeira
Recife
Cordillera de los Andes
Lima
Cuzco
Lago Titicaca
Arequipa
La Paz
Bolivia
Sucre
Brasil
Brasilia
Salvador
R. Paraguay
R. Paraná
Belo Horizonte
Arica
Iquique
Océano Pacífico
Antofagasta
Salta
Paraguay
Asunción
São Paulo
Santos
Río de Janeiro
Chile
R. Uruguay
Pôrto Alegre
Córdoba
R. Paraná
Mendoza
Valparaíso
Santiago
Rosario
Buenos Aires
Uruguay
Montevideo
Argentina
Concepción
Bahía Blanca
Océano Atlántico
Puerto Montt
Cordillera de los Andes
N
O
E
S
Estrecho de Magallanes
Islas Malvinas
Punta Arenas
Tierra del Fuego
América del Sur
Islas Galápagos
Océano Pacífico
Isla Pinta
Isla Marchena
Isla Genovesa
Isla Isabela
Línea ecuatorial
Volcán Darwin
Isla Santiago (San Salvador)
Isla Fernandina
Puerto Ayora
Isla Santa Cruz
Isla San Cristóbal
Santo Tomás
Puerto Baquerizo Moreno
Isla Santa María
Isla Española

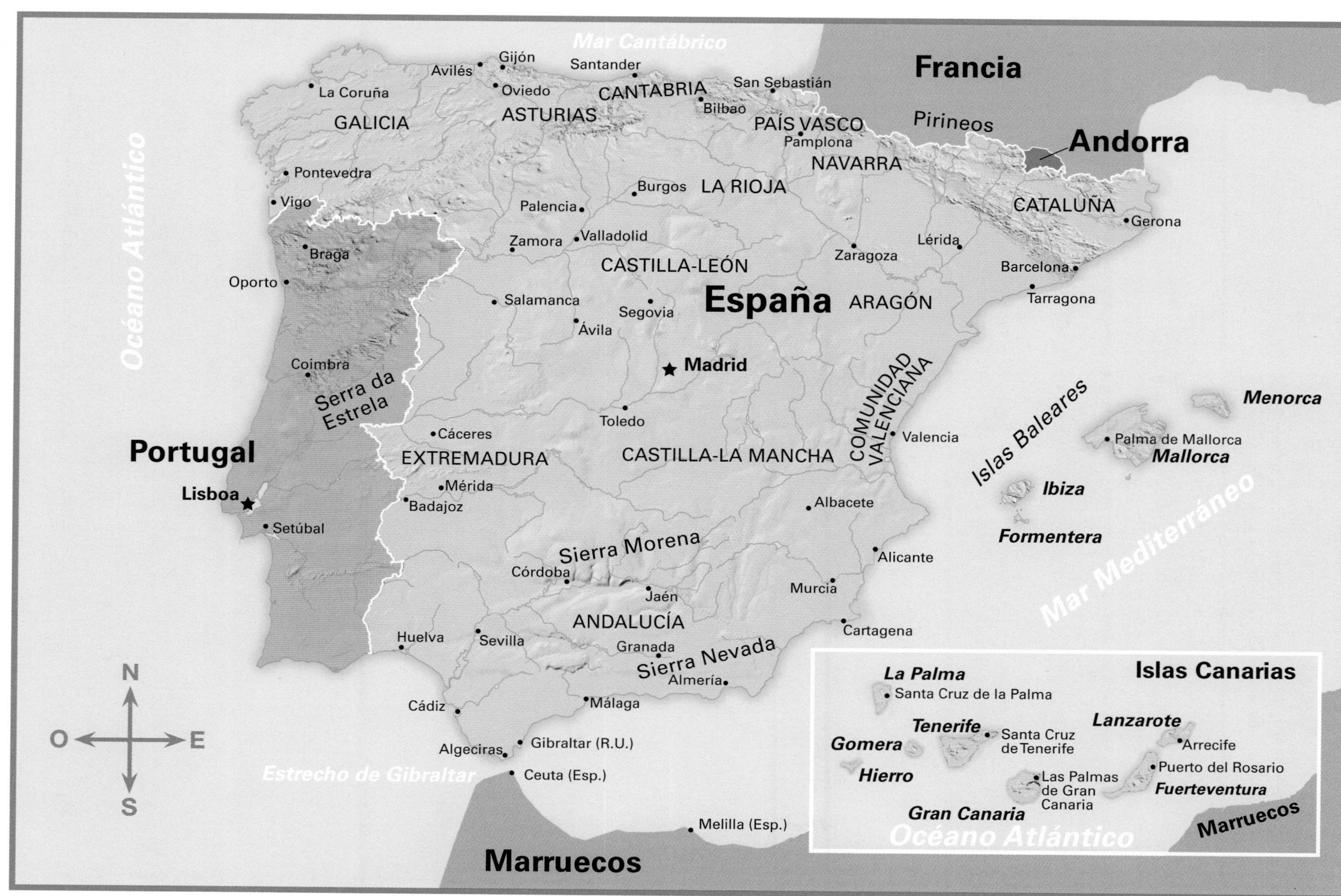

Mar Cantábrico
Francia
Andorra
Pirineos
Océano Atlántico
Gijón
Avilés
Santander
San Sebastián
La Coruña
Oviedo
CANTABRIA
Bilbao
GALICIA
ASTURIAS
PAÍS VASCO
Pamplona
NAVARRA
Pontevedra
Burgos
LA RIOJA
Vigo
Palencia
CATALUÑA
Gerona
Zamora
Valladolid
Lérida
Braga
CASTILLA-LEÓN
Zaragoza
Barcelona
Oporto
Tarragona
Salamanca
España
ARAGÓN
Segovia
Ávila
Madrid
Coimbra
Serra da Estrela
COMUNIDAD VALENCIANA
Islas Baleares
Menorca
Toledo
Cáceres
Valencia
Palma de Mallorca
Mallorca
Portugal
EXTREMADURA
CASTILLA-LA MANCHA
Lisboa
Mérida
Ibiza
Badajoz
Albacete
Setúbal
Formentera
Sierra Morena
Mar Mediterráneo
Alicante
Córdoba
Jaén
Murcia
ANDALUCÍA
Huelva
Sevilla
Cartagena
Granada
Sierra Nevada
Almería
N
O
E
S
Cádiz
Málaga
Algeciras
Gibraltar (R.U.)
Estrecho de Gibraltar
Ceuta (Esp.)
Melilla (Esp.)
Marruecos
Islas Canarias
La Palma
Santa Cruz de la Palma
Tenerife
Santa Cruz de Tenerife
Lanzarote
Arrecife
Gomera
Hierro
Las Palmas de Gran Canaria
Puerto del Rosario
Fuerteventura
Gran Canaria
Océano Atlántico
Marruecos

ENLACES

nivel intermedio | curso intensivo

LECCIÓN 1

Sentir y vivir

El deseo de vivir y el instinto de supervivencia son razón suficiente para seguir adelante. Ésta es una de las cualidades que compartimos los seres humanos independientemente de nuestras circunstancias, nuestros sueños o nuestros objetivos. Gracias a esa motivación nos lanzamos, enamorados, desilusionados, indecisos, a vivir sin tenerle miedo al futuro.

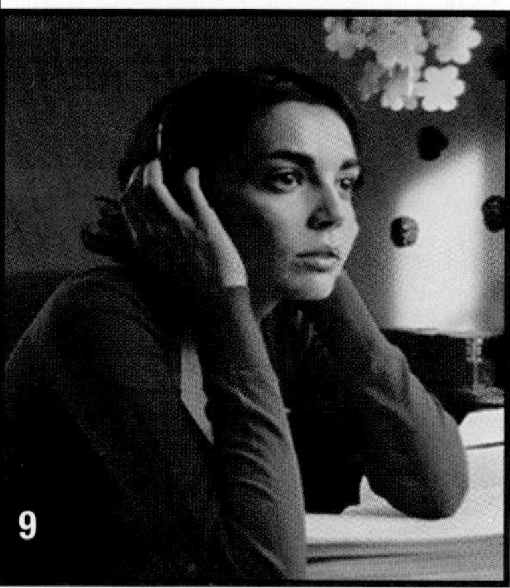
9

32

Blog de un catalán en Colombia

Datos personales

Mi nombre es Javier y nací en Barcelona el 27 de junio de 1988. Vivo en Medellín desde hace dos años. Estudio Administración de Negocios en la EAFIT. Me encanta salir con mis amigos y tocar la guitarra. Mi frase favorita es "Nunca es triste la verdad, lo que no tiene es remedio", de Serrat. Me llevo fatal con las personas falsas y con el análisis matemático. En este blog cuento mis aventuras cotidianas y un montón de cosas que no le interesan a nadie... pero, al fin y al cabo, es mi blog.

Entradas recientes

¡Mi propia madre me ha dejado plantado!

¿No estás harto de los vendedores telefónicos?

Me quiere, no me quiere...

Tres recetas simples para mejorar el ánimo

El problema de las amistades pasajeras

Una cita (in)olvidable

24 de octubre 10:13 por Javier

Anoche tuve una cita a ciegas. Yo no estaba muy emocionado con la idea, pero mi amiga Noelia —preocupada porque no he salido con nadie desde que rompí con Antonia— se puso pesada. Entonces, por el bien de nuestra amistad, acepté cenar en un restaurante del parque Lleras con Rachel, una estudiante estadounidense de Psicología.

La chica genial y graciosa que Noelia me había descrito no se parecía en nada a esa muchacha aburrida con la que pasé dos horas eternas. ¿Puedes creer que no dejó de hablar de su ex novio? ¡Ni siquiera probó la comida! Me contó que el tipo era inseguro (no sabía tomar decisiones), tacaño (nunca le regaló nada) y mentiroso "como todos" (¡gracias por el cumplido!). También me dijo que la había engañado con otra chica. Mientras escuchaba los chismes de la tempestuosa pareja de Rachel, no dejaba de preguntarme qué había hecho yo para merecer ese castigo. ¿Acaso Noelia me odia?

¡Por suerte, la bandeja paisa estaba riquísima!

Comentarios

Carlos R.
Caracas,
Venezuela

Carlos dice:
24 de octubre 22:28

Sé cómo te sientes, Javier. Quedé bastante deprimido después de mi última cita a ciegas. Estábamos compartiendo una noche bien divertida en un bar cuando, de repente, apareció un muchacho con cara de enojado. Me preguntó qué estaba haciendo yo con "su novia". Me levanté y salí corriendo del bar, mientras ellos se quedaron allí discutiendo. ¡Increíble!

Gabriela F.
Puebla,
México

Gabriela dice:
24 de octubre 23:40

¡Vaya! ¡Qué mala suerte tuviste, Javier! ☹ A mí me encantan las citas a ciegas. Es cierto que pueden salir mal, pero opino que hay que correr el riesgo. ¿Un consejo? Es mejor tener siempre un plan B. La próxima vez pídele a un amigo que te llame al celular durante la cita. Así podrás desaparecer con una excusa si la chica no te parece interesante.

Nicolás C.
Córdoba,
Argentina

Nicolás dice:
25 de octubre 01:16

Javier, me sorprende lo que cuentas porque acá en Córdoba la gente de nuestra edad suele conocer gente por Internet. Yo mismo me enamoré de una chica que conocí de esa manera. Hace dos años que salimos y nos llevamos muy bien. Por supuesto, debes ser cuidadoso porque en Internet encuentras de todo: chicas que coquetean con varios hombres a la vez, mujeres casadas que dicen que son solteras... Pero eso también puede suceder en una discoteca, ¿no es cierto?

Análisis

Clasificar Lee el blog de Javier y las respuestas de los lectores. Escribe las palabras y expresiones que asocias con estas categorías.

- las relaciones
- los estados emocionales
- los estados civiles
- las personalidades

Expresiones útiles Fíjate en estas expresiones que Javier y sus amigos usan para expresar sorpresa.

¿Puedes creer que...?	¡Vaya!
¡Increíble!	Me sorprende...

Aquí tienes otras palabras y expresiones con las que puedes expresar lo mismo:

¡No me digas!	Me extraña...
¿De verdad?	Me parece raro...
¿En serio?	

Busca en el blog las expresiones del primer recuadro y reescribe las oraciones usando las expresiones del segundo recuadro.

Etiquetas En parejas, elijan al menos seis etiquetas (*tags*) para esta entrada del blog.

______ ______ ______
______ ______ ______

Tu reacción Piensa en una respuesta para el blog de Javier. Luego escribe por lo menos cinco oraciones usando algunas de las palabras y expresiones que has aprendido.

Escribe un comentario...

Publicar

Las relaciones personales

Las relaciones

el alma gemela *soul mate, kindred spirit*
la amistad *friendship*

el ánimo *spirit; mood*
el chisme *gossip*
la cita (a ciegas) *(blind) date*
el compromiso *commitment; responsibility; engagement*
el deseo *desire*
el divorcio *divorce*
la (in)fidelidad *(un)faithfulness*
el matrimonio *marriage*
la pareja *couple; partner*
el riesgo *risk*

compartir *to share*
confiar (en) *to trust (in)*
contar (o:ue) con *to rely on, to count on*
coquetear *to flirt*
dejar a alguien *to leave someone*
dejar plantado/a *to stand (someone) up*
discutir *to argue*

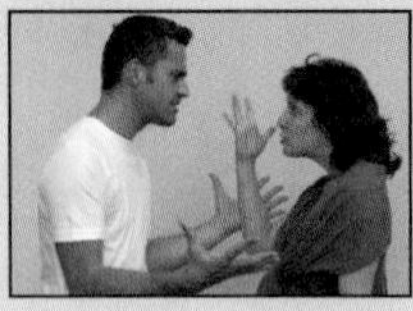

engañar *to cheat; to deceive*
ligar *to flirt; to hook up*
merecer *to deserve*
romper (con) *to break up (with)*
salir (con) *to go out (with)*

Los sentimientos

enamorarse (de) *to fall in love (with)*
enojarse *to get angry*
estar harto/a *to be fed up (with); to be sick (of)*
llevarse bien/mal/fatal *to get along well/badly/terribly*
odiar *to hate*
ponerse pesado/a *to become annoying*
querer(se) (e:ie) *to love (each other); to want*
sentir(se) (e:ie) *to feel*
soñar (o:ue) con *to dream about*

tener celos (de) *to be jealous (of)*
tener vergüenza (de) *to be ashamed (of)*

Los estados emocionales

agobiado/a *overwhelmed*
ansioso/a *anxious*
celoso/a *jealous*

deprimido/a *depressed*
disgustado/a *upset*
emocionado/a *excited*
enojado/a *angry, mad*
pasajero/a *fleeting*
preocupado/a (por) *worried (about)*

Los estados civiles

casarse (con) *get married (to)*
divorciarse (de) *to get a divorce (from)*

casado/a *married*
divorciado/a *divorced*

separado/a *separated*
soltero/a *single*
viudo/a *widowed*

Las personalidades

cariñoso/a *affectionate*

cuidadoso/a *careful*
falso/a *insincere*
genial *wonderful*
gracioso/a *funny, pleasant*
inolvidable *unforgettable*
inseguro/a *insecure*
maduro/a *mature*
mentiroso/a *lying; liar*
orgulloso/a *proud*
seguro/a *secure; confident*
sensible *sensitive*
tacaño/a *cheap; stingy*
tempestuoso/a *stormy*
tímido/a *shy*
tranquilo/a *calm*

Práctica

1 **Definiciones** Completa las oraciones con el adjetivo correcto.

1. Miente para mantener las apariencias. Es ____.
2. Murió su mujer y vive solo. Es ____.
3. No le gusta gastar su dinero. Es ____.
4. Se siente mal y está triste. Está ____.
5. No vive con su esposa. Está ____.
6. Tiene pánico al examen de mañana. Está ____.

a. tacaño
b. falso
c. deprimido
d. viudo
e. ansioso
f. gracioso
g. separado

2 **Identificar** Indica qué palabra no pertenece al grupo.

1. deprimido • tranquilo • preocupado • enojado
2. ligar • discutir • enamorarse • coquetear
3. pareja • compromiso • ánimo • matrimonio
4. casado • disgustado • viudo • soltero
5. inseguro • fabuloso • maravilloso • genial
6. almas gemelas • pareja • chisme • matrimonio

3 **¿Cómo eres?** Trabaja con un(a) compañero/a.

A. Contesta las preguntas del test.

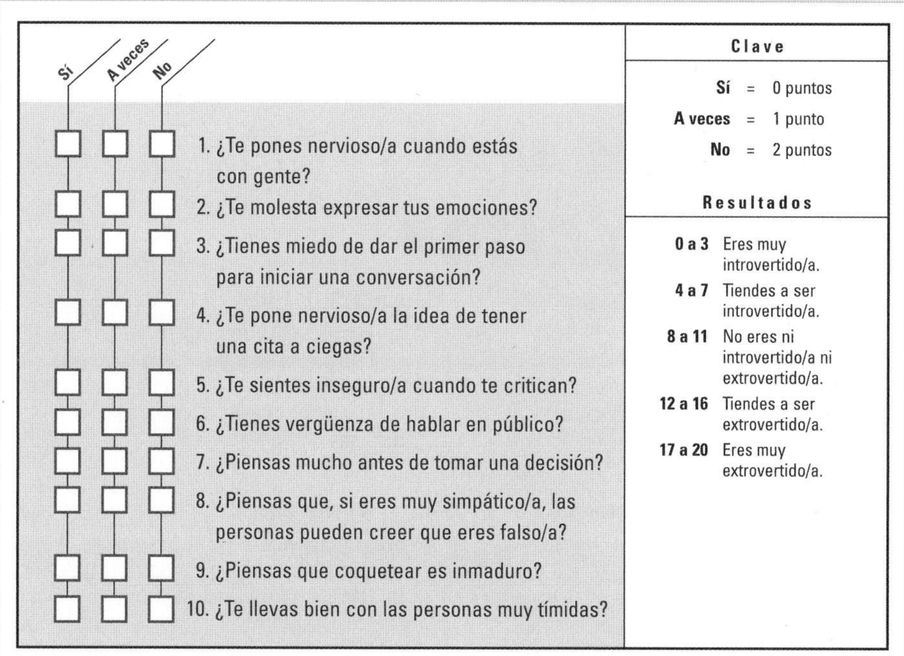

Sí	A veces	No	
☐	☐	☐	1. ¿Te pones nervioso/a cuando estás con gente?
☐	☐	☐	2. ¿Te molesta expresar tus emociones?
☐	☐	☐	3. ¿Tienes miedo de dar el primer paso para iniciar una conversación?
☐	☐	☐	4. ¿Te pone nervioso/a la idea de tener una cita a ciegas?
☐	☐	☐	5. ¿Te sientes inseguro/a cuando te critican?
☐	☐	☐	6. ¿Tienes vergüenza de hablar en público?
☐	☐	☐	7. ¿Piensas mucho antes de tomar una decisión?
☐	☐	☐	8. ¿Piensas que, si eres muy simpático/a, las personas pueden creer que eres falso/a?
☐	☐	☐	9. ¿Piensas que coquetear es inmaduro?
☐	☐	☐	10. ¿Te llevas bien con las personas muy tímidas?

Clave

Sí = 0 puntos
A veces = 1 punto
No = 2 puntos

Resultados

0 a 3	Eres muy introvertido/a.
4 a 7	Tiendes a ser introvertido/a.
8 a 11	No eres ni introvertido/a ni extrovertido/a.
12 a 16	Tiendes a ser extrovertido/a.
17 a 20	Eres muy extrovertido/a.

B. Ahora suma (*add up*) los puntos. ¿Cuál es el resultado? ¿Estás de acuerdo? Comenta tu resultado y tu opinión con tu compañero/a.

Practice more at **vhlcentral.com.**

Preparación

Vocabulario del corto	Vocabulario útil
alargar *to drag out*	**ciego/a** *blind*
la cinta *tape*	**el cortometraje/corto** *short film*
enterarse *to find out*	**la escena** *scene*
la luz *light*	**el guión** *script*
precioso/a *lovely*	**la historia** *story*
respirar *to breathe*	**el/la lector(a)** *reader*
turbio/a *murky*	**el/la protagonista** *main character*

EXPRESIONES

A lo mejor... *Maybe...*

Me he entretenido. *I got held up.*

1 Vocabulario Completa las oraciones.

1. Cuando hay tormenta, parece que la noche se __________ infinitamente.
2. Mucha gente le teme a la oscuridad y no puede __________ tranquila hasta que enciende la __________.
3. Finalmente hoy __________ de que fue la bibliotecaria quien se llevó las __________ con las grabaciones de las entrevistas.
4. Cerca del bosque hay un lago que antes era __________, pero ahora el agua está muy __________ porque está contaminada.

2 Tú y las citas

A. Completa el test sobre el mundo de las citas.

Tú y las citas

1. **Si acabas de conocer a una persona que te gusta:**
   - **a.** La invitas a salir.
   - **b.** La sigues secretamente durante varios días para ver cómo se comporta.
   - **c.** Te escondes en un rincón y la admiras desde lejos.
2. **Un amigo te propone presentarte a alguien que conoce:**
   - **a.** Aceptas enseguida.
   - **b.** Haces muchas preguntas sobre la persona antes de decidir.
   - **c.** Dices que no: las citas con extraños te ponen nervioso/a.
3. **Antes de una cita:**
   - **a.** Vas a comprar ropa nueva y te arreglas bien para causar una buena impresión.
   - **b.** Le pides a un par de amigos/as que vayan al mismo restaurante, por si acaso.
   - **c.** Te da un ataque de nervios y casi llamas para cancelar.
4. **En la conversación:**
   - **a.** Muestras interés por la otra persona, le cuentas acerca de ti y actúas tal como eres.
   - **b.** Haces más preguntas de las que tú contestas.
   - **c.** Evitas contar mucho sobre ti. Prefieres guardar información para una segunda cita.

B. En parejas, comparen sus respuestas. ¿Tienen actitudes similares o son muy diferentes? ¿Por qué?

1er Premio
Tiflos de Cine
Corto Audesc
ONCE

Di algo

Una producción de ENIGMA FILMS/EL MÉDANO PRODUCCIONES/LORELEI
Guión y Dirección LUIS DELTELL Jefe de Producción RAFAEL LINARES
Dirección de Fotografía JAVIER BILBAO Montaje JUANMA NOGALES
Dirección de Arte DAVID TEMPRANO Sonido MIGUEL ÁNGEL GALÁN
Actores VÍCTOR CLAVIJO/MARÍA BALLESTEROS/BLANCA NICOLÁS/ÁLVARO GARCÍA

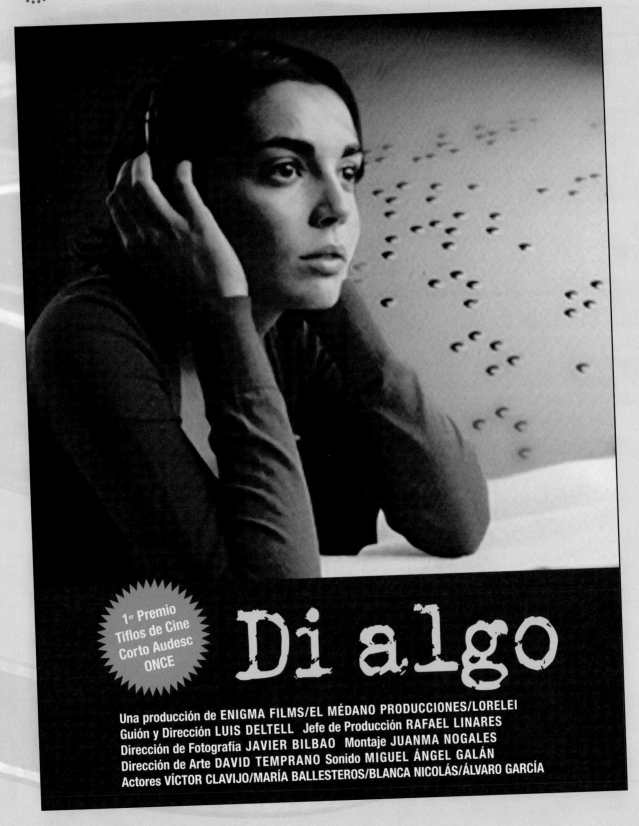

ESCENAS

ARGUMENTO *Una joven ciega se enamora de la voz de un hombre que escucha en grabaciones. Cuando se acaban las cintas, ella busca otra manera de seguir escuchando su voz.*

VOZ DE PABLO "Menos tu vientre, todo es confuso, fugaz, pasado, baldío, turbio..."

IRENE Quería información sobre el lector 657... ¿No me podrías conseguir su número de teléfono?
BIBLIOTECARIA No puedo, Irene; eso está prohibido.

GUARDIA ¡Espera! ¿Estás bien?
IRENE Sí, sí, muchas gracias; es que me he entretenido.

PABLO ¿Sí? ¿Quién es? ¿Sí?
IRENE Di algo.

PABLO Todo el día esperando que me llame una chica que no conozco y que no habla... bueno, sí, que solamente dice: "Di algo".

PABLO ¿Hay alguien que esté pidiendo mis cintas?
BIBLIOTECARIA No sé, vamos a ver... Creo que un señor mayor... ¡ah!, y una chica también.

Nota CULTURAL

La ONCE

La ONCE (Organización Nacional de Ciegos Españoles) es una institución española que tiene como objetivo mejorar la calidad de vida de personas con deficiencia visual. Esta organización tiene centros de enseñanza y asociaciones artísticas por toda España. La principal recaudación de fondos° de la ONCE proviene de cupones° de lotería que los discapacitados venden en pequeños kioscos en todo el territorio español. La venta de cupones genera numerosos puestos de trabajo para estas personas.

recaudación de fondos *funding*
cupones *tickets*

Análisis

1 **Comprensión** **Indica si estas afirmaciones son ciertas o falsas. Luego, en parejas, corrijan las falsas.**

1. Irene no tiene el teléfono de Pablo, pero lo conoce en persona.
2. La bibliotecaria no le da el teléfono de Pablo porque dice que está prohibido.
3. Por la noche, Irene roba de la biblioteca la información sobre Pablo.
4. Irene le dice la verdad al guardia.
5. Pablo cree que la mujer que lo llama por teléfono y no le habla se llama Silvia.
6. Pablo encuentra a Irene por casualidad en la calle.

2 **Interpretación** **En parejas, contesten las preguntas.**

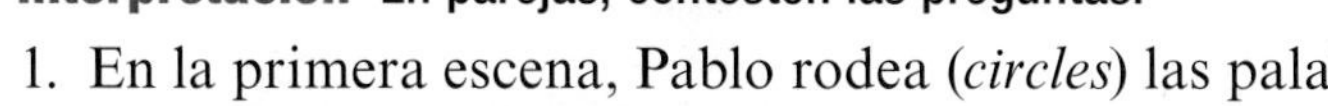

1. En la primera escena, Pablo rodea (*circles*) las palabras "confuso" y "turbio" en el poema que lee. ¿Por qué les parece que las destaca (*emphasizes*)?
2. Irene pide el número de teléfono de Pablo después de que la bibliotecaria le dice que no hay más cintas de él. ¿Cuál piensan que es su intención: conocer a Pablo o solamente escucharlo?
3. ¿Cómo es Pablo? Presten atención a las cosas que hay en su casa y a su forma de hablar y actuar.
4. ¿Por qué Irene sólo le dice "Di algo" y no le explica quién es? Imaginen sus razones y enumérenlas.
5. ¿Por qué Pablo se va cuando Irene se da cuenta de que él está sentado frente a ella? ¿Está esperando que ella haga algo o quiere escaparse?

3 **Diálogo** **En el ascensor, Pablo le dice a Irene: "Eres tú la que tiene que decir algo". Imaginen el diálogo que sigue a estas palabras y escríbanlo. Después, represéntenlo frente a la clase.**

4 **Escribir** **Elige una de las siguientes opciones y escribe una carta.**

- Imagina que te cruzas por la calle con alguien y te enamoras a primera vista, pero él/ella desaparece entre la gente y ahora quieres encontrarlo/a. Escribe una carta a un periódico describiéndolo/a; cuenta por qué lo/la buscas y pide ayuda a los lectores.
- Por un error al marcar un número de teléfono, conoces a alguien, empiezan a hablar y se enamoran. Después de un tiempo tienen una cita para conocerse personalmente, pero todo resulta un desastre: él/ella no se parece en nada a la idea que te formaste por su voz. Escribe una carta a un amigo o a una amiga contándole sobre la cita.

Practice more at **vhlcentral.com.**

IMAGINA

Cuando se presentó como candidato para gobernador de **California**, **Arnold Schwarzenegger** se despidió de los reporteros con una de sus famosas frases de la película *The Terminator*: ***"¡Hasta la vista, baby!"***. Miles y miles de niños pequeños repiten frases en español que aprendieron de *Dora, la exploradora*. Éstos no son ejemplos aislados. Hoy día, en todo el territorio de los **Estados Unidos**, personas de todas las edades, profesiones y razas utilizan frases en español, a veces sin saber que vienen de este idioma o incluso sin saber qué significan. Seguramente tú también has escuchado con frecuencia frases como: ***"Hola", "Mi casa es su casa", "Vamos", "Adiós, amigo"*** y muchas otras expresiones de boca de personas que no saben español.

¡EL ESPAÑOL ESTÁ DE MODA!

¿A qué debemos la creciente popularidad del español? La respuesta es sencilla[1]: la influencia del idioma español en la cultura y en la vida diaria de los **Estados Unidos** es cada día mayor. Hoy día, en los Estados Unidos viven más de 50 millones de hispanohablantes que utilizan el español a diario. Se calcula que para el año 2020 la población latina va a llegar a casi 60 millones. Además del hecho[2] de que el número de latinos ha aumentado, hay que señalar que la población latina está cada vez más dispersa por todo el país: podemos encontrar comunidades de hispanohablantes desde Florida hasta Alaska y desde Hawaii hasta Maine. Actualmente, por lo menos una de cada ocho personas en los Estados Unidos es de origen hispano.

Los efectos del rápido crecimiento de la población latina son palpables en la vida diaria de todos los habitantes de los Estados Unidos. ¿Cuántas veces el cajero automático[3] te dio la opción de escoger entre inglés y español? ¿Cuántas veces llamaste a un contestador automático[4] de atención al cliente y te dieron la opción de seguir el menú en español? ¿Has notado los anuncios[5] en español en aeropuertos, estaciones de tren, hospitales y otros lugares públicos?

Lo que es realmente significativo es el hecho de que millones de estadounidenses están aprendiendo español en escuelas y universidades de todo el país. En la actualidad[6], el 70% de los estudiantes de secundaria eligen español como segunda lengua y más de 860.000 estudiantes universitarios se matriculan[7] todos los años en cursos de español. De hecho, el español es el idioma más solicitado[8] en los departamentos de lenguas extranjeras. No queda duda de que el español es el idioma extranjero que tiene un mayor impacto en la cultura estadounidense actual, lo cual se refleja a diario en la calle, en el cine, en Internet y en los medios de comunicación en general.

Signos vitales

Los **Estados Unidos** se encuentran actualmente entre los cinco países con más hispanohablantes en el mundo. Algunos argumentan que la cantidad de hispanohablantes podría reducirse a medida que el inglés se convierte en el primer idioma de hijos y nietos de inmigrantes. Sin embargo, algunas estadísticas contradicen este argumento. Además, el número de hispanohablantes se mantiene vivo gracias a la constante inmigración.

1 *simple* 2 *fact* 3 *ATM* 4 *answering machine* 5 *notices* 6 *At present* 7 *enroll* 8 *in demand; popular*

El español en los Estados Unidos

Expresiones del español de uso común en inglés

Adiós, amigo.	*Goodbye, my friend.*
fiesta	*party, celebration, get-together*
gracias	*thank you*
Hasta la vista.	*See you later.*
Mi casa es su casa.	*My house is your house.*
número uno	*the best* (lit. *number one)*
plaza	*plaza; shopping mall*
pronto	*now; quick*
salsa	*sauce; Latin music*
sombrero	*hat*
Vamos.	*Let's go.*

Influencia del inglés en el español

Muchas palabras de uso común en español, especialmente palabras relacionadas con tecnología, están adaptadas del inglés.

chatear	*to chat (online)*
computadora	*computer*
escáner	*scanner*
esnob	*snob*
flirtear	*to flirt*
gol	*goal (in sports)*
marketing	mercadotecnia; *marketing*

Latinos en los EE.UU.

Jorge Ramos nació en la Ciudad de México el 16 de marzo de 1958. Desde noviembre de 1986, es el conductor[1] titular del **Noticiero Univisión** en los Estados Unidos. Es el personaje de la televisión estadounidense en español que más tiempo ha estado en el aire en un mismo programa o noticiero. Además de presentador, Ramos es columnista y autor.

America Ferrera nació en los Estados Unidos el 18 de abril de 1984, pero sus padres son de **Honduras**. Comenzó a actuar desde muy pequeña en la escuela, y luego pasó al cine y a la televisión. En 2007 ganó los premios **Globo de Oro**, **EMMY** y **Alma** por su papel de Betty Suárez en la serie *Ugly Betty*. En 2010 fue la voz de Astrid en *How to Train Your Dragon*.

César Pelli, arquitecto argentino graduado de la **Universidad de Tucumán** en 1949, viajó a los Estados Unidos en 1952 para realizar una maestría en Arquitectura en la Universidad de Illinois y luego se radicó[2] en este país. En 1977 creó su propia firma y ese mismo año fue nombrado decano[3] de la **Escuela de Arquitectura de Yale**, puesto que mantuvo hasta 1984. De su trabajo podemos mencionar el **World Financial Center** en **Nueva York**, las **Torres Petronas** en **Kuala Lumpur**, **Malasia** y la **terminal norte del aeropuerto Ronald Reagan National** de **Washington, D.C.**

Bill Richardson, gobernador de **Nuevo México** por dos períodos (2003–2006 y 2007–2010), es hijo de un estadounidense y una mexicana. Nació en los EE.UU. en 1947, pero pasó la infancia en la Ciudad de México. Realizó sus estudios secundarios y universitarios en Massachusetts. Su carrera política antes de ser gobernador incluye catorce años como representante en el Congreso, uno y medio como **Embajador ante las Naciones Unidas**, y dos y medio como Secretario de Energía. En 2011 fue nombrado enviado especial[4] para la **Organización de Estados Americanos** (OEA).

1 *anchor* 2 *settled* 3 *dean* 4 *special envoy*

GALERÍA DE CREADORES

LITERATURA Julia Álvarez

La escritora Julia Álvarez nació en Nueva York, pero pasó su niñez en la República Dominicana. Su familia se exilió en los Estados Unidos cuando Julia tenía diez años. Algunos de los temas de sus libros son sus experiencias derivadas de la dictadura en su país, su proceso de adaptación a una cultura desconocida y la importancia de la identidad. Es autora de *¡Yo!, A cafecito story, En el tiempo de las mariposas* y *De cómo las muchachas García perdieron el acento,* entre otras obras. También escribió la serie *Tía Lola* para lectores más jóvenes.

DISEÑO Y MODA Narciso Rodríguez

En 1996, Narciso Rodríguez causó sensación con el vestido de novia (*wedding gown*) que diseñó (*designed*) especialmente para Carolyn Bessette, quien lo lució (*wore*) el día de su boda con John F. Kennedy, Jr. En el mundo de la moda (*fashion*), este elegante y sencillo traje fue uno de los diseños más comentados de la década. Desde entonces, el diseñador de ascendencia cubana ha tenido por clientes a Salma Hayek, Sarah Jessica Parker, Anna Paquin, Michelle Obama y Charlize Theron. Las características de sus creaciones son la simplicidad, el uso de materiales ligeros (*lightweight*) y la influencia latina.

PINTURA Carmen Lomas Garza

Esta artista chicana pinta escenas de la vida cotidiana (*everyday*) mexicano-americana inspiradas en recuerdos (*memories*) y experiencias de su niñez en Kingsville, Texas. El objetivo de su arte es mostrar (*to show*) el valor y la humanidad de su cultura. Celebraciones, historias familiares, rituales, preparación de comidas, mitos, tradiciones, juegos, remedios caseros (*home remedies*) y sueños forman parte de ese paisaje cotidiano. *Earache Treatment* es el título de este cuadro (*painting*). Aquí vemos una práctica antigua, pero todavía muy común hoy día entre muchas familias latinoamericanas y chicanas para curar el dolor de oído (*earache*).

CINE Robert Rodríguez

En veinte días y con sólo siete mil dólares, Robert Rodríguez filmó *El mariachi*, la película que ganó el Premio (*Award*) del Público del Festival de Cine de Sundance de 1993. Las aventuras de *El mariachi* continuaron con *Desperado* y *Once Upon a Time in Mexico*, películas en las cuales actuaron sus amigos Antonio Banderas, Quentin Tarantino y Johnny Depp. El joven tejano forma parte del grupo de directores que han ganado más de $100 millones por película, gracias al éxito (*success*) de su serie *Spy Kids*. Es autor, productor y director de la película *Machete*, estrenada en 2010.

CONEXIÓN INTERNET

En vhlcentral.com encontrarás más información y actividades relacionadas con esta sección.

¿Qué aprendiste?

Cierto o falso Indica si estas afirmaciones son ciertas o falsas. Corrige las falsas.

1. El español es el segundo idioma más solicitado en las universidades, después del francés.
2. Muchos niños aprenden frases en español gracias a los dibujos animados.
3. Es difícil encontrar compañías que ofrecen atención al cliente en español.
4. America Ferrera ganó el Globo de Oro por su actuación en *How to Train Your Dragon*.

Preguntas Contesta las preguntas.

1. ¿Quién popularizó en los Estados Unidos la frase "Hasta la vista, baby"?
2. ¿Cuántos millones de latinos se calcula que habrá para el año 2020 en los Estados Unidos?
3. ¿En qué lugares es común encontrar mensajes o avisos bilingües?
4. Según el artículo, ¿dónde se refleja especialmente la popularidad del español en la cultura estadounidense actual? Menciona por lo menos tres ejemplos.
5. ¿Qué cargo político ocupó Bill Richardson durante catorce años?
6. ¿Qué artista de la Galería te interesa más? ¿Por qué?

Proyecto

En los EE.UU.

¿Qué sabes de la cultura latina en los EE.UU.? Escoge un tema e investiga toda la información que necesites en la biblioteca o en Internet para preparar un folleto promocional.

a. una comunidad latina
b. una celebración hispana
c. un lugar para el arte y la cultura latinoamericanos

- Escribe la información que consideras importante e incluye fotos.
- Presenta tu folleto a la clase. Explica por qué escogiste ese tema.

MINIPRUEBA

Completa las oraciones con la información correcta.

1. Los Estados Unidos se encuentran entre los ______ países con más hispanohablantes.
   a. tres b. cinco c. seis
2. Bill Richardson nació en ______ .
   a. Cuba b. México c. los Estados Unidos
3. La popularidad del español en los Estados Unidos es directamente proporcional ______ de la población latina.
   a. al crecimiento b. al trabajo c. a la asimilación
4. Según la lectura, muchas ______ ofrecen operadores en español.
   a. empresas b. estaciones c. universidades
5. Actualmente, una de cada ______ personas en los Estados Unidos es de origen hispano.
   a. siete b. ocho c. cinco
6. En las ______ de los Estados Unidos, el 70% de estudiantes elige español como segunda lengua.
   a. universidades b. escuelas primarias
   c. escuelas secundarias
7. ______ es presentador de televisión en español en los Estados Unidos.
   a. Jorge Ramos b. César Pelli c. Antonia Novello
8. En español, muchas palabras relacionadas con ______ son de origen inglés.
   a. la familia b. la naturaleza c. la tecnología
9. Las Torres Petronas en Malasia son obra del ______ César Pelli.
   a. cubano b. argentino c. mexicano
10. Julia Álvarez nació en ______ .
    a. Santo Domingo b. Nueva York c. Kingsville
11. Narciso Rodríguez alcanzó la fama con un vestido diseñado para ______ .
    a. Salma Hayek b. Michelle Obama
    c. Carolyn Bessette
12. *Desperado* es la ______ parte de *El mariachi*.
    a. segunda b. tercera c. cuarta

En pantalla

Video: *En pantalla*

Vocabulario

brindar *to toast*
charlar *to chat*
el Día de Acción de Gracias *Thanksgiving Day*
la escasez *scarcity*
festejar *to celebrate*
los mariscos *shellfish*
el pastelón *casserole*
el pavo *turkey*
los Peregrinos *Pilgrims*
sobrevivir *to survive*

El Día de Acción de Gracias es una de las celebraciones familiares más esperadas del año en los Estados Unidos. A pesar de que esta tradición no se celebra en los países latinoamericanos, millones de inmigrantes la festejan cada año dándole un toque latino al gran banquete. Además del tradicional pavo acompañado con salsa de arándanos (*cranberries*), verduras y el pastel de calabaza (*pumpkin pie*), los hispanos disfrutan de diversos platos típicos de la gastronomía latina. *Tradición en familia*, un reportaje de la cadena Telemundo, nos muestra cómo una familia dominicana se prepara para el Día de Acción de Gracias en los Estados Unidos.

Conexión personal ¿Cuál es tu celebración favorita? ¿Con quiénes la festejas? ¿Cuáles son las comidas tradicionales de esa celebración? ¿Qué plato es esencial en tu cena de Acción de Gracias?

1 **Comprensión** **Contesta las preguntas.**

1. ¿Por qué tiene esta celebración “mucho sabor latino”?
2. ¿Qué comidas habrá este año en la mesa de la familia Quesada? Menciona tres.
3. ¿Qué dificultades tuvo la familia este año?
4. ¿Por qué da gracias la familia Quesada?

2 **Expansión**

A. En grupos de tres, elijan una celebración hispanoamericana. Expliquen:

- Dónde se realiza y cuáles son sus principales características.
- Desde cuándo se realiza, cuáles son sus orígenes y cuál es su importancia en el presente.
- Cuáles son sus comidas tradicionales.
- Cómo se visten las personas que la festejan.
- ¿Hay alguna fiesta parecida en su país?

B. Presenten un informe a la clase.

Tradición en familia

Vamos a hacer un moro de gandules con coco (*mixed rice with pigeon peas and coconut*).

Aunque el tradicional pavo no podía faltar, en la mesa de esta familia habrá de todo un poco.

Éste es el mismo espíritu que establecieron los Peregrinos ingleses tras sobrevivir las inclemencias de un crudo invierno y la escasez de alimentos cuando llegaron a los Estados Unidos en el 1620.

A pesar de ser un año tan duro, nosotros tenemos que darle gracias a Dios porque pudimos sobrevivir.

Practice more at **vhlcentral.com.**

1.1

Gustar and similar verbs

Marcaste un número al azar y dijiste:
*Di algo. Luego **te gustó** mi voz.*

TALLER DE CONSULTA

These additional grammar topics are covered in the **Manual de gramática**, **Lección 1**.

1.4 Nouns and articles, p. A2

1.5 Present tense, p. A4

TALLER DE CONSULTA

See **2.2**, page **62** for object pronouns.

Using the verb *gustar*

- Though **gustar** is translated as *to like* in English, its literal meaning is *to please*. **Gustar** is preceded by an indirect object pronoun indicating *the person who is pleased*. It is followed by a noun indicating *the thing or person that pleases*.

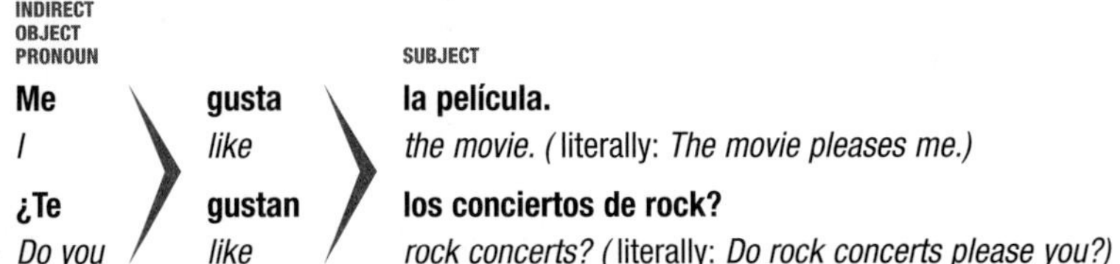

- Because *the thing or person that pleases* is the subject, **gustar** agrees in person and number with it. Most commonly the subject is third person singular or plural.

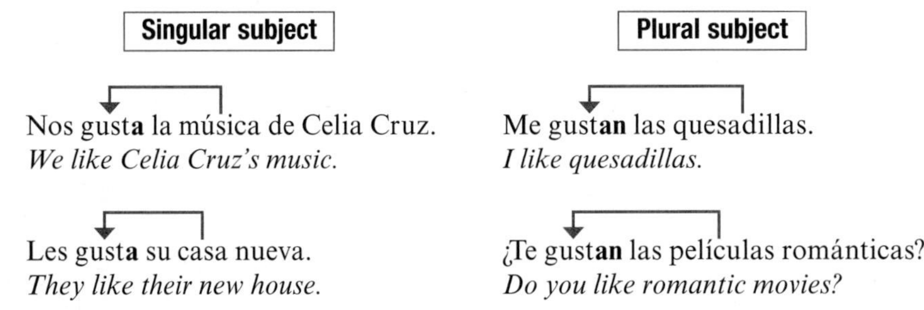

- When **gustar** is followed by one or more verbs in the infinitive, the singular form of **gustar** is always used.

  No nos **gusta** llegar tarde.
  We don't like to arrive late.

  Les **gusta** cantar y bailar.
  They like to sing and dance.

- **Gustar** is often used in the conditional (**me gustaría**) to soften a request.

  Me **gustaría** un refresco, por favor.
  I would like a soda, please.

  ¿Te **gustaría** salir con mi amigo?
  Would you like to go out with my friend?

Verbs like *gustar*

- Many verbs follow the same pattern as **gustar**.

aburrir *to bore*	**hacer falta** *to miss; to need*
caer bien/mal *to (not) get along well with*	**importar** *to be important to; to matter*
disgustar *to upset*	**interesar** *to be interesting to; to interest*
doler *to hurt; to ache*	**molestar** *to bother; to annoy*
encantar *to like very much*	**preocupar** *to worry*
faltar *to lack; to need*	**quedar** *to be left over; to fit (clothing)*
fascinar *to fascinate; to love*	**sorprender** *to surprise*

Me fascina el cine francés.
I love French movies.

¿**Te molesta** si voy contigo?
Will it bother you if I come along?

A Sandra **le disgusta** esa situación.
That situation upsets Sandra.

Me duelen sus mentiras.
Her lies hurt me.

- The construction **a** + [*prepositional pronoun*] or **a** + [*noun*] can be used to emphasize who is pleased, bothered, etc.

A ella no le gusta bailar, pero **a él** sí.
She doesn't like to dance, but he does.

A Felipe le molesta ir de compras.
Shopping bothers Felipe.

TALLER DE CONSULTA

See **2.2**, page **63** for prepositional pronouns.

- **Faltar** expresses what someone or something lacks and **quedar** expresses what someone or something has left. **Quedar** is also used to talk about how clothing fits or looks on someone.

Le falta dinero.
He's short of money.

Le falta sal a la comida.
The food needs some salt.

A la impresora no le **queda** papel.
The printer is out of paper.

Esa falda **te queda** bien.
That skirt fits you well.

¿Qué te hace falta en la vida?
Discoteca Paladio

Práctica

1 

Completar Miguel y César son compañeros de cuarto y tienen algunos problemas. Hoy se han reunido para discutirlos. Completa su conversación con la forma correcta de los verbos.

MIGUEL Mira, César, a mí (1) ________ (encantar) vivir contigo, pero la verdad es que (2) ________ (preocupar) algunas cosas.

CÉSAR De acuerdo. A mí también (3) ________ (molestar) algunas cosas de ti.

MIGUEL Bueno, para empezar (4) ________ (disgustar) que pongas la música tan alta cuando vienen tus amigos. Tus amigos (5) ________ (caer) muy bien, pero a veces hacen mucho ruido y no me dejan dormir.

CÉSAR Sí, claro, lo entiendo. Pues mira, Miguel, a mí (6) ________ (preocupar) que no laves los platos después de comer. Además, tampoco sacas la basura.

MIGUEL Es verdad. Pues... vamos a intentar cambiar estas cosas. ¿Te parece?

CÉSAR (7) ________ (gustar) la idea. Yo bajo la música cuando vengan mis amigos y tú lavas los platos y sacas la basura más a menudo. ¿De acuerdo?

2 **Preguntar** En parejas, túrnense para hacerse preguntas sobre estas personas.

Modelo **fascinar / a tu padre**
—¿Qué crees que le fascina a tu padre?
—Pues, no sé. Creo que le fascina el baloncesto.

1. preocupar / al presidente
2. encantar / a tu hermano/a
3. gustar hacer los fines de semana / a ti
4. importar / a tus padres
5. interesar / a tu profesor(a) de español
6. aburrir / a tu novio/a y a ti
7. molestar / a tu mejor amigo/a
8. faltar / a ustedes

3 **¿Qué te gustaría hacer el fin de semana?** En parejas, pregúntense si les gustaría hacer las actividades relacionadas con las fotos. Utilicen los verbos **aburrir, disgustar, encantar, fascinar, interesar y molestar.** Sigan el modelo.

Modelo —¿Te molestaría ir al parque de atracciones?
—No, me encantaría.

 Practice more at **vhlcentral.com.**

Comunicación

4 **¿Te gusta?** En parejas, pregúntense si les gustan o no estas personas y actividades. Utilicen verbos similares a **gustar**.

Benicio del Toro	ir a discotecas
Sofía Vergara	las películas de misterio
los discos de Christina Aguilera	las películas extranjeras
dormir los fines de semana	practicar algún deporte
hacer bromas	salir con tus amigos

5 **¿Cómo son?** Elige uno de los personajes de la lista. Luego escribe cuatro oraciones usando los verbos indicados. Dile a tu compañero/a lo que escribiste sin mencionar el nombre del personaje. Él/Ella tiene que adivinar de quién se trata. Túrnense para describir por lo menos seis personajes.

Modelo —Le gusta mucho cantar. Le preocupan los problemas sociales y ambientales. No le caen bien los *papparazzi*. Es muy rico.

—¡Es Bono!

- America Ferrera
- Barack Obama
- Tom Cruise
- Eva Longoria
- Jessica Alba
- David Beckham
- Eli Manning
- Javier Bardem
- Steve Carell

aburrir	encantar	hacer falta	molestar
caer bien/mal	faltar	importar	preocupar
disgustar	fascinar	interesar	quedar

6 **Veinte datos** Haz preguntas a por lo menos diez de tus compañeros para completar la tabla. Debes crear los últimos cinco datos de la tabla usando los verbos sugeridos. Luego, comenta con la clase las tres respuestas que más te sorprendieron.

Encuentra a alguien que/a quien...			
	Nombre		**Nombre**
le gusta el francés		le molesta levantarse temprano	
le encanta nadar		ama ir a la playa	
le disgusta tener mascotas (*pets*)		le gusta chatear por Internet	
no le gusta manejar		odia viajar en avión	
ama los helados		le interesa la política	
le encanta la música clásica		(encantar) ________	
no le gusta el deporte		(caer bien) ________	
le gusta comprar cosas por Internet		(molestar) ________	
le fascina ir a conciertos de rock		(preocupar) ________	
no le interesa viajar		(sorprender) ________	

1.2 Reflexive verbs

- In a reflexive construction, the subject of the verb both performs and receives the action. Reflexive verbs (**verbos reflexivos**) always use reflexive pronouns (**me, te, se, nos, os, se**).

Reflexive verb

Elena **se lava** la cara.

Non-reflexive verb

Elena **lava** los platos.

Reflexive verbs

lavarse ***to wash (oneself)***

yo	me **lavo**
tú	te **lavas**
usted/él/ella	se **lava**
nosotros/as	nos **lavamos**
vosotros/as	os **laváis**
ustedes/ellos/ellas	se **lavan**

- Many of the verbs used to describe daily routines and personal care are reflexive.

acostarse *to go to bed*
afeitarse *to shave*
arreglarse *to dress up, get ready*
bañarse *to take a bath*
cepillarse *to brush (one's hair, teeth)*
despertarse *to wake up*
dormirse *to fall asleep*
ducharse *to take a shower*
lavarse *to wash (oneself)*
levantarse *to get up*
maquillarse *to put on makeup*
peinarse *to comb (one's hair)*
ponerse *to put on (clothing)*
secarse *to dry off*
quitarse *to take off (clothing)*
vestirse *to get dressed*

- In Spanish, most transitive verbs can also be used as reflexive verbs to indicate that the subject performs the action to or for himself or herself.

Félix **divirtió** a los invitados con sus chistes.
*Félix **amused** the guests with his jokes.*

Félix **se divirtió** en la fiesta.
*Félix **had fun** at the party.*

Ana **acostó** a los gemelos antes de las nueve.
*Ana **put** the twins **to bed** before nine.*

Ana **se acostó** muy tarde.
*Ana **went to bed** very late.*

¡ATENCIÓN!

A transitive verb takes an object. An intransitive verb does not take an object.

Transitive:

Mariela compró dos boletos.
*Mariela bought **two tickets**.*

Intransitive:

Johnny nació en México.
Johnny was born in Mexico.

- Many verbs change meaning when they are used reflexively.

aburrir *to bore*	**aburrirse** *to become bored*
acordar *to agree*	**acordarse (de)** *to remember*
casar *to marry*	**casarse** *to get married*
comer *to eat*	**comerse** *to eat up*
dormir *to sleep*	**dormirse** *to fall asleep*
ir *to go*	**irse (de)** *to leave*
llevar *to carry*	**llevarse** *to carry away*
parecer *to seem*	**parecerse (a)** *to resemble, to look like*
poner *to put*	**ponerse** *to put on (clothing)*
probar *to try*	**probarse** *to try on*
quitar *to take away*	**quitarse** *to take off (clothing)*

- Some Spanish verbs and expressions are reflexive even though their English equivalents may not be. Many of these are followed by the prepositions **a, de, en** and **por**.

acercarse (a) *to approach*	**enterarse (de)** *to find out (about)*
arrepentirse (de) *to regret*	**fijarse (en)** *to take notice (of)*
atreverse (a) *to dare (to)*	**olvidarse (de)** *to forget (about)*
convertirse (en) *to become*	**preocuparse (por)** *to worry (about)*
darse cuenta (de) *to realize*	**quejarse (de)** *to complain (about)*
enamorarse (de) *to fall in love (with)*	**sorprenderse (de)** *to be surprised (about)*

- *To get* or *to become* is frequently expressed in Spanish by the reflexive verb **ponerse** + [*adjective*].

Andrea **se pone feliz** cuando la llama su novio.
Andrea ***gets happy*** *when her boyfriend calls.*

Cuando Isabel habla demasiado, **se pone pesada**.
When Isabel talks too much, ***she gets annoying****.*

- In the plural, reflexive verbs can express reciprocal actions done *to one another.*

Mi esposa y yo **nos queremos** mucho.
My wife and ***I love each other*** *very much.*

Se nota que ustedes **se respetan**.
You can tell that you ***respect each other****.*

- The reflexive pronoun precedes the direct object pronoun when they are used together in a sentence.

¿Te comiste el pastel?
Did you eat the whole cake?

Sí, **me lo** comí todo.
Yes, I ate it all up.

TALLER DE CONSULTA

When used with infinitives and present participles, reflexive pronouns follow the same rules of placement as object pronouns. See **2.2, pp. 62–63**.

Práctica

1 **Reflexivos** Decide si hay que usar la forma reflexiva de cada verbo y completa las oraciones con la forma adecuada del verbo indicado y el pronombre si es necesario.

1. Yo siempre ________ (dormir/dormirse) bien cuando estoy en mi casa de verano.
2. Carlos, ¿________ (acordar/acordarse) de cuando fuimos de vacaciones a Cancún hace dos años?
3. Víctor es ese bebé de allí que ________ (parecer/parecerse) tanto a su padre.
4. No me gusta esta fiesta. Quiero ________ (ir/irse) cuanto antes.
5. Cristina y Miguel ________ (llevar/llevarse) a los niños a esa escuela.
6. Esteban va a ________ (poner/ponerse) una camisa nueva.

2 **Todos los sábados**

A. En parejas, describan la rutina que siguen Eduardo y sus amigos todos los sábados.

Eduardo

Manny

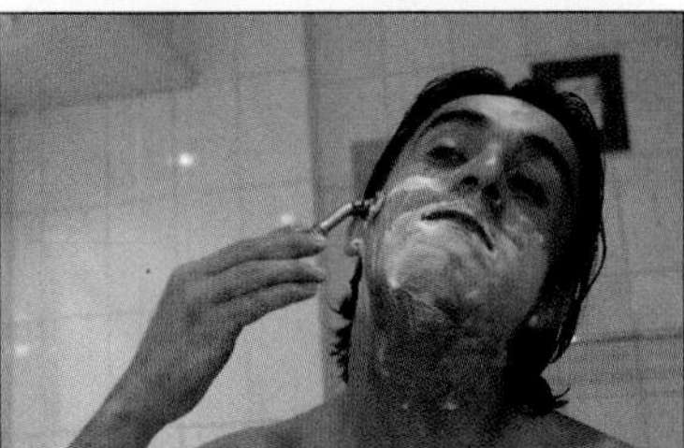

Teo

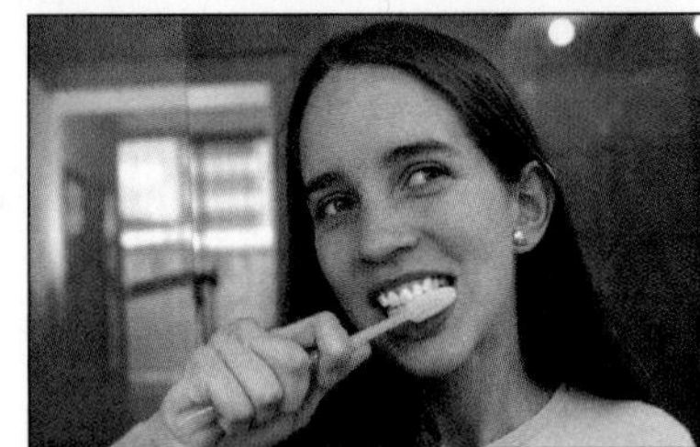

Sandra

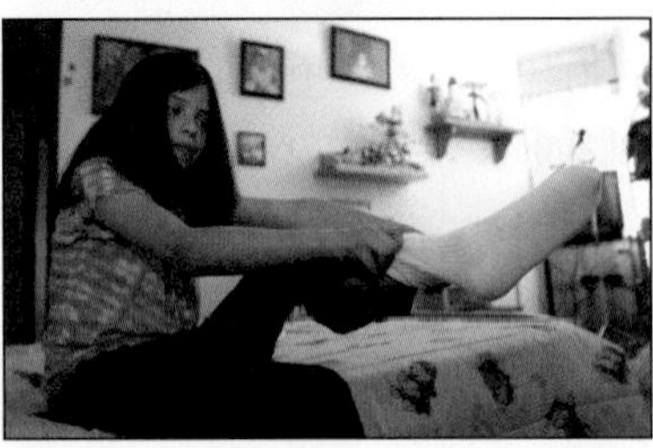

Yoli

Mónica

B. ¿Qué hacen los sábados por la mañana otros cuatro amigos de Eduardo? Describan sus rutinas. Utilicen verbos reflexivos y sean creativos.

Practice more at **vhlcentral.com.**

Comunicación

3 **¿Y tú?** En parejas, túrnense para hacerse las siguientes preguntas. Contesten con oraciones completas y expliquen sus respuestas.

1. ¿A qué hora te despiertas normalmente los lunes por la mañana? ¿Por qué?
2. ¿Te duermes en las clases?
3. ¿A qué hora te acuestas normalmente los fines de semana?
4. ¿A qué hora te duchas durante la semana?
5. ¿Te levantas de la cama inmediatamente cuando te despiertas? ¿Por qué?
6. ¿Qué te pones para salir los fines de semana? ¿Y tus amigos/as?
7. ¿Cuándo te vistes elegantemente?
8. ¿Te diviertes cuando vas a una discoteca? ¿Y cuando vas a una reunión familiar?
9. ¿Te fijas en la ropa que lleva la gente?
10. ¿Te preocupas por tu imagen?

11. ¿De qué se quejan tus amigos normalmente? ¿Y tus padres u otros miembros de la familia?
12. ¿Conoces a alguien que se preocupe constantemente por todo?
13. ¿Te arrepientes a menudo de las cosas que haces?
14. ¿Te peleas con tus amigos/as? ¿Y con tus familiares?
15. ¿Te sorprendes de alguna costumbre o hábito de alguna persona mayor que conoces?

4 **En un café** Imagina que estás en un café y ves a tu ex novio/a besándose con alguien. ¿Qué haces? En grupos de tres, representen la escena. Utilicen por lo menos cinco verbos de la lista.

acercarse	casarse	enterarse	preocuparse
acordarse	convertirse	fijarse	quejarse
alegrarse	darse cuenta	irse	quererse
arrepentirse	enamorarse	olvidarse	sentirse
atreverse	enojarse	ponerse	sorprenderse

The preterite

*Sí, se **cambió**, ¿no te acuerdas?*
*No, no, si ya les **llamé** yo.*

- Spanish has two simple tenses to indicate actions in the past: the preterite (**el pretérito**) and the imperfect (**el imperfecto**). The preterite is used to describe actions or states that began or were completed at a definite time in the past.

The preterite of regular *-ar*, *-er*, and *-ir* verbs

comprar	vender	abrir
compré	vendí	abrí
compraste	vendiste	abriste
compró	vendió	abrió
compramos	vendimos	abrimos
comprasteis	vendisteis	abristeis
compraron	vendieron	abrieron

- The preterite tense of regular verbs is formed by dropping the infinitive ending (**-ar, -er, -ir**) and adding the preterite endings. Note that the endings of regular **-er** and **-ir** verbs are identical in the preterite tense.

- The preterite of all regular and some irregular verbs requires a written accent on the endings in the **yo** and **usted/él/ella** forms.

Ayer **rompí** con mi novia.
*Yesterday I **broke up** with my girlfriend.*

Sergio **preparó** una cena deliciosa.
*Sergio **prepared** a delicious dinner.*

- Verbs that end in **-car**, **-gar**, and **-zar** have a spelling change in the **yo** form of the preterite. All other forms are regular.

- Verbs with infinitives ending in **-uir** change **-i-** to **-y-** in the **usted/él/ella** form and in the **ustedes/ellos/ellas** form of the preterite.

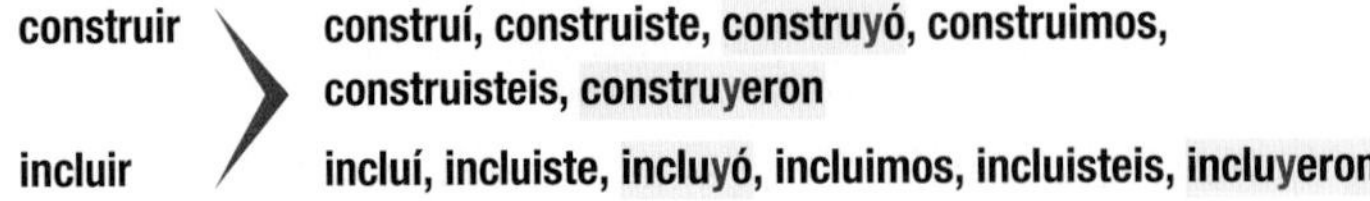

- **Caer, creer, leer,** and **oír** change **-i-** to **-y-** in the **usted/él/ella** form and in the **ustedes/ellos/ellas** form of the preterite. They also require a written accent on the **-i-** in all other forms.

caer	**caí, caíste, cayó, caímos, caísteis, cayeron**
creer	**creí, creíste, creyó, creímos, creísteis, creyeron**
leer	**leí, leíste, leyó, leímos, leísteis, leyeron**
oír	**oí, oíste, oyó, oímos, oísteis, oyeron**

- Stem-changing **-ir** verbs also have a stem change in the **usted/él/ella** form and in the **ustedes/ellos/ellas** form of the preterite.

Preterite of *-ir* stem-changing verbs

pedir		dormir	
pedí	pedimos	dormí	dormimos
pediste	pedisteis	dormiste	dormisteis
pidió	pidieron	durmió	durmieron

- Stem-changing **-ar** and **-er** verbs do not have a stem change in the preterite.

- A number of verbs, most of them **-er** and **-ir** verbs, have irregular preterite stems. Note that none of these verbs takes a written accent on the preterite endings.

Preterite of irregular verbs

infinitive	u-stem	preterite forms
andar	anduv-	anduve, anduviste, anduvo, anduvimos, anduvisteis, anduvieron
estar	estuv-	estuve, estuviste, estuvo, estuvimos, estuvisteis, estuvieron
poder	pud-	pude, pudiste, pudo, pudimos, pudisteis, pudieron
poner	pus-	puse, pusiste, puso, pusimos, pusisteis, pusieron
saber	sup-	supe, supiste, supo, supimos, supisteis, supieron
tener	tuv-	tuve, tuviste, tuvo, tuvimos, tuvisteis, tuvieron

infinitive	i-stem	preterite forms
hacer	hic-	hice, hiciste, hizo, hicimos, hicisteis, hicieron
querer	quis-	quise, quisiste, quiso, quisimos, quisisteis, quisieron
venir	vin-	vine, viniste, vino, vinimos, vinisteis, vinieron

infinitive	j-stem	preterite forms
conducir	conduj-	conduje, condujiste, condujo, condujimos, condujisteis, condujeron
decir	dij-	dije, dijiste, dijo, dijimos, dijisteis, dijeron
traer	traj-	traje, trajiste, trajo, trajimos, trajisteis, trajeron

- Note that not only does the stem of **decir** (**dij-**) end in **j**, but the stem vowel **e** changes to **i**. In the **usted/él/ella** form of **hacer** (**hizo**), **c** changes to **z** to maintain the pronunciation. Most verbs that end in **-cir** have **j**-stems in the preterite.

¡ATENCIÓN!

Other **-ir** stem-changing verbs include:

conseguir, **repetir**, **consentir**, **seguir**, **hervir**, **sentir**, **morir**, **servir**, **preferir**

¡ATENCIÓN!

Ser, **ir**, and **dar** also have irregular preterites. The preterite forms of **ser** and **ir** are identical. Note that the preterite forms of **ver** are regular. However, unlike other regular preterites, they do not take a written accent.

ser/ir

fui, fuiste, fue,
fuimos, fuisteis, fueron

dar

di, diste, dio,
dimos, disteis, dieron

ver

vi, viste, vio,
vimos, visteis, vieron

The preterite of **hay** is **hubo**.

Hubo dos conciertos el viernes.
There were two concerts on Friday.

¡ATENCIÓN!

Note that the third-person plural ending of **j**-stem preterites drops the **i**: **dijeron**, **trajeron**.

Práctica

1 **Relaciones difíciles** Escribe la forma correcta del pretérito de los verbos indicados.

1. Mis padres __________ (separarse) hace tres años y __________ (divorciarse) hace dos.
2. __________ (ser) un momento muy difícil para mi hermana y para mí.
3. Por mucho tiempo mis padres __________ (llevarse) muy mal.
4. Mi hermana menor __________ (ponerse) muy triste cuando __________ (saber) la noticia.
5. Yo __________ (enojarse) mucho con ellos.
6. Pero con el tiempo las cosas __________ (cambiar) entre ellos.
7. Su relación __________ (mejorar) mucho, aunque no volvieron a estar juntos.
8. Mi papá __________ (enamorarse) de otra mujer y mi mamá de otro hombre.

2 **¿Qué hicieron?** Combina elementos de cada columna para narrar lo que hicieron estas personas.

anoche	yo	conversar	?
anteayer	mi compañero/a de cuarto	dar	
ayer	mis amigos/as	decir	
la semana pasada	el/la profesor(a) de español	ir	
una vez	mi novio/a	pasar	
dos veces		pedir	
		tener que	

3 **La última vez** En parejas, indiquen cuándo hicieron estas cosas por última vez. Incluyan detalles en sus respuestas.

Modelo **llorar mirando una película**

—La última vez que lloré mirando una película fue en 2010. La película fue *Biutiful*.

—Bueno, ¡yo lloré mucho mirando *Di algo*...!

1. hacer la cama
2. decir una mentira
3. olvidar algo importante
4. perderse en una ciudad
5. dejar plantado/a a alguien
6. oír una buena/mala noticia
7. hablar con un(a) desconocido/a
8. estar enojado/a con un(a) amigo/a
9. ver tres programas de televisión seguidos
10. comer en un restaurante

Practice more at **vhlcentral.com.**

Comunicación

4

La semana pasada Haz preguntas a tus compañeros/as de clase para averiguar qué hicieron la semana pasada. Anota el nombre de la primera persona que conteste que sí a las preguntas.

Modelo **ir al cine**

—¿Fuiste al cine la semana pasada?

—Sí, fui al cine y vi una película muy buena./No, no fui al cine.

Actividades	Nombre
1. asistir a un partido de fútbol	______________
2. conducir tu carro a la universidad	______________
3. dar un consejo (*advice*) a un(a) amigo/a	______________
4. dormirse en clase o en el laboratorio	______________
5. estudiar toda la noche para un examen	______________
6. hablar con un policía	______________
7. salir con tu novio/a	______________
8. ir al centro comercial	______________
9. perder algo importante	______________
10. tomar un autobús	______________
11. viajar en transporte público	______________
12. visitar un museo	______________

5

Matrimonio En parejas, túrnense para hablar de la última vez que fueron a una boda u otra celebración familiar.

Modelo —¿Cómo estuvo la boda de tus amigos?

—Estuvo hermosa... La pasamos de maravilla. Fui con un primo y en la fiesta me encontré con varios amigos. La comida estuvo deliciosa, tomé muchas fotos de la pareja...

- ¿Dónde fue la fiesta?
- ¿Con quién fuiste?
- ¿Qué te pusiste?
- ¿Cuándo fue?
- ¿Cuánto tiempo te quedaste?
- ¿Qué hiciste allí?
- ¿Qué comiste?
- ¿Te gustó? ¿Por qué?

6

¿Qué haces para divertirte?

A. Haz una lista de diez actividades divertidas que hiciste el mes pasado.

B. En parejas, túrnense para preguntarse qué hicieron y averigüen si hicieron lo mismo.

C. Describan a la clase lo que hizo su compañero/a.

D. Luego, la clase decide quién es el/la más activo/a.

Síntesis

Un consejo sentimental

Doctora Corazones:

Tengo 30 años. Hace tres meses que conocí a Marcela, mi novia. Creo que es la mujer de mi vida y le soy fiel°, pero tengo un problema y me gustaría consultarlo con usted: resulta° que me vine a San Antonio por seis meses por razones de trabajo y mi novia se quedó en Nueva York. Por eso, diariamente nos comunicamos por Internet: nos encanta escribirnos mensajes electrónicos.

Un día se me ocurrió hacerme pasar por otro hombre°, para ver si la conquistaba. La verdad es que me costó bastante, pero lo logré°. Ahora mi novia mantiene una segunda relación virtual con un hombre que ella piensa que es otro. Este juego me preocupa mucho y realmente no sé cómo manejarlo°. Yo la quiero mucho y estoy seguro de que ella me ama, pero para mí esto es como una traición°, un engaño°. La verdad es que no sé qué hacer.

Estoy desesperado.
Gracias,
Carlos

faithful

It turns out

se me... *I got the idea to pretend I was another man*

I succeeded

handle it

betrayal/deception

1 **La carta** Trabajen en grupos pequeños. Lean la carta dirigida a la doctora Corazones, consejera sentimental, y luego contesten las preguntas.

1. ¿Por qué Carlos y su novia se comunican por Internet?
2. ¿Qué hizo Carlos?
3. ¿Cuál es el resultado?
4. ¿Cómo se siente él ahora?

2 **Comentar** Con el grupo, comenten el problema de Carlos y propongan una solución. Elijan a un miembro del grupo para presentar la solución a la clase.

3 **La solución** Con toda la clase, escuchen y comenten las soluciones propuestas por los grupos, pensando en las siguientes preguntas. Entre todos, deben proponer una solución al problema de Carlos.

1. ¿Cómo reaccionan los grupos ante el problema de Carlos?
2. ¿Propone cada grupo una solución distinta?
3. ¿Cuál es la mejor solución?

Preparación

Vocabulario de la lectura	Vocabulario útil
ayudarse *to help one another*	**abandonar** *to leave*
la calidad de vida *standard of living*	**cuidar** *to take care of*
los familiares *relatives*	**emigrar** *to emigrate*
fortalecerse *to grow stronger*	**el/la inmigrante** *immigrant*
por su cuenta *on his/her own*	**el lazo** *tie*
la red de apoyo *support network*	**mudarse** *to move*
la voluntad *will*	**la patria** *home country*

1 **Vocabulario** **Completa el diálogo utilizando palabras y expresiones de la lista.**

abandonar	ciudad	por su cuenta
ayudarse	familiares	red de apoyo
calidad de vida	lazo	voluntad

LUISA Mañana vamos a tener una gran fiesta y van a venir todos mis (1) ____________: mis tíos, mis primos y mis abuelos.

CATI Pero ¿de qué fiesta estás hablando? No tenía ni idea.

LUISA Es la despedida de mi primo Carlos. Se va a vivir a Chicago. Dice que allí va a mejorar su (2) ____________.

CATI ¿Qué me dices? ¿Conoce a alguien en Chicago? ¿Tiene una (3) ____________?

LUISA Sí, tenemos allí unos primos. La familia está para (4) ____________.

CATI Es cierto, aunque desgraciadamente hay veces en que cada uno va (5) ____________. Esperemos que no sea el caso.

2 **La inmigración** **En parejas, contesten las preguntas.**

1. ¿Por qué la gente decide emigrar? Comenta por lo menos tres razones.
2. ¿Alguien de tu familia inmigró a este país o emigró a otro país? ¿Por qué decidió hacerlo?
3. De estar forzado/a a abandonar tu patria, ¿adónde irías? ¿Por qué?
4. ¿Cómo crees que cambiaría tu vida al vivir en otro país?

3 **Encuesta** **Indica si estás de acuerdo o no con estas afirmaciones. Cuando termines, comparte tu opinión sobre cada afirmación con la clase.**

	Sí	No
1. Es importante vivir siempre cerca de los familiares.	☐	☐
2. Es bueno mantener las tradiciones y costumbres de nuestras familias.	☐	☐
3. Es necesario ser económicamente independiente de los padres.	☐	☐
4. Es bueno que los familiares se ayuden mutuamente.	☐	☐
5. Se aprende mucho más de la vida cuando uno se muda a otra ciudad o a otro país para estudiar o trabajar.	☐	☐

CORRIENTE Latina

Las tendencias de la inmigración hispana han variado de manera considerable en los últimos años. El perfil del inmigrante ha cambiado y con mayor frecuencia el latino llega a los Estados Unidos con un nivel de estudios más alto y mejor preparado para ejercer° trabajos bien remunerados°.

ejercer° to carry out; remunerados° well-paid

También está cambiando el destino que elige para empezar su nueva vida. Si antes se establecía en las grandes ciudades y en los estados del suroeste°, ahora busca oportunidades en pueblos y ciudades del centro y norte del país.

suroeste° southwest

La distribución de la inmigración se debe en parte a la disponibilidad° de trabajo y en parte a que los inmigrantes que llegan necesitan una red de apoyo. Muchos de ellos no pueden recurrir° a la ayuda que ofrecen los estados por su desconocimiento del inglés y de la cultura norteamericana. Los familiares y amigos son los responsables de ayudar a los miembros de su círculo y les facilitan casa y trabajo hasta que se puedan establecer por su cuenta. De esa forma, se han producido y se siguen produciendo grandes concentraciones de hispanos del mismo país de origen en áreas donde su presencia antes era escasa° o inexistente.

disponibilidad° availability; recurrir° rely on; escasa° scarce

Un muy buen ejemplo es Central Falls, en el estado de Rhode Island. Hoy en día, más de la mitad de sus habitantes° son de origen colombiano, específicamente del departamento° de Antioquia. Todo empezó en 1964 cuando el antioqueño° Pedro Cano llegó a Central Falls. Vino con la ilusión de tener una vida mejor y con la voluntad de trabajar duro° para conseguir sus ideales. Una vez establecido e integrado en la comunidad, fue acogiendo° a sus familiares y a personas conocidas que huían° de la difícil situación socioeconómica y política de su país. Allí iban encontrando el apoyo que necesitaban y podían, de esa forma, mejorar su calidad de vida a la vez que mantenían sus tradiciones y costumbres.

*habitantes° inhabitants; departamento° state, province; antioqueño° from **Antioquia**; duro° hard; acogiendo° taking in; huían° were fleeing*

Vino con la ilusión de tener una vida mejor y con la voluntad de trabajar duro para conseguir sus ideales.

El nacimiento de estos microcosmos también está cambiando el paisaje urbano. Una visita a Central Falls lleva al viajero a un mundo nuevo: las tiendas especializadas en música hispana, los restaurantes de comida colombiana y los establecimientos para enviar dinero a otros países conviven mano a mano con los símbolos de la cultura norteamericana. ■

Latino USA

16,3% Porcentaje de población hispana en los EE.UU.

16 Número de estados en los que viven más de 500.000 hispanos.

50% Porcentaje de la población hispana de los EE.UU. que vive en los estados de California, Texas y Florida.

100.000.000 Número de hispanos en los EE.UU. proyectado para el año 2050.

Análisis

1 **Comprensión** Elige la opción correcta.

1. El perfil del inmigrante hispano ______________.
   a. es el mismo **b.** ha cambiado **c.** es diferente al de otros inmigrantes
2. Además de los puestos de trabajo, lo que atrae hispanos a una comunidad es ______________.
   a. la presencia de otros hispanos **b.** los alquileres baratos **c.** las buenas escuelas
3. Pedro Cano vino a los EE.UU. con la ilusión de ______________.
   a. establecer una comunidad colombiana
   b. ahorrar para después volver a su país
   c. mejorar su calidad de vida
4. Muchos de los colombianos que viven en Central Falls, Rhode Island, emigraron por ______________.
   a. la situación política y económica de su patria
   b. las oportunidades de trabajo en Central Falls
   c. la posibilidad de mantener sus tradiciones y su cultura

2 **Micrófono abierto** Trabajen en parejas para escribir una entrevista imaginaria a un(a) hispano/a que lleva veinte años viviendo en los Estados Unidos. Uno/a de ustedes es el/la periodista y el/la otro/a es el/la inmigrante. Consideren estas preguntas y añadan otras.

- ¿Por qué decidió venir a los Estados Unidos?
- ¿Cómo es su vida aquí?
- ¿Cómo era su vida antes de venir?
- ¿Cuántos años tenía cuando llegó aquí?
- ¿Dónde está su familia?
- ¿Piensa regresar algún día a su país de origen?

3 **Carta** En grupos de tres, imaginen que son inmigrantes y que acaban de llegar a los Estados Unidos o Canadá. Escriban una carta a su familia incluyendo la información que responde a las preguntas. Cuando terminen, lean la carta delante de la clase.

- ¿Dónde están?
- ¿Cómo es la ciudad?
- ¿Qué les fascina de la ciudad? ¿Qué les molesta?
- ¿Están emocionados/as o disgustados/as con el nuevo lugar?

6 de septiembre

Queridos padres:
¡Estamos en . . . ! ¿Pueden creerlo?
Es una ciudad interesante con . . .

Practice more at **vhlcentral.com.**

Preparación

Sobre el autor

Ya de muy joven, el chileno **Pablo Neruda** (1904–1973) mostraba inclinación por la poesía. En 1924, con tan sólo veinte años, publicó el libro que lo lanzó (*launched*) a la fama: *Veinte poemas de amor y una canción desesperada*. Además de poeta, fue diplomático y político. El amor fue sólo uno de los temas de su extensa obra: también escribió poesía surrealista y poesía de temática histórica y política. Su *Canto general* lleva a los lectores a un viaje por la historia de América Latina desde los tiempos precolombinos hasta el siglo veinte. En 1971, recibió el Premio Nobel de Literatura.

Vocabulario de la lectura

el alma *soul*
besar *to kiss*
contentarse *to be contented/satisfied (with)*
el corazón *heart*
el olvido *forgetfulness, oblivion*

Vocabulario útil

el/la amado/a *the beloved, sweetheart*
amar(se) *to love (each other)*
los celos *jealousy*
enamorado/a *in love*
el sentimiento *feeling*

1 **Vocabulario** Completa este párrafo sobre una nueva película romántica usando palabras del vocabulario.

Amor sin fronteras es más que una película de amor. En la primera escena, Francisco le dice a Fernanda que él está (1) __________ de ella. La joven, sin embargo, no comparte el (2) __________, ya que ama en secreto a Javier, el hermano de Francisco, que emigró a Texas hace dos años. Francisco la (3) __________ y la abraza, pero confunde su frialdad con timidez. Sin embargo, cuando Francisco le ofrece llevarla a Texas con él, Fernanda no puede contener la emoción. Es su oportunidad de volver a ver a Javier. La historia de estas dos (4) __________ confundidas se complica cuando, una vez en Texas, Francisco descubre que su (5) __________ en realidad ama a su hermano y lo invaden los (6) __________.

2 **Preparación** En parejas, contesten las preguntas.

1. ¿Han estado enamorados/as alguna vez?
2. ¿Les gusta leer poesía?
3. ¿Han escrito alguna vez una carta o un poema de amor?
4. ¿Se consideran románticos/as?
5. ¿Comparten sus sentimientos por escrito? ¿A través de qué medio?
6. ¿Creen que el romanticismo es necesario en el amor?
7. ¿Cuál es su historia de amor favorita? ¿Por qué?
8. ¿Qué consejo le darían a alguien que tiene un amor imposible?
9. ¿Han visto películas que tratan sobre hacer películas o han leído libros en los que el narrador habla sobre personajes que a su vez escriben libros? Den ejemplos.
10. ¿Qué medio de comunicación usarían para una declaración de amor? ¿Qué palabras/imágenes/sonidos usarían? ¿Por qué?

POEMA 20

Pablo Neruda

Puedo escribir los versos más tristes esta noche.

Escribir, por ejemplo: "La noche está estrellada°,
y tiritan°, azules, los astros°, a lo lejos°".

El viento de la noche gira° en el cielo y canta.

Puedo escribir los versos más tristes esta noche.
Yo la quise, y a veces ella también me quiso.

En las noches como ésta la tuve entre mis brazos.
La besé tantas veces bajo el cielo infinito.

Ella me quiso, a veces yo también la quería.
Cómo no haber amado sus grandes ojos fijos°.

Puedo escribir los versos más tristes esta noche.
Pensar que no la tengo. Sentir que la he perdido.

Oír la noche inmensa, más inmensa sin ella.
Y el verso cae al alma como al pasto el rocío°.

Qué importa que mi amor no pudiera guardarla°.
La noche está estrellada y ella no está conmigo.

Eso es todo. A lo lejos alguien canta. A lo lejos.
Mi alma no se contenta con haberla perdido.

Como para acercarla° mi mirada la busca.
Mi corazón la busca, y ella no está conmigo.

La misma noche que hace blanquear° los mismos árboles.
Nosotros, los de entonces, ya no somos los mismos.

Ya no la quiero, es cierto, pero cuánto la quise.
Mi voz° buscaba el viento para tocar su oído.

De otro. Será de otro. Como antes de mis besos.
Su voz, su cuerpo claro. Sus ojos infinitos.

Ya no la quiero, es cierto, pero tal vez la quiero.
Es tan corto el amor, y es tan largo el olvido.

Porque en noches como ésta la tuve entre mis brazos,
mi alma no se contenta con haberla perdido.

Aunque éste sea el último dolor que ella me causa,
y éstos sean los últimos versos que yo le escribo. ■

starry
tremble/stars/in the distance
turns
fixed
como al. . . *like dew on grass*
keep her
bring her closer
whiten
voice

Análisis

1 **Comprensión** Contesta las preguntas con oraciones completas.

1. ¿Quién habla en este poema?
2. ¿De quién habla el poeta?
3. ¿Cuál es el tema del poema?
4. ¿Sigue enamorado el poeta? Explica tu respuesta.

2 **Interpretar** Contesta las preguntas con oraciones completas.

1. ¿Cómo se siente el poeta? Da algún ejemplo del poema.
2. ¿Es importante que sea de noche? Razona tu respuesta.
3. ¿Cómo interpretas este verso: "Ya no la quiero, es cierto, pero tal vez la quiero"?
4. Explica el significado de estos versos y su importancia en el poema. ¿Por qué escribe el poeta un verso entre comillas?

> Puedo escribir los versos más tristes esta noche.
>
> Escribir, por ejemplo: "La noche está estrellada,
> y tiritan, azules, los astros, a lo lejos".
>
> El viento de la noche gira en el cielo y canta.

3 **Metaficción** En grupos de tres, lean esta definición y busquen ejemplos de metaficción en el poema de Neruda. ¿Qué efecto tiene este recurso en el poema?

> **La metaficción consiste en reflexionar dentro de una obra de ficción sobre la misma obra.**

4 **Escribir** Escribe una carta dirigida a un(a) amigo/a, a tu novio/a o a un(a) desconocido/a (*stranger*) expresando lo que sientes por él o ella. Sigue el **Plan de redacción.**

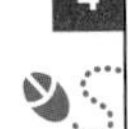

Plan de redacción

Escribir una carta

1 **Encabezamiento** Piensa a quién quieres dirigirle la carta: ¿a un(a) amigo/a? ¿a tu pareja? ¿a alguien que no te conoce? ¿a una estrella de cine? Elige un saludo apropiado: **Estimado/a**, **Querido/a**, **Amado/a, Amor mío**, **Vida mía**.

2 **Contenido** Organiza las ideas que quieres expresar en un esquema (*outline*) y después escribe la carta. Utiliza estas preguntas como guía.

1. ¿Sabe esta persona lo que sientes? ¿Es la primera vez que se lo dices?
2. ¿Cómo te sientes?
3. ¿Por qué te gusta esta persona?
4. ¿Crees que tus sentimientos son correspondidos?
5. ¿Cómo quieres que sea tu relación en el futuro?

3 **Firma** Termina la carta con una frase de despedida (*farewell*) adecuada. Aquí tienes unos ejemplos: **Un abrazo**, **Besos**, **Te quiero**, **Te amo**, **Tu eterno/a enamorado/a**.

Practice more at **vhlcentral.com.**

Las relaciones personales

Las relaciones

el alma gemela *soul mate, kindred spirit*
la amistad *friendship*
el ánimo *spirit; mood*
el chisme *gossip*
la cita (a ciegas) *(blind) date*
el compromiso *commitment; responsibility; engagement*
el deseo *desire*
el divorcio *divorce*
la (in)fidelidad *(un)faithfulness*
el matrimonio *marriage*
la pareja *couple; partner*
el riesgo *risk*

compartir *to share*
confiar (en) *to trust (in)*
contar (o:ue) con *to rely on, to count on*
coquetear *to flirt*
dejar a alguien *to leave someone*
dejar plantado/a *to stand (someone) up*
discutir *to argue*
engañar *to cheat; to deceive*
ligar *to flirt; to hook up*
merecer *to deserve*
romper (con) *to break up (with)*
salir (con) *to go out (with)*

Los sentimientos

enamorarse (de) *to fall in love (with)*
enojarse *to get angry*
estar harto/a *to be fed up (with); to be sick (of)*
llevarse bien/mal/fatal *to get along well/badly/terribly*
odiar *to hate*
ponerse pesado/a *to become annoying*
querer(se) (e:ie) *to love (each other); to want*
sentir(se) (e:ie) *to feel*
soñar (o:ue) con *to dream about*
tener celos (de) *to be jealous (of)*
tener vergüenza (de) *to be ashamed (of)*

Los estados emocionales

agobiado/a *overwhelmed*
ansioso/a *anxious*
celoso/a *jealous*
deprimido/a *depressed*
disgustado/a *upset*
emocionado/a *excited*
enojado/a *angry, mad*
pasajero/a *fleeting*
preocupado/a (por) *worried (about)*

Los estados civiles

casarse (con) *to get married (to)*
divorciarse (de) *to get a divorce (from)*

casado/a *married*
divorciado/a *divorced*
separado/a *separated*
soltero/a *single*
viudo/a *widowed*

Las personalidades

cariñoso/a *affectionate*
cuidadoso/a *careful*
falso/a *insincere*
genial *wonderful*
gracioso/a *funny, pleasant*
inolvidable *unforgettable*
inseguro/a *insecure*
maduro/a *mature*
mentiroso/a *lying; liar*
orgulloso/a *proud*
seguro/a *secure; confident*
sensible *sensitive*
tacaño/a *cheap; stingy*
tempestuoso/a *stormy*
tímido/a *shy*
tranquilo/a *calm*

Cortometraje

la cinta *tape*
el cortometraje/corto *short film*
la escena *scene*
el guión *script*
la historia *story*
el/la lector(a) *reader*
la luz *light*
el/la protagonista *main character*

alargar *to drag out*
enterarse *to find out*
respirar *to breathe*

ciego/a *blind*
precioso/a *lovely*
turbio/a *murky*

Cultura

la calidad de vida *standard of living*
los familiares *relatives*
el/la inmigrante *immigrant*
el lazo *tie*
la patria *home country*
la red de apoyo *support network*
la voluntad *will*

abandonar *to leave*
ayudarse *to help one another*
cuidar *to take care of*
emigrar *to emigrate*
fortalecerse *to grow stronger*
mudarse *to move*

por su cuenta *on his/her own*

Literatura

el alma *soul*
el/la amado/a *the beloved, sweetheart*
los celos *jealousy*
el corazón *heart*
el olvido *forgetfulness, oblivion*
el sentimiento *feeling*

amar(se) *to love (each other)*
besar *to kiss*
contentarse *to be contented/ satisfied (with)*

enamorado/a *in love*

Vivir en la ciudad

Cualquier paseo por una de las capitales del mundo hispano puede convertirse en un verdadero viaje al pasado. Los edificios y plazas de **Madrid**, **Buenos Aires**, **Bogotá** y **Lima** nos cuentan la historia de sus países. Una de estas capitales, famosa por la riqueza cultural que se respira en sus calles, es la **Ciudad de México**, una de las ciudades más grandes del mundo.

48

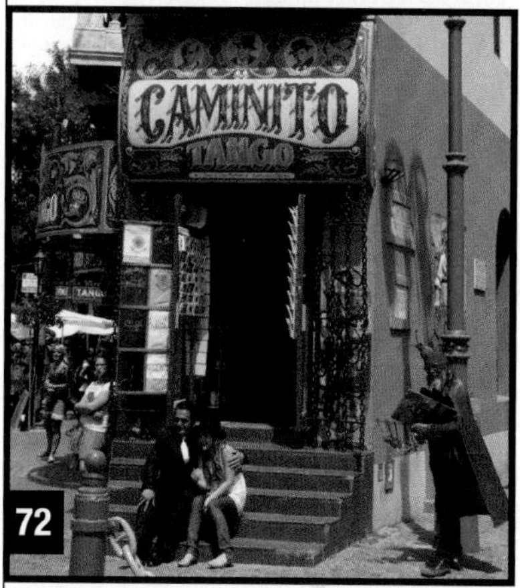

72

Blog de un catalán en Colombia

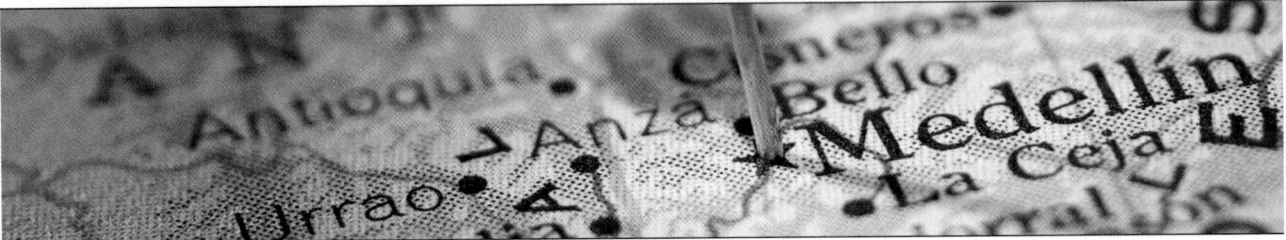

Datos personales

Mi nombre es Javier y nací en Barcelona el 27 de junio de 1988. Vivo en Medellín desde hace dos años. Estudio Administración de Negocios en la EAFIT. Me encanta salir con mis amigos y tocar la guitarra. Mi frase favorita es "Nunca es triste la verdad, lo que no tiene es remedio", de Serrat. Me llevo fatal con las personas falsas y con el análisis matemático. En este blog cuento mis aventuras cotidianas y un montón de cosas que no le interesan a nadie... pero, al fin y al cabo, es mi blog.

Entradas recientes

- ¡Quiero ser alcalde!
- El vaso medio vacío
- ¿Alguien entiende este letrero?
- Mi visita al estadio
- ¿El peatón siempre tiene prioridad?

Un viaje inesperado

16 de noviembre 20:00 por Javier

¿Saben dónde estoy? ¡En Bogotá! Mi amigo Sergio me invitó a recorrer su ciudad este fin de semana. Hoy dimos un paseo por La Candelaria, el centro histórico. Me gustaron mucho las casitas de colores y la Plaza de Bolívar. También visitamos el Museo del Oro. Sergio tenía que hacer unas diligencias, así que decidí tomar el autobús para visitar la Torre Colpatria, el edificio más alto de Bogotá. Desde ese rascacielos se puede ver casi toda la ciudad y sus alrededores. Aunque la parada del autobús quedaba cerca, a dos manzanas, o cuadras como dicen aquí, yo ya estaba perdido. Por suerte, una policía me indicó el camino. Ahora estoy en el centro comercial Andino, de la Zona Rosa. El lugar me gusta, pero está lleno de gente y es muy ruidoso. Debía encontrarme con Sergio hace media hora, pero está atrasado, como siempre. Quiero empezar a disfrutar de la vida nocturna bogotana. ¡Dicen que hay discotecas fantásticas! ¿Alguna sugerencia para mañana?

La Candelaria es uno de los centros históricos mejor conservados de Latinoamérica.

Comentarios

Laura F.
Lima, Perú

Laura dice:
16 de noviembre 20:53

¡Hola, Javier! Te escribo desde Lima, pero residí en Bogotá durante dos años. Tienes que visitar el cerro de Monserrate. Tiene la mejor vista de la ciudad. Para subir el cerro, te recomiendo tomar el funicular. El techo de cristal te permite admirar el bellísimo paisaje durante el recorrido. Ya en la cima, encontrarás una bonita iglesia, tiendas de artesanías y restaurantes para almorzar. ¡Cómo extraño Bogotá!

Silvia C.
Quito, Ecuador

Silvia dice:
16 de noviembre 22:20

¿Ya fuiste al Museo Botero? No recuerdo la dirección exacta, pero queda en el barrio La Candelaria. Además de obras del propio Botero (¡mi artista favorito!), la colección incluye trabajos de Picasso y Dalí. Para despedirte de la ciudad, relájate con una taza de café en un café Juan Valdez. Así pasarás una tarde verdaderamente bogotana conversando con la gente del lugar.

Gustavo O.
Bogotá,
Colombia

Gustavo dice:
17 de noviembre 08:10

¡Bienvenido a mi ciudad, Javier! Si quieres pasarla bien, puedes recorrer el Parque Metropolitano Simón Bolívar. Es el parque más grande de Bogotá. De hecho, ¡es más grande que el Central Park de Nueva York! También tienes que dar una vuelta en TransMilenio, nuestro sistema de autobuses rápidos.
Vuelve pronto, amigo, pero la próxima vez quédate más tiempo. ¡Hay mucho para ver y hacer aquí!

Análisis

Clasificar Lee el blog de Javier y las respuestas de los lectores. Escribe las palabras y expresiones que asocias con estas categorías.

los lugares | las indicaciones | la gente | las actividades | para describir

Sinónimos Fíjate en estos verbos. Busca en el blog otros verbos que los amigos de Javier usan con el mismo significado. Sigue el modelo.

Modelo vivir: **residir**

1. hablar: ________
2. estar situado: ________
3. decir adiós a: ________
4. sugerir: ________
5. disfrutar: ________
6. dar un paseo: ________

Intenta encontrar sinónimos para otras palabras y expresiones usadas en el blog.

Etiquetas En parejas, elijan al menos seis etiquetas para esta entrada del blog.

________ ________ ________
________ ________ ________

Tu reacción Piensa en una respuesta para el blog de Javier. Luego escribe por lo menos cinco oraciones usando algunas de las palabras y expresiones que has aprendido.

Escribe un comentario...

Publicar

En la ciudad

Audio: Vocabulary

Lugares

las afueras *suburbs*
los alrededores *the outskirts*
el ayuntamiento *city hall*
el barrio *neighborhood*
el centro comercial *(shopping) mall*

el cine *movie theater*
la ciudad *city*
la comisaría *police station*
la discoteca *dance club*
el edificio *building*
la estación (de trenes/de autobuses) *(train/bus) station*
la estación de bomberos *fire station*
la estación de policía *police station*
el estacionamiento *parking lot*
el estadio *stadium*
el metro *subway*
el museo *museum*
la parada (de metro/de autobús) *(subway/bus) stop*
la plaza *square*
el rascacielos *skyscraper*
el suburbio *suburb*
la vivienda *housing; home*

Indicaciones

la acera *sidewalk*

la avenida *avenue*
la calle *street*
la cuadra *city block*
la dirección *address*
la esquina *corner*
el letrero *sign, billboard*
el puente *bridge*
el semáforo *traffic light*
el tráfico *traffic*
el transporte público *public transportation*

cruzar *to cross*
estar perdido/a *to be lost*
indicar el camino *to give directions*
preguntar el camino *to ask for directions*

Gente

el/la alcalde(sa) *mayor*
el/la ciudadano/a *citizen*
el/la conductor(a) *driver*
la gente *people*
el/la pasajero/a *passenger*
el peatón/la peatona *pedestrian*
el policía/la (mujer) policía *policeman/woman*

Actividades

la vida nocturna *nightlife*

bajar *to go down; to get off (a bus)*
construir *to build*
conversar *to talk*
convivir *to live together; to coexist*
dar un paseo *to take a stroll*
dar una vuelta *to take a walk/ride*
dar una vuelta en bicicleta/carro/motocicleta *to take a bike/car/motorcycle ride*
disfrutar (de) *to enjoy*
doblar *to turn*
hacer diligencias *to run errands*
parar *to stop*
pasarlo/la bien/mal *to have a good/bad time*
poblar *to settle; to populate*
quedar *to be located; to arrange to meet*
quedarse *to stay*
recorrer *to travel (around a city)*
relajarse *to relax*
residir *to reside*
subir *to go up; to get on (a bus)*

Para describir

atrasado/a *late*
cotidiano/a *everyday*
inesperado/a *unexpected*
lleno/a *full*
ruidoso/a *noisy*
vacío/a *empty*

Práctica

1 **¿Qué significa?** Indica a qué palabra se refiere cada definición.

____ 1. no saber cómo llegar a un lugar	a. puente
____ 2. construcción que conecta dos lugares	b. residir
____ 3. persona que toma el metro	c. relajarse
____ 4. que ocurre todos los días	d. letrero
____ 5. reducir la tensión que uno tiene	e. pasajero
____ 6. vivir (en un lugar)	f. cotidiano
____ 7. pasarlo bien	g. estar perdido
____ 8. anuncio escrito	h. ruidoso
	i. disfrutar
	j. cuadra

2 **Titulares** Estos titulares (*headlines*) están incompletos. Complétalos utilizando palabras y expresiones de la lista.

alrededores	discoteca	hace diligencias
ciudadanos	estacionamientos	suburbio
construyen	está perdida	tráfico

1. Encuentran un tesoro (*treasure*) escondido en un ____________ de la ciudad
2. Hombre muere en un accidente de ____________
3. Pareja baila sin parar 24 horas en una ____________
4. Los ____________ creen que el transporte público debe ser más barato
5. ____________ un rascacielos de más de cien pisos
6. La tortuga que se escapó del zoo ____________ en la ciudad; nadie la encuentra
7. No hay suficiente espacio en los ____________ para tantos automóviles

3 **La ciudad** Indica si estás de acuerdo con estas afirmaciones. Después, compara tus opiniones con las de un(a) compañero/a y explica por qué piensas así. ¿Tienen las mismas preferencias?

	Sí	No
1. Es mejor vivir en la ciudad que en las afueras.	☐	☐
2. Nunca se debe hablar con desconocidos (*strangers*).	☐	☐
3. Es mejor convivir con alguien que vivir solo.	☐	☐
4. Es mejor vivir en una calle pequeña que en una avenida.	☐	☐
5. Se deben construir más edificios y menos parques.	☐	☐
6. En una ciudad es más cómodo manejar que tomar transporte público.	☐	☐

4 **En el ayuntamiento** Imagina que eres el/la alcalde(sa) de una ciudad. ¿Cómo puedes mejorar la vida de los ciudadanos? ¿Qué cambios quieres hacer? Compara tus ideas con las de tus compañeros/as.

Preparación

Vocabulario del corto

afligirse *to get upset*
borracho/a *drunk*
el choque *crash*
las facciones *features*
parecerse (a) *to look like*
repentino/a *sudden*

Vocabulario útil

el/la cajero/a *cashier*
el/la desconocido/a *stranger*
la fila *line*
ingenuo/a *naïve*
valorar *to value*

EXPRESIONES

Pero... si sólo es/son... *But... it's only...*
¿Sabe(s)? *You know?*
¿Y a mí, qué? *What do I care?*

1 **Vocabulario** Completa el artículo con el vocabulario que acabas de aprender.

Robo en un supermercado

Ayer un **(1)** __________ robó en el Supermercado Estrella. El hombre entró en la tienda a las nueve de la noche y esperó en la **(2)** _____ cinco minutos. Después, empezó a hablar del tiempo con la **(3)** _______. De repente, las luces se apagaron (*went out*) y él se fue con el dinero de la caja. Salió del estacionamiento tan rápido que tuvo un **(4)** ________ con otro carro. Se fue corriendo, pero la policía lo encontró. Había tomado tequila y estaba **(5)** __________.
Cuando dijeron que lo iban a llevar a la cárcel (*jail*), dijo: "¿ **(6)** __________ ?" y saltó al río. No se sabe si está vivo.
Este hombre **(7)** __________ mucho a Simon Cowell.
Según la gente, tiene las **(8)**__________ idénticas.

2 **Preguntas** En parejas, contesten las preguntas.

1. ¿Hablan con desconocidos en algunas ocasiones? ¿Les gusta hacerlo?
2. Den ejemplos de dos o tres lugares donde es más fácil o frecuente hablar con gente que no conocen.
3. Según el título del cortometraje, *Adiós mamá*, ¿de qué creen que va a tratar el corto?
4. ¿A veces son ingenuos/as? ¿Se creen historias falsas? Den ejemplos.
5. ¿Alguna vez les sucedió algo interesante o divertido en un supermercado? ¿Qué sucedió?

Adiós Mamá

Premio especial del Jurado,
Semana Internacional de Cine Experimental de Valladolid 1997, España

Una producción de CONACULTA/INSTITUTO MEXICANO DE CINEMATOGRAFÍA Guion y Dirección ARIEL GORDON
Producción JAVIER BOURGES Producción ejecutiva PATRICIA RIGGEN
Fotografía SANTIAGO NAVARRETE Edición CARLOS SALCES Música GERARDO TAMEZ
Sonido SANTIAGO NÚÑEZ/NERIO BARBERIS
Arte FERNANDO MERI/AARÓN NIÑO CÁMARA
Actores DANIEL GIMÉNEZ CACHO/DOLORES BERISTAIN/PATRICIA AGUIRRE/PACO MORAYTA

ESCENAS

ARGUMENTO *Un hombre está en el supermercado. En la fila para pagar, la señora que está delante de él le habla.*

SEÑORA Se parece a mi hijo. Realmente es igual a él.
HOMBRE Ah, pues no, no sé qué decir.

SEÑORA Murió en un choque. El otro conductor iba borracho. Si él viviera, tendría la misma edad que usted.
HOMBRE Por favor, no llore.

SEÑORA ¿Sabe? Usted es su doble. Bendito sea el Señor[1] que me ha permitido ver de nuevo a mi hijo. ¿Le puedo pedir un favor?
HOMBRE Bueno.

SEÑORA Nunca tuve oportunidad de despedirme de él. Su muerte fue tan repentina. ¿Al menos podría llamarme "mamá" y decirme adiós cuando me vaya?

SEÑORA ¡Adiós, hijo!
HOMBRE ¡Adiós, mamá!
SEÑORA ¡Adiós, querido!
HOMBRE ¡Adiós, mamá!

CAJERA No sé lo que pasa, la máquina desconoce el artículo. Espere un segundo a que llegue el gerente.
(El gerente llega y ayuda a la cajera).

Nota CULTURAL

Supermercados y tienditas

En México, como en casi todo el mundo, las grandes cadenas de supermercados tienen una sólida presencia. Sin embargo, para evitar los interminables pasillos° y las filas de estos establecimientos, hay quien prefiere ir a las "tienditas de la esquina". Estos negocios° son muy populares, ya que en ellos se puede comprar pan, queso, jabón, dulces, juguetes° pequeños, pilas° y muchas cosas más. Generalmente hay varias de estas pequeñas tiendas en cada colonia° y allí la gente compra lo que necesita en el momento.

pasillos *aisles* **negocios** *stores*
juguetes *toys* **pilas** *batteries*
colonia *neighborhood*

[1] *Blessed be the Good Lord*

Análisis

1 **Comprensión** Lee cada párrafo y decide cuál resume mejor el cortometraje.

1. Los personajes están en un supermercado. Ellos no se conocen, pero la señora dice que el hombre se parece a su hijo. Ella nunca pudo despedirse de él porque murió en un accidente de tráfico. Por eso, la señora le pide al hombre que le diga “adiós, mamá” al salir. Entonces, el hombre se da cuenta de la trampa (*trap*).
2. Los personajes están en un supermercado. Ellos no se conocen y, aunque parece que el hombre no tiene ganas de hablar con la señora, ella insiste. Ella le cuenta que estuvo hace poco en un accidente de tráfico y que perdió a su hijo. Le pide al hombre que le diga “adiós, mamá” al salir. La señora le cae tan bien al hombre que a él no le importa pagar por lo que ella compró.

2 **Ampliar** En parejas, contesten las preguntas.

1. ¿Qué verdaderos motivos tendría la señora para engañar (*deceive*) al hombre?
2. ¿Qué creen que aprendió el hombre con esta experiencia?
3. ¿Les pasó a ustedes o a alguien que conocen algo similar alguna vez? Expliquen.
4. Si alguien se les acerca (*approaches*) en el supermercado y les pide este tipo de favor, ¿qué hacen?

3 **Detective** El protagonista está contándole a un(a) detective lo que pasó en el supermercado. En parejas, uno/a de ustedes es el/la detective y el/la otro/a es el hombre. Preparen el interrogatorio y represéntenlo delante de la clase.

4 **Notas** Ahora, imagina que eres el/la detective y escribe un informe (*report*) de lo que pasó. Tiene que ser lo más completo posible. Puedes inventar los datos que tú quieras.

5 **Imaginar** En parejas, imaginen la vida de uno de los personajes del corto. Escriban por lo menos cinco oraciones usando como base las preguntas.

- ¿Cómo es?
- ¿Dónde vive?

- ¿Con quién vive?
- ¿Qué le gusta?

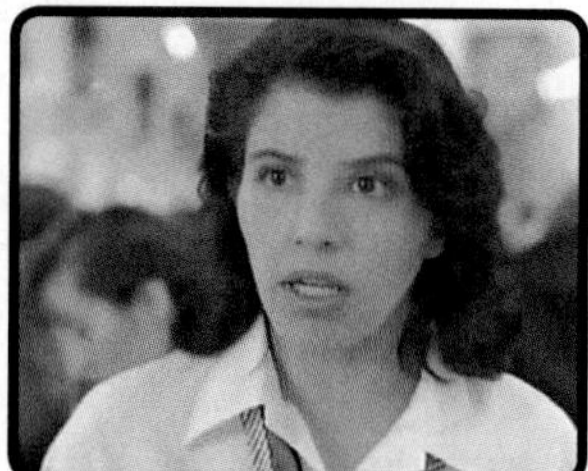

- ¿Qué no le gusta?
- ¿Tiene dinero?

6 **Inventar** Primero, lean lo que dice la señora. Después, en parejas, imaginen que el hijo ficticio nunca tuvo un accidente y, por lo tanto, no murió. ¿Qué pasó con él? ¿Cómo fue su vida? ¿Visitaba a su madre con frecuencia? Escriban un párrafo de unas diez líneas.

> **“Murió en un choque. El otro conductor iba borracho. Si él viviera, tendría la misma edad que usted. Se habría titulado y probablemente tendría una familia. Yo sería abuela.”**

IMAGINA

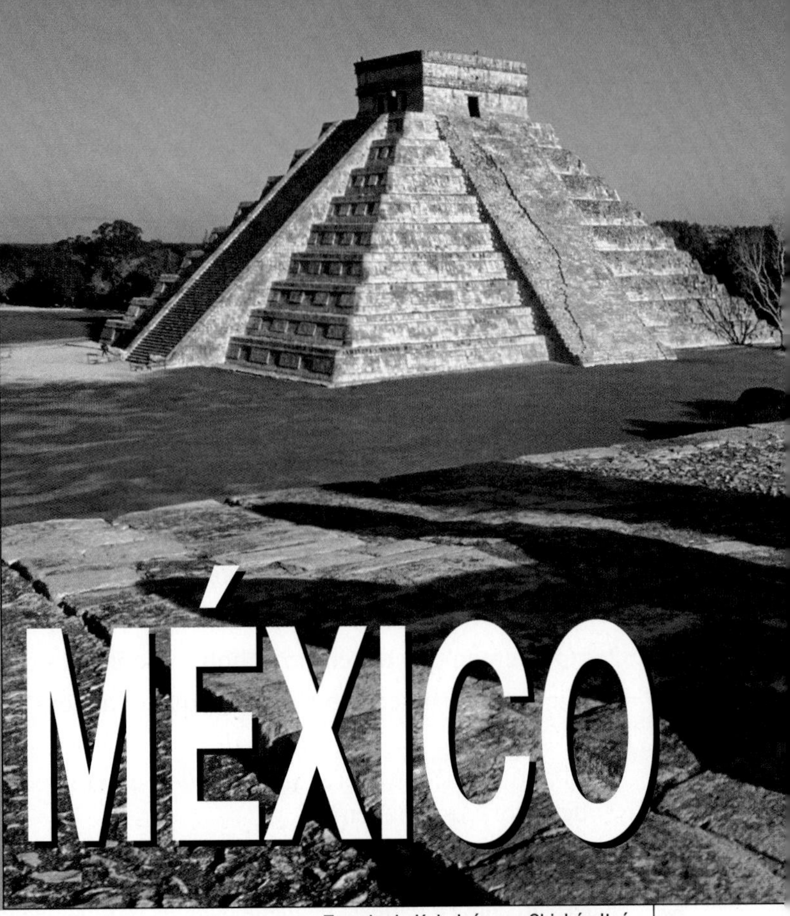

MÉXICO

México es un país muy rico y de geografía, tradiciones, recursos y gente muy variados. Este país cuenta con casi la tercera parte de la población mundial de hispanohablantes. Sus habitantes pertenecen a numerosos grupos étnicos, entre los que hay más de cincuenta culturas indígenas autóctonas[1]. Su geografía abarca[2] áridos desiertos, densas selvas tropicales y majestuosas cordilleras[3]. Para el viajero, México ofrece hermosísimos y modernos balnearios[4] en **Acapulco**, **Mazatlán**, **Cabo San Lucas** y **Cancún**; espectaculares sitios arqueológicos, como los de **Chichén Itzá**, **Teotihuacán** y **Palenque**, donde se conservan las ruinas de civilizaciones prehispánicas como las de los mayas y los aztecas; y grandes ciudades cuya riqueza cultural y artística se refleja[5] en su arquitectura colonial y moderna. Algunas fiestas tradicionales, como el **Día de los muertos**, han trascendido fronteras y se festejan también en los Estados Unidos.

Templo de Kukulcán, en Chichén Itzá

MÉXICO, D.F.: el corazón de México

La **Ciudad de México**, o **México, D.F.** (Distrito Federal), es el centro cultural, gubernamental[6] y comercial de México. Con más de veinte millones de habitantes, es una de las ciudades más grandes del mundo. El carácter contemporáneo del D.F. se entrelaza[7] día a día con las profundas tradiciones prehispánicas que conservan sus habitantes. La variedad de atractivos que ofrece es innumerable: desde la **Alameda Central**, parque que ha sido centro de actividad desde la época de los aztecas, hasta **Polanco**, una de las zonas de tiendas y restaurantes más chic de la ciudad.

Catedral Metropolitana en el Zócalo del D.F.

El corazón de la Ciudad de México es la **Plaza de la Constitución**, más conocida como el **Zócalo**. Esta plaza es el punto de encuentro de las más diversas manifestaciones artísticas[8] y movimientos sociales. A su alrededor también se encuentran varias de las instituciones más importantes del país. A un lado del Zócalo está el **Palacio Nacional**, donde el presidente mexicano tiene sus oficinas y donde **Diego Rivera** pintó algunos de sus famosos murales sobre la historia de México. En otro lado de la plaza se encuentra la **Catedral Metropolitana**, cuya construcción fue ordenada por **Hernán Cortés** en el siglo XVI.

Signos vitales

Con más de 112 millones de habitantes, **México** es el primer país en población del mundo hispanohablante. Sin embargo, 6 de cada 100 mexicanos mayores de 5 años también hablan alguna lengua indígena, de las 89 que existen en el territorio. Las más habladas son el náhuatl y el maya.

[1] *native* [2] *covers* [3] *mountain ranges* [4] *resorts* [5] *is reflected* [6] *governmental* [7] *intertwines* [8] **manifestaciones...** *artistic expressions*

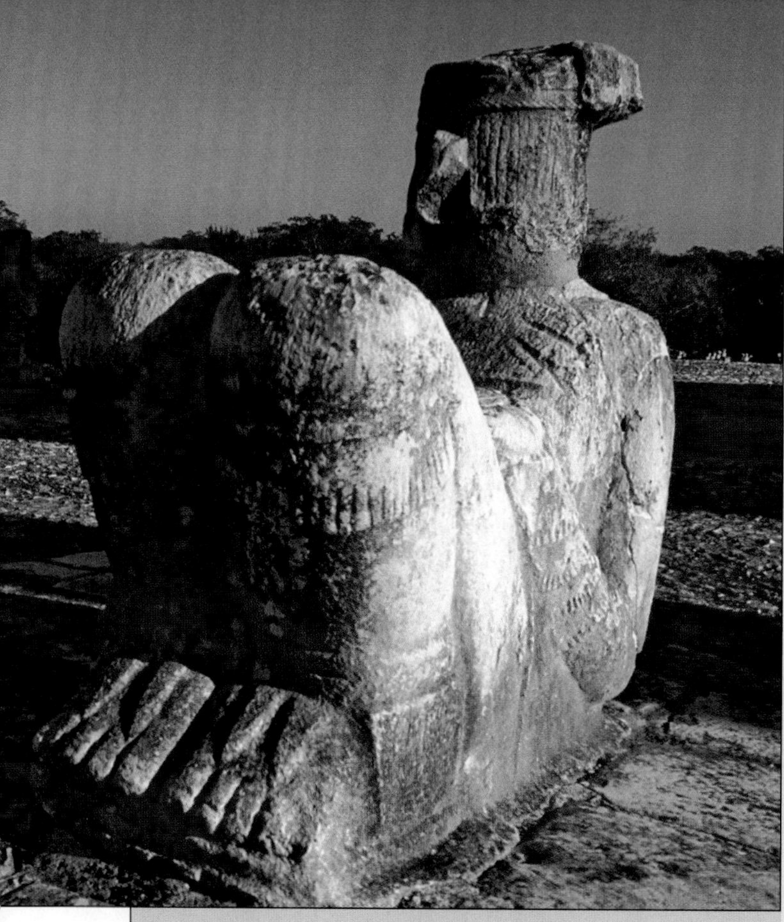

¡Conozcamos el D.F.!

Bosque de Chapultepec Es el parque más grande de la **Ciudad de México**, con un área de más de seis kilómetros cuadrados. En **Chapultepec** se encuentran algunos de los mejores museos de la ciudad, incluyendo el **Museo Nacional de Antropología**, el **Museo de Arte Moderno** y el **Museo Rufino Tamayo**. La riqueza artística también se puede apreciar al aire libre gracias a la fascinante arquitectura, escultura y, por supuesto, naturaleza del bosque.

Tianguis Ya desde la época de los aztecas se organizaban los llamados "tianguis", mercados al aire libre. Allí se vendían e intercambiaban toda clase de productos, desde comida y animales, hasta canastas[1] y tapetes[2]. Hoy los tianguis se pueden ver por toda la ciudad.

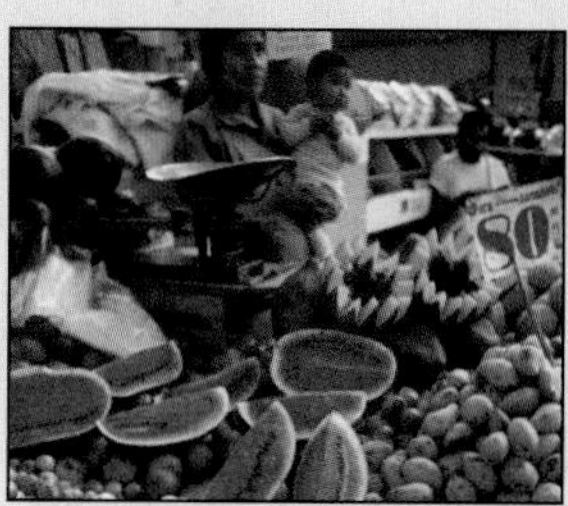

Paseo de la Reforma Es una de las principales avenidas de la ciudad y va desde la **Alameda Central** hasta el **Bosque de Chapultepec**. Aquí encontramos, además de museos, importantes bancos y edificios históricos, así como hoteles, almacenes y restaurantes. Cerca de la **Zona Rosa** se encuentra el **Monumento a la Independencia**, donde está la escultura del **Ángel de la Independencia**.

El Metro El **Metro** es la manera más eficaz[3] y económica de moverse por todo el **D.F.** Con once líneas diferentes que cubren más de 200 kilómetros, más de cuatro millones de personas lo utilizan todos los días. En las horas de mayor congestión, no está permitido llevar maletas o equipaje[4] por encima de cierto tamaño[5] para facilitar el movimiento de los pasajeros.

[1] *baskets* [2] *rugs* (Col.; Méx.) [3] *efficient* [4] *baggage* [5] *size*

El español de México

alberca : piscina; *pool*
aventarse : atreverse; *to dare*
botana(s) : tapas, aperitivos; *appetizers*
camión : autobús; *bus*
chacharear : comprar cosas pequeñas; *to shop for trinkets*
chavo/a : chico/a; *kid, boy/girl*
colonia : barrio; *neighborhood*
platicar : conversar; *to chat*
sale : de acuerdo; *OK*

Palabras derivadas de lenguas indígenas

guajolote : pavo; *turkey*
huaraches : sandalias; *sandals*
jorongo : poncho
papalote : cometa; *kite*

Expresiones y coloquialismos

¡Órale, pues! : *OK!, Great!, Let's do it!*
¡Es/Está padre/padrísimo! : ¡Es/Está muy bueno!; *It's great!, It's cool!*
¿Qué onda? : ¿Qué pasa?, ¿Qué tal?; *What's up?*

GALERÍA DE CREADORES

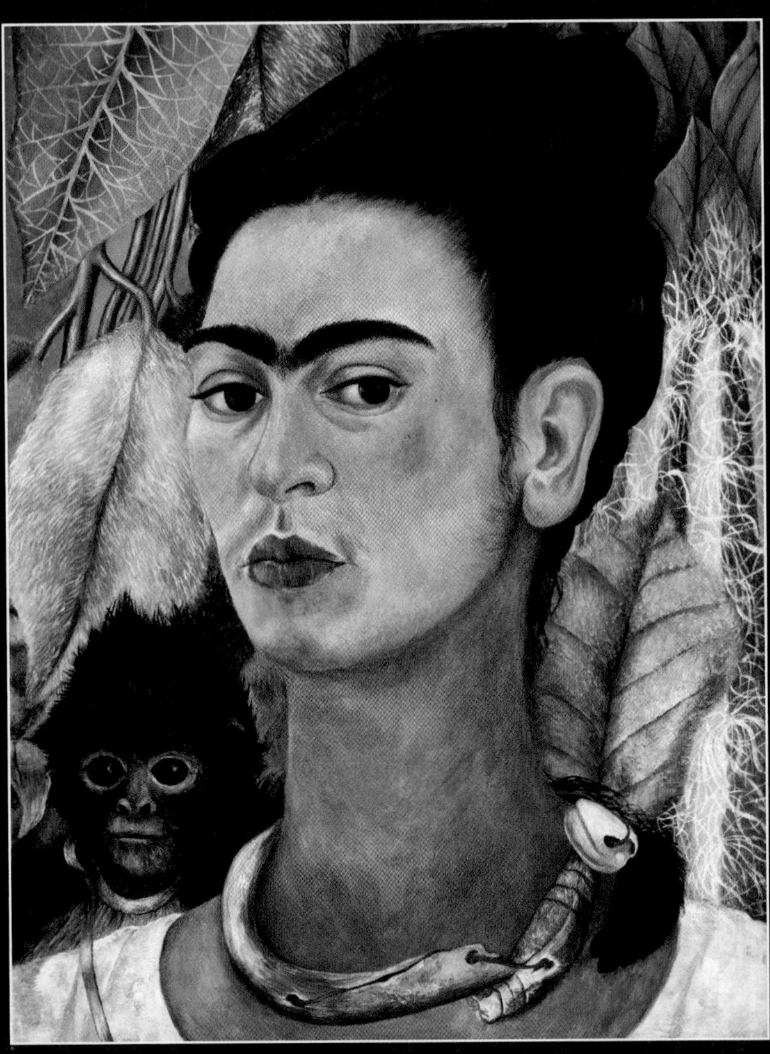

LITERATURA/PERIODISMO

Elena Poniatowska

Hija de madre mexicana y padre polaco, nació en París en 1932 y reside en México desde 1942. Escritora activa y multifacética, Elena Poniatowska es también una intelectual pública y figura política. Ha escrito para muchos periódicos y colaboró en la fundación del diario mexicano *La Jornada*. Como autora, ha escrito en casi todos los géneros: novela, cuento, poesía, ensayo, crónica y entrevista. Algunas de sus obras más conocidas son *La noche de Tlatelolco*, *Tinísima*, *La piel del cielo* y el libro *Leonora* sobre la pintora Leonora Carrington.

PINTURA **Frida Kahlo**

Considerada la mayor representante de la pintura introspectiva mexicana del siglo XX, Frida Kahlo es conocida principalmente por sus autorretratos (*self-portraits*), en los que expresa, a menudo con dolor, los acontecimientos y emociones de su vida personal. En 1929 se casó con el pintor y muralista Diego Rivera, con quien compartía el deseo de afirmar (*assert*) su identidad mexicana a través del arte. Aquí aparece su obra *Autorretrato con mono*.

CINE/DRAMA Gael García Bernal

Gael García Bernal nació en el año 1978 en Guadalajara, México, y actualmente es una figura del cine internacional. Hijo de actores, empezó actuando en teatro y apareció en telenovelas y cortometrajes antes de triunfar con la película *Amores perros* (2000). También ha trabajado en *Y tu mamá también* (2001), *La mala educación* (2004), *Babel* (2006), *Blindness* (2008) y *Letters to Juliet* (2010). García Bernal debutó como director con la película *Déficit* (2007), en la cual también interpreta uno de los papeles (*roles*).

PINTURA/MURALISMO Diego Rivera

Diego Rivera es uno de los pintores mexicanos más reconocidos. Sus murales y frescos relatan la historia y los problemas sociales de su país. Pintó muchas de sus composiciones en techos y paredes de edificios públicos para que la clase trabajadora también pudiera tener acceso al arte. Su obra también cuenta con acuarelas (*watercolors*) y óleos (*oil paintings*) que han sido expuestos en todo el mundo. Aquí se ve una sección de su fresco *Batalla de los Aztecas y Españoles*.

CONEXIÓN INTERNET

En **vhlcentral.com** encontrarás más información y actividades relacionadas con esta sección.

¿Qué aprendiste?

Cierto o falso Indica si estas afirmaciones son ciertas o falsas. Corrige las falsas.

1. En México vive casi la tercera parte de los hispanohablantes del mundo.
2. En Chichén Itzá, Teotihuacán y Palenque se conservan los restos de edificios coloniales.
3. Elena Poniatowska es una escritora mexicana que nació en Francia.
4. La Alameda Central es una catedral de la época azteca.
5. El Paseo de la Reforma es un mercado al aire libre medio azteca y medio maya.
6. Diego Rivera se preocupó por los problemas sociales de su país, pero no los retrató en su obra.

Preguntas Contesta las preguntas.

1. ¿Qué expresa Frida Kahlo en sus autorretratos?
2. ¿Cuáles son las dos lenguas indígenas más habladas en México?
3. ¿Qué son los tianguis?
4. ¿En qué edificio público del D.F. se pueden ver murales de Diego Rivera? ¿Quién trabaja allí?
5. ¿Qué hizo Gael García Bernal por primera vez en la película *Déficit*?
6. ¿Qué artista de la Galería te interesa más? ¿Por qué?

PROYECTO

Un viaje a México

Imagina que vas a hacer un viaje a México. Investiga toda la información que necesites en Internet. Después, prepara tu viaje según los siguientes puntos:

- Selecciona los lugares que quieres visitar y recopila fotos.
- Dibuja un mapa para mostrar tu itinerario.
- Presenta tu plan de viaje a tus compañeros/as de clase. Explícales por qué escogiste los lugares adonde vas a ir.

MINIPRUEBA

Completa las oraciones con la información correcta y demuestra lo que aprendiste sobre México.

1. En Acapulco, Mazatlán, Cabo San Lucas y Cancún hay maravillosos ______.
   a. balnearios b. edificios c. desiertos
2. La riqueza cultural y artística de las grandes ciudades mexicanas está presente en su ______ colonial y moderna.
   a. civilización b. geografía c. arquitectura
3. ______ ha escrito en casi todos los géneros: novela, cuento, poesía, ensayo, etc.
   a. Elena Poniatowska b. Gael García Bernal c. Frida Kahlo
4. Todavía hoy en día los habitantes del D.F. conservan las tradiciones ______ que coexisten con el carácter contemporáneo de la ciudad.
   a. tianguis b. prehispánicas c. majestuosas
5. En el D.F., ______ es el punto de encuentro de todo tipo de manifestaciones artísticas.
   a. el Zócalo b. el Palacio Nacional c. el zoológico
6. Después de trabajar en teatro y telenovelas, Gael García Bernal se convirtió en estrella de cine con la película ______.
   a. *Babel* b. *Amores perros* c. *Y tu mamá también*
7. Rufino Tamayo es el nombre de un prestigioso ______ de México, D.F.
   a. artesano b. museo c. sitio arqueológico
8. La palabra ______ es un ejemplo del español de México.
   a. piscina b. sandalia c. platicar
9. El Paseo de la Reforma es una avenida que empieza en ______ y termina en el Bosque de Chapultepec.
   a. el Zócalo b. la Alameda c. la Catedral
10. En 1929 Frida Kahlo se casó con ______.
    a. Diego Rivera b. el presidente c. Rufino Tamayo
11. Diego Rivera pintaba en las paredes de edificios públicos para que los ______ tuvieran acceso al arte.
    a. niños b. trabajadores c. políticos

En pantalla

Video: *En pantalla*

Vocabulario

los callejones *alleys*
el desafío *challenge*
enredadas *twisting*
el recorrido *route*
el reto *challenge*

El *downhill* es la modalidad más radical del ciclismo de montaña. Los ciclistas bajan a toda velocidad en una carrera contrarreloj (*race against the clock*). *Down Taxco*, un reportaje de la cadena Univisión, da cuenta del *downhill* que se organiza anualmente en Taxco, una ciudad mexicana ubicada en las montañas. Es un pintoresco laberinto de estrechas calles, plazas y terrazas que complementan una riquísima arquitectura colonial. Deportistas locales y extranjeros provenientes de muchos países participan de esta competencia en una pista (*track*) única, que exige la mayor intrepidez y excelencia técnica y en la que hay no pocos accidentes.

Conexión personal ¿Practicas deportes urbanos o conoces a alguien que los practique? ¿Qué deporte de riesgo te gustaría probar? ¿Por qué?

1 

Comprensión **Contesta las preguntas.**

1. ¿Qué distancia recorren los competidores?
2. ¿Cuál es el principal desafío que enfrentan?
3. ¿Por dónde pasa el recorrido de la carrera?
4. ¿Qué consecuencias puede tener este tipo de ciclismo?
5. ¿En cuánto tiempo completó la carrera el ganador?

2  

Expansión

A. En grupos de tres, organicen un evento como el Down Taxco en su comunidad. ¿En qué consistirá?

- Escriban una lista de distintas competencias de riesgo. ¿Cuál sería más adecuada en su comunidad? Justifiquen su selección.
- Expliquen el papel de los patrocinadores.
- Decidan cómo van a anunciar el evento para atraer a participantes y espectadores.
- Enumeren las precauciones a tomar para evitar accidentes.
- Enumeren las ventajas y desventajas de organizar este tipo de competencia.

B. Presenten su proyecto ante la clase.

Down Taxco: locura en bicicletas

1
El reto es descender en el menor tiempo posible, desde lo más alto de la ciudad hasta la plaza central.

2
Pues, en sí, los callejones están muy cerrados. Hay curvas muy cerradas, donde sí hay que bajar la velocidad un poco para que puedas entrar.

3
La ruta pasa por escaleras, callejones, rampas, tiendas y hasta por alguna que otra casa.

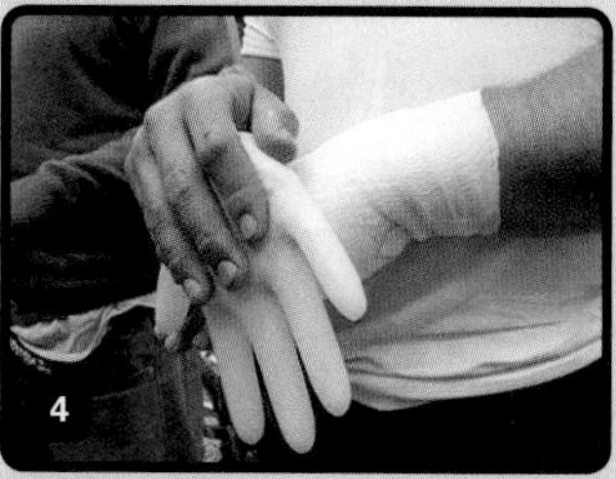
4
Como era de esperarse, esta exótica manera de andar en bicicleta también tiene sus consecuencias.

 Practice more at **vhlcentral.com.**

Presentation

2.1

The preterite vs. the imperfect

The imperfect

- The imperfect tense in Spanish is used to narrate past events without focusing on their beginning, end, or completion.

—*Mi hijo **era** tímido y de pocas palabras como usted.*

- The imperfect tense of regular verbs is formed by dropping the infinitive ending (**-ar, -er, -ir**) and adding personal endings.

The imperfect of regular *-ar*, *-er*, and *-ir* verbs

caminar	deber	abrir
caminaba	debía	abría
caminabas	debías	abrías
caminaba	debía	abría
caminábamos	debíamos	abríamos
caminabais	debíais	abríais
caminaban	debían	abrían

- **Ir, ser,** and **ver** are the only verbs that are irregular in the imperfect.

ir — **iba, ibas, iba, íbamos, ibais, iban**
ser — **era, eras, era, éramos, erais, eran**
ver — **veía, veías, veía, veíamos, veíais, veían**

- The imperfect tense narrates what was going on at a certain time in the past. It often indicates what was happening in the background.

Cuando yo **era** joven, **vivía** en una ciudad muy grande.
*When **I was** young, **I lived** in a big city.*

- The imperfect equivalent of **hay** is **había**. There is no plural form.

Había tres cajeros en el supermercado.
***There were** three cashiers in the supermarket.*

- These words and expressions, among others, are often used with the imperfect because they express habitual or repeated actions without reference to their beginning or end: **de niño/a** (*as a child*), **todos los días** (*every day*), **mientras** (*while*), **siempre** (*always*).

Todos los días visitaba a mis primos en un pueblo cercano.
***Every day I visited** my cousins in a nearby village.*

TALLER DE CONSULTA

This additional grammar topic is covered in the **Manual de gramática, Lección 2.**

2.4 Possessive adjectives and pronouns, pp. A7–A8

TALLER DE CONSULTA

To express past actions in progress, the imperfect or the past progressive may be used. See **Manual de gramática 6.4, p. A17**.

¿Qué hacías ayer cuando llamé?
What were you doing yesterday when I called?
Estaba estudiando.
I was studying.

- Although the preterite and imperfect both express past actions or states, the two tenses have different uses and are not interchangeable.

Uses of the preterite

- To express actions or states viewed by the speaker as completed.

Viviste en ese barrio el año pasado.
You lived *in that neighborhood last year.*

Mis amigas **fueron** al centro comercial ayer.
My friends ***went*** *to the mall yesterday.*

—Mi hijo ***murió*** *en un choque.*

- To express the beginning or end of a past action.

La telenovela **empezó** a las ocho.
The soap opera ***began*** *at eight o'clock.*

La policía **atrapó** al ladrón ayer.
The police ***caught*** *the thief yesterday.*

- To narrate a series of past actions.

Salí del metro, **crucé** la calle y **entré** en el edificio.
I left *the subway,* ***crossed*** *the street, and* ***entered*** *the building.*

Llegó a la estación, le **dieron** indicaciones y **se fue**.
He arrived *at the station;* ***they gave*** *him directions, and* ***he left****.*

Uses of the imperfect

- To describe an ongoing past action without reference to its beginning or end.

No se podía parar delante de la comisaría.
Stopping in front of the police station ***was not permitted****.*

Juan **tomaba** el transporte público frecuentemente.
Juan frequently ***took*** *public transportation.*

—El otro conductor ***iba*** *borracho.*

- To express habitual past actions.

Me gustaba jugar al fútbol los domingos.
I used to like *to play soccer on Sundays.*

Solían hacer las diligencias los fines de semana.
They used to *run errands on weekends.*

- To describe mental, physical, and emotional states or conditions.

Estaba muy nerviosa antes de la entrevista.
She was *very nervous before the interview.*

- To tell time.

Eran las ocho y media de la mañana.
It was *eight thirty in the morning.*

¡ATENCIÓN!

Here are some transition words you can use when narrating past events.

primero *first*

al principio *in the beginning*

antes (de) *before*

después (de) *after*

mientras *while*

entonces *then*

luego *then, next*

siempre *always*

al final *finally*

la última vez *the last time*

The preterite and imperfect used together

- When narrating in the past, the imperfect describes *what was happening*, while the preterite describes the action that *interrupted* the ongoing activity. The imperfect provides background information, while the preterite indicates specific events that advance the plot.

Había una vez un lobo que **era** muy pacífico y bueno. Un día, el lobo **caminaba** por el bosque cuando, de repente, una niña muy malvada que **se llamaba** Caperucita Roja **apareció** de entre los árboles. El lobo, asustado, **comenzó** a correr, pero Caperucita **corría** tan rápido que, al final, **atrapó** al lobo y se lo **comió**. La abuela de Caperucita no **sabía** lo malvada que **era** su nieta. Nunca nadie **supo** qué le **pasó** al pobre lobito.

Once upon a time, there ***was*** *a wolf that* ***was*** *very peaceful and kind. One day, the wolf* ***was walking*** *through the forest when, all of a sudden, a very wicked little girl, who* ***was called*** *Little Red Riding Hood,* ***appeared*** *amongst the trees. The wolf, frightened,* ***started*** *to run, but Little Red Riding Hood* ***was running*** *so fast that, in the end, she* ***caught*** *the wolf and* ***ate*** *him up. Little Red Riding Hood's grandmother* ***didn't know*** *how wicked her granddaughter* ***was****. No one ever* ***found out*** *what* ***happened*** *to the poor little wolf.*

Different meanings in the imperfect and preterite

- The verbs **querer**, **poder**, **saber**, and **conocer** have slightly different meanings when they are used in the preterite. Notice also the meanings of **no querer** and **no poder** in the preterite.

infinitive	imperfect	preterite
querer	**Quería** acompañarte. ***I wanted*** *to go with you.*	**Quise** acompañarte. ***I tried*** *to go with you (but failed).* **No quise** acompañarte. ***I refused*** *to go with you.*
poder	Ana **podía** hacerlo. *Ana* ***could*** *do it.*	Ana **pudo** hacerlo. *Ana* ***succeeded*** *in doing it.* Ana **no pudo** hacerlo. *Ana* ***was not able to*** *do it.*
saber	Ernesto **sabía** la verdad. *Ernesto* ***knew*** *the truth.*	Por fin Ernesto **supo** la verdad. *Ernesto finally* ***discovered*** *the truth.*
conocer	Yo ya **conocía** a Andrés. *I already* ***knew*** *Andrés.* María y Andrés **se conocían**. *María and Andrés* ***knew each other****.*	Yo **conocí** a Andrés en la fiesta. *I* ***met*** *Andrés at the party.* María y Andrés **se conocieron** en Acapulco. *María and Andrés* ***met*** *in Acapulco.*

¡ATENCIÓN!

Saber and **conocer** are not usually interchangeable. **Saber** means *to know* (facts, information, or how to do something), while **conocer** means *to know* or *to be familiar/acquainted with* (a person, place, or thing).

Some contexts, however, lend themselves to either verb.

La policía sabía/conocía el paradero del sospechoso.

The police knew of the suspect's whereabouts.

Práctica

1 **Cuernavaca** **Escribe la forma correcta del imperfecto de los verbos.**

Cuando yo (1) _______ (tener) veinte años, estuve en México por seis meses. (2) _______ (vivir) en Cuernavaca, una ciudad cerca de la capital. (3) _______ (ser) estudiante en un programa de español para extranjeros. Entre semana mis amigos y yo (4) _______ (estudiar) español por las mañanas. Por las tardes, (5) _______ (visitar) los lugares más interesantes de la ciudad para conocerla mejor. Los fines de semana, nosotros (6) _______ (ir) de excursión. (Nosotros) (7) _______ (ver) ciudades y pueblos nuevos. ¡Los paisajes (8) _______ (ser) maravillosos!

2 **El centro** **Elena y Francisca prometieron llevar a su amigo Felipe a una entrevista de trabajo. Completa el párrafo con el imperfecto o el pretérito de estos verbos.**

conducir	estar	llegar
cruzar	haber	salir
dar	leer	ser
decir	levantarse	ver
desayunar	llamar	

Eran las ocho cuando Francisca y Elena (1) _______ para ir al centro. Elena (2) _______ cuando Felipe la (3) _______ para decir que estaba listo. Le (4) _______ otra vez que la cita (5) _______ a las diez y media. Las chicas (6) _______ a las nueve y media. Todavía era temprano y (7) _______ tiempo. Elena (8) _______ mientras Francisca (9) _______ las indicaciones para llegar. Había mucho tráfico cuando (10) _______ el puente. (11) _______ perdidas y no (12) _______ el edificio de oficinas. (13) _______ muchas vueltas y por fin (14) _______. Ya eran las once menos cuarto. ¡Pero no (15) _______ nadie allí!

3 **Interrupciones** **Combina palabras y frases de cada columna para contar lo que hicieron estas personas. Usa el pretérito y el imperfecto.**

Modelo **Ustedes miraban la tele cuando el médico llamó.**

yo	dormir	c	usted	llamar por teléfono
tú	comer	u	el médico	salir
Marta y Miguel	escuchar música	a	la policía	sonar
nosotros	mirar la tele	n	el/la profesor(a)	recibir el correo electrónico
Paco	conducir	d	los amigos	ver el accidente
ustedes	ir a...	o	Shakira	
			la alarma	

Practice more at **vhlcentral.com.**

Comunicación

4 **¿Y ustedes?**

A. Busca compañeros que hacían estas cosas cuando eran niños. Escribe el nombre de la primera persona que conteste afirmativamente cada pregunta.

Modelo **ir mucho al cine**
—¿Ibas mucho al cine?
—Sí, iba mucho al cine.

¿Qué hacían?	Nombre
1. tener miedo de los monstruos y fantasmas	________
2. llorar todo el tiempo	________
3. siempre hacer su cama	________
4. ser muy travieso/a (*mischievous*)	________
5. romper los juguetes (*toys*)	________
6. darles muchos regalos a sus padres	________
7. comer muchos dulces	________
8. montar en bicicleta	________
9. correr en el parque	________
10. beber limonada	________

B. Ahora, comparte con la clase los resultados de tu cuestionario.

5 **Antes y ahora** **En parejas, comparen cómo ha cambiado este barrio en los últimos años. ¿Cómo era antes? ¿Cómo es ahora?**

Antes

Ahora

6 **Entrevista** **Trabajen en parejas. Uno/a de ustedes es una persona famosa y el/la otro/a es un(a) reportero/a que la entrevista para saber cómo era su vida de niño/a. Después informen a la clase sobre la celebridad. Sean creativos.**

Modelo De niña, Salma Hayek viajaba todos los veranos al sureste de México. Le gustaba ir a las tiendas en el centro de Mérida...

7

La mañana de Esperanza

A. En parejas, observen los dibujos. Escriban lo que le pasó a Esperanza después de abrir la puerta de su casa. ¿Cómo fue su mañana? Utilicen el pretérito y el imperfecto en la narración.

1.

2.

3.

4.

B. Con dos parejas más, túrnense para presentar las historias que han escrito. Después, combinen sus historias para hacer una nueva.

8

Crónicas En grupos de tres, utilicen estos fragmentos para crear una historia. Usen el pretérito y el imperfecto. Después, compartan su historia con el resto de la clase.

- Con frecuencia, mis amigos/as...
- El sábado pasado,...
- Regularmente, en la plaza de...
- Anoche, un conductor...
- Generalmente, los pasajeros...
- Ayer en la ciudad...

9

Cambios En parejas, díganse en qué pueblo o ciudad crecieron. Después, describan los cambios que han transformado esa comunidad y cómo se vivía antes. Luego, resuman para la clase la descripción de su compañero/a.

Modelo Hace cinco años construyeron un nuevo rascacielos.
Antes podíamos ver las montañas desde nuestro jardín.

2.2

Object pronouns

- Pronouns are words that take the place of nouns. Direct object pronouns replace the noun that directly receives the action of the verb. Indirect object pronouns identify *to whom/what* or *for whom* an action is done.

*—¿Sabe? Usted es su doble. Dios **lo** ha mandado.*

Indirect object pronouns		Direct object pronouns	
me	nos	me	nos
te	os	te	os
le	les	lo/la	los/las

Position of object pronouns

- Direct and indirect object pronouns (**los pronombres de complemento directo e indirecto**) precede the conjugated verb in a sentence.

Indirect object	Direct object
Carla siempre **me** da boletos para el cine. *Carla always gives **me** movie tickets.*	Ella **los** consigue gratis. *She gets **them** for free.*
No **le** voy a comprar un carro. *I'm not going to buy **him** a car.*	No **lo** necesita en la ciudad. *He doesn't need **it** in the city.*

- When the verb is an infinitive construction, object pronouns may be either attached to the infinitive or placed before the conjugated verb.

Indirect object	Direct object
Debes indicar**le** el camino al museo. **Le** debes indicar el camino al museo.	Voy a hacer**lo** enseguida. **Lo** voy a hacer enseguida.
Tienes que presentar**me** al alcalde. **Me** tienes que presentar al alcalde.	Vamos a esperar**la** en la plaza. **La** vamos a esperar en la plaza.

- When the verb is in the progressive, object pronouns may be either attached to the present participle or placed before the conjugated verb.

Indirect object	Direct object
Está preguntándo**les** el camino. **Les** está preguntando el camino.	Estuvimos buscándo**las** por todos lados. **Las** estuvimos buscando por todos lados.

¡ATENCIÓN!

Lo is also used to refer to an abstract thing or idea that has no gender.

Lo pensé.
*I thought about **it**.*

Double object pronouns

- The indirect object pronoun precedes the direct object pronoun when they are used together in a sentence.

  Me mandaron los boletos por correo. → **Me los mandaron por correo.**
  Te exijo una respuesta ahora mismo. → **Te la exijo ahora mismo.**

- **Le** and **les** change to **se** when they are used with **lo, la, los,** or **las**.

  Le compramos un regalo a José. → **Se lo compramos.**
  Les indica la dirección a los turistas. → **Se la indica.**

Prepositional pronouns

Prepositional pronouns			
mí *me, myself*	**él** *him, it*	**nosotros/as** *us, ourselves*	**ellos** *them*
ti *you, yourself*	**ella** *her, it*	**vosotros/as** *you, yourselves*	**ellas** *them*
usted *you, yourself*	**sí** *himself, herself, itself*	**ustedes** *you, yourselves*	**sí** *themselves*

- Prepositional pronouns function as the objects of prepositions. Except for **mí**, **ti**, and **sí**, they are identical to their corresponding subject pronouns.

  —¿Qué opinas de **ella**?
  —Ay, mi amor, sólo pienso en **ti**.

  —¿Lo compraron para **mí** o para Javier?
  —Lo compramos para **él**.

- The indirect object can be repeated with the construction **a** + [*prepositional pronoun*] to provide clarity or emphasis.

  —¿Te gusta aquel actor?
  —¡**A mí** me fascina!

  —¿Se lo dieron a Héctor o a Verónica?
  —Se lo dieron **a ella**.

- The pronoun **sí** is the prepositional pronoun used to refer back to the same third-person subject. In this case, the adjective **mismo/a(s)** is usually added for clarification.

  José se lo regaló a **él**.
  *José gave it to **him** (someone else).*

  José se lo regaló a **sí mismo**.
  *José gave it to **himself**.*

- When **mí**, **ti**, and **sí** are used with **con**, they become **conmigo**, **contigo**, and **consigo**.

  ¿Quieres ir **conmigo** al ayuntamiento?
  *Do you want to go to City Hall **with me**?*

  Laura y Salvador siempre traen sus bicicletas **consigo**.
  *Laura and Salvador always bring their bikes **with them**.*

- The following prepositions are used with **tú** and **yo** instead of **mí** and **ti**: **entre**, **excepto**, **incluso**, **menos**, **salvo**, **según**.

  Todos están de acuerdo **menos tú** y **yo**.

¡ATENCIÓN!

When object pronouns are attached to infinitives, participles, or commands, a written accent is often required to maintain proper word stress.

Infinitive
cantármela

Present participle
escribiéndole

Command
acompáñeme

For more information on using object pronouns with commands, see **2.3, p. 66**.

TALLER DE CONSULTA

See **Manual de gramática, 2.4, pp. A7–A8** for information on possessive adjectives and pronouns.

Práctica

Nota
CULTURAL

Chayanne, cuyo verdadero nombre es **Elmer Figueroa Arce**, es un cantante, bailarín y actor puertorriqueño. A los 11 años, se integró a un grupo llamado **Los Chicos**, popular en los años 80. En 1984, inició su carrera como cantante solista y luego también como actor de cine y TV. **Chayanne** está casado y tiene dos hijos. En 2010 lanzó el album *No hay imposibles* y participó en el Festival de Viña del Mar en Chile.

1 **Dos amigas** Berta y Susi están hablando del cantante Chayanne. Selecciona las personas de la lista que corresponden a los pronombres subrayados (*underlined*).

a Chayanne	a Claudia	a mí
a Chayanne y a la muchacha	a la muchacha	a nosotras
		a ti

BERTA Como (1) te digo. (2) Lo vi caminando por la calle junto a una muchacha.
SUSI ¿De verdad? ¿(3) Los viste tomados de la mano?
BERTA No. Creo que él sólo (4) la estaba ayudando a cargar algunas bolsas de la tienda.
SUSI ¿Será su esposa?
BERTA No creo. Iban juntos, pero casi no hablaban. (5) Me parece que no son ni novios.
SUSI Y tú, ¿qué hiciste? ¿No (6) le dijiste que (7) nos parece el hombre más guapo del planeta y que (8) lo amamos?
BERTA No pude hacer nada, estaba paralizada por la emoción.
SUSI Voy a llamar a Claudia inmediatamente. ¡(9) Le tengo que contar todo!

1. ____________
2. ____________
3. ____________
4. ____________
5. ____________
6. ____________
7. ____________
8. ____________
9. ____________

2 **Un concierto** Rogelio y Raquel han organizado un concierto y un policía les explica cómo evitar problemas. Reescribe las oraciones cambiando las palabras subrayadas por pronombres de complemento directo e indirecto.

1. Tienes que tratar amablemente a los policías.
2. No pueden contratar al grupo musical sin permiso.
3. Hay que poner la música a volumen moderado.
4. Tienen que darme la lista de periodistas y fotógrafos.
5. Deben respetar a los vecinos.
6. Me dicen que van a transmitir el concierto por la radio.

3 **Un nuevo hogar** Completa la conversación con pronombres de complemento directo e indirecto o con pronombres preposicionales.

MARÍA (1) _____ digo que pareces muy contento con tu nuevo apartamento.
JOAQUÍN Sí, (2) _____ estoy. Para (3) _____, es muy importante tener un lugar propio.
MARÍA ¿Y vas a vivir solo?
JOAQUÍN No, mi hermano viene (4) _____. (5) _____ ayuda con los gastos y, además, su trabajo (6) _____ queda cerca.
MARÍA ¿Cuándo vas a mudarte?
JOAQUÍN (7) _____ haré este fin de semana; unos amigos van a ayudarme.
MARÍA ¿Y no vas a dar una fiesta?
JOAQUÍN ¡Claro que sí! Apenas todo esté en orden, (8) _____ aviso.

Practice more at **vhlcentral.com.**

Comunicación

4 **¿En qué piensas?** Piensa en cosas que puedes comprar en el pueblo o ciudad donde vives. Tu compañero/a debe adivinar el objeto que tienes en mente, haciéndote preguntas con pronombres.

Modelo **Tú piensas en: un libro**

—Estoy pensando en algo que uso para estudiar.

—¿Lo usas mucho?

—Sí, lo uso para aprender español.

—¿Lo compraste?

—Sí, lo compré en la librería.

5 **A conversar** En parejas, túrnense para contestar las preguntas usando pronombres de complemento directo o indirecto.

1. ¿Te gusta organizar fiestas? ¿Cuándo fue la última vez que organizaste una? ¿Por qué la organizaste?
2. ¿Invitaste a muchas personas? ¿A quiénes invitaste? ¿Cómo lo decidiste?
3. ¿Qué actividades les sugeriste a los invitados? ¿Las hicieron? Explica.
4. ¿Qué les ofreciste de comer a los invitados en tu fiesta? ¿Qué opinaron de la comida?

6 **Fama** La actriz Pamela de la Torre debe encontrarse con sus fans, pero no recuerda a qué hora. En grupos de cuatro, miren la ilustración e inventen una historia inspirándose en ella. Utilicen por lo menos cinco pronombres de complemento directo e indirecto.

7 **El alcalde** En parejas, escriban una entrevista al/a la alcalde(sa) de donde viven. Utilicen estas preguntas y escriban cuatro más. Utilicen pronombres en las respuestas. Después, representen la entrevista delante de la clase.

Modelo **—¿Quién prepara la comida en su casa?**

—Mi cocinero la prepara.

1. ¿Visita frecuentemente a sus amigos/as?
2. ¿Mira mucho la televisión?
3. ¿Quién conduce su auto?
4. ¿Prepara usted mismo/a sus maletas cuando viaja?
5. ¿Ve con frecuencia a su familia?
6. ¿Le preocupan los ciudadanos?

2.3

Commands

—*Espere un segundo a que llegue el gerente.*

Formal (usted and ustedes) commands

- Formal commands (**mandatos**) are used to give orders or advice to people you address as **usted** or **ustedes**. Their forms are identical to the present subjunctive forms for **usted** and **ustedes**.

Formal commands

Infinitive	Affirmative command	Negative command
tomar	**tome** (usted)	**no tome** (usted)
	tomen (ustedes)	**no tomen** (ustedes)
volver	**vuelva** (usted)	**no vuelva** (usted)
	vuelvan (ustedes)	**no vuelvan** (ustedes)
salir	**salga** (usted)	**no salga** (usted)
	salgan (ustedes)	**no salgan** (ustedes)

Familiar (tú) commands

- Familiar commands are used with people you address as **tú**. Affirmative **tú** commands have the same form as the **él**, **ella**, and **usted** form of the present indicative. Negative **tú** commands have the same form as the **tú** form of the present subjunctive.

Familiar commands

Infinitive	Affirmative command	Negative command
viajar	**viaja**	**no viajes**
empezar	**empieza**	**no empieces**
pedir	**pide**	**no pidas**

- Eight verbs have irregular affirmative **tú** commands. Their negative forms are still the same as the **tú** form of the present subjunctive.

decir	**di**	**salir**	**sal**
hacer	**haz**	**ser**	**sé**
ir	**ve**	**tener**	**ten**
poner	**pon**	**venir**	**ven**

¡ATENCIÓN!

Vosotros/as commands
In Latin America, **ustedes** commands serve as the plural of familiar **(tú)** commands. The familiar plural **vosotros/as** command is used in Spain. The affirmative command is formed by changing the **-r** of the infinitive to **-d**. The negative command is identical to the **vosotros/as** form of the present subjunctive.

bailar: bailad/no bailéis

For reflexive verbs, affirmative commands are formed by dropping the **-r** and adding the reflexive pronoun **-os**. In negative commands, the pronoun precedes the verb.

levantarse: levantaos/no os levantéis

Irse is irregular: **idos/no os vayáis**

Nosotros/as commands

- **Nosotros/as** commands are used to give orders or suggestions that include yourself as well as others. They correspond to the English *let's* + [*verb*]. Affirmative and negative **nosotros/as** commands are generally identical to the **nosotros/as** forms of the present subjunctive.

***Nosotros/as* commands**

Infinitive	Affirmative command	Negative command
bailar	bailemos	no bailemos
beber	bebamos	no bebamos
abrir	abramos	no abramos

- The **nosotros/as** commands for **ir** and **irse** are irregular: **vamos** and **vámonos**. The negative commands are regular: **no vayamos** and **no nos vayamos**.

Using pronouns with commands

- When object and reflexive pronouns are used with affirmative commands, they are always attached to the verb. When used with negative commands, the pronouns appear between **no** and the verb.

Bájen**se** del bus
Get off the bus.

No **se** bajen del bus.
Don't get off the bus.

Dí**melo** todo.
Tell me everything.

No **me lo** digas.
Don't tell it to me.

- When the pronouns **nos** or **se** are attached to an affirmative **nosotros/as** command, the final **s** of the command form is dropped.

Quedémonos aquí.
Let's stay here.

No nos **quedemos** aquí.
Let's not stay here.

Démoselo mañana.
Let's give it to him tomorrow.

No se lo **demos** mañana.
Let's not give it to him tomorrow.

Indirect (él, ella, ellos, ellas) commands

- The construction **que** + [*subjunctive*] can be used with a third-person form to express indirect commands that correspond to the English *let someone do something*. If the subject of the indirect command is expressed, it usually follows the verb.

Si no se fía de mí, **que llame ella** para hacer la reserva.
*If she doesn't trust me, **let her call** to make the reservation.*

- Unlike with direct commands, pronouns are never attached to the conjugated verb in this construction.

Que se lo den los otros.
Que lo vuelvan a hacer.

Que no **se lo den.**
Que no **lo vuelvan** a hacer.

¡ATENCIÓN!

When one or more pronouns are attached to an affirmative command, an accent mark may be necessary to maintain the command form's original stress. This usually happens when the combined verb form has three or more syllables.

decir:

di, dile, dímelo

diga, dígale, dígaselo

digamos, digámosle, digámoselo

TALLER DE CONSULTA

See **2.2, p. 62** for object pronouns.

See **1.2, p. 22** for reflexive pronouns.

Práctica

1 **Cambiar** Cambia estas oraciones para que sean mandatos.

1. Te conviene buscarlo en Internet.
2. ¿Por qué no damos una vuelta?
3. Te pido que hagas menos ruido.
4. ¿Quieren quedarse a cenar?
5. ¿Podría usted doblar a la derecha?
6. ¿Y si vamos al centro?
7. Traten de darme su respuesta antes de las tres.
8. Debes cruzar en la esquina. Es más seguro.

2 **El nuevo alcalde** El nuevo alcalde de tu ciudad va a dar un discurso. Usa mandatos informales para darle consejos sobre lo que debe y no debe hacer.

saludar a la gente	llegar tarde/temprano
hablar con los periodistas	sonreír para las fotos
firmar (*to sign*) autógrafos	usar malas palabras
gritarles a los ciudadanos	vestirse bien/mal

3 **Conociendo la ciudad**

A. Un grupo de turistas está conociendo tu ciudad. Usa mandatos formales afirmativos y negativos para escribir los consejos que les da su guía turístico.

1. No olvidar llevar sus cámaras.
2. Cuidar siempre sus pertenencias (*belongings*).
3. Salir con zapatos cómodos.
4. No separarse del grupo. Mantenerse juntos.
5. No comer en la calle.
6. Traer siempre su seguro médico.

B. En la salida de hoy, los turistas conocieron mucho. Sin embargo, algunos no siguieron los consejos. En parejas, usen mandatos informales afirmativos y negativos para escribir siete nuevos consejos para los turistas. Usen pronombres y sean creativos.

Modelo No coman las frutas sin lavar, pueden enfermarse.
Lávenlas, por favor.

Practice more at **vhlcentral.com.**

Comunicación

4 **Internet** ¿Qué le dirían a un(a) amigo/a para que esté mejor informado/a sobre los eventos culturales de su ciudad? En parejas, escojan verbos de la lista y otros para hacerle ocho recomendaciones utilizando mandatos informales afirmativos y negativos.

Modelo Navega en la red. Hay sitios web que ofrecen noticias de todo tipo.

enterarse	hacer	leer
escuchar	investigar	navegar
hablar	ir	ver

5 **Escenas** En parejas, escojan por lo menos dos de estos personajes y escriban un diálogo. Usen mandatos afirmativos y negativos de las formas **tú, usted(es)** y **nosotros/as.** Usen pronombres cuando sea posible.

Modelo **DOÑA FILOMENA** ¡Ve a clase, Tomasito!
TOMASITO No quiero ir. Me quedo aquí a dormir un poco más.

Rodolfo | Olga | Tomasito | doña Filomena

6 **Anuncio** En grupos de tres, elijan cuatro de estos temas y escriban un anuncio con consejos para mejorar tu ciudad. Utilicen mandatos formales y pronombres para convencer al público de su mensaje.

Modelo **Parques**
No ensucies los parques. ¡Cuídalos! Son para todos.

1. Tráfico
2. Contaminación
3. Basura
4. Ruido
5. Reciclaje
6. Transporte público
7. Servicios a la comunidad
8. Entretenimiento

Síntesis

La ciudad es mía

Esta mañana abrí la ventana de la habitación. Hacía calor. En un instante decidí no leer el periódico, es más, decidí no ir al trabajo. Salí a la calle sin desayunar y, sin dudar, me subí al primer autobús que paró. Había muchos asientos libres, elegí uno sin prisa y me senté.

El autobús avanzaba° y yo observaba escenas cotidianas. Estuve en el autobús un buen rato° y después bajé. Crucé la calle, empecé a caminar y llegué a una plaza inmensa. Había mucha gente. Hombres y mujeres de todas las edades iban y venían en todas direcciones. Me perdí entre la multitud. Estaba contento. Me gusta vagabundear° por la ciudad sin destino°. En una esquina me paré y tomé otra decisión.

Mientras caminaba, me encontré con un viejo amigo y me convenció de ir a una fiesta. Yo no solía ir a fiestas, pero hoy era diferente; quería improvisar.

En la fiesta había demasiada gente y yo empezaba a cansarme. Me iba a ir a casa, pero no pude. Algo inesperado° sucedió°... ■

avanzaba: was moving forward; rato: a while; vagabundear: wander; destino: destination; inesperado/sucedió: unexpected/happened

1 Preguntas Contesta las preguntas sobre el día de Carlos.

1. ¿Qué decisiones tomó Carlos?
2. ¿Qué transporte público tomó?
3. ¿Con quién se encontró?

2 Detalles En parejas, inventen las respuestas para completar el día de Carlos. Utilicen la imaginación y las estructuras aprendidas en esta lección.

1. ¿A qué plaza llegó? ¿Qué había? ¿Cómo era?
2. ¿Dónde era la fiesta? ¿Qué hizo Carlos allí? ¿Por qué había tanta gente?
3. ¿Qué le dijo el amigo a Carlos para convencerlo de ir a la fiesta?

3 Algo inesperado Carlos no pudo contarnos qué sucedió en la fiesta. En grupos de tres, inventen un desenlace (*outcome*) y después compártanlo con la clase.

Preparación

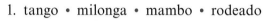

Vocabulario de la lectura

el amanecer *dawn*
la antigüedad *antique*
la capilla *chapel*
la madrugada *early morning*
la milonga *type of dance; tango club/event*
el recorrido *route, trip*
rodeado/a *surrounded*

Vocabulario útil

el destino *destination*
el diseño *design*
pasear *to go for a walk*
trasnochar *to stay up late*

Nota
CULTURAL

La palabra **milonga** se refiere a un estilo musical, predecesor del tango. También se usa para referirse a los lugares o los eventos en los que se baila tango, milonga y valses criollos.

1 

Elegir Indica qué palabra no pertenece al grupo.

1. tango • milonga • mambo • rodeado
2. iglesia • edificio • diseño • capilla
3. madrugada • amanecer • tarde • antigüedad
4. boleto • gráfico • diseño • dibujo
5. camino • ruta • concierto • recorrido

2 

Encuesta de turismo Te ha llegado en el correo una encuesta de turismo. Complétala y luego habla con un(a) compañero/a sobre tus respuestas.

Encuesta de turismo

Indique con números del **1** (menos importante) al **5** (más importante) la importancia que tienen estos aspectos para usted como turista a la hora de visitar una ciudad.

Clima	**1 2 3 4 5**
Historia	**1 2 3 4 5**
Distancia de su casa	**1 2 3 4 5**
Hoteles	**1 2 3 4 5**
Lugares de compras	**1 2 3 4 5**
Museos	**1 2 3 4 5**
Precios	**1 2 3 4 5**
Restaurantes	**1 2 3 4 5**
Transporte público	**1 2 3 4 5**
Vida nocturna (teatros, discotecas, etc.)	**1 2 3 4 5**
Seguridad ciudadana	**1 2 3 4 5**

¿Cuál es su ciudad preferida? ¿Por qué?

Fin de semana en Buenos Aires

seductive

Esta enérgica y seductora° ciudad se extiende junto al Río de la Plata. Los porteños, como se les llama a los habitantes de Buenos Aires, poseen una elaborada y rica identidad cultural. En la ciudad abundan los museos, las casas de tango y milongas, y los teatros. Así que una visita de tres días es apenas tiempo suficiente para recorrer los sitios más conocidos.

La Avenida 9 de Julio es un indiscutible punto de referencia. Llamada así en conmemoración de la independencia argentina, esta calle tiene 140 metros de ancho, lo que la convierte en una de las más anchas del mundo, y se extiende desde el barrio de Retiro, al norte, hasta la estación de trenes de Constitución, en el sur. En el centro, encontramos el Obelisco, símbolo de la ciudad, que mide más de 67 metros de altura. Se erigió en 1936 como homenaje al cuarto centenario de la fundación de la ciudad por Pedro de Mendoza.

Comenzando nuestro recorrido por San Telmo, podemos pasear por la Plaza Dorrego, popular por su mercado de antigüedades y sus variadas presentaciones artísticas. También en el sur está el barrio La Boca, cuya calle-museo Caminito es famosa por el colorido de sus casas, sus exposiciones permanentes de arte y la presencia de músicos y bailarines de tango. Allí se encuentra también La Bombonera, el estadio de fútbol del club Boca Juniors.

En el centro de la ciudad, en la Avenida de Mayo, se encuentra la Plaza de Mayo, el corazón político del país. La plaza está rodeada por el Cabildo, la Casa de Gobierno (llamada Casa Rosada) y la Catedral, donde se hallan los restos del libertador José de San Martín.

Cerca de ahí está la llamada Manzana de las Luces, cuya historia comenzó con la instalación de los jesuitas en 1661, y donde se encuentra un centro cultural para muestras de artes plásticas, teatro y conferencias. Este conjunto de edificios cuenta con una serie de galerías subterráneas que conectan éstos y otros edificios de los alrededores; hoy en día es posible visitar algunos tramos recuperados°.

tramos... *restored sections*

Otro sitio histórico interesante es el Teatro Colón, uno de los más famosos del mundo, inaugurado en 1908 después de un proceso de construcción que duró veinte años. Su autoridad artística es indiscutible, y hace que los argentinos aclamen a excepcionales artistas con el famoso grito de "¡Al Colón!".

Si marchamos hacia el norte, encontramos uno de los barrios más elegantes de Buenos Aires: Recoleta. En esta moderna y distinguida zona de la ciudad abundan los cafés, las boutiques y las galerías de arte. También podemos dar una vuelta por el Cementerio de la Recoleta, un elaborado laberinto donde algunos mausoleos son réplicas de capillas, pirámides y templos griegos. Los personajes más célebres de la historia argentina, incluyendo a Eva Perón, se encuentran sepultados° aquí.

buried

En nuestra visita no debemos olvidar las paradas para comer. En la Avenida de Mayo está el Café Tortoni, el más antiguo de la ciudad. Su historia y tradición lo convierten en un punto imprescindible° en cualquier viaje a Buenos Aires. También se pueden visitar restaurantes modernos, como los de Puerto Madero, junto al río, o los ubicados en zonas del barrio de Palermo, como Las Cañitas, el Soho o Palermo Hollywood.

must-see

Tomemos ahora un ferry para completar nuestro recorrido. En sólo una hora se puede cruzar el Río de la Plata desde Buenos Aires hasta Colonia del Sacramento, encantadora ciudad uruguaya de fascinante arquitectura colonial cuyo barrio histórico fue reconocido como Patrimonio de la Humanidad° por la UNESCO.

World Heritage Site

La herencia histórica y cultural de Colonia se aprecia en lugares como la Iglesia Matriz, la plaza de toros Real de San Carlos o la Puerta de la Ciudadela. Colonia es además un lugar muy concurrido por sus hermosos paisajes y costas. En temporada de verano, los visitantes alquilan carros de golf y ciclomotores° para hacer una ruta por sus sensacionales playas.

mopeds

De vuelta en Buenos Aires, otra parte esencial es su vida nocturna. En esta ciudad, las discotecas abren a partir de las dos de la madrugada y sus puertas no se cierran hasta el amanecer. Para quien quiera disfrutar de una experiencia única en el mundo, son imperdibles las milongas, fiestas de tango que se celebran en salones esparcidos° por toda la ciudad.

spread

Buenos Aires, con sus atractivos, su historia, su cultura y su gente, seguirá seduciendo a los visitantes que encuentran aquí buenos recuerdos y aires nuevos. ■

*Fotos **p. 72:** arriba, izq. **Colonia**; arriba, der. **Caminito**; abajo, izq. **La Boca**; abajo, der. **Casa Rosada***

Análisis

1 **Comprensión** Contesta las preguntas con oraciones completas.

1. ¿Cómo se les llama a los habitantes de Buenos Aires?
2. ¿Por qué se dice que los porteños tienen una rica identidad cultural?
3. ¿Dónde se encuentra el Obelisco?
4. ¿Por qué es famosa la calle-museo Caminito?
5. ¿Por qué es importante la Plaza de Mayo?
6. ¿De qué otra forma se llama la Casa de Gobierno de Argentina?
7. ¿Qué importancia tiene la Manzana de las Luces?
8. ¿Cuándo fue inaugurado el Teatro Colón y cuál es su importancia?
9. ¿Cómo es el Cementerio de la Recoleta? ¿Quiénes están sepultados allí?
10. ¿Por qué deben visitar los turistas el Café Tortoni?
11. ¿Qué reconocimiento recibe la ciudad de Colonia?
12. ¿Qué horario tienen las discotecas de Buenos Aires?

2 **Consejos** Tú eres porteño/a; has vivido toda tu vida en Buenos Aires y te encuentras con algunos turistas que no saben a dónde ir. Dales consejos de acuerdo con sus personalidades e intereses.

Mis amigas y yo somos estudiantes y tenemos 20 años. ¡Queremos divertirnos!

Mi esposo y yo somos profesores de historia. Nos encanta aprender cosas nuevas.

Mariano y yo somos maestros de baile. Nos encanta salir a bailar.

3 **Dos tipos de viajeros** En grupos pequeños, háganse estas preguntas y descubran qué tipo de viajeros son. Después, hablen con la clase sobre las distintas formas de viajar que conocen y decidan cuál proporciona la experiencia más auténtica y satisfactoria.

A. Cuanto más sepa de la ciudad, mejor.

- Antes de viajar a una ciudad, ¿te gusta conocer su historia? ¿Sus costumbres culinarias?
- ¿Compras un manual del idioma que se habla allí e intentas aprenderlo?
- ¿Compras mapas y memorizas calles, barrios y atracciones básicas?

B. Prefiero que la vida me sorprenda.

- ¿Te gusta llegar a una ciudad sin saber nada de ella y ver qué pasa?
- ¿Evitas las zonas turísticas y prefieres perderte entre la gente de allí?
- ¿Te gusta andar por las calles sin tener un itinerario fijo?

Practice more at **vhlcentral.com.**

Preparación

Sobre el autor

El escritor mexicano **José Emilio Pacheco** (1939–) cultiva con maestría casi todos los géneros: la poesía, el cuento, la novela, el guion cinematográfico y el ensayo. Es especialista en literatura mexicana, disciplina a la que ha dedicado su trabajo como profesor de la Universidad Nacional Autónoma de México. Su poesía, que incluye obras como *Los elementos de la noche* (1963), *El reposo del fuego* (1966) y *No me preguntes cómo pasa el tiempo* (1970), es a menudo de lenguaje sencillo y directo, y reflexiona tanto sobre los temas cotidianos como sobre los más universales. En su narrativa, aparecen con frecuencia el mundo de la infancia y de la adolescencia, con la Ciudad de México como fondo. Entre sus obras en prosa se destacan (*stand out*) *El viento distante* (1963–1969) y *Las batallas en el desierto* (1981). Pacheco ha recibido numerosos premios literarios a lo largo de su carrera, entre ellos el Premio Octavio Paz en 2003 y el Premio Cervantes en 2009.

Vocabulario de la lectura	Vocabulario útil
el desenlace *ending, outcome*	**atreverse** *to dare*
enrojecer *to blush, to turn red*	**atrevido/a** *daring, brave*
esconder *to hide*	**disimular** *to hide, to conceal*
el/la mesero/a *waiter/waitress*	**la soledad** *loneliness*
la mirada *gaze, look*	**la vergüenza** *embarrassment*
la timidez *shyness*	

1 **Vocabulario** **Empareja cada palabra con la definición adecuada.**

____ 1. disimular	a. poner algo donde no se puede ver
____ 2. atrevido	b. fin
____ 3. timidez	c. falta de amigos o seres queridos
____ 4. enrojecer	d. emoción que sentimos al cometer públicamente un error
____ 5. vergüenza	e. esconder lo que uno siente
____ 6. desenlace	f. miedo a hacer el ridículo
____ 7. esconder	g. ponerse de color rojo por estar en una situación incómoda
____ 8. soledad	h. valiente

2 **Preparación** **En parejas, contesten las preguntas.**

1. ¿Les gusta la soledad? ¿Por qué?
2. ¿En qué ciudad o pueblo quieren vivir en el futuro? Den sus razones.
3. ¿Qué hacen cuando están solos/as un domingo por la tarde?
4. ¿Les gusta coquetear? ¿Son tímidos/as? Expliquen.

3 **Aqueronte** **Mira la foto en la próxima página, junto con la cita (*quote*) que aparece debajo de ella. ¿De qué crees que va a tratar el cuento?**

Nota
CULTURAL

En la mitología griega, **Aqueronte** era el río que separaba el mundo superior del mundo subterráneo, conocido también como el mundo de los muertos. Una vez que las almas cruzaban sus aguas, no podían volver al mundo exterior. Aquel mundo subterráneo se caracterizaba por la profunda oscuridad que cubría sus caminos laberínticos.

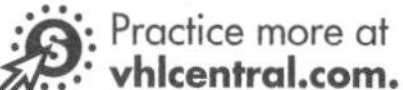
Practice more at vhlcentral.com.

AQUERONTE

José Emilio Pacheco

Son las cinco de la tarde, la lluvia° ha cesado°, bajo la húmeda luz el domingo parece vacío. La muchacha entra en el café. La observan dos parejas de edad madura°, un padre con cuatro niños pequeños. A una velocidad que demuestra su timidez, atraviesa° el salón, toma asiento° a una mesa en el extremo izquierdo. Por un instante se aprecia nada más la silueta a contraluz° del brillo solar° en los ventanales°. Cuando se acerca el mesero la muchacha pide una limonada, saca un cuaderno y se pone a escribir algo en sus páginas. No lo haría si esperara a alguien que en cualquier momento puede llegar a interrumpirla. La música de fondo° está a bajo volumen. De momento no hay conversaciones.

El mesero sirve la limonada, ella da las gracias, echa° azúcar en el vaso alargado° y la disuelve con una cucharilla de peltre°. Prueba el líquido agridulce°, vuelve a concentrarse en lo que escribe con un bolígrafo de tinta° roja. ¿Un diario, una carta, una tarea escolar, un poema, un cuento? Imposible saberlo, imposible saber por qué está sola en la capital y no tiene adónde ir la tarde de un domingo en mayo de 1966. Es difícil calcular su edad: catorce, dieciocho, veinte años. La hacen muy atractiva la esbelta° armonía de su cuerpo, el largo pelo castaño°, los ojos un poco rasgados°, un aire de inocencia y desamparo°, la pesadumbre° de quien tiene un secreto.

rain/stopped
middle-aged
she crosses/takes a seat
against the light/ bright sunshine
large windows
background
pone
tall
pewter
bittersweet
ink
slender, graceful
brown/ almond-shaped
neglect, vulnerability
grief, sorrow

Los gritos del mesero llaman la atención de todos los presentes. La muchacha enrojece y no sabe en dónde ocultarse.

Audio: Reading

Un joven de su misma edad o acaso° un poco mayor se sienta en un lugar de la terraza, aislada° del salón por un ventanal. Llama al mesero y ordena un café. Observa el interior. Su mirada recorre° sitios vacíos, grupos silenciosos, y se detiene° un instante en la muchacha. Al sentirse observada alza la vista°. Enseguida° baja los ojos y se concentra

en su escritura. El salón ya no flota en la penumbra°: acaban de encender las luces fluorescentes.

Bajo la falsa claridad ella de nuevo levanta la cabeza y encuentra la mirada del joven. Agita° la cucharilla de peltre para disolver el azúcar asentada° en el fondo°. Él prueba su café y observa a la muchacha. Sonríe al ver que ella lo mira y luego se vuelve hacia la calle. Este mostrarse y ocultarse°, este juego

acaso quizás · aislada isolated · recorre scans · se detiene halts, stops · alza la vista she looks up · Enseguida Inmediatamente · penumbra semi-darkness · Agita She stirs · asentada settled · fondo bottom · ocultarse esconderse

que parece divertirlos o exaltarlos se repite con leves° variantes por espacio de un cuarto de hora o veinte minutos. Por fin él la mira de frente° y sonríe una vez más. Ella aún trata de esconder el miedo o el misterio que impiden el natural acercamiento.

El ventanal la refleja, copia sus actos, los duplica sin relieve° ni hondura°. Recomienza la lluvia, el aire arroja° gotas° de agua a la terraza. Cuando siente humedecerse° su ropa el joven da muestras de inquietud° y ganas de marcharse. Entonces ella desprende° una hoja del cuaderno, escribe unas líneas y da una mirada ansiosa al desconocido. Con la cuchara golpea° el vaso alargado. Se acerca el mesero, toma la hoja de papel, lee las primeras palabras, retrocede°, gesticula, contesta indignado, se retira como quien opone un gesto altivo° a la ofensa que acaba de recibir.

Los gritos° del mesero llaman la atención de todos los presentes. La muchacha enrojece y no sabe en dónde ocultarse. El joven observa paralizado la escena inimaginable: el desenlace lógico era otro. Antes de que él pueda intervenir, vencer° la timidez que lo agobia° cuando se encuentra sin el apoyo°, el estímulo, la mirada crítica de sus amigos, la muchacha se levanta, deja unos billetes sobre la mesa y sale del café.

Él la ve pasar por la terraza sin mirarlo, se queda inmóvil un instante, luego reacciona y toca en el ventanal para que le traigan la cuenta. El mesero toma lo que dejó la muchacha, va hacia la caja° y habla mucho tiempo con la encargada°. El joven recibe la nota°, paga, sale al mundo en que se oscurece° la lluvia. En una esquina donde las calles se bifurcan° mira hacia todas partes. No la encuentra. El domingo termina. Cae la noche en la ciudad que para siempre ocultará a la muchacha. ■

leves slight · de frente directamente · relieve emphasis · hondura depth · arroja/gotas throws/drops · humedecerse dampen · inquietud restlessness · desprende saca · golpea taps · retrocede steps back · altivo haughty, arrogant · gritos shouts · vencer conquer · agobia overwhelms · apoyo support · caja register · encargada manager · nota cuenta · oscurece gets darker · se bifurcan split

Análisis

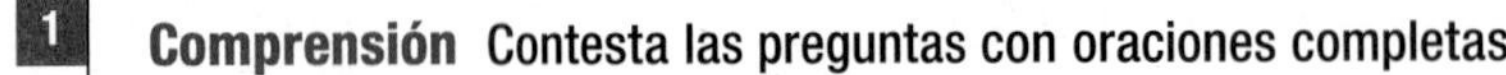

1 **Comprensión** Contesta las preguntas con oraciones completas.

1. Al entrar en el café, ¿qué hace la muchacha?
2. ¿Cómo muestra el joven que le gusta la muchacha?
3. ¿Qué le da la muchacha al mesero?
4. ¿Cómo reacciona el mesero?
5. ¿Qué hace la muchacha cuando oye los gritos del mesero?
6. ¿Se conocen los jóvenes al final? ¿Por qué?

2 **Interpretar** Contesta las preguntas con oraciones completas.

1. ¿Cómo crees que es la muchacha? ¿Y el muchacho?
2. ¿Qué ocurre entre la muchacha y el mesero? Intenta dar una explicación lógica.
3. ¿Qué hace y cómo se siente el muchacho cuando la joven sale del café?
4. Comenta el significado de la última oración del cuento: "Cae la noche en la ciudad que para siempre ocultará a la muchacha".
5. ¿Por qué se titula *Aqueronte* este cuento? Explica tu respuesta.

3 **Las emociones** En grupos de tres, consideren las siguientes emociones. Para cada una, escojan una escena del cuento en la que la emoción se aplica a uno de los personajes. Expliquen por qué el personaje la siente y cómo la emoción contribuye al misterio del desenlace.

- la timidez
- la alegría
- el insulto
- la vergüenza
- la desilusión
- el enojo

4 **Imaginar** En parejas, imaginen que los jóvenes sí se conocieron. Escriban su conversación y después represéntenla delante de la clase.

5 **Escribir** ¿Te ha pasado algo parecido a lo que vivieron los protagonistas del cuento? Sigue el **Plan de redacción** para escribir una experiencia similar tuya. También puedes inventar una situación. Usa la gramática que has aprendido en esta lección.

Plan de redacción

Escribir una historia en pasado

1 **Presentación** Inicia tu composición contando cuándo pasó, dónde y con quién estabas.

2 **Experiencia** Cuenta lo que ocurrió. Recuerda que debes utilizar el pretérito para las acciones y el imperfecto para las descripciones. Usa expresiones como **todo empezó, mientras, entonces, después, al final, finalmente…**

3 **Conclusión** Termina tu historia resumiendo muy brevemente qué pasó y lo que sentiste en esa ocasión.

Practice more at **vhlcentral.com.**

En la ciudad

Lugares

las afueras *suburbs*
los alrededores *the outskirts*
el ayuntamiento *city hall*
el barrio *neighborhood*
el centro comercial *(shopping) mall*
el cine *movie theater*
la ciudad *city*
la comisaría *police station*
la discoteca *dance club*
el edificio *building*
la estación (de trenes/de autobuses) *(train/bus) station*
la estación de bomberos *fire station*
la estación de policía *police station*
el estacionamiento *parking lot*
el estadio *stadium*
el metro *subway*
el museo *museum*
la parada (de metro/de autobús) *(subway/bus) stop*
la plaza *square*
el rascacielos *skyscraper*
el suburbio *suburb*
la vivienda *housing; home*

Indicaciones

la acera *sidewalk*
la avenida *avenue*
la calle *street*
la cuadra *city block*
la dirección *address*
la esquina *corner*
el letrero *sign, billboard*
el puente *bridge*
el semáforo *traffic light*
el tráfico *traffic*
el transporte público *public transportation*

---

cruzar *to cross*
estar perdido/a *to be lost*
indicar el camino *to give directions*
preguntar el camino *to ask for directions*

Gente

el/la alcalde(sa) *mayor*
el/la ciudadano/a *citizen*
el/la conductor(a) *driver*
la gente *people*
el/la pasajero/a *passenger*
el peatón/la peatona *pedestrian*
el policía/la (mujer) policía *policeman/woman*

Actividades

la vida nocturna *nightlife*

---

bajar *to go down; to get off (a bus)*
construir *to build*
conversar *to talk*
convivir *to live together; to coexist*
dar un paseo *to take a stroll*
dar una vuelta *to take a walk/ride*
dar una vuelta en bicicleta/carro/motocicleta *to take a bike/car/motorcycle ride*
disfrutar (de) *to enjoy*
doblar *to turn*
hacer diligencias *to run errands*
parar *to stop*
pasarlo/la bien/mal *to have a good/bad time*
poblar *to settle; to populate*
quedar *to be located; to arrange to meet*
quedarse *to stay*
recorrer *to travel (around a city)*
relajarse *to relax*
residir *to reside*
subir *to go up; to get on (a bus)*

Para describir

atrasado/a *late*
cotidiano/a *everyday*
inesperado/a *unexpected*
lleno/a *full*
ruidoso/a *noisy*
vacío/a *empty*

Cortometraje

el/la cajero/a *cashier*
el choque *crash*
el/la desconocido/a *stranger*
las facciones *features*
la fila *line*

---

afligirse *to get upset*
parecerse (a) *to look like*
valorar *to value*

---

borracho/a *drunk*
ingenuo/a *naïve*
repentino/a *sudden*

Cultura

el amanecer *dawn*
la antigüedad *antique*
la capilla *chapel*
el destino *destination*
el diseño *design*
la madrugada *early morning*
la milonga *type of dance; tango club/event*
el recorrido *route, trip*

---

pasear *to go for a walk*
trasnochar *to stay up late*

---

rodeado/a *surrounded*

Literatura

el desenlace *ending, outcome*
el/la mesero/a *waiter/waitress*
la mirada *gaze, look*
la soledad *loneliness*
la timidez *shyness*
la vergüenza *embarrassment*

---

atreverse *to dare*
disimular *to hide, to conceal*
enrojecer *to blush, to turn red*
esconder *to hide*

---

atrevido/a *daring, brave*

LECCIÓN 3

Generaciones en movimiento

El paso del tiempo es una realidad inevitable que nos afecta a todos. La evolución de las culturas y la sucesión de nuevas generaciones dependen de ese constante transcurso del tiempo. La vida sigue, y en ese trayecto interminable surgen choques entre generaciones y culturas.

88

112

Blog de un catalán en Colombia

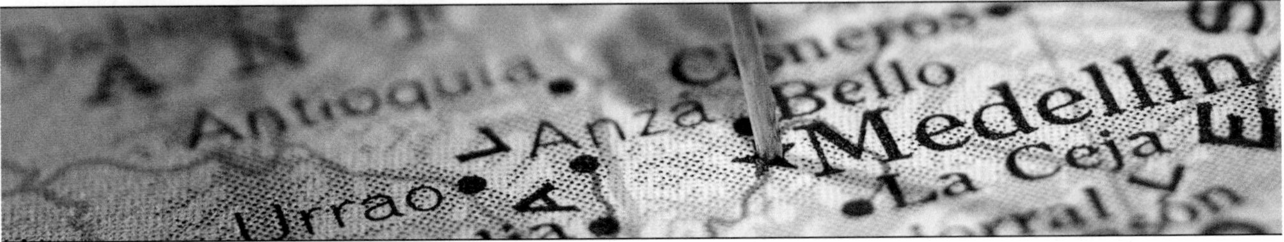

Datos personales

Mi nombre es Javier y nací en Barcelona el 27 de junio de 1988. Vivo en Medellín desde hace dos años. Estudio Administración de Negocios en la EAFIT. Me encanta salir con mis amigos y tocar la guitarra. Mi frase favorita es "Nunca es triste la verdad, lo que no tiene es remedio", de Serrat. Me llevo fatal con las personas falsas y con el análisis matemático. En este blog cuento mis aventuras cotidianas y un montón de cosas que no le interesan a nadie... pero, al fin y al cabo, es mi blog.

Entradas recientes

- Los cincuenta apodos más graciosos
- ¿Cuánto cuesta independizarse en Latinoamérica?
- ¡No soporto a mi cuñado!
- ¿Aún hay gente honrada en este mundo?
- El nacimiento de un nuevo ídolo del fútbol

Volver a las raíces

2 de marzo 15:08 por Javier

Mi amiga Noelia es sensacional. Ayer me invitó a un almuerzo familiar para celebrar los 80 años de su abuelo Raúl. Cuando murió su esposa, don Raúl se mudó a una finca en El Peñol, un pueblo que queda a una hora y cuarto de Medellín. ¡Así que allí nos fuimos! Noelia —según ella, "la nieta favorita" de don Raúl— dijo unas palabras durante la comida. Agradeció a su abuelo por cómo la mimó (y malcrió) en su niñez. Y recordó que casi nunca la regañaba cuando se peleaba con su hermana. Rodeado de esa familia tan unida, lamenté no estar en ese momento en mi patria, cerca de mis parientes. Pero no me quejo, me encuentro muy bien aquí en Colombia. Esa misma tarde llamé a mi abuelo Pedro para saludarlo. Mi abuelo es un hombre de carácter fuerte, muy estricto y mandón. Sin embargo, debo reconocer que en algo me parezco a él: ¡me pongo insoportable cuando pierde el Barça!

El Peñol (que da nombre al pueblo) es la piedra más grande que he visto en mi vida

Comentarios

Marcos A.
Puerto Montt,
Chile

Marcos dice:
3 de marzo 13:17

¡Me alegra mucho que lo hayas pasado bien, Javier! ¿Sabes? Siempre me han gustado ese tipo de reuniones, quizás porque mi familia es muy pequeña. Soy hijo único y mis padres también, así que no tengo tíos, ni primos, ni sobrinos... A propósito, ¿has notado que la gente tiene prejuicios contra los hijos únicos? Se nos ve como personas maleducadas. ¡Evidentemente, no me conocen! 😉

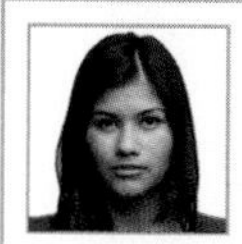

Daniela B.
La Paz,
Bolivia

Daniela dice:
3 de marzo 20:53

¡Qué casualidad! Ayer nosotros también organizamos un almuerzo familiar. Festejamos los 102 años de Jacinta, mi bisabuela. Bueno, en realidad es la bisabuela de mi hermanastro, Eduardo. Es una señora encantadora: siempre nos entretiene con historias divertidas de su juventud... Me gustaría tener una vejez parecida a la suya: feliz, tranquila y rodeada de seres queridos.

Fernanda B.
Colonia,
Uruguay

Fernanda dice:
4 de marzo 17:43

Me gustaría mucho formar parte de una familia unida como la de Noelia. La mía no es así. Mis padres tienen 40 años más que yo, y mis abuelos, más de 70. Creo que la brecha generacional es demasiado grande y difícil de superar. Yo respeto mucho a mis abuelos, pero ellos esperan que me case y que dedique toda mi edad adulta a criar hijos. ¿Pueden creerlo? ¡Cómo me gustaría que alguna vez me apoyaran!

Análisis

Clasificar Lee el blog de Javier y las respuestas de los lectores. Escribe las palabras y expresiones que asocias con estas categorías.

los parientes | la vida familiar | la personalidad | las etapas de la vida | las generaciones

Expresiones útiles Fíjate en estas expresiones que Javier y sus amigos usan para relacionar ideas.

así que	a propósito
pero	en realidad
sin embargo	

Aquí tienes otras palabras y expresiones con las que puedes expresar lo mismo:

por cierto	por lo tanto
además	también
de hecho	

Busca en el blog las expresiones del primer recuadro y reescribe las oraciones usando las expresiones del segundo recuadro.

Etiquetas En parejas, elijan al menos seis etiquetas para esta entrada del blog.

________ ________ ________
________ ________ ________

Tu reacción Piensa en una respuesta para el blog de Javier. Luego escribe por lo menos cinco oraciones usando algunas de las palabras y expresiones que has aprendido.

Escribe un comentario...

Publicar

En familia

Audio: Vocabulary

Los parientes

el/la antepasado/a *ancestor*
el/la bisabuelo/a *great-grandfather/grandmother*

el/la cuñado/a *brother/sister-in-law*
el/la esposo/a *husband/wife*
el/la (hermano/a) gemelo/a *twin (brother/sister)*
el/la hermanastro/a *stepbrother/stepsister*
el/la hijo/a único/a *only child*
la madrastra *stepmother*
el/la medio/a hermano/a *half brother/sister*
el/la nieto/a *grandson/granddaughter*
la nuera *daughter-in-law*
el padrastro *stepfather*
el/la pariente *relative*
el/la primo/a *cousin*
el/la sobrino/a *nephew/niece*
el/la suegro/a *father/mother-in-law*
el/la tío/a (abuelo/a) *(great) uncle/aunt*
el yerno *son-in-law*

La vida familiar

agradecer *to thank*
apoyar(se) *to support (each other)*
criar *to raise (children)*
independizarse *to become independent*
lamentar *to regret, to be sorry*
malcriar *to spoil*
mimar *to pamper*
mudarse *to move*
pelear(se) *to fight (with one another)*
quejarse (de) *to complain (about)*
regañar *to scold*
respetar *to respect*
superar *to overcome*

La personalidad

el carácter *character, personality*

(bien) educado/a *well-mannered*
egoísta *selfish*
estricto/a *strict*
exigente *demanding*
honrado/a *honest*
insoportable *unbearable*
maleducado/a *ill-mannered*
mandón/mandona *bossy*

rebelde *rebellious*
sumiso/a *submissive*
unido/a *close-knit*

Las etapas de la vida

la adolescencia *adolescence*
el/la adolescente *adolescent*
el/la adulto/a *adult*
la edad adulta *adulthood*
la juventud *youth*
la muerte *death*
el nacimiento *birth*
la niñez *childhood*
el/la niño/a *child*
la vejez *old age*

Las generaciones

el apodo *nickname*
la ascendencia *heritage*
la autoestima *self-esteem*
la brecha generacional *generation gap*
la comprensión *understanding*
la patria *homeland*
el prejuicio social *social prejudice*
la raíz *root*
el sexo *gender*

---

heredar *to inherit*
parecerse *to look alike*
realizarse *to fulfill*
sobrevivir *to survive*

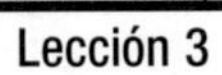

Práctica

1 **Completar** Completa las oraciones con la opción correcta.

1. Mi hermana y mi madre ____ mucho. Son casi idénticas.
   a. se pelean b. se quejan c. se parecen
2. Yo, en cambio, soy físicamente igual a mi padre y también tenemos el mismo ____.
   a. niñez b. carácter c. tío
3. Durante su ____, mis padres estaban muy enamorados.
   a. nacimiento b. apodo c. juventud
4. Ellos se divorciaron el año pasado y yo lo ____ mucho.
   a. mimo b. lamento c. mudo
5. Estoy disgustada, sí, pero no me ____, porque nos quieren igual.
   a. quejo b. apoyo c. realizo
6. Al fin y al cabo, seguimos siendo una familia ____. ¡Siempre lo fuimos!
   a. sumisa b. unida c. exigente

2 **Crucigrama** Completa el crucigrama.

Horizontales

1. el hijo de mi hermano
4. dar las gracias
6. que no se puede soportar; intolerable
8. etapa de vida de una persona de 80 años
9. tratar a alguien con buenos modales, cortesía y atención
10. opinión negativa que se tiene de algo antes de conocerlo

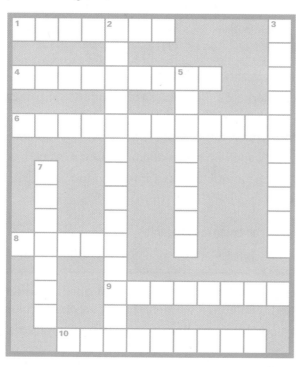

Verticales

2. irse de la casa de los padres; emanciparse
3. valoración positiva de uno mismo
5. severo; riguroso
7. recibir bienes (*possessions*) que deja alguien al morir

3 **La familia Rodríguez** En grupos de cuatro, túrnense para elegir a un miembro de esta familia y decir quién y cómo es. Inventen detalles y utilicen palabras del vocabulario.

Modelo El abuelo, don Ramón, se crió en un pueblo de Costa Rica y se mudó a San José cuando se casó. Ahora disfruta de su vejez con su esposa. Tiene un carácter muy agradable y se lleva muy bien con toda su familia.

Practice more at **vhlcentral.com.**

Preparación

Vocabulario del corto

alcanzar *to be enough, to reach*
la arepera *restaurant serving* arepas
botar *to fire, to throw out*
chévere *great, fantastic*
la deuda *debt*
el disparate *silly remark/action, nonsense*
la embajada *embassy*
firmar *to sign*
la ganancia *profit*
el/la gusano/a *(pej., lit. worm) Cuban exile*
la pérdida *loss*
las prestaciones *social assistance*
repartir *to distribute, to hand out*

Vocabulario útil

el asilo *asylum*
el comunismo *communism*
el consulado *consulate*
el/la extranjero/a *foreigner, alien*
(i)legal *(il)legal*
la manifestación *protest*
la pancarta *banner, sign*
el/la residente *resident*

Nota
CULTURAL

La **arepa** es una comida tradicional de Venezuela. Consiste en una especie (*type*) de pan elaborado con harina (*flour*) de maíz que se rellena con diversos alimentos, como carne, queso o frijoles negros.

EXPRESIONES

¡Ni un paso atrás! *Not one step back!*
pasársele la mano *to go overboard*
sacar adelante *to move something forward*
sacar una cuenta *to add up, to calculate*
tener (suficiente) criterio *to have (enough) judgment*

1 
Vocabulario **Escribe la palabra apropiada para cada definición.**

1. ayuda que un gobierno da para que sus ciudadanos satisfagan (*satisfy*) las necesidades básicas para vivir dignamente __________
2. oficina que representa a un país en el extranjero __________
3. escribir el nombre y apellido en un documento para oficializarlo __________
4. dinero que se le debe a un banco o a un individuo __________
5. comentario tonto o acción tonta, sin lógica __________

2  
Preguntas **En parejas, contesten las preguntas.**

1. ¿Hablas de política con tus amigos o con tu familia? ¿De qué asuntos hablan? ¿Por qué?
2. ¿Piensas que es posible ser amigo/a de alguien que tiene diferente ideología política? ¿Tienes algún amigo o amiga que tenga otra ideología?
3. ¿Crees que es importante participar en movimientos políticos? ¿Por qué?

3 
¿Qué sucederá? **En parejas, miren el fotograma e imaginen lo que va a ocurrir en el cortometraje. Compartan sus ideas con la clase.**

Video: Cortometraje

El Rincón de Venezuela
The Venezuelan Corner
Escrito y dirigido por REYTHER ORTEGA
Producido por KATE GILROY Director de fotografía ANTOINE VIVAS DENISOV
Editado por ELIZABETH ANWAR, REYTHER ORTEGA
Diseño de producción FREDERICA NASCIMENTO Vestuario original KRISANA PALMA
Sonido y mezcla STEFANO GRAMITTO Música original MAURICIO ARCAS
Con la actuación de AMINTA DE LARA, JABBO DE MOZOS, KRIS PAREDES, ROLANDO J. VARGAS
CENTRO NACIONAL AUTÓNOMO DE CINEMATOGRAFÍA DE VENEZUELA

ESCENAS

ARGUMENTO *La difícil situación política venezolana lleva a una familia a empezar una nueva vida en Nueva York. Allí tienen que luchar para sacar adelante su restaurante y adaptarse a las nuevas circunstancias.*

GLORIA Mi amor, ¿y si nosotros vendemos esto y nos vamos para Venezuela?
ALBERTO ¿A qué vamos a regresar? ¿Para que nos vuelvan a asaltar[1]? Toda la gente está tratando de irse.
ROSARIO Hay otro grupo de gente que está tratando de hacer algo útil por el país.

GLORIA Aquí lo que hay que hacer es pensar cómo es que vamos a sacar este restaurante adelante, ¡y todos!
ALBERTO Pero que quede bien claro que yo no regreso al país hasta que esos imbéciles se vayan de allí, se vayan del gobierno.

GLORIA ¡Pero qué vas a estar tú saliendo con Mingo, mi amor; si ese señor es un empleado nuestro!

GLORIA Yo creo que ella tiene razón, ¿sabes? Nosotros somos como las arepas de tofu esas que yo estoy haciendo: queriendo ser lo que no somos. Ay, caramba, chico, francamente ¿habrá sido buena idea venirnos para acá? Aquí nadie nos conoce. Lo dejamos todo... ¡la familia!

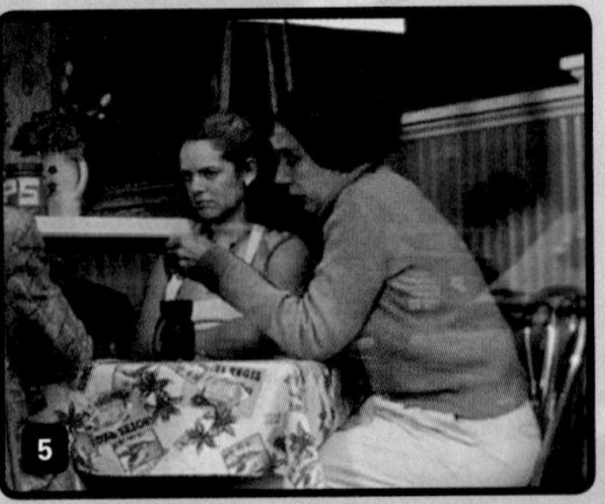

GLORIA El dinero que teníamos en Caracas no existe más. Se lo presté a mi prima Chela cuando la botaron de PDVSA[2]. Como no tenía prestaciones ni seguro, no tenía como para el colegio de los muchachos ni el alquiler tampoco. Como es obvio, pues no tiene cómo pagarnos.

GLORIA Tú tienes razón. Usted ya tiene suficiente criterio como para escoger sus amistades. Mingo no es menos que nosotros, como usted dice. Yo lo siento mucho, mi amor.

1 *to mug; to rob* 2 *Venezuela's national oil company*

Nota CULTURAL

La política venezolana

Hugo Chávez, presidente de Venezuela a la fecha de publicación de este libro, es también un líder político rebelde. La personalidad y las decisiones de Chávez siempre han provocado fuertes reacciones de sus seguidores así como de sus opositores. Algunas acciones del gobierno del presidente venezolano han dividido a la sociedad venezolana en grupos antagónicos, tales como chavistas° y opositores. Muchos de los inmigrantes venezolanos recién llegados a los Estados Unidos salieron en señal de protesta contra el gobierno de Chávez.

chavistas *Chávez supporters*

Análisis

1 

Comprensión Contesta las preguntas con oraciones completas.

1. ¿Qué tipo de comida se sirve en el restaurante?
2. ¿Cuándo dice Alberto que regresará a Venezuela?
3. ¿Qué contesta Rosario cuando su padre dice que toda la gente se quiere ir de Venezuela?
4. ¿Con quién quiere salir Rosario por la noche?
5. ¿Para qué va Gloria a la manifestación?
6. ¿Qué pide la gente que está en la manifestación?
7. Después de unos días, ¿qué le dice Gloria a su hija sobre su amistad con Mingo?
8. ¿Por qué se enojan algunos clientes del restaurante al final del corto?

2 **Ampliación** Contesta las preguntas con oraciones completas.

1. ¿Qué temas se tratan en *El Rincón de Venezuela*?
2. ¿Por qué se fue la familia de Venezuela?
3. ¿Por qué habla Gloria del *American Way of Management*? ¿En qué consiste?
4. ¿Crees que tendrían éxito las arepas de tofu? ¿Por qué?
5. ¿Por qué se opone Gloria al principio a que su hija salga con Mingo? ¿Por qué cambia luego de opinión?

3 

Escenas

A. En grupos, describan lo que ocurre en estas dos escenas del corto. ¿Sobre qué están hablando los personajes? Luego, improvisen la conversación entre los personajes.

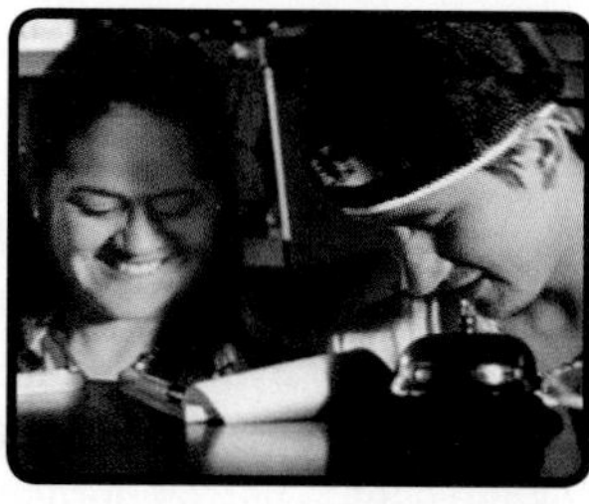

B. Elijan una de las escenas e imaginen qué sucederá con los personajes después del final del corto. Compartan su historia con la clase.

4 **Generación y política** En parejas, preparen un diálogo entre dos personajes hipotéticos: un padre o una madre y un(a) hijo/a adulto/a. Uno/a está a favor del gobierno y el/la otro/a está en contra.

- Decidan sobre qué tema político específico van a hablar.
- Cada uno/a debe presentar al menos un argumento para defender su posición y uno para demostrar su desacuerdo con el otro personaje.

Practice more at **vhlcentral.com.**

IMAGINA

¡Ecos de piratas y bucaneros!

Septiembre de 1564. Unos pasos que provienen del acantilado[1] se dirigen al corazón de la ciudad amurallada[2]. Las sombras[3], apenas perceptibles en la oscuridad, se comunican sin necesidad de hablar: acaban de encontrar la casa que buscaban. Los habitantes de la gran mansión no van a saber lo que ocurre, pero se darán cuenta de que alguien les está apuntando con un arma. Los piratas han entrado de nuevo en **San Juan**.

Esta escena, que parece extraída de un libro de aventuras, era, sin embargo, la realidad para los habitantes de las islas caribeñas de la época. Desde principios del siglo XVI hasta bien entrado el siglo XVIII, el **Caribe** español sufrió continuos ataques piratas. Los barcos, llenos del oro[4] y la plata[5] que se extraían de las tierras colonizadas, seguían esta ruta. Esto convirtió la zona en gran atractivo para los que buscaban la riqueza rápida a cualquier precio y sin considerar los métodos que tenían que usar para conseguirla.

El **mar Caribe** era el escenario donde se desarrollaba la política internacional de la época. **España** tenía bajo su dominio las **Indias Occidentales**, una hegemonía que países como **Francia** e **Inglaterra** querían arrebatarle[6] a toda costa. Para ello, los gobiernos de estos países financiaban los ataques piratas a las ciudades y barcos españoles.

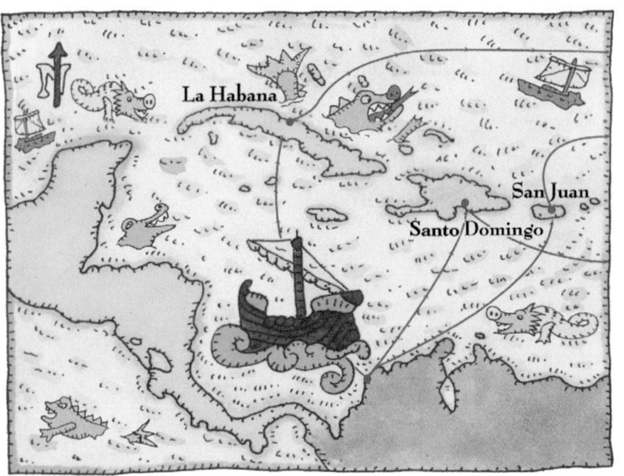

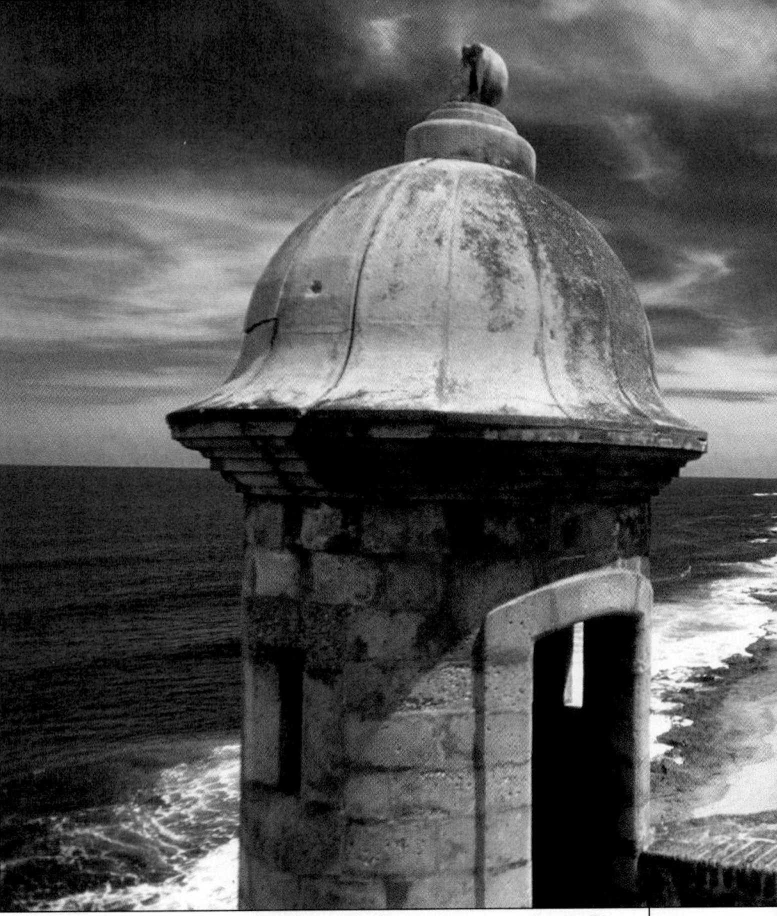

Castillo de San Cristóbal en San Juan, Puerto Rico

Los colonizadores españoles, con el fin de proteger las enormes riquezas en oro, plata y piedras preciosas, construyeron fuertes en todo el Caribe: en **La Habana**, en **Santo Domingo** y en **San Juan**. Estas ciudades-fortaleza[7] fueron el centro vital de las Indias Occidentales por casi cuatro siglos. Sus iglesias y ayuntamientos ya habían existido más de cien años antes de la llegada de los primeros colonos ingleses a tierras norteamericanas. Sus calles vieron pasar a todos los aventureros, conquistadores, bucaneros y comerciantes de esclavos[8] que vivían en esa época.

Estas tres capitales del Caribe están además entre las ciudades más antiguas del continente americano fundadas por los europeos. Los barrios coloniales de **La Habana Vieja**, **Ciudad Colonial** y el **Viejo San Juan** han sido declarados Patrimonio Mundial[9] de la Humanidad por la **UNESCO** por su valor histórico.

1 *cliff* 2 *walled* 3 *shadows* 4 *gold* 5 *silver* 6 *snatch from it* 7 *fortified cities* 8 *slave traders* 9 *World Heritage*

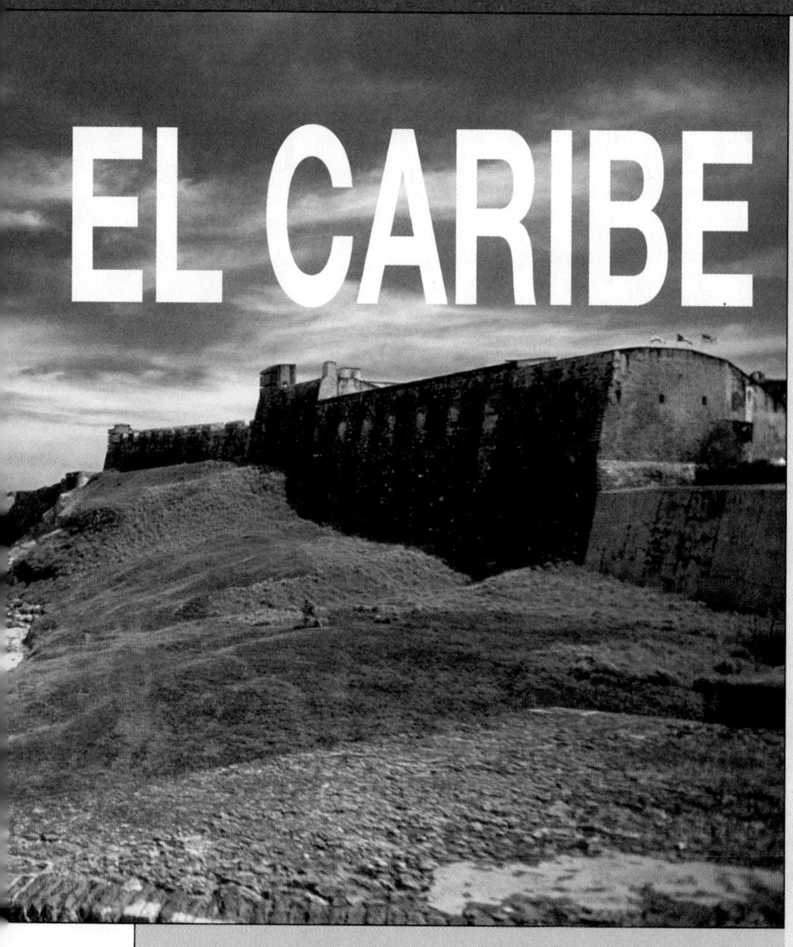

EL CARIBE

El español del Caribe

ahorita	dentro de poco; *soon* (Cu., P.R., R.D.)
amarillo	plátano maduro; *ripe banana* (R.D., P.R.)
boricua	puertorriqueño/a; *Puerto Rican* (P.R.)
cacata	araña; *spider* (R.D.)
chavos	dinero; *money* (P.R.)
china	naranja; *orange* (P.R.)
embullar	animar; *encourage* (Cu.)
enfogonado/a	enojado/a; *angry* (P.R.)
espejuelos	gafas; *glasses* (Cu.)
guagua	autobús; *bus* (Cu., P.R., R.D.); *SUV, truck* (P.R.)
guapo/a	valiente; *brave* (Cu., R.D.)
guiar	manejar; *to drive* (P.R.)
halar	tirar; *to pull* (Cu.)
jaba	bolsa; *bag* (Cu.)
juaniquiqui	dinero; *money* (Cu.)
lechosa	papaya (R.D.)
mahones	*jeans* (P.R.)
mata	árbol; *tree* (Cu., R.D.)
¿Qué volá?	¿Qué pasa?; *What's up?* (Cu.)
radiobemba	chismoso/a; *gossipy* (Cu.)
socio/a	amigo/a; *friend, buddy* (Cu.)
timón	volante; *steering wheel* (Cu.)

¡Visitemos las ciudades coloniales!

La Bodeguita del Medio Muy cerca de la **Catedral de La Habana**, en **La Habana Vieja**, está este famoso restaurante frecuentado por muchos turistas de todo el mundo. Es célebre por su comida cubana típica y por sus mojitos, la popular bebida de la isla. Este lugar ha recibido a personalidades internacionales tales como **Pablo Neruda**, **Gabriela Mistral**, **Julio Cortázar**, **Nat King Cole** y **Gabriel García Márquez**, entre otros. También era el sitio favorito de **Ernest Hemingway**, quien pasaba horas allí bebiendo café y conversando con sus amigos.

Mercado Modelo En plena **Ciudad Colonial** en **Santo Domingo**, este tradicional mercado es conocido por la simpatía de sus vendedores, quienes ofrecen su mercancía[1] en voz muy alta. La variedad de sus productos convierten al **Mercado Modelo** en una muestra viviente de la cultura dominicana. Aquí se pueden conseguir desde perfumes y flores hasta amuletos e imágenes de santos.

Calle San Sebastián El **Viejo San Juan** cobra vida[2] durante la noche como pocos lugares en **Puerto Rico**, mostrando sus encantos culturales en una combinación de música en vivo, excelentes restaurantes e innumerables sitios para bailar. La zona más famosa es la **calle San Sebastián**. Personas de todas las edades acuden a sus tabernas y cantinas hasta altas horas de la madrugada.

La Mallorquina es el restaurante más antiguo y famoso del **Viejo San Juan**. Fue fundado en 1848 y desde 1936 funciona como negocio familiar. Desde entonces hasta hoy, su menú sigue contando con múltiples platos típicos de la cocina tradicional española, tales como la paella y el gazpacho. Este restaurante ha servido sus deliciosos platos a personalidades del mundo de las artes y la cultura como Brooke Shields, Nick Nolte, Orson Welles y Marc Anthony.

[1] *merchandise* [2] *comes to life*

GALERÍA DE CREADORES

LITERATURA **Rosario Ferré**

La conocida escritora puertorriqueña Rosario Ferré ha escrito cuentos, novelas, poemas, ensayos, biografías y artículos periodísticos. Uno de sus temas centrales es la lucha de la mujer en un mundo dominado y definido por los hombres. Su primer libro, la colección de cuentos *Papeles de Pandora* (1976), recibió premios nacionales e internacionales. Ferré escribe tanto en español como en inglés. También es autora de *Maldito amor*, *La casa de la laguna*, *Las dos Venecias* y *Eccentric Neighborhoods*, entre otras obras.

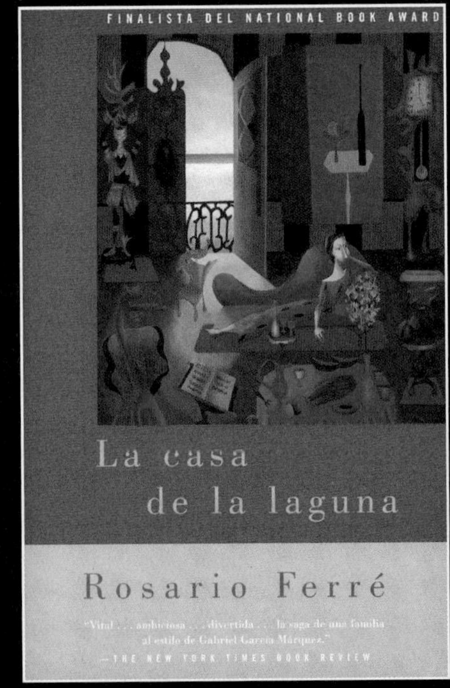

PINTURA **Wifredo Lam**

El arte del pintor cubano Wifredo Lam es, como él, fruto de un sincretismo (*fusion*) de culturas. De padre chino y madre de descendencia europea, africana e india, Lam fue influyente en el arte del siglo XX. El arte africano y el arte primitivo fueron especialmente importantes en sus creaciones surrealistas. Trabajó varios años con Pablo Picasso en París y fue amigo de los mexicanos Frida Kahlo y Diego Rivera. Aquí vemos una pieza que se titula *Vegetación tropical*.

LITERATURA Julia de Burgos

Aunque vivió sólo 39 años, Julia de Burgos se destacó (*stood out*) como poeta ilustre no sólo en Puerto Rico, sino también en el resto de Latinoamérica. Sus poemas incluyen elementos caribeños, apasionados temas amorosos y fuertes cuestionamientos feministas. Sus obras incluyen *Poema en veinte surcos*, *Canción de la verdad sencilla* y *El mar y tú*, entre otras.

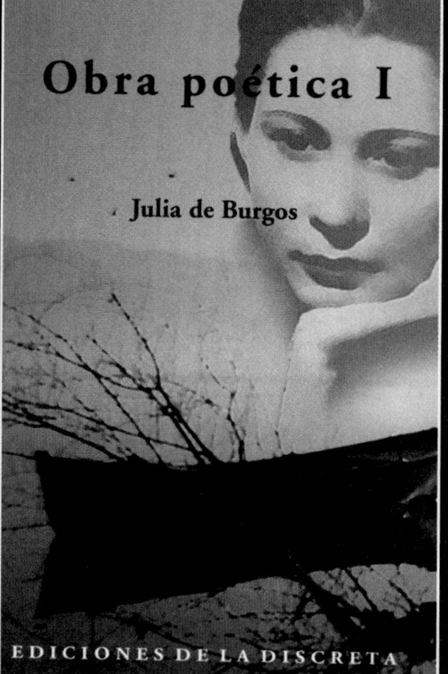

Obra poética I
Julia de Burgos
EDICIONES DE LA DISCRETA

DISEÑO Y MODA Óscar de la Renta

Cuando las primeras damas de los Estados Unidos, como Nancy Reagan, Hillary Clinton y Laura Bush, necesitaban un vestido para una ocasión especial, llamaban a Óscar de la Renta. En Hollywood, actrices como Penélope Cruz, Sandra Bullock y Tina Fey visten sus creaciones. Desde los años 60, este diseñador dominicano ha sido una verdadera institución en el mundo de la moda. Sin embargo, aunque trabaja principalmente en su elegante estudio en Nueva York, de la Renta nunca ha olvidado sus orígenes. Todavía tiene una casa en la República Dominicana y ha ayudado a crear una escuela y guardería para 1.200 niños en su país natal.

CONEXIÓN INTERNET

En vhlcentral.com encontrarás más información y actividades relacionadas con esta sección.

¿Qué aprendiste?

Cierto o falso **Indica si estas afirmaciones son ciertas o falsas. Corrige las falsas.**

1. Los piratas atacaban las ciudades y los barcos en el Caribe para robar joyas traídas de España.
2. Los gobiernos locales financiaban los ataques piratas.
3. El Caribe contaba con ciudades organizadas muchos años antes de la llegada de los ingleses a Norteamérica.
4. Óscar de la Renta ha ayudado a crear una escuela y guardería para niños en la República Dominicana.
5. Célebres personalidades han visitado el restaurante La Bodeguita del Medio en La Habana Vieja.
6. Wifredo Lam no quiso conocer a otros artistas de su época.

Preguntas **Contesta las preguntas.**

1. ¿Qué buscaban los piratas ingleses y franceses en el Caribe?
2. ¿Qué elementos y temas se encuentran en la poesía de Julia de Burgos?
3. ¿Qué dos ingredientes convierten al Mercado Modelo en una muestra de la cultura dominicana?
4. ¿De qué país son los platos típicos que ofrece La Mallorquina? ¿Cuáles son dos de estos platos?
5. ¿Qué artista de la Galería te interesa más? ¿Por qué?

PROYECTO

Aventuras en el Caribe

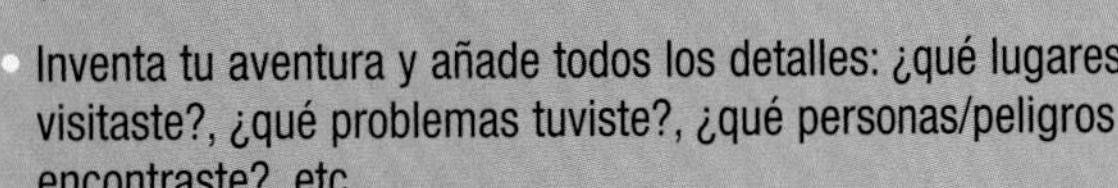

Imagina que eres un(a) explorador(a) o pirata en el Caribe del siglo XVI. Investiga la información que necesites en Internet para escribir una entrada en tu diario explicando lo que sucedió durante el pasado mes.

- Inventa tu aventura y añade todos los detalles: ¿qué lugares visitaste?, ¿qué problemas tuviste?, ¿qué personas/peligros encontraste?, etc.
- Dibuja un mapa con las rutas de ese mes.
- Escribe la entrada en tu diario y preséntala a la clase.

MINIPRUEBA

Completa las oraciones con la información correcta y demuestra lo que aprendiste sobre el Caribe.

1. La escritora puertorriqueña Rosario Ferré escribe tanto en español como en ______.
   a. francés b. inglés c. portugués
2. Los ataques piratas estaban ______ por los gobiernos de Inglaterra y Francia.
   a. bloqueados b. colonizados c. financiados
3. Los colonizadores españoles construyeron ______ en las tres principales ciudades del Caribe para proteger sus riquezas de los ataques piratas. Por eso, estas ciudades se conocían como ciudades ______.
   a. murallas; amuralladas b. colonias; colonizadas c. fuertes; fortaleza
4. Cuando no quieren caminar, los boricuas toman la ______.
   a. china b. ananá c. guagua
5. El escritor norteamericano que pasaba horas en la Bodeguita del Medio era ______.
   a. Ernest Hemingway b. John Steinbeck c. Mark Twain
6. El Mercado Modelo de Santo Domingo está en la histórica ______.
   a. Habana Vieja b. Ciudad Colonial c. Mallorquina
7. La calle San Sebastián se ha convertido en un importante centro ______ puertorriqueño.
   a. industrial b. religioso c. cultural
8. Las puertas de La Mallorquina están ______ al público desde 1848.
   a. cerradas b. abiertas c. amuralladas
9. En Cuba, las personas que no ven bien llevan ______.
   a. chavos b. mahones c. espejuelos
10. Wifredo Lam tiene varios orígenes culturales, pero el ______ no es uno de ellos.
    a. árabe b. chino c. indio
11. Óscar de la Renta es una institución en el mundo de la moda desde los años ______.
    a. 60 b. 50 c. 80

En pantalla

Video: *En pantalla*

Vocabulario

el apoyo *support*
coger al golpe *to wing it*
dar(le) la gana *to feel like it*
de la tercera edad *elderly, senior*
el escenario *stage*
gozar *to enjoy*
el núcleo familiar *nuclear family*
el SIDA *AIDS*

Para los hispanos, los abuelos, tíos, primos y sobrinos suelen formar parte del núcleo familiar. Incluso es posible encontrar a dos o más generaciones viviendo bajo el mismo techo. Las abuelas tienen un papel muy importante a la hora de cuidar a los niños y hacer las tareas del hogar. Sin embargo, no descuidan sus responsabilidades sociales. A medida que pasa el tiempo, la forma de involucrarse (*getting involved*) en la vida social, cultural y política de su comunidad ha ido cambiando. Este reportaje muestra cómo un grupo de abuelas cubanas rompe con los estereotipos y mezcla su pasión con el ritmo de sus nietos para enviar un mensaje de esperanza a la juventud.

Conexión personal ¿De qué miembros se compone tu núcleo familiar? En tu comunidad, ¿ha cambiado el concepto de familia con el paso del tiempo? ¿Los abuelos viven generalmente con sus hijos o en residencias de ancianos (*nursing homes*)? ¿Ayudan los abuelos al cuidado de sus nietos y con las tareas domésticas?

1 **Comprensión** **Contesta las preguntas.**

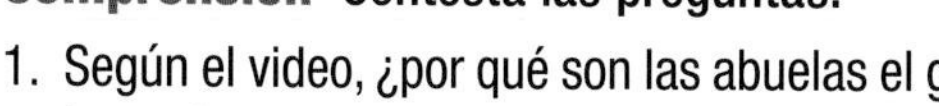

1. Según el video, ¿por qué son las abuelas el gran apoyo del hogar familiar?
2. ¿De qué manera rompen estas abuelas el estereotipo de la tercera edad?
3. ¿Por qué lo hacen?
4. ¿Dónde actúan?
5. ¿Cuáles son los mensajes que las abuelas les dan a los jóvenes?

2 **Expansión**

En grupos de tres, busquen información sobre ritmos de origen cubano. Luego, presenten un informe a la clase.

- Mencionen por lo menos dos ritmos cubanos. ¿Cuáles son sus orígenes y características?
- Nombren por lo menos tres grupos o cantantes cubanos famosos. ¿A qué género musical pertenecen?
- ¿Por qué ha tenido la música africana tanta influencia en la música cubana?
- ¿En qué se diferencia la música tradicional cubana del rap?

Abuelas raperas cubanas

A una familia cubana le sería muy difícil la vida diaria sin la ayuda de las abuelas.

Pero en el corazón de La Habana, siete abuelas rehúsan permanecer en la retaguardia (*stay behind*) y asaltan el escenario con el ritmo de sus nietos.

Somos las raperas de la tercera edad, hacemos ejercicio y rapeamos de verdad.

Desde el año 2004, las chicas del ayer rapean lo mismo en un estadio deportivo que en las calles de un populoso barrio habanero…

Practice more at **vhlcentral.com.**

3.1

The subjunctive in noun clauses

Forms of the present subjunctive

- The subjunctive (**el subjuntivo**) is used mainly in the subordinate clause of multiple-clause sentences to express will, influence, emotion, doubt, or denial. The present subjunctive is formed by dropping the **-o** from the **yo** form of the present indicative and adding these endings:

The present subjunctive

hablar	comer	escribir
hable	coma	escriba
hables	comas	escribas
hable	coma	escriba
hablemos	comamos	escribamos
habléis	comáis	escribáis
hablen	coman	escriban

- Verbs with irregular **yo** forms show that same irregularity in all forms of the present subjunctive.

conocer	**conozca**	**seguir**	**siga**
decir	**diga**	**tener**	**tenga**
hacer	**haga**	**traer**	**traiga**
oír	**oiga**	**venir**	**venga**
poner	**ponga**	**ver**	**vea**

- Verbs with stem changes in the present indicative show the same changes in the present subjunctive. Stem-changing **-ir** verbs also undergo a stem change in the **nosotros/as** and **vosotros/as** forms of the present subjunctive.

pensar (e:ie)	**piense, pienses, piense, pensemos, penséis, piensen**
jugar (u:ue)	**juegue, juegues, juegue, juguemos, juguéis, jueguen**
mostrar (o:ue)	**muestre, muestres, muestre, mostremos, mostréis, muestren**
entender (e:ie)	**entienda, entiendas, entienda, entendamos, entendáis, entiendan**
resolver (o:ue)	**resuelva, resuelvas, resuelva, resolvamos, resolváis, resuelvan**
pedir (e:i/i)	**pida, pidas, pida, pidamos, pidáis, pidan**
sentir (e:ie/i)	**sienta, sientas, sienta, sintamos, sintáis, sientan**
dormir (e:ue/u)	**duerma, duermas, duerma, durmamos, durmáis, duerman**

- The following five verbs are irregular in the present subjunctive.

dar	**dé, des, dé, demos, deis, den**
estar	**esté, estés, esté, estemos, estéis, estén**
ir	**vaya, vayas, vaya, vayamos, vayáis, vayan**
saber	**sepa, sepas, sepa, sepamos, sepáis, sepan**
ser	**sea, seas, sea, seamos, seáis, sean**

TALLER DE CONSULTA

This grammar topic is covered in the **Manual de gramática, Lección 3.**

3.4 Adverbs, p. A9

¡ATENCIÓN!

The *indicative* is used to express actions, states, or facts the speaker considers to be certain. The *subjunctive* expresses the speaker's attitude toward events, as well as actions or states that the speaker views as uncertain.

¡ATENCIÓN!

Verbs that end in **-car**, **-gar**, and **-zar** undergo spelling changes in the present subjunctive.

sacar: saque

jugar: juegue

almorzar: almuerce

Verbs of will and influence

- A clause is a sequence of words that contains both a subject (expressed or implied) and a conjugated verb. In a subordinate (dependent) noun clause (**oración subordinada sustantiva**), the words in the clause function together as a noun.

Gloria desea que Rosario ***mejore*** *la atención al cliente.*

- When the subject of a sentence's main (independent) clause exerts influence or will on the subject of the subordinate clause, the verb in the subordinate clause is in the subjunctive.

MAIN CLAUSE	CONNECTOR	SUBORDINATE CLAUSE
Yo quiero	**que**	**tú vayas al cine conmigo.**

Verbs and expressions of will and influence

aconsejar *to advise*	**hacer** *to make*	**prohibir** *to prohibit*
desear *to desire, to wish*	**importar** *to be important*	**proponer** *to propose*
es importante *it's important*	**insistir (en)** *to insist (on)*	**querer (e:ie)** *to want; to wish*
es necesario *it's necessary*	**mandar** *to order*	**recomendar (e:ie)** *to recommend*
es urgente *it's urgent*	**necesitar** *to need*	**rogar (o:ue)** *to beg; to plead*
exigir *to demand*	**oponerse a** *to oppose; to object to*	**sugerir (e:ie/i)** *to suggest*
gustar *to like; to be pleasing*	**pedir (e:i/i)** *to ask for; to request*	
	preferir (e:ie/i) *to prefer*	

Martín quiere que **visitemos** a la abuela este viernes.

Martín wants us to ***visit*** *Grandma this Friday.*

Es necesario que **lleguen** a tiempo para cenar.

They need to ***arrive*** *on time for dinner.*

El abogado recomienda que **lean** los papeles de divorcio antes de firmar.

The lawyer recommends ***reading*** *the divorce papers before signing.*

Tus padres se oponen a que **salgas** tan tarde por la noche.

Your parents object to ***your going out*** *so late at night.*

- The infinitive, not the subjunctive, is used with verbs and expressions of will and influence if there is no change of subject in the sentence. The **que** is unnecessary in this case.

Infinitive	Subjunctive
Quiero ir al Caribe en enero.	**Prefiero que vayas en marzo.**
I want ***to go*** *to the Caribbean in January.*	*I prefer for you* ***to go*** *in March.*

¡ATENCIÓN!

Pedir is used with the subjunctive to ask someone to do something.

Preguntar is used to ask indirect questions, and is not followed by the subjunctive.

No te pido que lo hagas ahora.
I'm not asking you to do it now.

No te pregunto si lo haces ahora.
I'm not asking you if you're doing it now.

Verbs of emotion

- When the main clause expresses an emotion like hope, fear, joy, pity, or surprise, the verb in the subordinate clause must be in the subjunctive if its subject is different from that of the main clause.

Es mejor que tú **te quedes** en casa.
*It's better for you **to stay** home.*

Es una lástima que no **puedas** ir a la fiesta.
*It's a shame **you can't** go to the party.*

Verbs and expressions of emotion

alegrarse (de) *to be happy (about)*	**es terrible** *it's terrible*	**molestar** *to bother*
es bueno *it's good*	**es una lástima** *it's a shame*	**sentir (e:ie/i)** *to be sorry; to regret*
es extraño *it's strange*	**es una pena** *it's a pity*	**sorprender** *to surprise*
es malo *it's bad*	**esperar** *to hope; to wish*	**temer** *to fear*
es mejor *it's better*	**gustar** *to like; to be pleasing*	**tener (e:ie) miedo (de)** *to be afraid (of)*
es ridículo *it's ridiculous*		

¡ATENCIÓN!

The subjunctive is also used with expressions of emotion that begin with **¡Qué...!** (*What a...!/ It's so...!*)

¡Qué pena que él no vaya!
What a shame he's not going!

- The infinitive, not the subjunctive, is used with verbs and expressions of emotion if there is no change of subject in the sentence. The **que** is unnecessary in this case.

Infinitive	Subjunctive
No me gusta llegar tarde. *I don't like **to arrive** late.*	**Me molesta que mi hijo llegue tarde.** *It bothers me that my son **arrives** late.*

Verbs of doubt or denial

- When the main clause implies doubt, uncertainty, or denial, the verb in the subordinate clause must be in the subjunctive if its subject is different from that of the main clause.

No creo que ella nos **quiera** engañar.
*I don't think that she **wants** to deceive us.*

Dudo que ellos **piensen** lo mismo.
*I doubt that they **think** the same.*

Verbs and expressions of doubt and denial

dudar *to doubt*	**negar (e:ie)** *to deny*
es imposible *it's impossible*	**no creer** *not to believe*
es improbable *it's improbable*	**no es evidente** *it's not evident*
es poco cierto/seguro *it's uncertain*	**no es cierto/seguro** *it's not certain*
(no) es posible *it's (not) possible*	**no es verdad** *it's not true*
(no) es probable *it's (not) probable*	**no estar seguro de** *not to be sure of*

¡ATENCIÓN!

The expression **ojalá** (*I hope; I wish*) is always followed by the subjunctive. The use of **que** with **ojalá** is optional.

Ojalá (que) no llueva.
I hope it doesn't rain.

Ojalá (que) no te enfermes.
I hope you don't get sick.

The subjunctive is also used after **quizás** and **tal vez** (*maybe, perhaps*) when they signal uncertainty.

Quizás vengan a la fiesta.
Maybe they'll come to the party.

- The infinitive, not the subjunctive, is used with verbs and expressions of doubt or denial if there is no change in the subject of the sentence. The **que** is unnecessary in this case.

Cati **duda poder** terminarlo.
*Cati **doubts that she can** finish it.*

Cati **duda que podamos** terminarlo.
*Cati **doubts that we can** finish it.*

Práctica

1 **Seleccionar** Escoge el infinitivo, el indicativo o el subjuntivo para completar las oraciones.

1. Me gusta (escuchar / escuche) las historias de mi abuelo.
2. Quiero que me (llevas / lleves) a ver a mis nietos.
3. Es una pena que no (podamos / poder) vernos mañana.
4. No dudo que en el futuro (van / vayan) a tener más hijos.
5. Espero que mi bebé (duerme / duerma) toda la noche.

2 **Terco** Usa el subjuntivo o el indicativo para completar este diálogo entre una madre y su hijo.

MADRE Yo sé que (1) _______ (estar) muy enojado, pero es necesario que (2) _______ (ver) a tu padre antes de irte.

HIJO Ya lo sé, mamá, pero ya te he dicho que no (3) _______ (insistir); es imposible (4) _______ (hablar) con él en este momento.

MADRE Mira, tú te (5) _______ (ir) de viaje. Es mejor que (6) _______ (disculparse) y que lo (7) _______ (escuchar).

HIJO Ya sé que (8) _______ (ser) importante que no me (9) _______ (ir) enojado. En un rato hablo con él, ¿te parece?

MADRE Me parece perfecto. Gracias, hijo.

3 **Opuestas** Escribe la oración que expresa lo opuesto en cada ocasión.

Modelo **No es seguro que nuestro hijo se independice.**
Es seguro que nuestro hijo se independiza.

1. No es cierto que David sea infeliz.
2. No es evidente que ella esté preparada.
3. Es verdad que es un adolescente rebelde.
4. Estoy segura de que tu hermano es mandón.
5. No creo que mi compañero de cuarto esté despierto.

 Practice more at **vhlcentral.com.**

Comunicación

4 **Jacinto enamorado** Jacinto quiere casarse con Maricarmen y para impresionarla quiere dejar sus malos hábitos. Usa las palabras y expresiones de la lista para darle consejos.

Modelo Es importante que te peines bien.

aconsejar	es mejor	recomendar
es importante	es necesario	rogar
es malo	insistir en	sugerir

Jacinto

Jacinto transformado

5 **¡Terminamos!** En parejas, usen las frases para improvisar la conversación de una pareja que termina su relación. Usen el indicativo y el subjuntivo.

Modelo ¿No es extraño que discutamos todo el tiempo?

creo que	los amigos
es extraño	los chismes
es necesario	el comportamiento
es verdad	las familias
espero que	las fotos
necesito que	los recuerdos
te ruego que	los regalos

6 **Personalidades** En parejas, usen el subjuntivo para inventar e intercambiar descripciones de los miembros de una familia.

Modelo **El tío es tacaño.**
Dudo que gaste mucho dinero. Prefiere que sus hermanos le compren todo.

1. El sobrino es un malcriado.
2. El padre es bastante honrado.
3. La madrastra es muy generosa.
4. La esposa es muy exigente.

7 **Opiniones** En parejas, combinen las expresiones de las columnas para formar opiniones. Luego, improvisen tres conversaciones basadas en las oraciones.

Modelo —Dudo que esa pareja lleve a sus hijos al parque todos los días. Tienen mucho trabajo.

—No estoy de acuerdo. Ellos son excelentes padres y siempre tienen tiempo para sus hijos.

Creo		muchas parejas no se casen.
No creo		las familias no están muy unidas.
Dudo		hay más divorcios ahora que antes.
No dudo	que	los matrimonios tienen menos hijos.
No es cierto		pocas familias respeten las tradiciones.
Es evidente		todos los hijos únicos son maleducados.
Es imposible		algunos medios hermanos se lleven muy mal.
Me opongo a		los hermanos menores sean más rebeldes que los mayores.

8 **Hermanas** Marcela acaba de terminar sus estudios y ahora quiere viajar. En parejas, lean el correo electrónico que ha escrito a Susana, su hermana. Luego escriban la respuesta de Susana, usando el subjuntivo con los verbos y expresiones que acaban de aprender.

De: Marcela <marcela@micorreo.com>
Para: Susana <susana@micorreo.com>
Asunto: Viaje

¡Susana!
¡Hola! ¿Cómo estás?

Como ya sabes, terminé mis estudios y ahora quiero irme de viaje. Tengo un amigo que está trabajando en España y una amiga que está estudiando en Chile. ¿Crees que debo viajar a alguno de estos países? ¿O me aconsejas ir a otro lugar? Ayer leí un poco sobre Argentina y me pareció fabuloso. ¡Imagínate! Yo... viajando sola durante un año, conociendo el mundo...☺

Dudo que estés de acuerdo porque eres una hermana muy protectora, pero ¿qué opinas?
Un beso,

Marcela
P.D.: ¿Me puedes prestar algunos de tus mapas y tus revistas de viajes?

3.2

The subjunctive in adjective clauses

¡ATENCIÓN!

An adjective clause (**oración subordinada adjetiva**) is a subordinate clause that describes a noun or pronoun, called the antecedent, in the main clause.

- When an adjective clause describes an antecedent that is known to exist, use the indicative. When the antecedent is unknown or uncertain, use the subjunctive.

MAIN CLAUSE: ANTECEDENT UNCERTAIN	CONNECTOR	SUBORDINATE CLAUSE: SUBJUNCTIVE
Busco un trabajo	**que**	pague **bien.**

Antecedent certain → Indicative	Antecedent uncertain → Subjunctive
Necesito el libro que **tiene** información sobre los prejuicios sociales. *I need the book that **has** information about social prejudices.*	Necesito un libro que **tenga** información sobre los prejuicios sociales. *I need a book that **has** information about social prejudices.*
Buscamos los documentos que **describen** el patrimonio de nuestros antepasados. *We're looking for the documents that **describe** our ancestors' heritage.*	Buscamos documentos que **describan** el patrimonio de nuestros antepasados. *We're looking for (any) documents that **(may) describe** our ancestors' heritage.*
Tiene un esposo que la **trata** con respeto y comprensión. *She has a husband who **treats** her with respect and understanding.*	Quiere un esposo que la **trate** con respeto y comprensión. *She wants a husband who **will treat** her with respect and understanding.*

*Algunos clientes prefieren un plato que no **tenga** carne.*

- When the antecedent of an adjective clause is a negative pronoun (**nadie, ninguno/a**), use the subjunctive.

Antecedent certain → Indicative	Antecedent uncertain → Subjunctive
Elena tiene tres parientes que **viven** en San José. *Elena has three relatives who **live** in San José.*	Elena no tiene **ningún** pariente que **viva** en Limón. *Elena doesn't have **any** relatives who **live** in Limón.*
De los cinco nietos, hay dos que **se parecen** a la abuela. *Of the five grandchildren, there are two who **resemble** their grandmother.*	De todos mis nietos, no hay **ninguno** que **se parezca** a mí. *Of all my grandchildren, there's **not one** who **looks like** me.*
En mi patria, hay muchos que **apoyan** al candidato conservador. *In my homeland, there are many who **support** the conservative candidate.*	En mi familia, no hay **nadie** que **apoye** al candidato conservador. *In my family, there is **nobody** who **supports** the conservative candidate.*

- If the direct object represents a hypothetical person, do not use the personal **a**.

Antecedent certain → Indicative	Antecedent uncertain → Subjunctive
Conozco **a** un abogado que **es** honrado, justo e inteligente. *I know a lawyer who **is** honest, fair, and smart.*	Busco un abogado que **sea** honrado. *I'm looking for a lawyer who **is** honest.*

- Use the personal **a** before **nadie** and **alguien**, even when the antecedent is uncertain.

Antecedent certain → Indicative	Antecedent uncertain → Subjunctive
Yo conozco **a alguien** que **se queja** siempre... ¡mi sobrino! *I know **someone** who **complains** all the time... my nephew!*	No conozco **a nadie** que **se queje** tanto como mi suegra. *I don't know **anyone** who **complains** as much as my mother-in-law.*

- The subjunctive is commonly used in questions with adjective clauses when the speaker is trying to find out information about which he or she is uncertain. If the person who responds knows the information, the indicative is used.

Antecedent uncertain → Subjunctive	Antecedent certain → Indicative
—¿Me recomienda usted un buen restaurante que **esté** cerca de aquí? —*Can you recommend a good restaurant that **is** near here?*	—Sí, el restaurante de mi yerno **está** muy cerca y **es** excelente. —*Yes, my son-in-law's restaurant **is** nearby, and **it's** excellent.*
—Oigan, ¿no me pueden poner algún apodo que me **quede** mejor? —*Hey guys, can't you give me a nickname that **fits** me better?*	—Bueno, si tú insistes, pero Flaco es el apodo que te **queda** mejor. —*OK, if you insist, but Skinny is the nickname that **suits** you best.*

Gente
Si leyó en Gente algo con lo que no está de acuerdo, discútalo con alguien que le preste atención. Con Gente.
Nos gusta saber lo que piensa. Envíe sus cartas al buzón de Gente.
Revista Gente
Avenida Bucarelli 4-12
México, D.F.

Práctica

1

Combinar Combina las frases de las dos columnas para formar oraciones lógicas. Decide qué oraciones necesitan el subjuntivo y cuáles el indicativo.

___ 1. Mario tiene un hermano que	a. sea alta y artística.
___ 2. Tengo dos cuñados que	b. sean respetuosos y estudiosos.
___ 3. No conozco a nadie que	c. canta cuando se ducha.
___ 4. Pedro busca una novia que	d. hablan alemán.
___ 5. Quiero tener nietos que	e. entienda más de dos idiomas.

2

El agente de viajes Graciela va a ir de vacaciones a Montelimar, Nicaragua, y le escribe un correo electrónico a su agente de viajes explicándole sus planes. Completa el correo con el subjuntivo o el indicativo.

De: Graciela <graciela@micorreo.com>
Para: Santiago <santiago@micorreo.com>
Asunto: Viaje a Montelimar

Querido Santiago:

Estoy muy contenta porque el mes que viene voy a viajar a Montelimar para tomar unas vacaciones. He estado pensando en el viaje y quiero decirte qué me gustaría hacer. Quiero ir a un hotel que (1) _______ (ser) de cinco estrellas y que (2) _______ (tener) vista al mar. Me gustaría hacer una excursión que (3) _______ (durar) varios días y que me (4) _______ (permitir) ver el famoso Lago de Nicaragua. ¿Qué te parece?

Mi hermano me dice que en la principal agencia de viajes de Montelimar hay un guía turístico llamado Ernesto que (5) _______ (conocer) algunos lugares exóticos y que me (6) _______ (poder) llevar a verlos. Al parecer, Ernesto es muy conocido en la zona porque (7) _______ (tener) mucha clientela. La gente dice que (8) _______ (ser) un guía muy simpático y divertido. ¡Tal como a mí me gusta! ¿Crees que lo puedes localizar?

Espero tu respuesta,

Graciela

Nota CULTURAL

Nicaragua es el país más grande de **Centroamérica** y posee una variada geografía compuesta por lagos, ríos, volcanes, bosques y playas. **Montelimar**, en particular, es uno de los centros turísticos más completos de Centroamérica por sus playas de arena fina, paisajes exóticos y hoteles lujosos.

3

Reunión familiar Sebastián y Olga se preparan para celebrar en su casa la reunión familiar anual. Completa las oraciones con las opciones de la lista. Haz los cambios necesarios.

gustarle a tío Alberto	ser festivo/a
hacer cortes de pelo modernos	venir a limpiar
	tocar merengue

1. Para la fiesta, Olga quiere contratar a la banda "Tonos dulces", que _______________.
2. Sebastián busca un peluquero que _______________.
3. Olga prepara para la fiesta el plato que _______________.
4. Sebastián quiere comprar decoraciones que _______________.
5. Después de la fiesta, Olga quiere contratar a una compañía que _______________.

Practice more at **vhlcentral.com.**

Comunicación

4 **Sueños y realidad** En parejas, hablen sobre lo que estos personajes tienen y lo que desean tener. Utilicen el subjuntivo y el indicativo según corresponda, y las palabras de la lista.

Modelo Sonia tiene un novio que enseña Historia en la universidad y que es muy responsable, pero ella sueña con tener un novio que toque la guitarra eléctrica y que sea muy rebelde.

buscar	**apartamento**
conocer	**computadora**
necesitar	**hermano/a**
querer	**mascota (*pet*)**
tener	**vecino/a**

5 **Anuncios** En grupos de cuatro, describan detalladamente lo que buscan la familia Pérez y los hermanos Solís usando el indicativo o el subjuntivo. Después, escriban dos anuncios más para enseñárselos a la clase.

La familia Pérez
busca a su perro Tomás,
que se perdió en el parque.
Aquí tienen una foto de él.
Miguel y Carlos Solís
buscan un guía turístico
para su viaje a los
volcanes de Nicaragua.

6 **El ideal** En parejas, imaginen cómo es el/la compañero/a ideal en cada una de estas situaciones. Utilicen el subjuntivo o el indicativo de acuerdo a la situación.

Modelo Lo ideal es vivir con alguien que no se queje demasiado.

Alguien con quien...

- vivir
- trabajar
- ver películas de amor o de aventuras
- dar un paseo
- comprar ropa
- estudiar
- viajar por el desierto del Sahara
- cocinar

3.3

The subjunctive in adverbial clauses

- In Spanish, adverbial clauses are commonly introduced by conjunctions. Certain conjunctions require the subjunctive, while others can be followed by the subjunctive or the indicative, depending on the context.

*—Tenemos que hacer algo para sacar a ese presidente, aunque **estemos** lejos.*

¡ATENCIÓN!

An adverbial clause (**cláusula adverbial**) is a clause that modifies or describes verbs, adjectives, or other adverbs. It describes how, why, when, or where an action takes place.

Conjunctions that require the subjunctive

- Certain conjunctions are always followed by the subjunctive because they introduce actions or states that are uncertain or have not yet happened. These conjunctions commonly express purpose, condition, or intent.

MAIN CLAUSE	CONNECTOR	SUBORDINATE CLAUSE
Llévate el auto	**para que**	**no llegues tarde.**

Conjunctions that require the subjunctive	
a menos que *unless*	**en caso de que** *in the event that*
antes (de) que *before*	**para que** *so that, in order*
con tal (de) que *provided that, as long as*	**sin que** *without, unless*

Llévate el celular y llámame **en caso de que cambie** el plan.
*Take the cell phone and call me **in the event that** the plan **changes**.*

El presidente ganará las elecciones otra vez **a menos que cometa** un error.
*The president will win the election again **unless he makes** a mistake.*

- Use the infinitive after the prepositions **para** and **sin** when there is no change in subject.

Salimos temprano **para llevar** a nuestro hijo a la escuela.
*We leave the house early **to take** our son to school.*

- The use of the infinitive without **que** when there is no change of subject is optional after **antes de**, **con tal de**, and **en caso de.** After **a menos que**, however, always use the subjunctive.

Tienes que desayunar **antes de ir** a clase.
*You have to eat breakfast **before going** to class.*

No hace falta avisarme **a menos que necesites** ayuda.
*You don't have to let me know **unless you need** help.*

Conjunctions followed by the subjunctive or the indicative

- If the action in the main clause has not yet occurred, then the subjunctive is used after conjunctions of time or concession.

—Se lo presté a mi prima Chela ***cuando*** *la* ***botaron*** *de PDVSA.*

Conjunctions followed by the subjunctive or the indicative

a pesar de que *despite*	**hasta que** *until*
aunque *although; even if*	**luego (de) que** *after*
cuando *when*	**mientras** *while, as long as*
después (de) que *after*	**siempre que** *as long as*
en cuanto *as soon as*	**tan pronto como** *as soon as*

Te llevaré al parque **después de que** termines tus tareas.
I will take you to the park ***after you finish*** *your homework.*

Aunque no te guste, compartirás la habitación con tu hermana.
Even if you don't like it*, you will share the bedroom with your sister.*

Después de que nazca el bebé, nos cambiaremos de casa.
After the baby is born*, we will move to a different house.*

- If the action in the main clause has already happened, or happens habitually, then the indicative is used in the adverbial clause.

Tan pronto como terminamos la cena, comemos el postre.
As soon as we finish *dinner, we have dessert.*

Mi padre y yo siempre nos peleamos **cuando hablamos** de política.
My father and I always fight ***when we talk*** *about politics.*

- **A pesar de**, **después de**, and **hasta** can also be followed by an infinitive, instead of **que** + [*subjunctive*], when there is no change of subject.

Algunas parejas viven juntos sólo **después de casarse.**
Some couples live together only ***after getting married.***

Algunas parejas viven juntos sólo **después de que se casan.**
Some couples live together only ***after they get married****.*

¡ATENCIÓN!

Note that although **después (de) que** and **luego (de) que** both mean *after*, the latter expression is used less frequently in spoken Spanish.

Práctica

1 

Decisiones **Los padres de un joven hablan sobre la educación de su hijo. Elige la conjunción adecuada para completar la conversación.**

MADRE ¿Hablaste con Ricardo? ¿Te habló de sus planes de irse a estudiar fuera (1) (después de que / mientras) termine el bachillerato?

PAPÁ Sí, me lo dijo esta mañana. Me parece una idea fabulosa, (2) (en cuanto / aunque) creo que es un poco costoso. Podríamos ayudarlo con una parte (3) (con tal de que / a menos que) él consiga un trabajo y pueda pagar el resto. ¿Tú qué opinas?

MAMÁ No sé qué pensar. Aquí tenemos muy buenas escuelas; no tiene necesidad de irse muy lejos. El dinero se lo podemos dar (4) (en cuanto / a pesar de que) consiga un trabajo. No sé si es la mejor idea, pero, si es lo que él quiere, lo apoyaré (5) (luego de que / siempre que) estudie y trabaje.

PAPÁ Bueno, entonces vamos a hablar con él para darle la noticia.

2

Completar **Completa las oraciones usando el indicativo, el subjuntivo o el infinitivo.**

1. Llevamos a los niños al médico en caso de que ______ (enfermarse).
2. Los nietos siempre juegan cuando ______ (estar) con sus abuelos.
3. Lola regresó temprano a casa luego de ______ (salir) con sus amigos.
4. El bebé duerme toda la noche siempre que no ______ (tener) frío.
5. Mis sobrinos nunca se pelean con sus primos cuando ______ (estar) entretenidos.
6. Andrea y Simón hacen sus tareas antes de ______ (ver) la televisión.
7. Yo trabajo para que mis hijos ______ (recibir) una buena educación.
8. Mi madre cocina para todos con tal de que nosotros ______ (ir) a visitarla.
9. Llámame en caso de que ______ (haber) alguna emergencia.
10. Julián se duerme en cuanto ______ (comer).

3

Cosas de familia **Forma oraciones completas usando los elementos. Usa el presente del indicativo para el primer verbo y haz otros cambios que sean necesarios.**

Modelo **(yo) / cenar / en cuanto / mi esposo / llegar del trabajo**
(Yo) ceno en cuanto mi esposo llega del trabajo.

1. los niños / salir a jugar / tan pronto como / hacer sus tareas
2. nosotros / salir con los niños / aunque / (nosotros) / estar cansados
3. Jimena / jugar con los videojuegos / a pesar de que / tener mucho que hacer
4. Andrés / hacer las tareas / después de que / llegar del colegio
5. (yo) / preparar la cena / antes de que / mi esposa / sacar al perro
6. todos juntos / ver la television / después de / cenar

 Practice more at **vhlcentral.com.**

Comunicación

4 **Instrucciones** Tu mamá te dejó una lista de tareas. Luego se dio cuenta de que había olvidado ciertos detalles y dejó otra lista. En parejas, túrnense para unir los detalles de las dos listas. Después, inventen dos oraciones adicionales. Usen estas conjunciones.

Modelo **Dale las llaves del coche a tu padre. / ¡Las puede necesitar!**
Le doy las llaves del coche a mi padre en caso de que las necesite.

a menos que	cuando	para que
a pesar de que	en caso de que	siempre que
con tal de que	en cuanto	tan pronto como

1. *Organiza un poco la sala y el comedor.*
2. *Llama a tu abuela.*
3. *Saca la basura.*
4. *Escríbeles a tus primos.*

1. *¡Pueden venir tus tíos a cenar!*
2. *¡Qué pena que no podamos ir este fin de semana!*
3. *¡Puede pasar el camión!*
4. *¡Deben saber que vamos a visitarlos!*

5 **Posibilidades** En parejas, túrnense para completar estas oraciones y expresar sus puntos de vista.

1. Terminaré mis estudios a tiempo a menos que…
2. Me iré a vivir a otro país en caso de que…
3. Ahorraré mucho dinero para que…
4. Cambiaré de carrera en cuanto…
5. Me jubilaré cuando…

6 **Felicidad** En grupos de cuatro, inventen los consejos que da un abuelo a su familia para llevar una vida más feliz y más tranquila. Utilicen conjunciones con el subjuntivo.

Modelo Para llevar una vida feliz, se deben querer mucho aunque haya problemas. Siempre que estén unidos, los problemas serán menos difíciles.

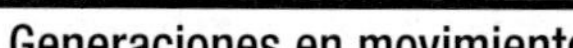

Síntesis

CLASIFICADOS

Busco compañera de habitación que sea responsable, limpia y ordenada para compartir apartamento céntrico con dos habitaciones. El apartamento es grande y luminoso, pero es muy caro para una sola persona. Llamar por la tarde a Luisa al teléfono (555) 333-4455.

Gatito perdido
Mi gato *Manchita* se perdió el sábado pasado por la tarde en la Plaza de la Independencia. Es un gato blanco con manchas (*spots*) negras en la cara. A la persona que lo encuentre le pagaré una recompensa de $50. Por favor, comunicarse con *Adriana* al (555) 123-4567 tan pronto como vean a mi gatito.

Traductor de español se ofrece para traducciones inglés-español. Estoy trabajando desde casa hasta que encuentre trabajo fijo. Soy profesional, honrado y muy serio en el trabajo. Escribir a Horacio a *traductor86@mail.org.*

Intercambio español-francés
Busco hablante nativo/a de francés para hacer un intercambio. Puedo enseñar español a todos los niveles. Tengo cinco años de experiencia como maestra y mucha paciencia con mis estudiantes. Busco una persona que tenga experiencia en la enseñanza para que me ayude a perfeccionar el francés. Si te interesa, podemos hacer una hora semanal de español y otra de francés. Por favor, escribir a raquel_intercambio@mail.com.

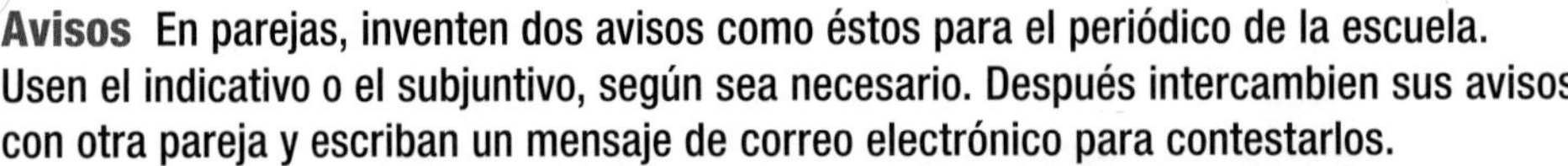

1 **Avisos** En parejas, inventen dos avisos como éstos para el periódico de la escuela. Usen el indicativo o el subjuntivo, según sea necesario. Después intercambien sus avisos con otra pareja y escriban un mensaje de correo electrónico para contestarlos.

2 **Escenas** En parejas, representen una de estas escenas. Presten atención al uso del subjuntivo y el indicativo.

Situación A: Dos estudiantes se acaban de conocer; uno/a es nuevo/a en la ciudad y el/la otro/a hace mucho que vive en esta ciudad.

Situación B: Dos miembros de la misma familia hablan por teléfono. Uno es estudiante y le cuenta al otro su rutina diaria.

Situación C: Dos hermanos/as se llaman y uno/a le cuenta al/a la otro/a cómo fue el cumpleaños de mamá.

Preparación

Vocabulario de la lectura

el cargo *position*
la cima *height*
convertirse (e:ie) en *to become*
en contra *against*
propio/a *own*
rechazar *to turn down*
sabio/a *wise*
el sueño *dream*
superar *to exceed*
tomar en cuenta *to take into consideration*

Vocabulario útil

el/la abogado/a *lawyer*
el/la asistente *assistant*
controvertido/a *controversial*
la encarnación *personification*
el/la juez(a) *judge*

1 **Oraciones incompletas** Completa este párrafo con las palabras del vocabulario.

El (1) ________ de muchas jóvenes es encontrar a su príncipe azul y (2) ________ en heroínas de historias románticas. Otras mujeres buscan una profesión y un (3) ________ que les permitan beneficiar a toda la sociedad. Lo importante es no (4) ________ las opiniones y las circunstancias (5) ________ de ese proyecto. Tal vez, un día, ninguna mujer tendrá que sacrificar su vida personal para llegar a la (6) ________ de su carrera.

2 **Sueños** Contesta las preguntas.

1. ¿Con qué soñabas cuando eras pequeño/a?
2. ¿Tienes todavía las mismas metas que tenías de niño/a o has cambiado?
3. ¿Crees que vas a alcanzar tus metas?
4. ¿Fue tu familia influyente en la elección de tus metas? ¿De qué forma? ¿Quién te influyó más?

3 **Contexto cultural** Lean el párrafo sobre Sonia Sotomayor. Después, en parejas, contesten las preguntas.

Una frase pronunciada por Sonia Sotomayor en 2001 causó gran revuelo (*commotion*) y despertó posiciones en contra y a favor. Sus provocadoras palabras fueron: "Quiero pensar que una sabia mujer latina, con su riqueza de experiencias, puede tomar mejores decisiones que un sabio hombre blanco que no ha vivido esa vida". Sotomayor después se excusó diciendo que se había expresado mal. Pero esta declaración generó los cuestionamientos más importantes a su nominación a la Corte Suprema y, paralelamente, grupos en Facebook, camisetas y carteles la tomaron como una reafirmación de la identidad femenina latina.

1. ¿Influyen nuestro origen, género y experiencias en las decisiones que tomamos?
2. ¿Crees que es posible dejar de lado los sentimientos y el pasado para tomar en cuenta solamente la ley?
3. ¿Crees que la subjetividad puede tener lugar en la justicia?

Sonia Sotomayor: la niña que soñaba

Sonia Sotomayor era una niña que soñaba. Y, según cuenta, lo que soñaba era convertirse en detective, igual que su heroína favorita, Nancy Drew. Sin embargo, a los ocho años, tras un diagnóstico de diabetes, sus médicos le recomendaron que pensara en una carrera menos agitada. Entonces, sin recortar sus aspiraciones ni resignarse a menos, encontró un nuevo modelo en otro héroe de ficción: Perry Mason, el abogado encarnado° en televisión por Raymond Burr. "Iba a ir a la universidad e iba a convertirme en abogada: y supe esto cuando tenía diez años. Y no es una broma", declaró ella en 1998.

encarnado° *played by*

Robin Kar, secretario de Sonia Sotomayor en 1988–1989, afirma que la jueza no sólo tiene una historia asombrosa°, sino que además es una persona asombrosa. Y cuenta que, en la corte, ella no solamente conocía a sus pares°, como los otros jueces y políticos, sino que también se preocupaba por conocer a todos los porteros, los empleados de la cafetería y los conserjes°, y todos la apreciaban mucho.

En su discurso de aceptación de la nominación a la Corte Suprema, Sonia Sotomayor explicó su propia visión de sí misma: "Soy una persona nada extraordinaria que ha tenido la dicha de tener oportunidades y experiencias extraordinarias". Pero ni siquiera sus sueños más descabellados° podían prepararla para lo que ocurrió en mayo de 2009, cuando Barack Obama la nominó como candidata a la Corte Suprema de Justicia de Estados Unidos. En su discurso, el presidente destacó el "viaje extraordinario" de la jueza, desde sus modestos comienzos hasta la cima del sistema judicial. Para él, los sueños son importantes y Sonia Sotomayor es la encarnación del sueño americano.

Nació en el Bronx, en Nueva York, el 25 de junio de 1954 y creció en un barrio de viviendas subsidiadas°. Sus padres, puertorriqueños, habían llegado a Estados Unidos durante la Segunda Guerra Mundial. Su padre, que había estudiado sólo hasta tercer grado y no hablaba inglés, murió cuando Sonia tenía nueve años, y su madre, Celina, tuvo que trabajar seis días a la semana como enfermera para criarlos° a ella y a su hermano menor. Como la señora Sotomayor consideraba que una buena educación era fundamental, les compró a sus hijos la Enciclopedia Británica y los envió a una escuela católica para que recibieran la mejor instrucción posible. Seguramente los resultados superaron también sus expectativas: Sonia estudió en las universidades de Princeton y Yale, y su hermano Juan estudió en la Universidad de Nueva York, y ahora es médico y profesor en la Universidad de Siracusa.

Sonia Sotomayor trabajó durante cinco años como asistente del fiscal de Manhattan, Robert Morgenthau (quien inspiró el personaje del fiscal del distrito Adam Schiff en la serie de televisión *Law and Order*). Luego se dedicó al derecho corporativo y más tarde fue jueza de primera instancia de la Corte Federal de Distrito antes de ser nombrada jueza de Distrito de la Corte Federal de Apelaciones. En 2009 se convirtió en la primera hispana —y la tercera mujer en toda la historia— en llegar a la Corte Suprema de Justicia de Estados Unidos, donde suelen tratarse cuestiones tan controvertidas como el aborto, la pena de muerte, el derecho a la posesión de armas, etc.

Cuando el presidente Obama nominó a la jueza Sotomayor para su nuevo cargo, Celina Sotomayor escuchaba desde la primera fila° con los ojos llenos de lágrimas. En su discurso de aceptación, Sonia la señaló como "la inspiración de toda mi vida". Tal vez, en el fondo, lo que soñaba realmente la niña del Bronx era ser, como su madre, una "sabia mujer latina". ■

amazing · peers · janitors · wildest · housing project · raise them · front row

Cómo Sotomayor salvó al béisbol

En 1994, de manera unilateral, los propietarios de los equipos de las Grandes Ligas de béisbol implantaron un tope (*limit*) salarial; esto fue rechazado por los jugadores y su sindicato, que declararon una huelga (*strike*). El caso llegó a Sonia Sotomayor, en ese entonces la jueza más joven del Distrito Sur de Nueva York, en 1995. Ella escuchó los argumentos de las dos partes y anunció su dictamen (*ruling*) a favor de los jugadores. Logró acabar así con la huelga que llevaba ya 232 días y, además, ganarse el título de "salvadora del béisbol".

Análisis

1 **Comprensión** Indica si las siguientes oraciones son ciertas o falsas. Luego, en parejas, corrijan las falsas.

1. Sonia Sotomayor se considera una persona extraordinaria.
2. Ella conocía a todos los empleados de la corte, desde los jueces hasta los conserjes.
3. De pequeña, Sonia quería ser detective como Nancy Drew.
4. Sus padres eran neoyorquinos.
5. Celina Sotomayor trabajaba como vendedora de enciclopedias para mantener a sus hijos.
6. Sotomayor fue la inspiración de un personaje de la serie de televisión *Law and Order.*

2 **Interpretación** En parejas, contesten las preguntas con oraciones completas y justifiquen sus respuestas.

1. ¿Les parece que la historia de Sonia Sotomayor es extraordinaria? ¿Por qué?
2. ¿En qué sentido piensan que su madre es "la inspiración de su vida"?
3. ¿Creen que su carrera es una prueba de que el sueño americano existe?
4. ¿Piensan que ella, como mujer y como hispana, y con la historia de su vida, puede asegurar un mejor debate en la Corte Suprema? ¿Por qué?
3. ¿Les parece que la experiencia de vida es más importante, menos importante o igualmente importante para las personas que los estudios que tengan? ¿Por qué?

3 **Retrato**

A. En las elecciones presidenciales de los Estados Unidos en 2008, los dos candidatos también señalaron a sus madres como una inspiración fundamental de sus vidas. En parejas, lean y comenten las citas.

> "Sé que (mi madre) fue el espíritu más bondadoso y generoso que jamás he conocido y que lo mejor de mí se lo debo a ella". Barack Obama, *Los sueños de mi padre*

> "Roberta McCain nos inculcó su amor a la vida, su profundo interés en el mundo, su fortaleza y su creencia de que todos tenemos que usar nuestras oportunidades para hacernos útiles a nuestro país. No estaría esta noche aquí si no fuera por la fortaleza de su carácter". John McCain, Discurso de aceptación en la Convención Republicana

B. Escriban al menos cuatro oraciones sobre cómo imaginan que es Celina Sotomayor. ¿Qué dirían de ella sus hijos? Luego, compartan sus oraciones con la clase y comparen sus descripciones.

Modelo Celina es una mujer trabajadora. Ella no está de acuerdo con perder el tiempo y quiere que sus hijos estudien y mejoren. Es paciente, pero está llena de energía…

4 **Modelos de vida** Escribe una entrada de blog en la que hablas sobre un miembro de tu familia al que admiras. Describe su personalidad y su historia y explica por qué es importante para ti.

Practice more at **vhlcentral.com.**

Preparación

Sobre el autor

Augusto Monterroso (1921–2003) nació en Honduras, pero pasó su niñez y juventud en Guatemala. En 1944 se radicó (*settled*) en México tras dejar Guatemala por motivos políticos. A pesar de su origen y de haber vivido su vida adulta en México, siempre se consideró guatemalteco. Monterroso tuvo acceso desde pequeño al mundo intelectual de los adultos. Fue prácticamente autodidacta (*self-taught*): abandonó la escuela a los 11 años y a los 15 fundó una asociación de artistas y escritores. Considerado padre y maestro del microcuento latinoamericano, Monterroso recurre (*resorts to*) en su prosa al humor inteligente con el que presenta su visión de la realidad. Entre sus obras se destacan *La oveja negra y demás fábulas* (1969) y la novela *Lo demás es silencio* (1978). Recibió numerosos premios, entre ellos el Premio Príncipe de Asturias en 2000.

Vocabulario de la lectura

- **aislado/a** *isolated*
- **el conocimiento** *knowledge*
- **el desdén** *disdain*
- **digno/a** *worthy*
- **poderoso/a** *powerful*
- **rodear** *to surround*
- **sacrificar** *to sacrifice*
- **salvar** *to save*

Vocabulario útil

- **la civilización** *civilization*
- **la conquista** *conquest*
- **despreciar** *to look down on*
- **el fraile (fray)** *friar, monk (Brother)*
- **la opresión** *oppression*
- **la religión** *religion*
- **sí mismo/a** *himself/herself*

1  **Vocabulario** **Marca la palabra que no corresponde al grupo.**

1. a. esperanza b. conquista c. opresión
2. a. sobrevivir b. salvar c. despreciar
3. a. conocimiento b. civilización c. desdén
4. a. niñez b. fraile c. religión
5. a. antepasado b. castigar c. sacrificar

2  **Astros** **Contesta las preguntas y comenta tus respuestas con un(a) compañero/a.**

1. ¿Has visto alguna vez un eclipse? Descríbelo. Si nunca has visto un eclipse, ¿cómo lo imaginas?
2. ¿Hasta qué punto crees que tu personalidad está marcada por el día en que naciste? ¿Por qué?
3. ¿Crees que la posición de los astros afecta nuestra vida personal? Explica.
4. ¿Tienes alguna superstición? ¿Cuál?

3  **América** **En parejas, hagan un pequeño resumen con todo lo que saben sobre la llegada a América de los europeos.**

- ¿En qué año llegaron?
- ¿De qué país eran? ¿Quién financió la expedición?
- ¿Qué religión practicaban?
- ¿Qué culturas o etnias se perdieron o fueron afectadas por la conquista?

Practice more at **vhlcentral.com.**

EL ECLIPSE

Augusto Monterroso

Cuando fray Bartolomé Arrazola se sintió perdido, aceptó que ya nada podría salvarlo. La selva poderosa de Guatemala lo había apresado°, implacable y definitiva. Ante su ignorancia topográfica se sentó con tranquilidad a esperar la muerte. Quiso morir allí, sin ninguna esperanza, aislado, con el pensamiento fijo en la España distante, particularmente en el convento de Los Abrojos, donde Carlos Quinto condescendiera° una vez a bajar de su eminencia para decirle que confiaba en el celo° religioso de su labor redentora°

Al despertar se encontró rodeado por un grupo de indígenas de rostro impasible que se disponían a sacrificarlo ante un altar…

Al despertar se encontró rodeado por un grupo de indígenas de rostro° impasible que se disponían° a sacrificarlo ante un altar, un altar que a Bartolomé le pareció como el lecho° en que descansaría, al fin, de sus temores°, de su destino, de sí mismo.

Tres años en el país le habían conferido un mediano dominio° de las lenguas nativas. Intentó algo. Dijo algunas palabras que fueron comprendidas.

Entonces floreció° en él una idea que tuvo por digna de su talento y de su cultura universal y de su arduo conocimiento de Aristóteles. Recordó que para ese día se esperaba un eclipse total de sol. Y dispuso, en lo más íntimo°, valerse de° aquel conocimiento para engañar a sus opresores y salvar la vida.

—Si me matáis —les dijo— puedo hacer que el sol se oscurezca en su altura.

Los indígenas lo miraron fijamente y Bartolomé sorprendió la incredulidad en sus ojos. Vio que se produjo un pequeño consejo°, y esperó confiado, no sin cierto desdén.

Dos horas después el corazón de fray Bartolomé Arrazola chorreaba° su sangre vehemente sobre la piedra de los sacrificios (brillante bajo la opaca luz de un sol eclipsado), mientras uno de los indígenas recitaba sin ninguna inflexión de voz, sin prisa, una por una, las infinitas fechas en que se producirían eclipses solares y lunares, que los astrónomos de la comunidad maya habían previsto y anotado en sus códices sin la valiosa ayuda de Aristóteles. ■

captured · *had deigned* · *zeal* · *redemptive* · *face* · **se…** *were preparing* · *bed* · *fears* · *command (of a language)* · *blossomed* · *deepest recesses/* **valerse…** *to take advantage of* · *counsel* · *was gushing*

Análisis

Comprensión Contesta las siguientes preguntas con oraciones completas.

1. ¿Dónde estaba fray Bartolomé?
2. ¿Qué pensaba fray Bartolomé que le iba a ocurrir a él?
3. ¿De dónde era fray Bartolomé?
4. ¿Por qué conocía el protagonista la lengua de los indígenas?
5. ¿Qué querían hacer los indígenas con fray Bartolomé?
6. ¿De qué se acordó el fraile?
7. ¿Qué les dijo fray Bartolomé a los indígenas?
8. ¿Qué hicieron los indígenas?
9. ¿Qué recitaba un indígena al final del cuento?

2 **Interpretar** Contesta las preguntas.

1. ¿Cuál había sido la misión de fray Bartolomé en Guatemala?
2. ¿Quién lo había enviado a esa misión?
3. A pesar de los conocimientos sobre la obra de Aristóteles, ¿por qué el protagonista no consiguió salvarse?

Culturas En parejas, expliquen qué ideología representa fray Bartolomé y comenten si conocen algún acontecimiento histórico en el que se haya subestimado (*undervalued*) la cultura indígena. Compartan sus conclusiones con la clase.

4 **Escribir** Imagina que un periódico te ha pedido que escribas un artículo sobre alguna historia que le ocurrió a un(a) antepasado/a tuyo/a. Escribe el artículo incluyendo los usos del subjuntivo que has aprendido en esta lección.

Plan de redacción

Narrar una historia familiar

1 **Organización de los hechos** Piensa en un acontecimiento que haya ocurrido en tu familia que te interese especialmente. Sigue las preguntas para organizar tu artículo:

1. ¿Quién o quiénes fueron los protagonistas de la historia?
2. ¿Qué antecedentes puedes dar sobre lo que sucedió?
3. ¿Cómo y dónde ocurrieron los hechos?
4. ¿Cómo terminó?
5. ¿Cuál es la conclusión de la historia?

2 **Explicar y concluir** Una vez que hayas contado lo que ocurrió, explica por qué has escrito sobre esta historia y si ha tenido consecuencias en tu familia.

3 **Título** Una vez que hayas acabado de escribir el artículo, piensa en un título atractivo y conciso.

 Practice more at **vhlcentral.com.**

En familia

Los parientes

el/la antepasado/a *ancestor*
el/la bisabuelo/a *great-grandfather/grandmother*
el/la cuñado/a *brother/sister-in-law*
el/la esposo/a *husband/wife*
el/la (hermano/a) gemelo/a *twin (brother/sister)*
el/la hermanastro/a *stepbrother/stepsister*
el/la hijo/a único/a *only child*
la madrastra *stepmother*
el/la medio/a hermano/a *half brother/sister*
el/la nieto/a *grandson/granddaughter*
la nuera *daughter-in-law*
el padrastro *stepfather*
el/la pariente *relative*
el/la primo/a *cousin*
el/la sobrino/a *nephew/niece*
el/la suegro/a *father/mother-in-law*
el/la tío/a (abuelo/a) *(great) uncle/aunt*
el yerno *son-in-law*

La vida familiar

agradecer *to thank*
apoyar(se) *to support (each other)*
criar *to raise (children)*
independizarse *to become independent*
lamentar *to regret, to be sorry about*
malcriar *to spoil*
mimar *to pamper*
mudarse *to move*
pelear(se) *to fight (with one another)*
quejarse (de) *to complain (about)*
regañar *to scold*
respetar *to respect*
superar *to overcome*

La personalidad

el carácter *character, personality*

(bien) educado/a *well-mannered*
egoísta *selfish*
estricto/a *strict*
exigente *demanding*
honrado/a *honest*
insoportable *unbearable*
maleducado/a *ill-mannered*
mandón/mandona *bossy*
rebelde *rebellious*
sumiso/a *submissive*
unido/a *close-knit*

Las etapas de la vida

la adolescencia *adolescence*
el/la adolescente *adolescent*
el/la adulto/a *adult*
la edad adulta *adulthood*
la juventud *youth*
la muerte *death*
el nacimiento *birth*
la niñez *childhood*
el/la niño/a *child*
la vejez *old age*

Las generaciones

el apodo *nickname*
la ascendencia *heritage*
la autoestima *self-esteem*
la brecha generacional *generation gap*
la comprensión *understanding*
la patria *homeland*
el prejuicio social *social prejudice*
la raíz *root*
el sexo *gender*

---

heredar *to inherit*
parecerse *to look alike*
realizarse *to fulfill*
sobrevivir *to survive*

Cortometraje

la arepera *restaurant serving* arepas
el asilo *asylum*
el comunismo *communism*
el consulado *consulate*
la deuda *debt*
el disparate *silly remark/action, nonsense*
la embajada *embassy*
el/la extranjero/a *foreigner, alien*
la ganancia *profit*
el/la gusano/a *(pej., lit. worm) Cuban exile*
la manifestación *protest*
la pancarta *banner, sign*
la pérdida *loss*
las prestaciones *social assistance*
el/la residente *resident*

---

alcanzar *to be enough, to reach*
botar *to fire, to throw out*
firmar *to sign*
repartir *to distribute, to hand out*

---

chévere *great, fantastic*

Cultura

el/la abogado/a *lawyer*
el/la asistente *assistant*
el cargo *position*
la cima *height*
la encarnación *personification*
el/la juez(a) *judge*
el sueño *dream*

---

convertirse (e:ie) en *to become*
rechazar *to turn down*
superar *to exceed*
tomar en cuenta *to take into consideration*

---

controvertido/a *controversial*
propio/a *own*
sabio/a *wise*

---

en contra *against*

Literatura

la civilización *civilization*
el conocimiento *knowledge*
la conquista *conquest*
el desdén *disdain*
el fraile (fray) *friar, monk (Brother)*
la opresión *oppression*
la religión *religion*

---

despreciar *to look down on*
rodear *to surround*
sacrificar *to sacrifice*
salvar *to save*

---

aislado/a *isolated*
digno/a *worthy*
poderoso/a *powerful*
sí mismo/a *himself/herself*

LECCIÓN 4

Perspectivas laborales

Pasamos un tercio de la vida educándonos para luego trabajar durante los dos tercios restantes. Durante la juventud hacemos planes y alimentamos ilusiones para el futuro. ¿Te sientes preparado/a para comenzar una carrera? ¿Te será más fácil encontrar trabajo que a tus padres o más difícil? ¿Qué situaciones favorables y retos anticipas?

126

151

Blog de un catalán en Colombia

Datos personales

Mi nombre es Javier y nací en Barcelona el 27 de junio de 1988. Vivo en Medellín desde hace dos años. Estudio Administración de Negocios en la EAFIT. Me encanta salir con mis amigos y tocar la guitarra. Mi frase favorita es "Nunca es triste la verdad, lo que no tiene es remedio", de Serrat. Me llevo fatal con las personas falsas y con el análisis matemático. En este blog cuento mis aventuras cotidianas y un montón de cosas que no le interesan a nadie... pero, al fin y al cabo, es mi blog.

Entradas recientes

¡No vuelvo a prestar un libro en la vida!

Cómo gastar un millón de dólares en un día

Exijo que alguien me dé una explicación

¿Cuándo llegará el aumento de sueldo?

Mis primeros pasos en la industria cafetera

9 de julio 17:35 por Javier

¡Hola, amigos! Acabo de regresar de la región del Triángulo del Café. Allí visité varias fincas cafeteras y conocí el proceso de elaboración del café. ¡Hasta bebí una taza de café procesado por mí mismo! En ese territorio, más de 500.000 familias se ganan la vida produciendo el mejor café suave del mundo. Los Estados Unidos y Japón son los principales mercados donde Colombia exporta este producto. De hecho, estoy pensando en aprovechar mi tiempo aquí para abrir una compañía exportadora de café. Mi padre tiene algunas conexiones con dueños de supermercados en Barcelona que estarían interesados en vender café colombiano. Como mis ahorros no son suficientes para montar la empresa, ¿habría algún lector capaz y trabajador dispuesto a ser mi socio? Esta semana tendré una reunión con un contable (o, como se dice en Latinoamérica, contador) para que me aclare algunas dudas sobre impuestos y otros temas. ¿Me convertiré en un hombre de negocios exitoso? Ya veremos; por ahora sólo espero no terminar en la bancarrota.

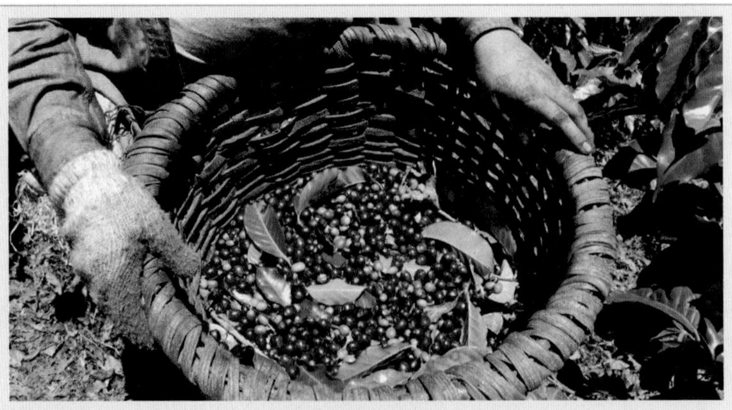

El fruto del árbol de café se llama "cereza" porque se parece a esa fruta.

Comentarios

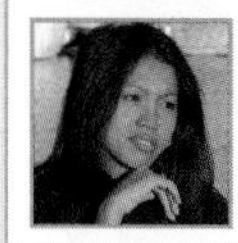

Verónica A.
Tegucigalpa,
Honduras

Verónica dice:
10 de julio 09:11

¡Hola, Javier! Ya que pronto te convertirás en un gran ejecutivo, ¿no quieres que sea tu empleada? ¡Me han despedido! ¿Recuerdas el almacén donde trabajaba? Pues cerró por la crisis económica y ahora está en venta. Encima, aún no he cobrado el último mes. Hoy en el cajero automático vi que en mi cuenta quedan sólo 250 lempiras. ¡Necesito un sueldo! Sería horrible tener que pedir dinero prestado a mis padres.

Cristina Z.
Cali,
Colombia

Cristina dice:
10 de julio 19:01

¡Adoro el café! Tengo amigos que prefieren el café brasileño, pero yo creo que el de mi país es insuperable. Cuando estoy bajo mucha presión, me escapo en horario de trabajo a la cafetería que hay cerca de mi oficina para disfrutar de un exquisito *latte arequipe*. (¡A veces ser asesora financiera es muy estresante!) Vaya, espero que el gerente de la empresa no lea tu blog. ¡No quiero que piense que soy perezosa!

Esteban G.
Guayaquil,
Ecuador

Esteban dice:
12 de julio 12:23

¡Qué magnífica idea, Javier! ¿Por qué no seguimos hablando por e-mail? Me interesa saber más acerca de este proyecto. Tengo algo de dinero ahorrado que gané invirtiendo en la bolsa de valores. Podemos hablar del presupuesto que tienes en mente y otros asuntos financieros. Sería genial abrir una compañía; podríamos contratar a uno de los amigos del foro para cubrir algún puesto administrativo.

Análisis

Clasificar Lee el blog de Javier y las respuestas de los lectores. Escribe las palabras y expresiones que asocias con estas categorías.

el mundo laboral

la economía | la gente en el trabajo

Familias de palabras Fíjate en estas palabras. Busca en el blog sustantivos y adjetivos relacionados. Sigue el modelo.

Modelo trabajar: **trabajador**

1. administrar: ______
2. asesorar: ______
3. contar: ______
4. financiar: ______
5. emplear: ______
6. vender: ______

Busca relaciones entre otras palabras usadas en el blog.

Etiquetas En parejas, elijan al menos seis etiquetas para esta entrada del blog.

______ ______ ______
______ ______ ______

Tu reacción Piensa en una respuesta para el blog de Javier. Luego escribe por lo menos cinco oraciones usando algunas de las palabras y expresiones que has aprendido.

Escribe un comentario...

Publicar

El trabajo y las finanzas

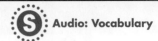

Audio: Vocabulary

El mundo laboral

el almacén *department store; warehouse*

el aumento de sueldo *pay raise*
la compañía *company*
el desempleo *unemployment*
la empresa (multinacional) *(multinational) company*
el horario de trabajo *work schedule*
el impuesto *tax*
el mercado *market*
el presupuesto *budget*
el puesto *position, job*
la reunión *meeting*
el sindicato *labor union*
el sueldo (mínimo) *(minimum) wage*

---

acosar *to harass*
administrar *to manage, to run*
ascender *to rise, to be promoted*
contratar *to hire*
despedir (e:i) *to fire*
estar a la/en venta *to be for sale*

estar bajo presión *to be under pressure*
exigir *to demand*
ganarse la vida *to earn a living*
jubilarse *to retire*
renunciar *to quit*
solicitar *to apply for*
tener conexiones *to have connections; to have influence*

---

administrativo/a *administrative*
(in)capaz *(in)capable, (in)competent*
desempleado/a *unemployed*
perezoso/a *lazy*
trabajador(a) *hard-working*

La economía

los ahorros *savings*
la bancarrota *bankruptcy*
la bolsa de valores *stock market*
el cajero automático *ATM*

la crisis económica *economic crisis*
la cuenta corriente *checking account*
la cuenta de ahorros *savings account*
la deuda *debt*
la pobreza *poverty*
la riqueza *wealth*
la tarjeta de crédito *credit card*
la tarjeta de débito *debit card*

---

ahorrar *to save*
aprovechar *to take advantage of*
cobrar *to charge, to be paid*
depositar *to deposit*
gastar *to spend*
invertir (e:ie) *to invest*
pedir (e:i) prestado *to borrow*
prestar *to lend*

---

a corto/largo plazo *short-/long-term*
agotado/a *exhausted*

dispuesto/a (a) *ready, willing (to)*
estresado/a *stressed (out)*
exitoso/a *successful*
financiero/a *financial*

La gente en el trabajo

el/la asesor(a) *consultant, advisor*
el/la contador(a) *accountant*
el/la dueño/a *owner*
el/la ejecutivo/a *executive*
el/la empleado/a *employee*
el/la gerente *manager*
el hombre/la mujer de negocios *businessman/woman*

el/la obrero/a *blue-collar worker*
el/la socio/a *partner; member*
el/la vendedor(a) *salesman/woman*

Práctica

1

Definir **Indica a qué palabra se refiere cada definición.**

agotado	deuda	obrero
aprovechar	dispuesto	presupuesto
ascender	gerente	renunciar
desempleo	invertir	solicitar

1. Pasar a una categoría o puesto superior
2. Obligación que tiene una persona de devolverle dinero a otra
3. Cálculo de los gastos (*expenses*) necesarios para realizar un proyecto
4. Falta de empleo
5. Abandonar un proyecto o puesto de trabajo
6. Pedir un trabajo siguiendo los pasos adecuados
7. Preparado para hacer algo y con la voluntad de hacerlo
8. Poner dinero o tiempo en algo para después sacar un beneficio
9. Obtener la máxima ventaja de una situación
10. Sin fuerzas o energía a causa del cansancio

2

Completar **Elige el final lógico para cada oración.**

1. Yo soy el dueño de esta compañía, pero por fin me jubilé y ahora la compañía ____
2. Mi nieta es empleada de una empresa multinacional extranjera y ____
3. Estoy harto. Si no me suben el sueldo inmediatamente, ____
4. Los centros comerciales, los restaurantes, los cines y los taxis están vacíos. Nadie sale a comprar nada. Debe ser porque ____
5. Estoy desempleado y no encuentro trabajo. Mi cuenta corriente está en rojo y sólo tengo dinero para pagar el alquiler. Son motivos suficientes para ____.

a. renuncio y punto.
b. estar estresado.
c. está a la venta.
d. se gana muy bien la vida.
e. hay crisis económica.

3

Soluciones **En grupos de tres, busquen soluciones a estas situaciones. Cada uno/a debe dar al menos dos consejos a cada persona. Utilicen la imaginación y tantas palabras del vocabulario como puedan.**

ANA "No tengo trabajo pero sí tengo muchas deudas. Soy demasiado joven para tener tantos problemas. Estoy dispuesta a aceptar el sueldo mínimo".

TERESA "Mi trabajo consiste en vender un producto defectuoso. Odio tener que mentir a los clientes. Quiero renunciar, pero temo no conseguir otro trabajo".

CARLOS "Estoy cansado de trabajar más horas que un reloj y cobrar el sueldo mínimo. Tengo tres hijos pequeños. Mi esposa es ejecutiva y gana mucho dinero, pero siempre está fuera de casa. Estoy agotado".

Practice more at **vhlcentral.com.**

Preparación

Nota CULTURAL

La prensa española

Los tres periódicos más leídos de la prensa española tienen posturas políticas definidas. La línea editorial de *El País*, que es el periódico de mayor difusión, muestra una clara tendencia europeísta e izquierdista°. *El Mundo*, que ocupa el segundo puesto, representa una política de centro derecha. Por último, el *ABC* se considera un periódico de derecha°, defensor de la monarquía y el catolicismo.

izquierdista *left-wing*
de derecha *right-wing*

Vocabulario del corto

la afición *hobby*
apto/a *suitable*
capacitado/a *qualified*
cumplimentar *to fill in*
estar en paro (Esp.) *to be unemployed*
la plantilla (Esp.) *staff*
la prensa *press*
promocionarse *to be promoted*
quebrar *to go bankrupt*
renovar *to renew*
la valoración *assessment*
la vida laboral *working life*

Vocabulario útil

la angustia *distress*
el/la aspirante *applicant*
la conversación informal *small talk*
la entrevista (laboral) *(job) interview*
el/la entrevistado/a *interviewee*
el/la entrevistador(a) *interviewer*
la mentira *lie*

EXPRESIONES

a no ser que *unless*
echar un vistazo *have a look*
en absoluto *at all*
se lo juro *I swear (to you)*
tener buena/mala fama *to have a good/bad reputation*

1 

Vocabulario Completa las oraciones con las palabras del vocabulario.

1. ¿Sabes cuál es la nueva ____________ de mi hijo? Coleccionar insectos. ¡Le fascina!
2. Señora, debe ____________ su licencia de conducir. Ésta ya no sirve.
3. ¡No comas eso! No es ____________ para consumo humano.
4. La compañía está en crisis, por eso han despedido a toda la ____________.
5. Disculpa, pero no creo que estés ____________ para dirigir una empresa multinacional. ¡Aún no has terminado la escuela secundaria!
6. Debo buscar otro empleo. Hoy me he enterado de que la empresa donde trabajo está a punto de ____________.

2

Preguntas En parejas, contesten las preguntas.

1. El título del cortometraje es “Recursos humanos”. ¿De qué creen que se tratará?
2. ¿Alguna vez han tenido una entrevista de trabajo? ¿Cuál fue la pregunta más extraña que les hicieron? ¿Qué respondieron?
3. ¿Creen que es correcto decir una mentira para intentar obtener un empleo? ¿Por qué? ¿Alguna vez lo han hecho?
4. Si necesitaran un empleo con urgencia, ¿cómo realizarían la búsqueda? ¿A qué puestos aspirarían? ¿Por qué?

3 

Recursos humanos En grupos de tres, imaginen que trabajan en el departamento de Recursos humanos de una gran empresa y deben contratar a un empleado administrativo. ¿Qué requisitos (*requirements*) deberían cumplir los aspirantes? ¿Qué preguntas les harían? Escriban un posible diálogo entre el entrevistador y uno de los aspirantes al puesto.

Premio al mejor guion en el Festival Ibérico de Cine de Badajoz (2004)

Premio Story Film / Pablo Núñez al mejor director (2004)

RECURSOS HUMANOS

Una producción de SOCARRAT p.c.
Guion y Dirección JOSÉ JAVIER RODRÍGUEZ MELCÓN
Jefe de producción ALEJANDRO VALCÁRCEL
Productores EUGENIO LÓPEZ TRIGO, RAFAEL ÁLVAREZ, IGNACIO MONGE
Fotografía ÁLVARO GUTIÉRREZ
Montaje JOSÉ MANUEL JIMÉNEZ
Música SANTIAGO PEDRONCINI
Sonido DAVID RODRÍGUEZ, DOUGLAS ROBERTS
Dirección artística JAVIER CHAVARRÍA
Actores ANDRÉS LIMA, NIEVE DE MEDINA, JULI MIRA, GONZALO DE SANTIAGO

ESCENAS

ARGUMENTO *Una mujer desempleada acude a una entrevista de trabajo en una gran empresa.*

HOMBRE No, de verdad, fume si quiere.
MUJER No fumo, de verdad.

HOMBRE Ya. O sea que no le parece del todo bien que alguien pase directamente de un aula a un puesto laboral de responsabilidad.

HOMBRE ¿Tiene usted el servicio militar cumplido?
MUJER No, me libré.

HOMBRE Si me vieran mis jefes… leyendo el periódico en el trabajo.

HOMBRE Gracias, ya le llamaremos.

EJECUTIVO Bueno, es un poco tarde. Tendrá ganas de ir a comer a casa.
HOMBRE No, no, no se crea[1].

[1] *not at all*

Nota
CULTURAL

El servicio militar

En España, el servicio militar fue obligatorio durante aproximadamente dos siglos°. Al cumplir 18 años, los hombres debían abandonar sus casas para ir a *la mili,* donde recibían instrucción militar básica. En marzo de 2001, el gobierno decidió suprimir° el servicio militar obligatorio y profesionalizar las fuerzas armadas.

siglos *centuries* **suprimir** *to eliminate*

Análisis

1 **Comprensión** Contesta las preguntas.

1. ¿Cuál es el puesto al que aspira la mujer?
2. ¿Por qué el entrevistador dice que está cualificada para optar a un puesto de mayor rango?
3. Según la mujer, ¿qué es lo que más aprecia la gente de ella?
4. ¿El marido de la entrevistada trabaja? ¿Por qué?
5. ¿Por qué los dos ejecutivos estaban escuchando la entrevista laboral?
6. ¿Cuál fue la valoración que el hombre hizo de la mujer?

2 **Ampliación** Contesta las preguntas con oraciones completas.

1. ¿Por qué la mujer está nerviosa?
2. ¿Por qué el hombre se muestra tenso?
3. ¿Por qué la mujer no quiere darle su periódico al entrevistador?
4. ¿Estás de acuerdo con la valoración que el hombre hizo de la mujer? ¿Por qué?
5. ¿Por qué el entrevistador cambia de expresión cuando el ejecutivo dice "Esa es una cualidad que apreciamos particularmente en esta empresa"?
6. ¿Piensas que el hombre va a obtener el empleo? ¿Por qué?

3 **El reencuentro** Imaginen que ninguno de los protagonistas obtuvo el empleo. Unos meses más tarde, comienzan a trabajar en la misma empresa. ¿Cómo sería el reencuentro? En parejas, preparen un diálogo que describa cómo se sintieron durante la entrevista, qué ocurrió cuando les dijeron que no habían obtenido el puesto, a qué se dedican ahora y si están contentos con su empleo actual.

4 **Evaluación** Tú y tu compañero/a son los encargados de evaluar al entrevistador. Escriban un informe detallado. No olviden mencionar su edad, su formación, sus virtudes y defectos, sus aficiones y todos aquellos datos necesarios para determinar si es apto o no para el puesto al que aspira.

5 **Ética laboral** En parejas, hablen de la ética laboral. Consideren estas preguntas.

- ¿Creen que realmente hay un puesto de administrativo vacante?
- ¿Es justo pedirle a un(a) aspirante que entreviste a otro/a aspirante?
- ¿Creen que el hombre pudo hacer una valoración realista de la mujer?
- ¿Qué harían ustedes si se les pidiera algo semejante en una entrevista de trabajo?

Practice more at **vhlcentral.com.**

IMAGINA

La cordillera de los Andes

Imagina una cadena de montañas[1] que se extiende por más de 7.500 kilómetros (4.660 millas) con picos nevados[2] que se elevan a más de 6.900 metros (22.638 pies), numerosos volcanes activos, enormes glaciares y lagunas escondidas en la niebla[3]. Ésta es la **cordillera de los Andes**, que atraviesa el oeste de Suramérica desde su extremo sur hasta su extremo norte. Esta geografía contribuye al carácter distintivo de países como **Ecuador**, **Colombia** y **Venezuela**. Los Andes son la cadena montañosa más extensa del planeta y la de mayor altura[4] después del Himalaya. Hagamos un recorrido por la región para conocer algunas de sus maravillas naturales.

Comencemos en Ecuador. ¿Sabías que este país, con una extensión casi igual a la del estado de Nevada, tiene la densidad de volcanes más alta del mundo? Existen más de treinta volcanes en Ecuador. El **Sangay**, el más activo del país, y el **Guagua Pichincha**, situado en las afueras de la capital, **Quito**, han hecho erupción recientemente.

Muy cerca de Quito, encontramos el **Parque Nacional Cotopaxi**, cuyo atractivo principal es el **volcán Cotopaxi**, el segundo más alto del país y tal vez el más popular entre los turistas. El Cotopaxi asciende a 5.897 metros (19.347 pies) y su pico nevado puede verse a cientos de kilómetros de distancia. Su última erupción confirmada fue en 1904, pero desde entonces ha producido emisiones de vapor y pequeños temblores[5], lo que indica que puede haber más erupciones en el futuro.

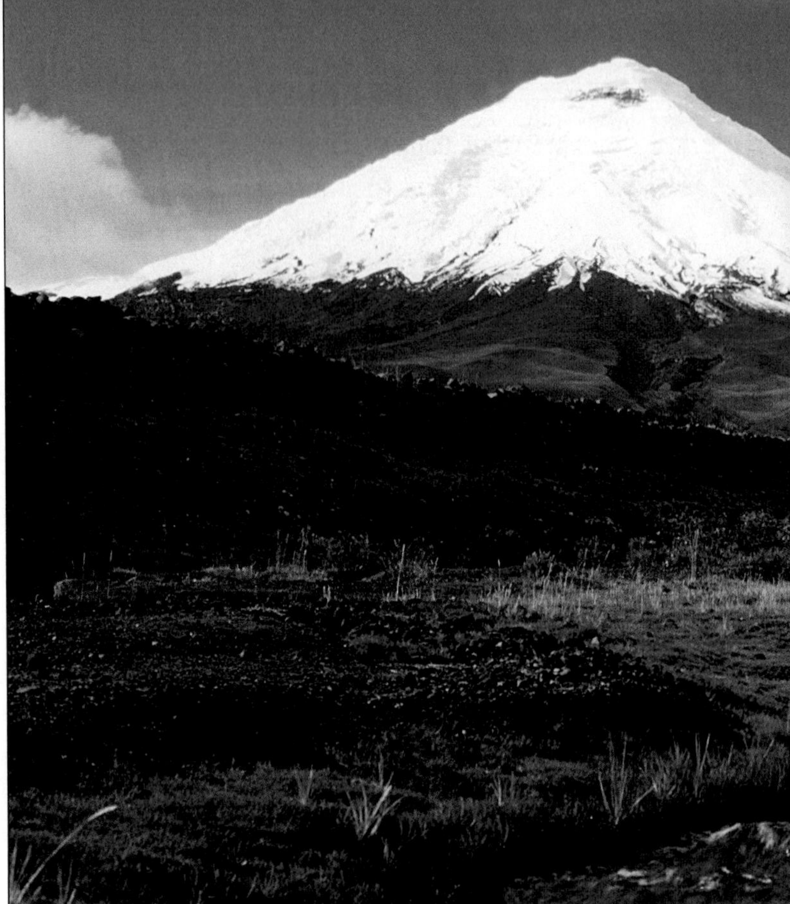

Volcán Cotopaxi, Ecuador

Bogotá, Colombia

Ahora pasemos a Colombia. Su **cordillera Oriental** es una de las subcordilleras[6] de los Andes. Aquí encontramos el **Parque Nacional El Cocuy**, una de las reservas naturales más extensas del país. El Cocuy se encuentra a unos 200 kilómetros (124 millas) al noreste de la capital, **Bogotá**, y contiene un ecosistema típicamente andino con más de veinte picos nevados, entre ellos el **Pan de Azúcar** y el **Púlpito del Diablo**. También hay lagunas de origen glaciar y páramos[7] con flora y fauna característicos de los bosques andinos.

Terminemos en Venezuela. Aquí, en las montañas al sureste de **Caracas**, está el **Parque Nacional Canaima**. Su principal atractivo es el **Salto Ángel**, la catarata[8] más alta del mundo. Compara sus 1.000 metros (3.281 pies) de altura con los 50 metros (164 pies) de las del Niágara. Se pueden hacer excursiones entre **Caracas** y el salto. Ya sea en avión o en lancha[9] por el **río Churún**, se puede disfrutar de la belleza de esta catarata.

Después de unos días en esta región, regresamos a casa con recuerdos de nuestras aventuras en los Andes del norte. ¡Y sólo visitamos una pequeña parte de estos tres países!

1 **cadena...** *mountain range* 2 **picos...** *snow-capped peaks* 3 *fog* 4 *height* 5 *tremors* 6 *subranges* 7 *high-altitude grasslands* 8 *waterfall* 9 *motorboat*

LOS ANDES

COLOMBIA | ECUADOR | VENEZUELA

El español de Colombia, Ecuador y Venezuela

bacano/a que gusta, fabuloso; *great!* (Col.)
¡Qué bacanería! ¡Qué bien!; ¡Qué bonito!; *How nice!* (Col.)
bonche fiesta; *party* (Ven.)
burda mucho/a; *a lot of* (Ven.)
caleta casa; *house* (Ecu.)
cambur plátano; *banana* (Ven.)
chamo/a chico/a; *boy/girl; dude* (Ven.)
chiva bicicleta; *bicycle* (Ecu.)
choclos dientes; *teeth* (Ecu.)
guagua niño/a; hijo/a; *kid; son/daughter* (Ecu.)
guambra joven, muchacho/a; *youngster* (Ecu.)
pana amigo/a, compañero/a; *partner* (Ven.)
parce, parcero/a amigo/a, compañero/a; *partner* (Col.)
pelado/a adolescente; *teenager, kid* (Col.)
¡Pilas! ¡Atención!; *Careful!; Watch out!* (Col.)
tinto café; *coffee* (Col.)

Animales de los Andes

El cóndor Es el ave más grande de **Suramérica**. Con las alas[1] extendidas mide hasta tres metros (unos diez pies) de ancho y pesa hasta 14 kg (30 libras). Los **cóndores** pueden vivir hasta 50 años y por lo general forman parejas que duran toda la vida. Tanto las hembras[2] como los machos[3] comparten las responsabilidades en la crianza[4] de los polluelos[5]. El cóndor puede recorrer unos 325 km (202 millas) por día y volar[6] a una altura de 5.500 metros (18.045 pies) en busca de comida. En vez de matar a otros animales, el cóndor prefiere comer los restos[7] de animales muertos.

La alpaca Pertenece a la misma familia que los camellos y está relacionada también con la **llama** y la **vicuña,** que también habitan en la cordillera andina. Pesan entre 60 y 70 kg (132 y 154 libras) y miden aproximadamente un metro (3 pies). Las **alpacas** son muy valoradas por su lana[8], que puede tener más de 20 matices[9] de color. Hoy día, se utiliza la lana de alpaca para hacer muchísimos productos, como suéteres, gorros[10], chaquetas y alfombras[11]. Esta lana es considerada una de las más finas y suaves del mundo.

El puma Es natural de **América** y es uno de los felinos más representativos de la región andina. Puede vivir en ecosistemas muy diversos, desde el nivel del mar hasta los 4.500 metros (14.764 pies) de altura. El **puma** es el segundo felino más grande de América. Los machos, que son más grandes que las hembras, miden de uno a 2,75 metros (9 pies) de longitud. El puma puede trepar[12], saltar[13] y nadar con gran agilidad, aunque no se ve en el agua con frecuencia. Se alimenta de mamíferos[14] de todos los tamaños, desde roedores[15] hasta venados[16] grandes. También ataca animales domésticos como caballos y ovejas, razón por la cual ha sido cazado[17] hasta el punto de estar en peligro de extinción.

[1] *wings* [2] *females* [3] *males* [4] *rearing* [5] *chicks* [6] *to fly* [7] *carcasses* [8] *wool* [9] *shades* [10] *caps, hats* [11] *rugs* [12] *climb* [13] *jump* [14] *mammals* [15] *rodents* [16] *deer* [17] *hunted*

GALERÍA DE CREADORES

LITERATURA

Gabriel García Márquez

Cien años de soledad y *El amor en los tiempos del cólera* no son sólo títulos. Forman parte de la mitología colectiva de cualquier hispanohablante. Las obras del colombiano Gabriel García Márquez han marcado el mundo literario del siglo XX y le merecieron el Premio Nobel de Literatura en 1982. En sus cuentos y novelas, García Márquez configura el mundo del realismo mágico, donde lo fantástico es verosímil (*credible*) y lo común parece fantástico.

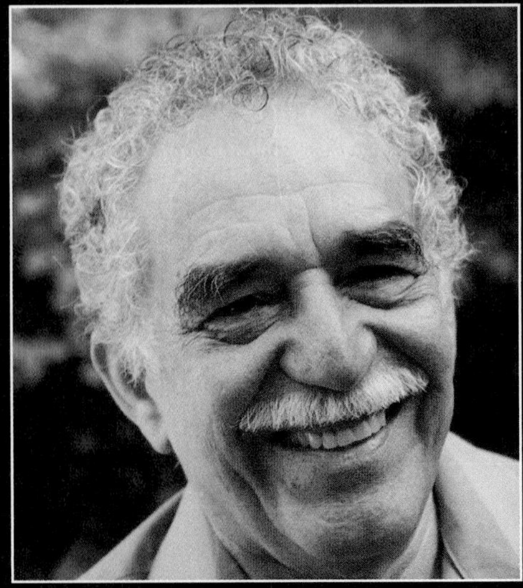

DISEÑO Y MODA

Carolina Herrera

A los cuarenta años, después de tener su primer nieto, la venezolana Carolina Herrera decidió hacer algo nuevo en su vida y empezó a trabajar como diseñadora. Su influencia en el mundo de la moda fue inmediata y continúa hasta el día de hoy. En las listas de nombres mencionados regularmente en las galas de Hollywood suele oírse el suyo. Carolina Herrera fue incluso diseñadora exclusiva de Jacqueline Kennedy Onassis y amiga y modelo de Andy Warhol.

ESCULTURA **Marisol Escobar**

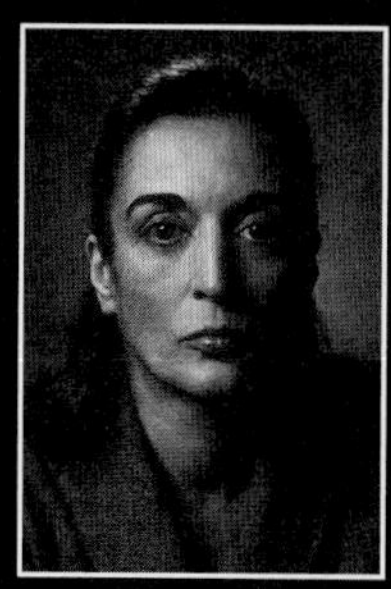

De adolescente en Venezuela, Marisol Escobar pasó por una etapa en la que imitaba a santos, vírgenes y mártires. Hacía penitencias como caminar de rodillas hasta sangrar y permanecer en silencio por largos períodos de tiempo. Estas experiencias, y la influencia del catolicismo en general, le han dado a su arte un fuerte componente espiritual, lleno de elementos naturales y sobrenaturales. Lo natural es evidente en su uso frecuente de la madera y la terracota, y lo sobrenatural se expresa en sus creaciones abstractas, hechas con diferentes combinaciones de pinturas, grabados, dibujos y esculturas. Aquí vemos su obra *Presidente Charles de Gaulle* (1967).

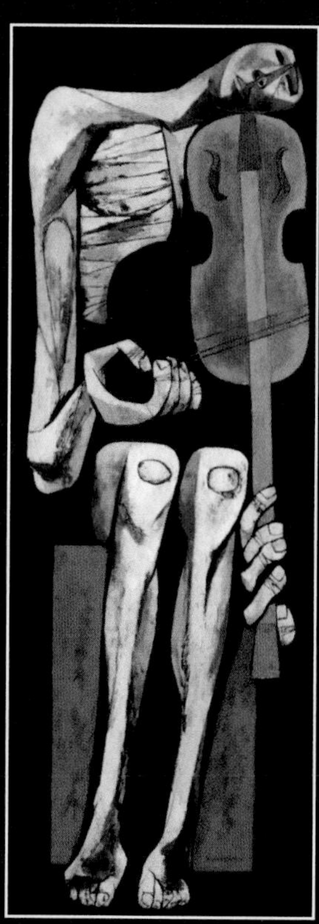

PINTURA/MURALISMO

Oswaldo Guayasamín

Cuando un turista llega al aeropuerto de Barajas en Madrid o visita la UNESCO en París, puede admirar uno de los murales de Oswaldo Guayasamín. El pintor y muralista ecuatoriano de fama mundial colaboró con dos de los gigantes del muralismo mexicano: José Clemente Orozco y David Alfaro Siqueiros. Mantuvo también fuertes amistades con Gabriel García Márquez y Pablo Neruda. Al morir, Guayasamín dejó toda su colección artística al pueblo de Ecuador, ya que en vida éste fue una de sus principales fuentes de inspiración. Aquí observamos su obra *Violinista* (1967).

CONEXIÓN INTERNET

En **vhlcentral.com** encontrarás más información y actividades relacionadas con esta sección.

¿Qué aprendiste?

Cierto o falso Indica si estas afirmaciones son ciertas o falsas. Corrige las falsas.

1. La cordillera de los Andes tiene picos nevados y glaciares.
2. Los Andes se extienden desde el sur de Ecuador hasta el norte de Venezuela.
3. Ecuador es el país con mayor densidad de volcanes.
4. Hace más de un siglo que los volcanes Sangay y Guagua Pichincha no hacen erupción.
5. El Salto Ángel es la catarata más alta del mundo.
6. Los cóndores forman parejas temporarias para reproducirse.
7. Al morir, Oswaldo Guayasamín dejó su colección artística al presidente de Ecuador.
8. Carolina Herrera empezó a trabajar como diseñadora después de ser abuela.

Preguntas Contesta las preguntas.

1. ¿Cómo se llama el género literario que caracteriza las obras de Gabriel García Márquez?
2. ¿Cuál es el atractivo principal del Parque Nacional Cotopaxi?
3. ¿En qué país está el Parque Nacional Canaima?
4. ¿Qué otros animales son de la misma familia que la alpaca?
5. ¿Qué hacía Marisol Escobar para imitar a los mártires?
6. ¿Qué artista de la Galería te interesa más? ¿Por qué?

PROYECTO

Fotografías descriptivas

Imagina que eres fotógrafo/a y quieres solicitar empleo en una revista turística. Te han pedido que saques fotos para un reportaje sobre la cordillera de los **Andes** en **Colombia**, **Ecuador** y **Venezuela**.

Busca la información que necesites en Internet.

- Investiga sobre tres maravillas naturales o animales de los Andes.
- Escoge fotografías que reflejen su magnitud y belleza.
- Describe cada foto a la clase y explica por qué la escogiste.

MINIPRUEBA

Completa las oraciones con la información correcta y demuestra lo que aprendiste sobre Colombia, Ecuador y Venezuela.

1. La cordillera de _____ es la más extensa del planeta y la más alta después _____.
   a. los Pirineos; de los Andes
   b. los Andes; del Himalaya
   c. los Alpes; de los Andes
2. *Cien años de* _____ y *El amor en los tiempos del* _____ son títulos de novelas de Gabriel García Márquez.
   a. *amistad; cólera*
   b. *soledad; cólera*
   c. *soledad; cáncer*
3. El Sangay y el Guagua Pichincha son volcanes _____ de Ecuador.
   a. inactivos b. desechables c. activos
4. De todos los volcanes en Ecuador, el _____ es el más conocido por los turistas y el _____ más alto del país.
   a. Guagua Pichincha; primero
   b. Sangay; segundo
   c. Cotopaxi; segundo
5. En Venezuela se le puede llamar _____ a un amigo.
   a. pana b. bacano c. cambur
6. Carolina Herrera fue amiga y modelo de _____.
   a. David Alfaro Siqueiros
   b. Andy Warhol
   c. Pablo Neruda
7. Se puede ver un mural de Oswaldo Guayasamín en _____ de Madrid.
   a. el aeropuerto b. la Plaza Mayor c. el metro
8. Un ecuatoriano podría decir que vive en una _____.
   a. chama b. caleta c. chiva
9. El _____ se puede disfrutar desde el cielo en avión o desde el _____ en lancha.
   a. Salto Ángel; río
   b. Churum; río
   c. Parque Nacional Canaima; mar
10. El cóndor es el ave más _____ de Suramérica.
    a. tóxica b. pequeña c. grande
11. La lana de la alpaca es una de las más _____ del mundo.
    a. gruesas b. baratas c. finas
12. El puma está en peligro de extinción debido a la _____.
    a. caza b. comida c. elevación

En pantalla

Vocabulario

la boya *raft*	**la oruga** *caterpillar*
el cautiverio *captivity*	**el risco** *crag, cliff*
el colibrí *hummingbird*	**el sendero** *trail*
el mariposario *butterfly farm*	**la tarabita** *cable car*

A una hora de Quito, Ecuador, se encuentra el valle del río Mindo. Es una zona boscosa (*forested*) de flora y fauna exuberantes. Tiene más de 300 variedades de orquídeas y es famosa entre las personas que se dedican a observar aves. En Mindo se puede pasear por senderos y practicar deportes de aventura. El valle se encuentra a 1.200 metros (3.937 pies) sobre el nivel del mar y la temperatura apenas varía entre los 14 y 23 grados centígrados (58° y 74° Fahrenheit). ¡Te invitamos a conocerlo a través de este documental!

Conexión personal El ecoturismo promueve (*promotes*) viajes a destinos donde se conserva el medio ambiente. ¿Qué lugares conoces en los que se cuide y proteja la naturaleza? ¿Por qué es tan popular el ecoturismo?

1 **Comprensión** **Contesta las preguntas.**

1. ¿Qué actividades acuáticas se pueden hacer en el Mindo?
2. ¿Qué es el mariposario y qué actividades se realizan ahí?
3. ¿Cuántas especies de mariposas hay en el mariposario?
4. ¿Qué permite la tarabita?
5. ¿Por qué la cascada de Nambillo se convirtió en un atractivo turístico?

2 **Expansión**

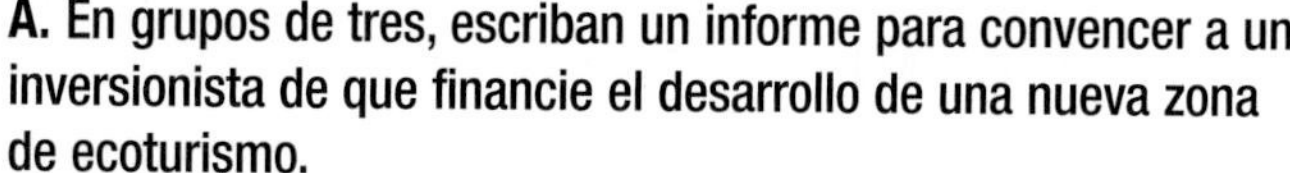

A. En grupos de tres, escriban un informe para convencer a un inversionista de que financie el desarrollo de una nueva zona de ecoturismo.

- Elijan un lugar y descríbanlo incluyendo sus ventajas naturales, los pueblos que tiene cerca, los habitantes locales y las actividades que se realizarán.
- Enumeren las ventajas y desventajas de desarrollar el ecoturismo allí. ¿A quiénes beneficia y perjudica esta iniciativa?

B. Presenten su informe a la clase. Después, decidan qué informe es más convincente.

De aventura por Mindo

Vamos a ver uno de los atractivos turísticos que la gente más frecuenta, que es este paseo en las boyas para pasear en el río; una especie de *rafting*.

Allí puede apreciarse todo el proceso de reproducción, nacimiento y vida de varias especies de mariposas; incluso no es difícil verlas nacer.

La tarabita mide 530 metros de largo, ¿no? Se conecta a la reserva ecológica Mindo Nambillo, que consta de 22.000 hectáreas.

La cascada de Nambillo no es necesariamente un atractivo turístico por ser tan grande o tan fuerte, sino por lo que se puede hacer...

Practice more at **vhlcentral.com.**

4.1

The future and the conditional

The future tense

—*¿**Pensarán** ustedes tener hijos?*

- The future tense (**el futuro**) takes the same endings for all **-ar, -er,** and **-ir** verbs. For regular verbs, the endings are added to the infinitive.

¡ATENCIÓN!

Note that all of the future tense endings carry a written accent except the **nosotros** form.

The future tense

hablar	deber	abrir
hablaré	**deberé**	**abriré**
hablarás	**deberás**	**abrirás**
hablará	**deberá**	**abrirá**
hablaremos	**deberemos**	**abriremos**
hablaréis	**deberéis**	**abriréis**
hablarán	**deberán**	**abrirán**

- For irregular verbs, the same future endings are added to the irregular stem.

infinitive	stem	future
caber	cabr-	**cabré, cabrás, cabrá, cabremos, cabréis, cabrán**
haber	habr-	**habré, habrás, habrá, habremos, habréis, habrán**
poder	podr-	**podré, podrás, podrá, podremos, podréis, podrán**
querer	querr-	**querré, querrás, querrá, querremos, querréis, querrán**
saber	sabr-	**sabré, sabrás, sabrá, sabremos, sabréis, sabrán**
poner	pondr-	**pondré, pondrás, pondrá, pondremos, pondréis, pondrán**
salir	saldr-	**saldré, saldrás, saldrá, saldremos, saldréis, saldrán**
tener	tendr-	**tendré, tendrás, tendrá, tendremos, tendréis, tendrán**
valer	valdr-	**valdré, valdrás, valdrá, valdremos, valdréis, valdrán**
venir	vendr-	**vendré, vendrás, vendrá, vendremos, vendréis, vendrán**
decir	dir-	**diré, dirás, dirá, diremos, diréis, dirán**
hacer	har-	**haré, harás, hará, haremos, haréis, harán**
satisfacer	satisfar-	**satisfaré, satisfarás, satisfará, satisfaremos, satisfaréis, satisfarán**

- Irregular verbs derived from the same root verb usually follow the same pattern.

prevenir → prevendré **proponer → propondré**

- In Spanish, as in English, the future tense is one of many ways to express actions or conditions that will happen in the future.

Present indicative

Llegan a Caracas mañana.
***They arrive** in Caracas tomorrow.*
(conveys a sense of certainty that the action will occur)

Present subjunctive

Prefiero que lleguen a Caracas mañana.
*I prefer that **they arrive** in Caracas tomorrow.*
(refers to an action that has yet to occur)

ir a + [*infinitive*]

Van a llegar a Caracas mañana.
***They are going to arrive** in Caracas tomorrow.*
(expresses the near future; commonly used in everyday speech)

Future tense

Llegarán a Caracas mañana.
***They will arrive** in Caracas tomorrow.*
(expresses an action that will occur; often implies more certainty than ir a + [*infinitive*])

- In English, the word *will* can express either future time or intent. To express intent in Spanish, use the verb **querer** + [*infinitive*], not the future tense.

—¿**Quieres asistir** a la reunión del sindicato?
—***Will you attend** the union meeting?*

—**Quiero asistir**, pero lo **tendré** que consultar con mi gerente.
—***I want to attend**, but **I'll need** to discuss it with my manager.*

- In Spanish, the future tense may be used to express conjecture or probability, even about present events. English expresses this in various ways, using words and expressions such as *wonder*, *bet*, *must be*, *may*, *might*, and *probably*.

—¿Qué hora **será**?
—*I wonder what time it is.*

—Ya **serán** las dos de la mañana.
—*It must be 2 a.m. by now.*

—¿**Estará** jubilado Francisco Pérez?
—*Do you think Francisco Pérez is retired?*

—Supongo que sí. **Tendrá** más de 65 años.
—*I imagine he is. He must be over 65.*

- When the future tense is used in a sentence's main clause and the subordinate clause is introduced by a conjunction of time such as **cuando**, **después (de) que**, **en cuanto**, **hasta que**, or **tan pronto como**, use the present subjunctive in the subordinate clause.

Trabajaremos horas extra **hasta que paguemos** la deuda.
***We'll work** extra hours **until we pay off** our debt.*

En cuanto termine de llover, **regresaremos** a casa.
***As soon as it stops** raining, **we'll go back** home.*

Tan pronto como cobre este mes, **compraré** los billetes de avión.
***As soon as I get paid** this month, **I'll buy** the plane tickets.*

Martín **volverá** a Ecuador **después de que** su esposa **obtenga** su doctorado.
Martín will go back to Ecuador after his wife gets her PhD.

¡ATENCIÓN!

The future tense is used less frequently in Spanish than in English.

Te llamo mañana.
I'll call you tomorrow.

Espero que vengan.
I hope they will come.

TALLER DE CONSULTA

For a detailed explanation of the subjunctive with conjunctions of time, see **3.3, pp. 106–109**.

¡ATENCIÓN!

Note that all of the conditional endings carry a written accent mark.

¡ATENCIÓN!

The English *would* is used to express the conditional, but it can also express what *used to happen*. To express habitual past actions, Spanish uses the imperfect, not the conditional.

Cuando era pequeña, iba a la playa todos los veranos.
When I was young, I would (used to) go to the beach every summer.

TALLER DE CONSULTA

The conditional is also used in contrary-to-fact sentences. See **6.3, p. 222**.

The conditional

- The conditional tense (**el condicional**) takes the same endings for all **-ar**, **-er**, and **-ir** verbs. For regular verbs, the endings are added to the infinitive.

The conditional

dar	ser	vivir
daría	sería	viviría
darías	serías	vivirías
daría	sería	viviría
daríamos	seríamos	viviríamos
daríais	seríais	viviríais
darían	serían	vivirían

- Verbs with irregular future stems have the same irregular stem in the conditional.

—**Yo no pondría** tanto dinero en la cuenta de ahorros.
*—**I wouldn't put** so much money in your savings account.*

—Entonces, ¿qué **harías tú** con el dinero?
*—What **would you do** with the money, then?*

- The conditional is used to express what *would* occur under certain circumstances.

—¿Qué ciudad de Ecuador **visitarías** primero?
*—Which city in Ecuador **would you visit** first?*

—**Iría** primero a Quito y después a Guayaquil.
*—First **I would go** to Quito and then to Guayaquil.*

- The conditional is also used to make polite requests.

¿**Podrías** pasarme la sal, por favor?
***Could you** pass me the salt please?*

¿**Le importaría** echarme una mano?
***Would you mind** giving me a hand?*

- Just as the future tense is one of several ways of expressing a future action, the conditional is one of several ways of expressing a future action as perceived in the past. In this case, the conditional expresses what someone said or thought *would* happen.

Dicen que mañana **hará** viento.
***They say it will be** windy tomorrow.*
→ **Creía** que hoy **haría** viento.
***I thought it would be** windy today.*

Dicen que mañana **va a hacer** viento.
***They say it's going to be** windy tomorrow.*
→ **Creía** que hoy **iba a hacer** viento.
***I thought it was going to be** windy today.*

- In Spanish, the conditional may be used to express conjecture or probability about a past event. English expresses this in various ways using words and expressions such as *wondered*, *must have been*, and *was probably*.

¿A qué hora **regresaría**?
I wonder what time he returned.

Serían las ocho.
It must have been eight o'clock.

Práctica

1

Horóscopo chino En el horóscopo chino cada signo está representado por un animal. Completa las predicciones para la serpiente, conjugando los verbos entre paréntesis en el futuro.

TRABAJO Esta semana tú (1) _______ (tener) que trabajar duro. (2) _______ (salir) poco y no (3) _______ (poder) divertirte, pero (4) _______ (valer) la pena. Muy pronto (5) _______ (conseguir) el puesto que esperas.

DINERO (6) _______ (venir) dificultades económicas. No malgastes tus ahorros.

SALUD El médico (7) _______ (resolver) tus problemas respiratorios, pero tú (8) _______ (deber) cuidarte la garganta.

AMOR (9) _______ (recibir) una noticia muy buena. Una persona especial te (10) _______ (decir) que te ama. Ustedes (11) _______ (ser) muy felices.

2

Cortesía Cambia estos mandatos por mandatos indirectos que usen el condicional.

Mandatos directos	Mandatos indirectos
1. Dale de comer al perro.	¿Podrías darle de comer al perro, por favor?
2. No llegues tarde al trabajo.	
3. Paga tus deudas.	
4. Ve a la reunión.	
5. Deja de molestar al gato.	
6. Llama a tu abuela.	
7. No tires basura en la calle.	
8. No dejes la computadora encendida.	

3

Lo que hizo Irma Utilizamos el condicional para expresar el futuro en el contexto de una acción pasada. Explica lo que quiso hacer Irma e inventa lo que al final pudo hacer.

Modelo **pensar / desayunar**

Irma pensó que desayunaría con su amiga Gabi, pero Gabi no tenía hambre.

1. pensar / comer
2. decir / poner
3. imaginar / tener
4. escribir / venir
5. contarme / querer
6. suponer / hacer
7. explicar / salir
8. calcular / valer

 Practice more at **vhlcentral.com.**

Comunicación

4 **Predicciones** En parejas, escriban el horóscopo de su compañero/a. Utilicen verbos en futuro y condicional, y las frases de la lista. Luego compartan sus predicciones con la clase.

decir secretos	haber una sorpresa	recibir una visita
empezar una relación	hacer daño	tener suerte
festejar	hacer un viaje	venir amigos
ganar/perder dinero	poder solucionar problemas	viajar al extranjero

Dragón: 1940-1952-1964-1976-1988-2000

Serpiente: 1941-1953-1965-1977-1989-2001

Caballo: 1942-1954-1966-1978-1990-2002

Cabra: 1943-1955-1967-1979-1991-2003

Mono: 1944-1956-1968-1980-1992-2004

Gallo: 1945-1957-1969-1981-1993-2005

Perro: 1946-1958-1970-1982-1994-2006

Cerdo: 1947-1959-1971-1983-1995-2007

Rata: 1948-1960-1972-1984-1996-2008

Búfalo: 1949-1961-1973-1985-1997-2009

Tigre: 1950-1962-1974-1986-1998-2010

Gato: 1951-1963-1975-1987-1999-2011

5 **Tus planes** En parejas, pregúntense qué planes tienen para el próximo verano. Pueden hacerse preguntas que no estén en la lista. Después compartan la información con la clase.

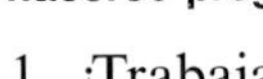

1. ¿Trabajarás? ¿En qué?
2. ¿Tomarás clases? ¿De qué?
3. ¿Te irás de viaje? ¿Adónde?
4. ¿Saldrás por las noches? ¿Con quién?
5. ¿Harás algo extraordinario? ¿Qué?
6. ¿Ahorrarás dinero? ¿Para qué?
7. ¿Harás ejercicio al aire libre? ¿Dónde?
8. ¿Mejorarás tu vida? ¿Cómo?

6 **Soluciones** En parejas, imaginen que a los siguientes elementos les espera un mal futuro. Digan qué será de cada uno de ellos y qué deberíamos hacer para evitarlo. Usen el futuro y el condicional.

Modelo **el empleo**

PROBLEMA No habrá empleo suficiente para todas las personas y los sueldos serán muy bajos.

SOLUCIÓN Deberíamos crear una sociedad sin clases. No habría ni ricos ni pobres y todos cobrarían igual...

- el medio ambiente (*environment*)
- el libro impreso (*printed*)
- la televisión
- Internet
- la bolsa de valores
- la prensa

Practice more at **vhlcentral.com.**

7 **De vacaciones** Tu tío Ignacio y su familia van a Ciudad Bolívar en Venezuela. Ellos te han llamado para pedirte consejos sobre lo que deben hacer. En grupos de cuatro, háganles sugerencias de acuerdo a sus gustos y a la información de la Nota cultural. Usen el futuro y el condicional.

Modelo Tía Rosa y Eduardito podrían visitar el Ecomuseo. Les encantará.

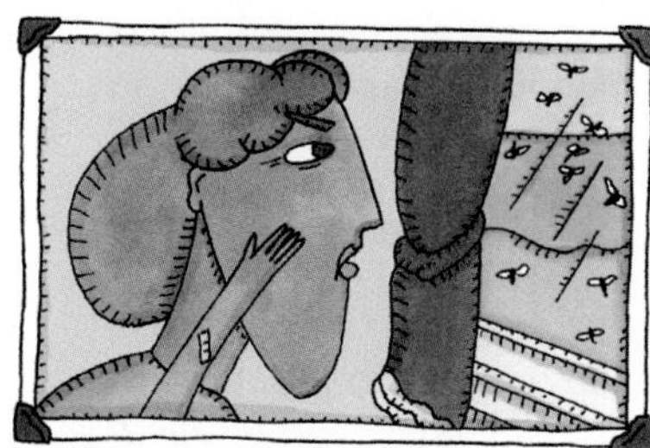

Tía Rosa: No le gusta estar al aire libre. Odia los mosquitos.

Tío Ignacio: Le encanta acampar.

María Fernanda: Le encantan los animales salvajes.

Eduardito: Le gusta jugar con la computadora y leer.

8 **¿Dónde estarán en 20 años?** La fama es, en muchas ocasiones, pasajera (*fleeting*). En grupos de tres, hagan una lista de cinco personas famosas y anticipen lo que será de ellas dentro de veinte años.

9 **Situaciones** En parejas, seleccionen uno de estos temas e inventen un diálogo usando el futuro y el condicional.

1. Dos jóvenes han terminado sus estudios y hablan sobre lo que harán para convertirse en millonarios.
2. Dos ladrones acaban de robar todo el dinero de un banco internacional y lo han escondido en el congelador (*freezer*) de un amigo. Ahora se preguntan cómo escaparán de la policía.
3. Dos hermanas han decidido convertir su granja (*farm*) en un centro de ecoturismo. Deben desarrollar atracciones para los turistas.
4. Dos mujeres de negocios se reúnen para planear una inversión. Les gustaría comprar compañías en bancarrota a bajo precio y venderlas a un precio superior. Se plantean qué cambios tendrían que hacer para poderlas vender.

Nota CULTURAL

El estado de **Bolívar**, en el sur de **Venezuela**, limita al norte con el **río Orinoco** y al sur con el estado de **Amazonas** en **Brasil**. La capital del estado se llama **Ciudad Bolívar** y se distingue por sus casas de estilo colonial. También cuenta con dos importantes museos que presentan el lado moderno de la ciudad: el **Museo de Arte Moderno Jesús Soto** y el **Ecomuseo**. En la región también encontramos dos parques nacionales que ofrecen una abundante flora y fauna.

4.2

Comparatives and superlatives

Comparisons of inequality

- With adjectives, adverbs, nouns, and verbs, use these constructions to make comparisons of inequality (*more than/less than*).

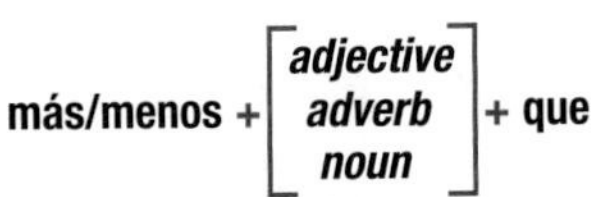

más/menos + [*adjective* / *adverb* / *noun*] + **que**

[*verb*] + **más/menos que**

Adjective

Este trabajo es **menos estresante que** mi trabajo anterior.
*This job is **less stressful than** my last one.*

Adverb

¡Llegaste **más tarde que** yo!
*You arrived **later than** I did!*

Noun

Ahora mi empresa tiene **menos empleados que** el año pasado.
*Now my company has **fewer employees than** last year.*

Verb

Hoy **trabajé más que** ayer.
*Today **I worked more than** yesterday.*

- When the focus of a comparison is a noun and the second term of the comparison is a verb or a clause, use these constructions to make comparisons of inequality.

más/menos + [*noun*] + **del/de la que** / **de los/las que** + [*verb or clause*]

Tenía **más dinero del que** necesitaba.
*He had **more money than** he needed.*

La empresa tiene **menos deudas de las que** esperábamos.
*The company has **less debt than** we expected.*

Comparisons of equality

- Use these constructions to make comparisons of equality (*as... as*).

tan + [*adjective* / *adverb*] + **como**

tanto/a(s) + [*singular noun* / *plural noun*] + **como**

[*verb*] + **tanto como**

Adjective

My horario de trabajo es **tan largo como** el tuyo.
*My work schedule is **as long as** yours.*

Adverb

El dueño trabaja **tan lentamente como** los empleados.
*The owner works **as slowly as** the employees.*

Noun

Tengo **tantas reuniones como** tú.
*I have **as many meetings as** you.*

Verb

Uso la tarjeta de crédito **tanto como** la tarjeta de débito.
***I use** the credit card **as much as** the debit card.*

¡ATENCIÓN!

Before a number (or equivalent expression), *more/less than* is expressed with **más/menos de**.

Mi secretaria gana más de dos mil dólares al mes.
My secretary makes more than two thousand dollars a month.

¡ATENCIÓN!

Tan and **tanto** can also be used for emphasis, rather than to compare.

tan *so*

tanto *so much*

tantos/as *so many*

¡Tus ideas son tan anticuadas!
Your ideas are so outdated!

¿Por qué te enojas tanto?
Why do you get so angry?

Lo hemos hablado tantas veces y nunca logro convencerte.
We've talked about it so many times, and I never manage to convince you.

Superlatives

- Use this construction to form superlatives (**superlativos**). The noun is preceded by a definite article, and **de** is the equivalent of *in*, *on*, or *of*. Use **que** instead of **de** when the second part of the superlative construction is a verb or a clause.

el/la/los/las + [*noun*] + **más/menos** [*adjective*] + **de** + [*noun*] / **que** + [*verb* or *clause*]

Es **la compañía más grande del** país.
*It is **the largest company in the** country.*

Es **la compañía menos exitosa que** he visto.
*It is **the least successful company that** I've seen.*

- The noun may also be omitted from a superlative construction.

Me gustaría comer en **el** restaurante **más elegante del** barrio.
*I would like to eat at **the most elegant** restaurant **in the** neighborhood.*

Las Dos Palmas es **el más elegante de** la ciudad.
*Las Dos Palmas is **the most elegant one in** the city.*

Irregular comparatives and superlatives

Adjective	Comparative form	Superlative form
bueno/a *good*	**mejor** *better*	**el/la mejor** *best*
malo/a *bad*	**peor** *worse*	**el/la peor** *worst*
grande *big*	**mayor** *bigger*	**el/la mayor** *biggest*
pequeño/a *small*	**menor** *smaller*	**el/la menor** *smallest*
viejo/a *old*	**mayor** *older*	**el/la mayor** *oldest*
joven *young*	**menor** *younger*	**el/la menor** *youngest*

- When **grande** and **pequeño** refer to size and not age or quality, the regular comparative and superlative forms are used.

Su oficina es **más pequeña** que la mía.
*His office is **smaller** than mine.*

Ese edificio es **el más grande** de todos.
*That building is **the biggest one** of all.*

- When **mayor** and **menor** refer to age, they follow the noun they modify. When they refer to quality, they precede the noun.

Lucía es mi hermana **menor**.
*Lucía is my **younger** sister.*

Las finanzas son el **menor** problema del gerente.
*Finances are the **least** of the manager's problems.*

- The adverbs **bien** and **mal** also have irregular comparatives: **mejor** and **peor**.

Mi horario de trabajo es **mejor** que el tuyo.
*My work schedule is **better** than yours.*

Pero el sindicato de tu empresa es **peor**.
*But the union in your company is **worse**.*

¡ATENCIÓN!

Absolute superlatives
The suffix **-ísimo/a** is added to adjectives and adverbs to form the *absolute superlative.*

This form is the equivalent of adding *extremely* or *very* before an adjective or adverb in English.

malo → malísimo

mucha → muchísima

rápidos → rapidísimos

fáciles → facilísimas

Adjectives and adverbs with stems ending in **c**, **g**, or **z** change spelling to **qu**, **gu**, and **c** in the absolute superlative.

rico → riquísimo

larga → larguísima

feliz → felicísimo

Adjectives that end in **-n** or **-r** form the absolute by adding **-císimo/a**.

joven → jovencísimo

trabajador → trabajadorcísimo

Práctica

1 **Jefes** Roberto y Edgar están hablando de sus jefes. Completa su diálogo utilizando las palabras de la lista.

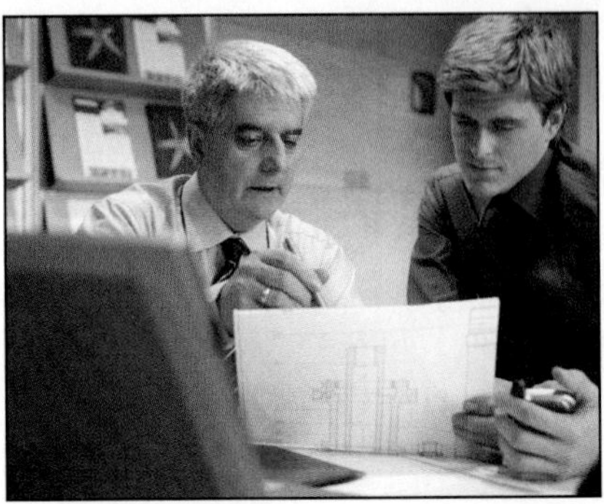

como	más	mejor	poquísimos
malísimo	mayor	peor	tan

ROBERTO Soy muy afortunado. Carlos, mi jefe, es el (1) ___________ jefe de todos. Es el (2) ___________ atento con todos los empleados. A veces se pone muy serio, pero se le pasa pronto. Él es un poco (3) ___________ que yo y tiene muy buen humor.

EDGAR Mi jefe no es (4) ___________ el tuyo; mi jefe es el (5) ___________ de todos. No soporta que sus empleados le dirijan la palabra. Ojalá tuviera un carácter (6) ___________ amable como el de tu jefe.

ROBERTO Edgar, ¡tu jefe es (7) ___________! Bueno, es que hay (8) ___________ jefes como el mío.

2 **Oraciones**

A. Escribe oraciones con superlativos usando la información del cuadro.

Modelo *Crepúsculo* es el libro más popular del siglo.

Harry Potter	libro	popular
Rihanna	banda	famoso
La Antártida	jugador	joven
Hilary Duff	continente	frío
El Nilo	cantante	rico
Disneylandia	actriz	largo
LeBron James	montaña	importante
Justin Bieber	río	alto
El monte Everest	país	feliz
China	lugar	poblado

B. Ahora, vuelve a escribir oraciones, pero esta vez usa comparativos.

Modelo *Harry Potter* es más popular que *Crepúsculo.*

 Practice more at **vhlcentral.com.**

Comunicación

3 **Nuevo trabajo** En parejas, hablen del fabuloso trabajo que uno/a de ustedes acaba de conseguir. Usen comparativos y superlativos, y las palabras de la lista.

Modelo ¡Me contrataron para el mejor trabajo del mundo!

ahorros	carro	gerente
candidatos/as	empleados/as	oficina
capaz	exitoso/a	sueldo

4 **¿Punta Arenas o Miami?** Néstor y Ofelia están planeando unas vacaciones. Néstor quiere ir a Miami, pero Ofelia prefiere visitar Punta Arenas.

A. En parejas, decidan qué frases de la lista corresponden a cada lugar y completen la tabla.

1. Hacer un crucero por la Antártida
2. Hacer un crucero por el Caribe
3. Hace mucho calor
4. Hace mucho frío
5. Ir a la playa con pantalones cortos y camiseta
6. Ir a la playa con abrigo y guantes
7. Visitar la Plaza de Armas
8. Visitar la Pequeña Habana

Punta Arenas	Miami
	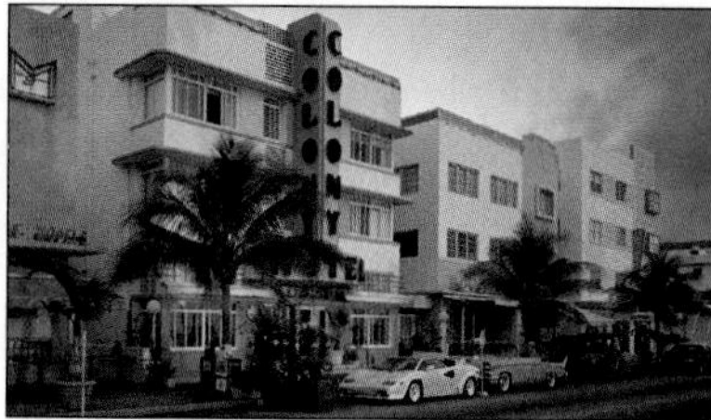
Frases:	**Frases:**

B. Ahora, dramaticen un diálogo entre Néstor y Ofelia. Cada uno tiene que explicar las razones por las cuales prefiere ir a cada lugar. Utilicen comparativos y superlativos.

5  **Entrevista de trabajo** En grupos de tres, imaginen una entrevista de trabajo. Una de las personas será el gerente y las otras dos, aspirantes al puesto. Usen comparativos y superlativos para hablar de sus capacidades laborales.

Nota
CULTURAL

Punta Arenas es una ciudad en la **Patagonia chilena**, la zona más austral (*southern*) de **Suramérica**. La arquitectura del centro de la ciudad es similar a la de algunas ciudades europeas, y sus calles son amplias y arboladas. Alrededor de la **Plaza de Armas** hay edificios de gobierno, mansiones y jardines poblados de inmensas araucarias (*Chilean pines*).

4.3

The present perfect and the past perfect

The present perfect

—De momento hemos decidido que no vamos a tener hijos.

- The present perfect tense (**el pretérito perfecto**) expresses what *has happened.* It generally refers to recently completed actions or to a past that still bears relevance in the present.

  La gerente **ha cambiado** mi horario de trabajo dos veces este mes.
  *The manager **has changed** my work schedule twice this month.*

- Form the present perfect with the present tense of the verb **haber** and a past participle. Regular past participles are formed by adding **-ado** to the stem of **-ar** verbs, and **-ido** to the stem of **-er** and **-ir** verbs.

The present perfect

comprar	beber	recibir
he comprado	he bebido	he recibido
has comprado	has bebido	has recibido
ha comprado	ha bebido	ha recibido
hemos comprado	hemos bebido	hemos recibido
habéis comprado	habéis bebido	habéis recibido
han comprado	han bebido	han recibido

- Note that past participles do not change form in the present perfect tense.

  No **he recibido** la tarjeta de débito. Mis hijos no **han recibido** las suyas tampoco.
  *I **haven't received** the debit card. My children **haven't received** theirs, either.*

- To express that something *has just happened,* use **acabar de** + [*infinitive*], not the present perfect.

  Le **acabamos de ofrecer** el puesto.
  ***We have just offered** her the position.*

- When the stem of an **-er** or **-ir** verb ends in **a**, **e**, or **o**, the past participle requires a written accent (**-ído**) to maintain the correct stress. No accent mark is needed for stems ending in **u**.

ca-er	caído
o-ír	oído
le-er	leído
constru-ir	construido

TALLER DE CONSULTA

When used as adjectives (**la puerta *abierta*, los documentos *escritos***), past participles must agree in number and gender with the noun or pronoun they modify.

While English speakers often use the present perfect to express actions that *continue* into the present time, Spanish uses the phrase **hace** + [*period of time*] + **que** + [*present tense*]. Ex: **Hace tres años que trabajo aquí**. *I have worked here for three years.*

- Several verbs have irregular past participles.

abrir	**abierto**	**morir**	**muerto**
cubrir	**cubierto**	**poner**	**puesto**
decir	**dicho**	**resolver**	**resuelto**
descubrir	**descubierto**	**romper**	**roto**
escribir	**escrito**	**ver**	**visto**
hacer	**hecho**	**volver**	**vuelto**

He escrito varias veces al gerente. ¿Por qué no me **ha abierto** la cuenta?
I have written *to the manager several times. Why* ***hasn't he opened*** *the account for me?*

The past perfect

- The past perfect tense (**el pretérito pluscuamperfecto**) is formed with the imperfect of **haber** and a past participle. As with other perfect tenses, the past participle does not change form.

The past perfect

viajar	perder	incluir
había viajado	**había perdido**	**había incluido**
habías viajado	**habías perdido**	**habías incluido**
había viajado	**había perdido**	**había incluido**
habíamos viajado	**habíamos perdido**	**habíamos incluido**
habíais viajado	**habíais perdido**	**habíais incluido**
habían viajado	**habían perdido**	**habían incluido**

- In Spanish, as in English, the past perfect expresses what someone *had done* or what *had occurred* before another action or condition in the past.

Decidí cambiar de banco porque mi banco **había subido** las tarifas dos veces en un año.
I decided to change banks because my bank ***had raised*** *its fees twice in one year.*

- In the perfect tenses the verb **haber** may not be separated from the past participle by any other word (**no**, adverbs, pronouns, etc.)

¿Por qué **no has depositado** más dinero en tu cuenta de ahorros?
Why ***haven't you deposited*** *more money in your savings account?*

- **Antes**, **aún**, **nunca**, **todavía**, and **ya** are often used with the past perfect to indicate that one past action occurred before another. Note that these adverbs may not come between **haber** and the past participle.

Cuando apagué la computadora, **aún no había guardado** el documento. ¡Lo perdí!
When I shut off the computer, ***I hadn't yet saved*** *the document. I lost it!*

Nunca había visto a una persona tan trabajadora **antes**.
I had never seen *such a hard-working person* ***before***.

Práctica

1 **Mentiras** La directora de una empresa habla con su secretario. Completa el diálogo con las formas del pretérito perfecto de los verbos entre paréntesis.

DIRECTORA ¿Dónde (1) ________ (estar) tú toda la mañana y qué (2) ________ (hacer) con mi computadora portátil?

SECRETARIO Ay, (yo) (3) ________ (tener) la peor mañana de mi vida... Resulta que ayer fui a cinco bancos con su computadora portátil y creo que la olvidé en alguna parte.

DIRECTORA Me estás mintiendo, en realidad la (4) ________ (romper), ¿no?

SECRETARIO No, no la (5) ________ (romper); la (6) ________ (perder). Por eso esta mañana (7) ________ (volver) a todos los bancos y le (8) ________ (preguntar) a todo el mundo si la (9) ________ (ver).

DIRECTORA ¿Y?

SECRETARIO Todos los gerentes me (10) ________ (decir) que vuelva mañana.

2 **Experiencias**

A. Escribe una oración indicando si has hecho o no cada actividad. Si no la has hecho, añade más información.

Modelo **Ir a Bolivia**
No he ido a Bolivia, pero he viajado a Paraguay.

1. Estar en bancarrota
2. Comer caracoles (*snails*)
3. Ahorrar diez mil dólares
4. Estar despierto/a por más de dos días
5. Tener una entrevista de trabajo
6. Invertir en la bolsa

B. Ahora, en parejas, pregúntense si ya habían hecho las siguientes actividades cuando tenían doce años.

Modelo **Abrir una cuenta corriente**
—¿Ya habías abierto una cuenta corriente?
—No, pero ya había ahorrado mucho dinero.

1. Viajar a otro estado
2. Ver el mar
3. Ir en avión
4. Aprender a andar en bicicleta
5. Conocer a una persona famosa
6. Aprender a tocar un instrumento

3 **Explicación** Reescribe las oraciones usando el pluscuamperfecto.

Modelo **Me duché a las 7:00. Antes de ducharme hablé con mi hermano.**
Ya había hablado con mi hermano antes de ducharme.

1. Salí de casa a las 8:00. Antes de salir de casa miré mi correo electrónico.
2. Llegué a la oficina a las 8:30. Antes de llegar a la oficina tomé un café.
3. Se apagó la computadora a las 10:00. Guardé los documentos a las 9:55.
4. Fui a tomar un café. Antes, comprobé que todo estaba bien.
5. Mi madre llamó al banco a las 5:00. Yo llegué a casa a las 4:30.
6. Me ofrecieron el trabajo. Antes, vi a Javier.

Practice more at **vhlcentral.com.**

Comunicación

4 **Preguntas** En parejas, háganse preguntas sobre sus experiencias en cada una de estas categorías. Usen el pretérito perfecto. Luego, háganse otra pregunta sobre el mismo tema usando el pretérito pluscuamperfecto.

Modelo **los parques nacionales**

—¿Has visitado el Parque Nacional Madidi?

—No, no he visitado el Parque Nacional Madidi.

1. otros países	5. la comida
2. los deportes	6. los empleos
3. los idiomas extranjeros	7. el cine
4. las compras	8. las personas famosas

Nota CULTURAL

El **Parque Nacional Madidi** de Bolivia, ubicado en la cordillera de **los Andes**, cuenta con uno de los ecosistemas mejor preservados de **Suramérica**. En sus 1,8 millones de hectáreas (4,4 millones de acres) viven más especies protegidas que en cualquier otro parque en el mundo.

5 **20 preguntas** En grupos de tres, cada uno piensa en una persona famosa sin decir quién es. Túrnense para hacer preguntas usando el pretérito perfecto y pluscuamperfecto para adivinar el nombre de cada celebridad.

6 **Informe** En grupos de tres, imaginen que son policías y deben preparar un informe sobre este accidente. Entrevisten a las personas involucradas para determinar lo que ha ocurrido y qué habían hecho inmediatamente antes del accidente.

Modelo **POLICIA** ¿Qué ha pasado aquí?

LINDA ¡No es mi culpa! ¡El carro verde venía rapidísmo! Yo había frenado en la intersección, cuando de repente...

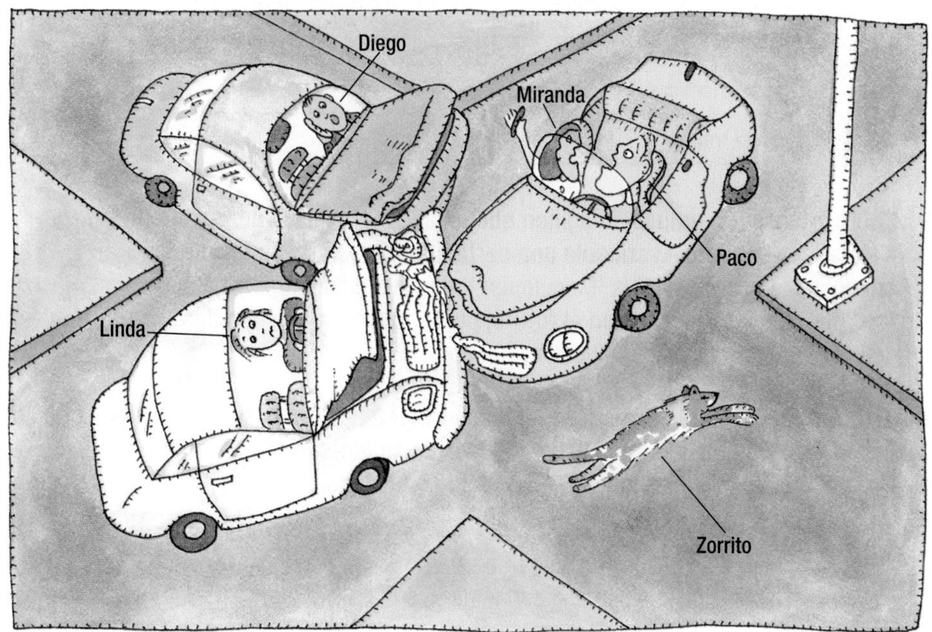

Síntesis

Gerardo

Rosa

Flavia

Tomás

Ernesto

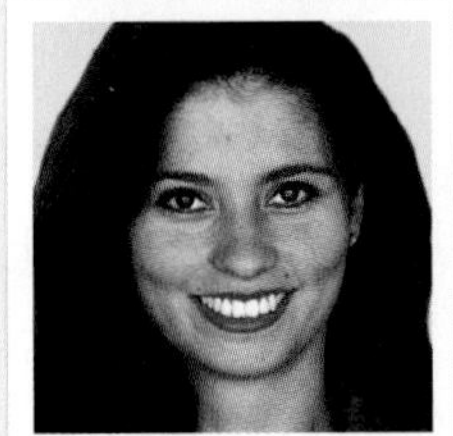
Ángela

1 **Entrevista de trabajo** En parejas, representen una entrevista de trabajo entre un(a) gerente y un(a) candidato/a a un puesto. Decidan cuál de las personas en las fotos es quién y cuál es el puesto que se ofrece. Usen las estructuras de esta lección y la tabla como guía.

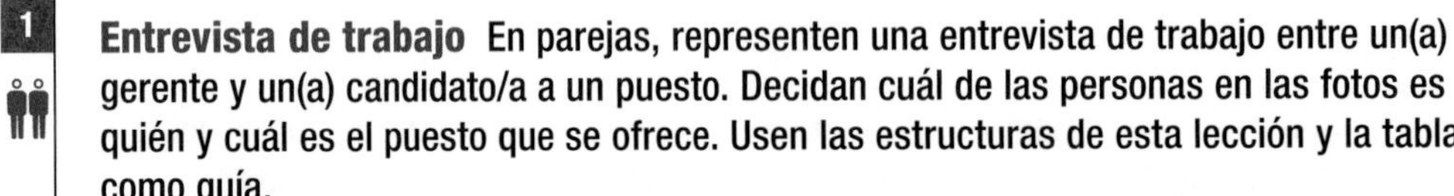

Entrevista de trabajo	
Experiencia	Nombre de la compañía, tipo de trabajo, tiempo en la compañía
Educación	Lugar de estudio (universidad, escuela secundaria, etc.), título(s)
Otras habilidades	Pasatiempos, conocimientos de computación, idiomas
Expectativas económicas	Sueldo, beneficios
Expectativas de trabajo	Responsabilidades

2 **Carta de protesta** En grupos, imaginen que un(a) compañero/a de trabajo ha sido despedido/a injustamente. Escríbanle una carta al/a la dueño/a de la compañía en la que defiendan a su compañero/a. Mencionen todas sus cualidades y hablen de cómo se podrían evitar despidos injustos en el futuro, pero recuerden que ustedes todavía trabajan allí. Usen las estructuras de esta lección.

3 **Un mundo ideal** En parejas, piensen en una sociedad utópica. Describan cómo sería con respecto a los siguientes puntos. Luego, compartan su idea de sociedad con la clase. Utilicen comparativos y superlativos, y el tiempo condicional.

Modelo **El horario de trabajo**

En nuestra sociedad, se trabajarían menos horas diarias y los fines de semana serían de tres días.

- Las vacaciones
- Los puestos de trabajo
- Los jefes
- Los sueldos
- La economía
- La riqueza y la pobreza

Preparación

Vocabulario de la lectura

abastecer *to supply*
los bienes *goods*
desaprovechar *to waste, to misuse*
el/la inversionista *investor*
quejarse *to complain*
la represa *dam*
las riquezas *riches*
el yacimiento *deposit*

Vocabulario útil

la cantera *quarry*
la compra *purchase*
el descubrimiento *discovery*
la escasez *shortage*
el gasoducto *gas pipeline*
la venta *sale*

1 **Emparejar** Relaciona cada frase de la columna A con la mejor opción de la columna B.

A

____ 1. Expresar insatisfacción, protestar
____ 2. Una persona que da dinero a una empresa para después recibir beneficios
____ 3. Construcción que sirve para desviar (*divert*) el curso de un río y contener el agua
____ 4. Ausencia de un recurso necesario
____ 5. Acción de pagar dinero a cambio de un producto
____ 6. Acción de conocer algo que se ignoraba

B

a. represa
b. compra
c. inversionista
d. descubrimiento
e. quejarse
f. escasez

2 **Recursos naturales** En parejas, contesten estas preguntas.

1. ¿Qué recursos naturales tiene la región donde viven?
2. ¿Cómo los/las benefician a ustedes personalmente esos recursos naturales?
3. ¿Qué empleos existen gracias a esos recursos?
4. ¿Cómo se aprovechan económicamente los recursos del país donde viven? ¿Cómo se malgastan?
5. ¿Qué compañías dedicadas a la explotación de recursos naturales existen en su país?
6. Miren el mapa de Suramérica en la página xxx (Front Matter). ¿Qué recursos naturales creen que hay en cada región?

3 **Apoyo y oposición** En grupos de tres, diseñen un cartel en el que expresen su apoyo u oposición frente a la explotación de los recursos naturales. Tengan en cuenta:

- Los efectos que la explotación de los recursos tiene en la naturaleza
- La política para aprovechar económicamente los recursos
- Los empleos que crea la explotación de los recursos
- La importancia de conservar los recursos para el futuro
- Los costos de importar recursos desde otros países
- Los efectos que la explotación de los recursos tiene en la salud de las personas

Recursos naturales: una salida al mundo

Bolivia y los carros del futuro

Debajo de los desiertos de sal bolivianos se encuentra casi la mitad de las reservas mundiales de litio°, un mineral necesario para la fabricación de las baterías de carros híbridos y eléctricos. De acuerdo con las reformas constitucionales adoptadas en Bolivia en 2009, los pueblos indígenas podrían tener derecho a explotar los minerales que se encuentran debajo de su territorio. ¿Se convertirá Bolivia en la "Arabia Saudita del litio"? ¿Cómo se controlará la explotación de este mineral? ¿Cómo será el diálogo entre las empresas de explotación y el gobierno y el pueblo bolivianos? Son muchos los interrogantes, pero el potencial es enorme.

Los recursos naturales son todos aquellos bienes que hay en la naturaleza y que los humanos pueden aprovechar y cuidar. En Bolivia y Paraguay se reconoce bien su importancia. Por eso, en vez de quejarse por no tener salida al mar, los gobiernos e inversionistas de estos países se han dedicado, en las últimas décadas, a aprovechar estos inestimables° regalos de la madre tierra. Esto ha convertido a Paraguay en una potencia° de generación de electricidad y a Bolivia de extracción de gas natural.

En los años setenta, una de las principales fuentes de energía de Paraguay era la madera. Sin embargo, no se podía decir lo mismo del agua. Al no existir la infraestructura adecuada para producir energía hidráulica, los ríos, como el poderoso Paraná, y sus afluentes° eran desaprovechados. Ante las necesidades energéticas del país, se analizaron las posibilidades de generar energía. Fue entonces cuando se pensó en construir una represa en la frontera con Brasil y permitir a Estados Unidos levantar una central termonuclear en territorio paraguayo. Sin embargo, las propuestas de asociación por parte del gobierno e inversionistas brasileños y argentinos cambiaron el rumbo° de estos proyectos. Se decidió entonces la construcción de tres grandes represas: la del Acaray, la del Itaipú, en compañía con Brasil, y la de Yacyretá, en alianza con Argentina.

La central hidroeléctrica Acaray fue la primera construida en Paraguay. La represa del Itaipú es una de las más grandes del mundo. El 50% corresponde a Paraguay y el otro 50% a Brasil. Por su parte, la central de Yacyretá abastece el 15% de la demanda anual argentina. Estas represas han generado grandes riquezas y han logrado que el país pueda abastecerse a sí mismo y convertirse en el mayor exportador de energía eléctrica del mundo.

Hace unas décadas Bolivia exportaba principalmente metales y soja°. Esto cambió en la década de 1990, con el descubrimiento de grandes yacimientos de gas natural que convirtieron a Bolivia en el segundo país latinoamericano en cuanto a reservas de gas. Bolivia continúa siendo un fuerte exportador agrícola y minero. Entre los metales explotados y exportados se encuentran oro, plata, zinc y estaño°. Sin embargo, el gas natural es el recurso que le ha generado más desarrollo y riquezas y se ha convertido en el producto de exportación principal, siendo Brasil y Argentina los clientes más importantes. Gracias a sus grandes reservas, las regiones del Tarija, Potosí y Santa Cruz han sido las más beneficiadas. Las condiciones de trabajo han mejorado, y quienes empezaron como pequeños productores están expandiendo actualmente sus compañías mineras.

Paraguay y Bolivia han recibido propuestas para ampliar sus mercados a nivel internacional. Esto les abre estupendos horizontes y mercados y, lo más importante, les da a ambos países la oportunidad de sobresalir° como grandes proveedores° de energía. Los convierte en candidatos, ¿por qué no?, a alcanzar poderío económico y social a nivel mundial. ■

litio lithium; *inestimables* invaluable; *potencia* power; *afluentes* tributaries; *rumbo* direction; *soja* soy; *estaño* tin; *sobresalir* excel; *proveedores* suppliers

Análisis

1 **Comprensión** Contesta las preguntas.

1. ¿A qué se han dedicado los gobiernos e inversionistas de Bolivia y Paraguay en las últimas décadas?
2. ¿En qué son potencias Paraguay y Bolivia en la actualidad?
3. Antes de la electricidad, ¿cuál era una de las principales fuentes de energía en Paraguay?
4. ¿Cuáles son las represas que existen en Paraguay?
5. ¿Qué países se asociaron con Paraguay para construir las represas?
6. Anteriormente, ¿cuáles eran los principales productos de exportación de Bolivia?
7. ¿Qué recursos naturales abundan en la tierra boliviana?
8. ¿Cuáles han sido las provincias más beneficiadas con la explotación minera en Bolivia?

2 **Análisis** En parejas, contesten las preguntas y expliquen sus respuestas.

1. ¿Cuáles creen que son los aspectos positivos y negativos de la explotación de los recursos naturales en Bolivia y Paraguay? ¿Por qué?
2. ¿Creen que estos países pueden llegar a ser potencias mundiales si siguen haciendo buen uso de sus recursos? ¿Qué más tendrían que hacer para lograrlo?
3. ¿Conocen otros países donde la explotación y exportación de recursos naturales hayan sido fundamentales para su desarrollo económico y social? ¿Cuáles? ¿Qué recursos tienen?
4. ¿Qué impacto puede tener en Bolivia la explotación del litio? ¿Creen que Bolivia podría convertirse realmente en la "Arabia Saudita del litio"?

3 **Un gran descubrimiento**

A. En grupos de cuatro, imaginen que en su escuela han encontrado un nuevo mineral, hasta ahora desconocido, cuyo uso aún no se ha establecido. Ustedes deben informar al público a través de un periódico. Deben decidir qué uso darle, su nombre y sus características. Sean creativos.

DIARIO CIENTÍFICO

En la escuela ____________, se ha descubierto un nuevo mineral, el cual ha sido llamado ____________. Sus características son ____________...

B. Planeen un anuncio de televisión para invitar a otros países a comprar el mineral que encontraron. Representen el anuncio para la clase.

 Practice more at **vhlcentral.com.**

Preparación

Sobre el autor

Ya desde su juventud, el escritor argentino **Pedro Orgambide** (1929–2003) mostró interés por la literatura social. Publicó sus primeros poemas en 1942 y con tan sólo 19 años publicó su primer libro, *Mitología de la adolescencia* (1948). En 1974, se exilió en México, donde su trayectoria literaria continuó sumando títulos. De vuelta en Argentina en 1983, trabajó como creativo de publicidad y guionista de televisión. Durante la década de los noventa fue especialmente prolífico: novelas, ensayos, biografías, cuentos y prólogos se añaden a la lista, casi interminable (*endless*), de sus publicaciones.

Vocabulario de la lectura	Vocabulario útil
arruinar *to ruin*	**capacitar** *to prepare*
el/la intruso/a *intruder*	**envidioso/a** *envious, jealous*
la máquina *machine*	**la multa** *fine*
el pedazo de lata *piece of junk*	**reemplazar** *to replace*
pegar *to hit*	**sustituir** *to substitute*
sospechoso/a *suspicious*	**la vanguardia** *vanguard*

1 **Vocabulario**

A. Completa cada oración con la palabra correspondiente.

arruinado	multa
envidiosa	sospechoso
máquina	sustituir

1. A nadie se le ocurrió que el acusado más ________ pudiera ser inocente.
2. A Teresa no le gusta que su amiga reciba tantos regalos. Es muy ________.
3. Fue muy duro para ella saber que la iban a ________ por otra persona.
4. No pudo hacer otra cosa más que llorar cuando supo que se había ________.
5. Estacioné mi carro en la esquina y me pusieron una ________.

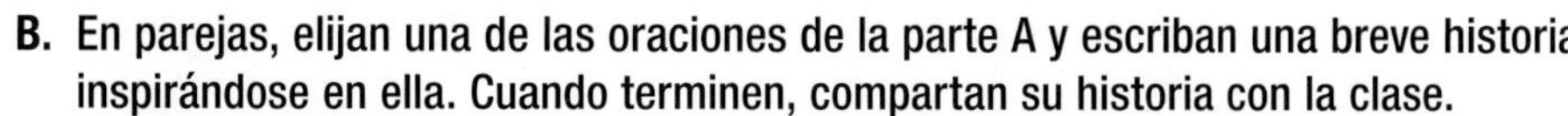

B. En parejas, elijan una de las oraciones de la parte A y escriban una breve historia inspirándose en ella. Cuando terminen, compartan su historia con la clase.

2 **Preguntas** **En parejas, túrnense para contestar las preguntas. Expliquen sus respuestas.**

1. ¿Alguna vez has tenido miedo de que otra persona te sustituya en el puesto de trabajo u ocupe tu lugar?
2. Al llegar a un lugar nuevo, ¿has sentido que tu presencia amenazaba la posición de alguien más? ¿Cómo resolviste la situación?
3. ¿Te consideras envidioso/a o te alegras del bien ajeno (*are you happy for other people*)?

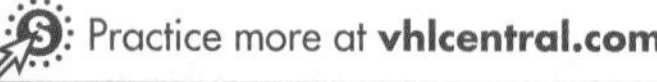

LA INTRUSA

Pedro Orgambide

Sí, confieso que la insulté, Señor Juez, y que le pegué con todas mis fuerzas. Fui yo quien le dio con el fierro. Le gritaba y estaba como loco.

Ella tuvo la culpa, Señor Juez. Hasta entonces, hasta el día que llegó, nadie se quejó de mi conducta. Puedo decirlo con la frente bien alta°. Yo era el primero en llegar a la oficina y el último en irme. Mi escritorio era el más limpio de todos. Jamás me olvidé de cubrir la máquina de calcular, por ejemplo, o de planchar° con mis propias manos el papel carbónico°.

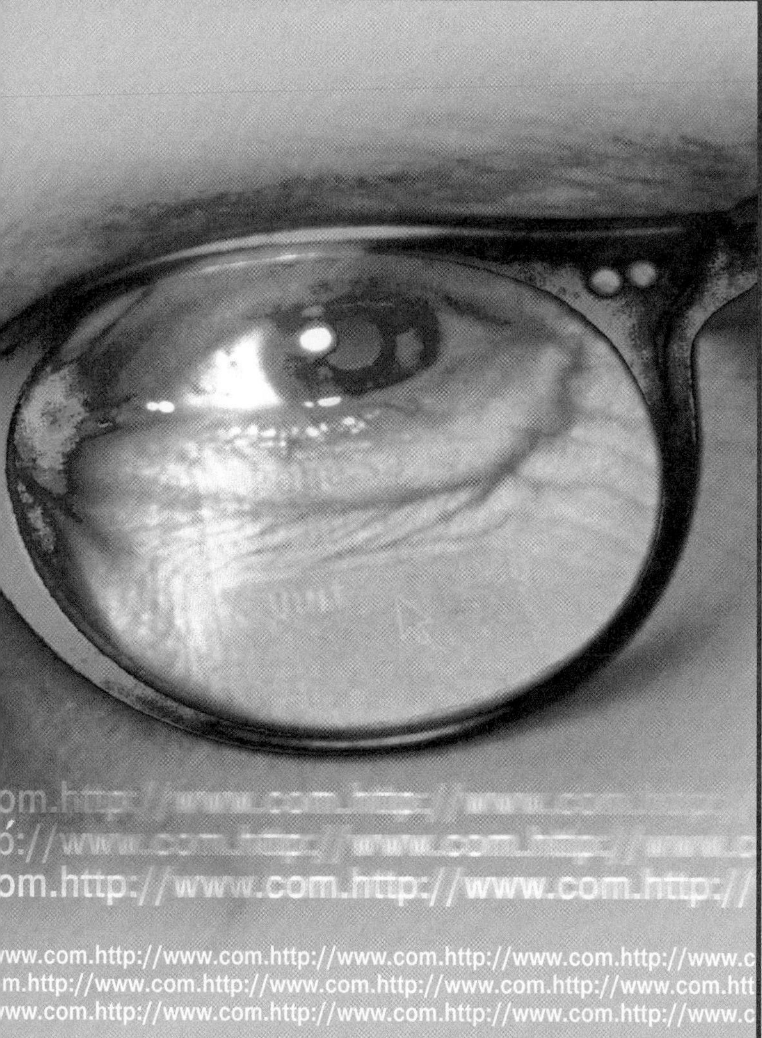

El año pasado, sin ir muy lejos, recibí una medalla del mismo gerente. En cuanto a ésa, me pareció sospechosa desde el primer momento. Vino con tantas ínfulas° a la oficina. Además ¡qué exageración! recibirla con un discurso, como si fuera una princesa. Yo seguí trabajando como si nada pasara. Los otros se deshacían en elogios°. Alguno deslumbrado°, se atrevía a rozarla° con la mano. ¿Cree usted que yo me inmuté° por eso, Señor Juez? No. Tengo mis principios° y no los voy a cambiar de un día para el otro. Pero hay cosas que colman la medida°. La intrusa, poco a poco, me fue invadiendo. Comencé a perder el apetito. Mi mujer me compró un tónico, pero sin resultado. ¡Si hasta se me caía el pelo, señor, y soñaba con ella! Todo lo soporté°, todo. Menos lo de ayer. "González —me dijo el gerente— lamento decirle que la empresa ha decidido prescindir° de sus servicios."

Veinte años, Señor Juez, veinte años tirados a la basura. Supe que ella fue con la alcahuetería°. Y yo, que nunca dije una mala palabra, la insulté. Sí, confieso que la insulté, Señor Juez, y que le pegué con todas mis fuerzas. Fui yo quien le dio° con el fierro°. Le gritaba y estaba como loco. Ella tuvo la culpa°. Arruinó mi carrera, la vida de un hombre honrado°, señor. Me perdí por una extranjera, por una miserable computadora, por un pedazo de lata, como quien dice°. ■

con... *with my head held high*
smooth out
papel... *carbon paper*
arrogance
praise
dazzled
tocarla
me preocupé
principles
colman... *are too much*
tolerated
do without
gossip
hit
metal bar
Ella... *It was her fault.*
honesto
como... *so to speak*

Análisis

1  

Comprensión Contesta las preguntas con oraciones completas.

1. ¿Quién está contando la historia?
2. ¿Qué cosas hacía el hombre para ser considerado un buen empleado?
3. ¿Cómo fue recibida la intrusa en la oficina?
4. ¿Cómo afectó al hombre su llegada?
5. ¿Qué hizo su esposa para ayudarlo?
6. ¿Cuántos años trabajó el hombre en la empresa?
7. ¿Por qué le está dando explicaciones a un juez?
8. ¿Quién es la intrusa?

2

Interpretar Contesta las siguientes preguntas y explica tus respuestas.

1. ¿Crees que el enojo del hombre está justificado?
2. ¿Qué hubieras hecho tú en su lugar?
3. ¿Piensas que la actitud del gerente fue correcta? ¿Por qué?
4. ¿Cuál crees que va a ser la sentencia del juez?
5. ¿Qué técnicas usa Orgambide para engañar (*fool*) al lector?
6. ¿Por qué escoge sorprendernos al final, en lugar de revelar desde el principio la identidad de la intrusa?

3 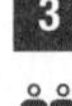

Tecnología En parejas, hagan una lista con los efectos positivos y negativos del uso de la tecnología en el trabajo. Escriban un diálogo en el que cada uno/a de ustedes defienda una posición opuesta. Luego represéntenlo frente a la clase.

Modelo —El correo electrónico facilita mucho el trabajo.
—Sí, pero los empleados pierden mucho tiempo revisando su correo personal.

4 

Escribir Imagina que eres publicista y tienes que escribir un folleto para una campaña publicitaria. Elige el invento que consideres el más importante de los últimos tiempos y escribe todos los detalles que creas necesarios para promoverlo. Usa el futuro, el condicional, los comparativos y superlativos y los tiempos perfectos.

Plan de redacción

Campaña publicitaria

1 **Presentación** Da el nombre técnico del objeto junto con el nombre de la marca. Preséntalo describiendo sus características y usos. Da o inventa también el eslogan del producto.

2 **Exposición** Explica por qué piensas que es tan importante y cómo ha afectado la calidad de vida.

3 **Conclusión** Expresa tus ideas sobre cómo va a evolucionar este invento en el futuro.

 Practice more at **vhlcentral.com.**

El trabajo y las finanzas

El mundo laboral

el almacén *department store; warehouse*
el aumento de sueldo *pay raise*
la compañía *company*
el desempleo *unemployment*
la empresa (multinacional) *(multinational) company*
el horario de trabajo *work schedule*
el impuesto *tax*
el mercado *market*
el presupuesto *budget*
el puesto *position, job*
la reunión *meeting*
el sindicato *labor union*
el sueldo (mínimo) *(minimum) wage*

acosar *to harass*
administrar *to manage, to run*
ascender *to rise, to be promoted*
contratar *to hire*
despedir (e:i) *to fire*
estar a la/en venta *to be for sale*
estar bajo presión *to be under pressure*
exigir *to demand*
ganarse la vida *to earn a living*
jubilarse *to retire*
renunciar *to quit*
solicitar *to apply for*
tener conexiones *to have connections; to have influence*

administrativo/a *administrative*
(in)capaz *(in)capable, (in)competent*
desempleado/a *unemployed*
perezoso/a *lazy*
trabajador(a) *hard-working*

La economía

los ahorros *savings*
la bancarrota *bankruptcy*
la bolsa de valores *stock market*
el cajero automático *ATM*
la crisis económica *economic crisis*
la cuenta corriente *checking account*
la cuenta de ahorros *savings account*
la deuda *debt*
la pobreza *poverty*
la riqueza *wealth*
la tarjeta de crédito *credit card*
la tarjeta de débito *debit card*

ahorrar *to save*
aprovechar *to take advantage of*
cobrar *to charge, to be paid*
depositar *to deposit*
gastar *to spend*
invertir (e:ie) *to invest*
pedir (e:i) prestado *to borrow*
prestar *to lend*

a corto/largo plazo *short-/long-term*
agotado/a *exhausted*
dispuesto/a (a) *ready, willing (to)*
estresado/a *stressed (out)*
exitoso/a *successful*
financiero/a *financial*

La gente en el trabajo

el/la asesor(a) *consultant, advisor*
el/la contador(a) *accountant*
el/la dueño/a *owner*
el/la ejecutivo/a *executive*
el/la empleado/a *employee*
el/la gerente *manager*
el hombre/la mujer de negocios *businessman/woman*
el/la obrero/a *blue-collar worker*
el/la socio/a *partner; member*
el/la vendedor(a) *salesman/woman*

Cortometraje

la afición *hobby*
la angustia *distress*
el/la aspirante *applicant*
la conversación informal *small talk*
la entrevista (laboral) *(job) interview*
el/la entrevistado/a *interviewee*
el/la entrevistador(a) *interviewer*
la mentira *lie*
la plantilla *staff*
la prensa *press*
la valoración *assessment*
la vida laboral *working life*

cumplimentar *to fill in*
estar en paro *to be unemployed*
promocionarse *to be promoted*
quebrar *to go bankrupt*
renovar *to renew*

apto/a *suitable*
capacitado/a *qualified*

Cultura

los bienes *goods*
la cantera *quarry*
la compra *purchase*
el descubrimiento *discovery*
la escasez *shortage*
el gasoducto *gas pipeline*
el/la inversionista *investor*
la represa *dam*
las riquezas *riches*
la venta *sale*
el yacimiento *deposit*

abastecer *to supply*
desaprovechar *to waste, to misuse*
quejarse *to complain*

Literatura

el/la intruso/a *intruder*
la máquina *machine*
la multa *fine*
el pedazo de lata *piece of junk*
la vanguardia *vanguard*

arruinar *to ruin*
capacitar *to prepare*
pegar *to hit*
reemplazar *to replace*
sustituir *to substitute*

envidioso/a *envious, jealous*
sospechoso/a *suspicious*

LECCIÓN 5

El valor de las ideas

Las épocas más difíciles de la historia, como las de guerra y dictadura, muestran a la vez lo peor y lo mejor de la humanidad. La solidaridad y la protección de los derechos humanos, así como la denuncia de la opresión, de la intolerancia y de la falta de libertad, han caracterizado la literatura y el cine de habla hispana contemporáneos. Sin embargo, ¿qué estamos consiguiendo con nuestras reivindicaciones? ¿Cómo podemos estar seguros de que los gobiernos hoy día respetan la libertad y los derechos humanos? ¿Qué más debemos hacer?

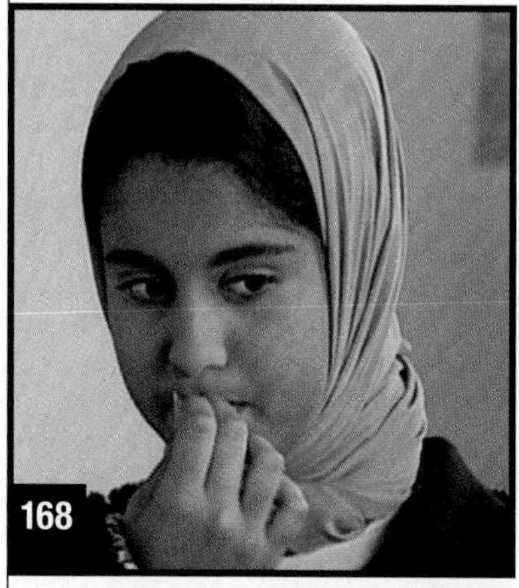
168

172

Blog de un catalán en Colombia

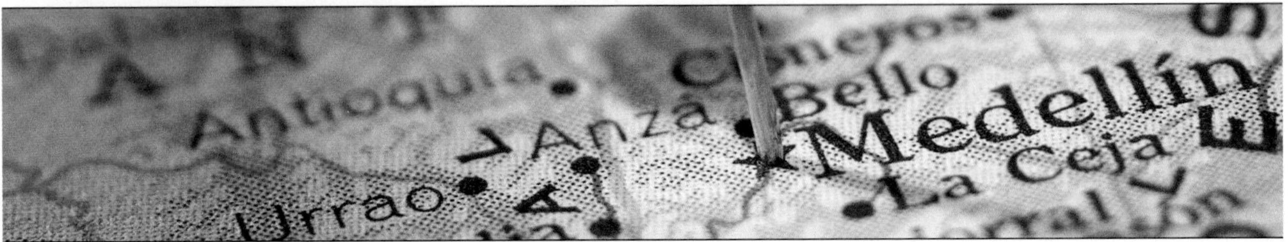

Datos personales

Mi nombre es Javier y nací en Barcelona el 27 de junio de 1988. Vivo en Medellín desde hace dos años. Estudio Administración de Negocios en la EAFIT. Me encanta salir con mis amigos y tocar la guitarra. Mi frase favorita es "Nunca es triste la verdad, lo que no tiene es remedio", de Serrat. Me llevo fatal con las personas falsas y con el análisis matemático. En este blog cuento mis aventuras cotidianas y un montón de cosas que no le interesan a nadie... pero, al fin y al cabo, es mi blog.

Entradas recientes

- Si uno no quiere, dos no pelean
- No es una amenaza, es una promesa
- ¡Mi sobrinito me chantajea!
- La dictadura de los medios de comunicación
- Si yo ganara las próximas elecciones...

¿Nace un activista?

10 de octubre 19:03 por Javier

Esta mañana conocí a dos miembros del partido político estudiantil. Estaban pegando en la universidad carteles de la manifestación del Día de la Raza que se celebrará mañana a las 5 de la tarde. Es una protesta pacífica para defender los derechos humanos de los pueblos indígenas. Para las víctimas de la conquista, el 11 de octubre representó el último día de libertad; a partir de la llegada de Colón, sufrieron abusos, crueldades e injusticias. Debo admitir que me hicieron reflexionar. Nunca había visto el 12 de octubre de ese modo. Cuando vivía en España, este día, llamado allí Día de la Hispanidad, era simplemente un día festivo en el que no tenía escuela. Hace poco me enteré de que los gobiernos de varios países decidieron cambiar el nombre de este día para rendir homenaje a los pueblos originarios. Por ejemplo, en Venezuela ahora celebran el Día de la Resistencia Indígena; en Argentina, el Día del Respeto y la Diversidad Cultural; y en Ecuador, el Día de la Interculturalidad. Si van a la manifestación, ¡búsquenme entre los manifestantes!

El cacique Nutibara, quien enfrentó a los invasores españoles

Comentarios

Rubén L.
Santiago,
Chile

Rubén dice:
10 de octubre 20:07

Gracias por el dato de la marcha, Javier. Yo soy descendiente de mapuches, el principal pueblo indígena de Chile. Aunque pronto seré abogado, la realidad es que pocos estudiantes de mi comunidad llegan a la universidad. Debido a la pobreza y a la falta de recursos, la mayoría tiene sólo estudios primarios y hay un gran número de analfabetos. ¿No es hora de que los políticos pongan fin a estas condiciones desiguales? ¡Estoy de acuerdo en manifestarnos para pelear por nuestros derechos!

Gabriel T.
Asunción,
Paraguay

Gabriel dice:
10 de octubre 23:38

De pequeño, siempre escuché que el 12 de octubre se celebraba el "descubrimiento de América". Desde luego, el cambio de nombre es una gran victoria, ya que en realidad se trató de una conquista mediante el uso de armas y violencia. Para que el mundo deje de ser injusto, primero debemos aprender a respetar a nuestros ancestros. Javier, cuéntanos qué tal fue la manifestación.

María Rosa P.
Managua,
Nicaragua

María Rosa dice:
11 de octubre 10:22

No estoy de acuerdo en juzgar el 12 de octubre como una fecha triste. Significó el encuentro de dos culturas que habían vivido paralelamente sin conocerse. Aunque es cierto que algunos conquistadores buscaban sólo riqueza y poder, sin duda influyeron de manera positiva en América: unieron a muchos pueblos que hablaban lenguas diferentes y estaban continuamente en guerra.

Análisis

Clasificar Lee el blog de Javier y las respuestas de los lectores. Escribe las palabras y expresiones que asocias con estas categorías.

las leyes y los derechos | la política | la gente | la seguridad y la amenaza

Expresiones útiles Fíjate en estas expresiones que los amigos de Javier usan para expresar acuerdo y desacuerdo.

Estoy de acuerdo (en)...	Aunque es cierto que...
Desde luego,...	Sin duda,...
No estoy de acuerdo (en)...	

Aquí tienes otras palabras y expresiones con las que puedes expresar lo mismo:

Tienes razón.	En parte estás en lo cierto, pero...
Efectivamente,...	De ninguna manera...
Yo también/ tampoco creo que...	

Busca en el blog las expresiones del primer recuadro y reescribe las oraciones usando las expresiones del segundo recuadro.

Etiquetas En parejas, elijan al menos seis etiquetas para esta entrada del blog.

______ ______ ______
______ ______ ______

Tu reacción Piensa en una respuesta para el blog de Javier. Luego escribe por lo menos cinco oraciones usando algunas de las palabras y expresiones que has aprendido.

Escribe un comentario...

Publicar

Creencias e ideologías

Las leyes y los derechos

los derechos humanos *human rights*
la desobediencia civil *civil disobedience*
la (des)igualdad *(in)equality*
el/la juez(a) *judge*
la (in)justicia *(in)justice*
la libertad *freedom*
la lucha *struggle, fight*
el tribunal *court*

abusar *to abuse*
aprobar (o:ue) una ley *to pass a law*
convocar *to summon*
defender (e:ie) *to defend*
derogar *to abolish*
encarcelar *to imprison*
juzgar *to judge*

analfabeto/a *illiterate*
(des)igual *(un)equal*
(in)justo/a *(un)fair*
oprimido/a *oppressed*

La política

el abuso *abuse*
la armada *navy*
la bandera *flag*

la creencia *belief*
la crueldad *cruelty*
la democracia *democracy*
la dictadura *dictatorship*
el ejército *army*

el gobierno *government*
la guerra (civil) *(civil) war*
el partido político *political party*
la paz *peace*
el poder *power*
la política *politics*
las relaciones exteriores *foreign relations*
la victoria *victory*

dedicarse a *to devote oneself to*
elegir (e:i) *to elect*
ganar/perder (e:ie) las elecciones *to win/ to lose elections*
gobernar (e:ie) *to govern*
influir *to influence*
votar *to vote*

conservador(a) *conservative*
liberal *liberal*
pacífico/a *peaceful*
pacifista *pacifist*

La gente

el/la abogado/a *lawyer*
el/la activista *activist*
el ladrón/la ladrona *thief*

el/la manifestante *demonstrator*
el/la político/a *politician*

el/la presidente/a *president*
el/la terrorista *terrorist*
la víctima *victim*

La seguridad y la amenaza

la amenaza *threat*
el arma (*f.*) *weapon*
el escándalo *scandal*
la (in)seguridad *(in)security; (lack of) safety*
el temor *fear*
el terrorismo *terrorism*
la violencia *violence*

chantajear *to blackmail*
destrozar *to destroy*
espiar *to spy*
huir *to flee*
pelear *to fight*
secuestrar *to kidnap, to hijack*

Práctica

1

Antónimos Selecciona el antónimo de cada palabra.

bandera	escándalo	perder
derogar	liberal	temor
dictadura	paz	víctima

1. aprobar ______________
2. democracia ______________
3. ganar ______________
4. terrorista ______________
5. guerra ______________
6. conservador ______________

2

¿Cuál es? Indica a qué palabra se refiere cada descripción.

abogada	ladrona	político
armada	manifestante	secuestrar
crueldad	oprimido	tribunal
desobediencia	poder	votar

________ 1. Mujer que defiende a un(a) acusado/a
________ 2. Retener a una persona contra su voluntad para después pedir dinero a cambio de su libertad
________ 3. Que es víctima de una tiranía
________ 4. Hombre cuyo empleo es un cargo público en el gobierno
________ 5. Fuerzas navales de un país
________ 6. Conducta que ignora intencionalmente las reglas o leyes establecidas por una autoridad
________ 7. Persona que toma parte en una protesta a favor de un cambio social
________ 8. Que provoca sufrimiento y temor en una persona o animal
________ 9. Mujer que roba
________ 10. Expresar preferencia por un(a) candidato/a en una elección

3

Titulares En grupos de cuatro, piensen en tres acontecimientos recientes de las noticias. Expliquen cada acontecimiento usando dos palabras de la lista u otras del vocabulario nuevo.

Modelo El partido liberal declaró ayer que pelearía por los derechos de los indígenas.

chantajear	huir	pacifista
destrozar	igualdad	pelear
escándalo	ladrón	político
espiar	liberal	seguridad

Practice more at **vhlcentral.com.**

Preparación

Vocabulario del corto

el/la alumno/a *pupil, student*
el/la chaval(a) *kid, youngster*
confiar *to trust*
el instituto *high school*
laico/a *secular, lay*
musulmán/musulmana *Muslim*
el pañuelo *headscarf*
pegar *to hit*
raro/a *weird*
el rato *a while*
la regla *rule*

Vocabulario útil

la autoridad *authority*
ceder *to give up*
la confianza *trust*
disentir *to dissent, to disagree*
la diversidad *diversity*
la doble moral *double standard*
la hipocresía *hypocrisy*

EXPRESIONES

¿A que no? *I bet not.*
Nos da igual. *It's the same to us.*
¿Eso qué tiene que ver? *What does that have to do with it?*
cómo van las otras *how the others dress*
Venga. *Come on.*

Nota
CULTURAL

El **hiyab** (*hijab*) es un pañuelo usado por muchas musulmanas para cubrirse la cabeza.

1 **Vocabulario** Empareja cada palabra de la columna B con la definición correspondiente de la columna A. Después, escribe tres oraciones usando las palabras.

A	B
____ 1. No afiliado a una religión	a. ceder
____ 2. Tener fe en la discreción e intenciones de alguien	b. chaval
____ 3. Tener una opinión distinta	c. confiar
____ 4. Muchas musulmanas lo llevan en la cabeza	d. disentir
____ 5. Abandonar, renunciar	e. pañuelo
____ 6. Niño o joven	f. laico

2 **Preparación** En parejas, contesten estas preguntas.

1. ¿Qué es lo primero que notan al ver a una persona?
2. Consideren este dicho: "La primera impresión es lo que cuenta". ¿Les parece que es verdad? ¿Por qué?
3. ¿Alguna vez se formaron una impresión equivocada de una persona a partir de su aspecto físico? Expliquen.
4. ¿Cómo deciden cada día qué ropa se van a poner? ¿Qué factores influyen en la selección?

3 **Fotograma** En parejas, observen el fotograma y contesten las preguntas.

1. ¿De dónde es la joven? ¿En qué país vive?
2. ¿Cuál es su estado de ánimo (*mood*)? ¿Qué está pensando?
3. ¿Quién es la mujer? ¿Qué relación tiene con la joven?
4. ¿Dónde se encuentran? ¿De qué hablan?

Nominado al
Premio Goya
2006

Hiyab

Guion, dirección y producción ejecutiva **XAVI SALA** Jefa de producción **NAGORE OLCOZ AYTE**
Director de fotografía **IGNACIO GIMÉNEZ-RICO** Montaje **NINO MARTÍNEZ SOSA** Director de arte **LUIS E. PARÉS**
Sonido **ALEX F. CAPILLA** Asistente de dirección **TOMÁS SILBERMAN** Música **COKE RIOBÓO**
Peluquería, maquillaje **ÁFRICA DE LA LLAVE** Vestuario **SOUMIA DADI** Diseño gráfico **MIREILLE AZNAR**
Actores **ANA WAGENER, LORENA ROSADO, JOSÉ LUIS TORRIJO**

ESCENAS

ARGUMENTO *La directora de un instituto intenta convencer a una nueva alumna de que se quite el hiyab. La joven se resiste.*

Nota CULTURAL

La costumbre de cubrir la cabeza de las mujeres no es exclusiva del Islam. También se practica en la religión cristiana y en la judía, y está relacionada con la modestia y la pureza. Algunos países europeos han limitado el uso de "símbolos ostensibles°" como el hiyab, la kipá° y los crucifijos en las escuelas públicas. Sin embargo, se permiten "símbolos discretos" como medallas, cruces pequeñas, estrellas de David y manos de Fátima. Aunque la razón para estas restricciones (convivir en una sociedad diversa) tiene que ver con el orden público y no se trata de una limitación de la libertad de conciencia, las restricciones han sido objeto de controversia.

ostensibles *conspicuous* **kipá** *skullcap worn by some Jewish men*

1

BELÉN Fátima, lo que intento explicarte es que ésta es una escuela laica y todos somos iguales. No queremos diferencias entre los alumnos, ¿entiendes?

2

BELÉN El pañuelo está bien para la calle, para tu casa, pero para aquí no.
FÁTIMA Pero en casa me lo quito...
BELÉN Y aquí también tienes que hacerlo.

3

BELÉN ¿Qué pasa, que tus padres te pegan si no lo llevas?
FÁTIMA Ellos también quieren que me lo quite.

4

BELÉN Estarías muy guapa si te lo quitas.
FÁTIMA Pero a mí me gusta llevarlo.
BELÉN Y me parece muy bien, cariño[1], pero para cuando salgas del instituto.

5

BELÉN ¿Tú has visto a alguien aquí que lo lleve? Pues por eso. Venga, Fátima, confía en mí.

6

PROFESOR Ésta es Fátima, es nueva y quiero que la tratéis como a una más de la clase. ¿Está claro?

[1] *sweetheart*

Análisis

Comprensión Contesta las preguntas con oraciones completas.

1. ¿Quiénes son Fátima y Belén?
2. ¿De qué hablan la joven y la directora?
3. ¿Qué quiere la directora que haga Fátima?
4. ¿Qué piensan los padres de Fátima del hiyab?
5. ¿Por qué lleva Fátima hiyab?
6. ¿Qué argumentos utiliza Belén para convencer a Fátima? Menciona dos.
7. ¿Qué les dice el profesor a sus alumnos cuando les presenta a Fátima?
8. ¿Cómo se visten los compañeros de clase?

Contextos En parejas, comenten estas citas extraídas del cortometraje. Expliquen la importancia que tiene cada una dentro de la historia.

> “Pues que la libertad de culto, pensamiento y todo eso se nos iría a la basura”. **DIRECTORA**

> “Ellos también quieren que me lo quite”. **FÁTIMA**

> “Pero a mí me gusta llevarlo”. **FÁTIMA**

> “... ésta es Fátima, es nueva y quiero que la tratéis como a una más de la clase”. **PROFESOR**

La obediencia y la autoridad En grupos de cuatro, contesten las preguntas.

1. “Las reglas son las reglas”. ¿Piensan que una figura de autoridad tiene poder de decisión frente a las reglas?
2. ¿Alguna vez tuvieron problemas en la escuela, una institución religiosa u otro lugar público por algo que llevaban o que habían hecho? ¿Cómo reaccionaron? ¿Les parece que hicieron lo correcto? ¿Por qué?
3. ¿Qué es más importante: obedecer o mantenerse fiel a sus propios principios? ¿Dónde está el límite? ¿Hasta qué punto es necesario confiar en la autoridad de los superiores?
4. ¿Qué tipo de desobediencia les parece aceptable?

Obediencia En parejas, elijan un personaje que haya desobedecido un mandato del orden establecido, como Gandhi, Nelson Mandela o Rosa Parks. Improvisen un diálogo entre ese personaje y otro que represente la autoridad. Expongan ambos puntos de vista, incluyendo las razones y el precio de la desobediencia. Representen su diálogo ante la clase.

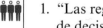

 Practice more at **vhlcentral.com.**

IMAGINA

El Canal de Panamá

La Panamericana

Imagina un viaje en automóvil por **Centroamérica**. Comenzarías en **Panamá** y terminarías en **Guatemala**, al sur de México. Al final de tu viaje habrás recorrido unos 2.500 kilómetros (1.553 millas), visitado seis países hispanohablantes y conocido sus capitales: **Ciudad de Panamá**, **San José**, **Managua**, **Tegucigalpa**, **San Salvador** y **Ciudad de Guatemala**. También habrás admirado volcanes humeantes[1], como el **Volcán Poás** en Costa Rica, y las ruinas mayas de **Tikal** y **Copán** en Guatemala y Honduras, respectivamente.

La ruta ideal para realizar esta odisea es la **carretera**[2] **Panamericana**, o simplemente **la Panamericana**. En principio, esta carretera conecta todo el continente americano, desde la Patagonia hasta Alaska. Sin embargo, los fenómenos naturales han destruido algunos tramos[3] y existe uno que aún no está construido. Entre Panamá y Colombia, en el **Tapón del Darién**, hay unos 90 kilómetros (56 millas) de densa selva montañosa que interrumpen la continuidad de la ruta[4] intercontinental.

¡Arranquemos! Nuestra primera parada es el **Canal de Panamá**, uno de los proyectos de transporte más ambiciosos del siglo XX. Fue propiedad de los Estados Unidos hasta 1999.

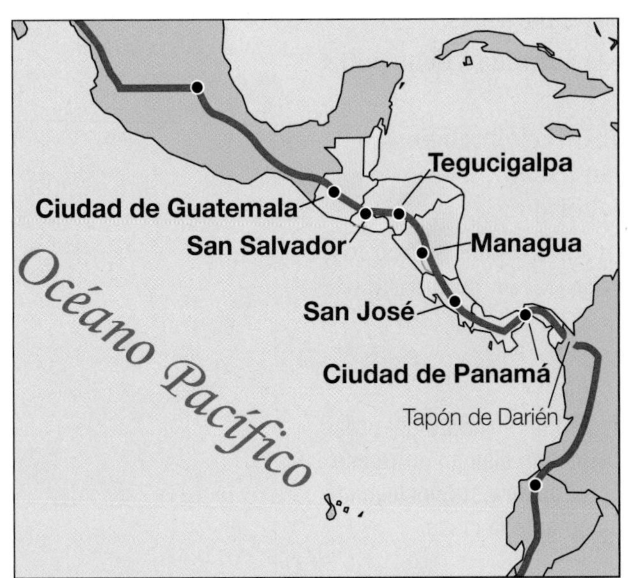

En la actualidad, más de 14.000 buques[5] pasan cada año de un océano a otro a través del canal.

De Panamá nos dirigimos a Costa Rica, a visitar el **Parque Nacional Chirripó**. Subimos al cerro Chirripó, palabra indígena que significa "tierra de aguas eternas", de unos 3.800 metros (12.467 pies) de altura. En el camino[6] vemos una gran variedad de animales, como jaguares, tapires y quetzales.

Desde Managua, capital de **Nicaragua**, hacemos una excursión al **lago de Nicaragua**. Es el único lago donde subsisten tiburones[7] que se adaptaron al agua dulce[8] del lago hasta poder reproducirse en él.

Continuamos en el segundo arrecife[9] de coral más grande del mundo: las **Islas de la Bahía**, en la costa norte de Honduras. El 95% de las especies de coral del **Caribe** se encuentran en esta región. Las tres islas de **Roatán**, **Guanaja** y **Utila** son algunas de las atracciones turísticas más populares.

Seguimos por **El Salvador**, donde probamos las famosas **pupusas**. Por todas partes encontrarás *pupuserías* que preparan estas delicias, similares a una tortilla gruesa[10] y blanda, rellenas de queso, pollo o cerdo.

Finalmente, en Guatemala visitamos las ruinas de **Tikal**, una de las ciudades más importantes de la civilización **maya**.

AMÉRICA

Miles de turistas las visitan anualmente, pero también millones de personas las han visto porque aparecen como la base rebelde en la película original de *La guerra de las galaxias*[11].

1 *smoldering* 2 *highway* 3 *stretches* 4 *road* 5 *ships* 6 **En el...** *On the way* 7 *sharks* 8 **agua...** *fresh water* 9 *reef* 10 *thick* 11 *Star Wars*

El español de Centroamérica

los abarrotes	provisiones; *groceries* (Guat., Pan.)
el agua	refresco; *soda, soft drink* (Guat.)
el cartucho	bolsa; *(plastic) bag* (Pan.)
chivísimo	fantástico; *great, cool* (E.S.)
el fresco	refresco; *soft drink* (C.R., Hond.)
fulear	poner gasolina; *to get gas* (Nic.)
la pulpería	bodega; *grocery store* (C.R., Hond., Nic.)

Expresiones

hacer gallo	acompañar; *to accompany* (E.S.)
¡Pura vida!	¡Muy bien!; *Great!* (C.R.)
ser de alante	ser valiente; *to be brave* (Pan.)

¡Celebremos las tradiciones!

Semana Santa La celebración de **Semana Santa** en **Antigua, Guatemala,** es una tradición viva. Cientos de personas participan en las procesiones y ayudan a llevar las carrozas[1], que pesan 3,5 toneladas[2]. La gente decora las ventanas y las iglesias para la procesión, pero lo más extraordinario de la celebración son las alfombras[3] que cada año se hacen a mano con aserrín[4] teñido[5] de colores vivos y con pétalos de flores.

Día de la independencia **Costa Rica** tiene una de las más antiguas democracias del continente americano. Este país tiene la reputación de ser la "Suiza" de América. Su expresidente, Óscar Arias Sánchez (1986–1990 y 2006–2010), recibió el **Premio Nobel de la Paz**[6]. Costa Rica celebra su **día de independencia** de España, junto con los demás países centroamericanos, excepto Panamá, el 15 de septiembre, con desfiles[7] patrióticos y música. Los niños llevan linternas hechas a mano a estas fiestas llenas de color.

Carnavales La popularidad de los carnavales en **Panamá** es comparable con la de los famosos carnavales brasileños. Celebradas en **Panamá** desde principios del siglo XX, estas grandiosas fiestas duran cuatro días y cinco noches. Los panameños disfrutan de desfiles magníficos, carrozas espectaculares, máscaras[8], disfraces[9] de todo tipo y comida variada. Las celebraciones más grandes tienen lugar en la **Ciudad de Panamá** y en **Las Tablas**.

San Jerónimo El pueblo de **Masaya** en **Nicaragua** es conocido por el festival que celebra al santo patrón, **San Jerónimo**. La fiesta, de unos 80 días, comienza el 20 de septiembre con **"el Día de la Bajada"**[10] de la imagen de San Jerónimo, y no termina hasta la primera semana de diciembre. Con bailes folklóricos, música, flores y rica comida, esta fiesta colorida integra tradiciones indígenas con el catolicismo.

1 *floats* 2 *tons* 3 *carpets* 4 *sawdust* 5 *dyed* 6 **Premio...** *Nobel Peace Prize* 7 *parades* 8 *masks* 9 *costumes* 10 **Día de...** *(Day when the saint is brought down)*

GALERÍA DE CREADORES

PINTURA **Armando Morales**

El nicaragüense Armando Morales, nacido en 1927, es un pintor contemporáneo que disfruta de fama internacional. Sus creaciones artísticas incluyen desnudos femeninos, escenas cotidianas, naturalezas muertas (*still lifes*) y representaciones de hechos históricos que nacen de las imágenes de sus recuerdos. *Desnudo sentado* (1971); *Bodegón, ciruela y peras* (1981); *Bañistas en la tarde y coche* (1984); *Adiós a Sandino* (1985) y *Selva* (1987) son cinco de sus obras más conocidas. Aquí vemos el cuadro titulado *Dos peras en un paisaje* (1973).

LITERATURA **Gioconda Belli**

El compromiso sociopolítico y la lucha por la liberación de la mujer son las líneas temáticas que marcan la obra de la poeta y novelista nicaragüense Gioconda Belli. *Línea de fuego,* libro de poemas con el que obtuvo el prestigioso Premio Casa de las Américas en 1978 y *La mujer habitada* (1988) sobresalen (*stand out*) entre sus obras más leídas. En 2010, su última novela, *El país de las mujeres,* ganó el Premio Hispanoamericano de Novela "La otra orilla".

ARTESANÍA **La mola**

En las islas panameñas del Archipiélago San Blas viven los kunas. Esta tribu indígena es conocida por la mola, su creativa expresión artística que realizan casi exclusivamente las mujeres. La mola es un tipo de bordado (*embroidery*) intrincado que adorna las blusas de las mujeres kuna y que forma parte de su vestido tradicional. Además de blusas, las molas pueden adornar cualquier cosa que la imaginación desee. Aunque los motivos (*motifs*) más populares son los diseños geométricos y elementos del mundo natural, también son frecuentes los diseños modernos. Las molas no son sólo atractivas para los turistas; muchas son verdaderas piezas de arte muy preciadas (*valued*) entre los coleccionistas.

PINTURA **Mauricio Puente**

Mauricio Puente nació en El Salvador en 1918 y actualmente reside en los Estados Unidos. Pintor autodidacta, empezó a pintar a los siete años y siempre ha explorado su pasión por la pintura. A lo largo de los años ha cultivado un estilo muy personal que podemos admirar en sus cuadros en galerías de arte de todo el mundo. Su especialidad son las acuarelas (*watercolors*) y los óleos; domina a la perfección la técnica de la espátula (*palette knives*) y su talento para dibujar es admirable. La obra *Caserío* muestra un paisaje salvadoreño y es un ejemplo representativo de su estilo.

 **CONEXIÓN INTERNET**

En **vhlcentral.com** encontrarás más información y actividades relacionadas con esta sección.

¿Qué aprendiste?

Cierto o falso Indica si estas afirmaciones son ciertas o falsas. Corrige las falsas.

1. La Panamericana pasa por tres países de Centroamérica.
2. En el lago de Nicaragua hay tiburones.
3. Armando Morales y Mauricio Puente son pintores nicaragüenses.
4. El 28 de marzo Costa Rica celebra su día de la independencia de España.
5. El festival de San Jerónimo en Masaya, Nicaragua, dura aproximadamente ochenta días.
6. La mola es una expresión artística que realizan los mayas.

Preguntas Contesta las preguntas.

1. ¿En qué estilos se especializa el pintor salvadoreño Mauricio Puente?
2. ¿De qué se rellenan las pupusas?
3. ¿De qué están hechas las alfombras en la celebración de Semana Santa en Antigua, Guatemala?
4. ¿Cuáles son los carnavales más grandes de Panamá?
5. ¿Qué líneas temáticas caracterizan la obra de Gioconda Belli?
6. ¿Qué artista de la Galería te interesa más? ¿Por qué?

PROYECTO

Odisea por Centroamérica

Organiza una travesía por las seis capitales centroamericanas que se mencionan en el artículo. Antes de empezar el viaje investiga toda la información que necesites en Internet.

- Explora una atracción importante por su valor histórico, cultural o natural en cada capital.
- Escribe una entrada en tu diario para la atracción que explores en cada capital.
- Explica tu aventura a tus compañeros/as de clase. Cuéntales lo que viste y aprendiste, léeles tus impresiones y muéstrales fotos de los lugares que visitaste.

MINIPRUEBA

Completa las oraciones con la información correcta y demuestra lo que aprendiste sobre Centroamérica.

1. En 2010, Gioconda Belli publicó su ______, *El país de las mujeres.*
   a. autobiografía b. última novela c. colección de poemas
2. La carretera Panamericana recorre desde ______ hasta Alaska.
   a. el Volcán Poás b. Copán c. la Patagonia
3. El ______ es un obstáculo para la continuidad de la Panamericana.
   a. Canal de Panamá b. Chirripó c. Tapón del Darién
4. *Chirripó* es una palabra indígena que significa tierra de ______.
   a. aguas eternas b. sal y oro c. jaguares
5. En Panamá, un cartucho es ______.
   a. una bodega b. un refresco c. una bolsa
6. Además de diseños geométricos y elementos del mundo natural, también se ven ______ en las molas.
   a. diseños modernos b. figuras políticas c. pequeñas esculturas
7. La gente decora las ventanas y las iglesias para la ______ de Semana Santa en Antigua.
   a. alfombra b. flor c. procesión
8. A Costa Rica se le conoce como la ______ de América.
   a. "Suiza" b. "España" c. "Francia"
9. Los carnavales se celebran en Panamá desde ______ del siglo XX.
   a. finales b. mediados c. principios
10. Las creaciones artísticas de Armando Morales incluyen escenas cotidianas y ______.
    a. literarias b. naturalezas muertas c. retratos de celebridades
11. Mauricio Puente domina la técnica ______.
    a. del fresco b. de la espátula c. de la poesía

En pantalla

Video: *En pantalla*

Vocabulario

los cultivos *crops*	**repartido/a** *distributed*
la fogata *bonfire*	**el rito** *ritual*
invocar *to invoke*	**el sacerdote** *priest*
la Nochevieja *New Year's Eve*	**el venado** *deer*

La civilización maya se extendió por el sur de Yucatán, Guatemala, Honduras, Belice y El Salvador entre los siglos III y XV. Su cultura fue una de las de mayor trascendencia en Mesoamérica. Dominaban el lenguaje escrito, eran hábiles arquitectos, comerciantes y talentosos artistas. Sus avances en astrología y ciencias exactas son un legado (*legacy*) mundial. Esta civilización nunca desapareció, pues sus descendientes aún viven en Guatemala y parte de México. A pesar de la mezcla de las culturas indígena y europea, y a pesar de que el pueblo guatemalteco ha sufrido guerras y dictaduras, muchos guatemaltecos han mantenido vivas sus tradiciones prehispánicas. En este reportaje se muestra cómo los guatemaltecos celebran con ritos ancestrales el inicio del año 5126 de la nueva era maya.

Conexión personal ¿De qué manera festejas el comienzo del año? ¿Con quiénes te reúnes? ¿Cuánto dura la celebración? ¿Cuáles son las costumbres de tu familia?

1 **Comprensión** Contesta las preguntas.

1. ¿Quiénes participan en esta celebración?
2. ¿Qué pidieron los participantes?
3. ¿Cómo se calcula el año nuevo?
4. ¿Cómo está compuesto el año maya?
5. ¿Cuál es el rito de la celebración?

2 **Expansión**

A. En grupos de tres, investiguen sobre la celebración del Año Nuevo en otra cultura. Expliquen:

- Cuándo comienza y cuándo termina la celebración.
- Cuáles son sus orígenes.
- Quiénes se reúnen y cuáles son las costumbres.
- Por qué calendario se rige (*is it governed by*) y cómo está distribuido el año.
- ¿Cuáles creen que son las ventajas y desventajas de mantener varios calendarios dentro de un mismo país?

B. Presenten un informe a la clase.

Indígenas guatemaltecos celebran el inicio del año 5126 de la nueva era

La ceremonia fue celebrada en el centro ceremonial Kaminal Juyú, en el oeste de la capital guatemalteca.

Los participantes invocaron a sus abuelos, al corazón (*heart*) de la tierra y al corazón del cielo.

El 5126 será el año del *Kej*, o venado.

Los sacerdotes y ancianos se reúnen alrededor de una fogata de velas de colores con miel y azúcar, y con inciensos de diferentes tipos, especias, café, cacao, resina, tabaco, licores y flores.

Practice more at **vhlcentral.com.**

Presentation

5.1

The past subjunctive

Forms of the past subjunctive

- The past subjunctive (**el pretérito imperfecto del subjuntivo**) of all verbs is formed by dropping the **-ron** ending from the **ustedes/ellos/ellas** form of the preterite and adding the past subjunctive endings.

The past subjunctive

caminar (caminaron)	perder (perdieron)	vivir (vivieron)
caminara	perdiera	viviera
caminaras	perdieras	vivieras
caminara	perdiera	viviera
camináramos	perdiéramos	viviéramos
caminarais	perdierais	vivierais
caminaran	perdieran	vivieran

Queríamos que el gobierno **respetara** los derechos humanos.
*We wanted the government **to respect** human rights.*

Me pareció increíble que los liberales **perdieran** las elecciones.
*I thought it was unbelievable that the liberals **lost** the election.*

Nos sorprendió que el gobierno no **supiera** cómo reaccionar ante la amenaza.
*It surprised us that the government did not **know** how to react to the threat.*

- Verbs that have stem changes, spelling changes, or irregularities in the **ustedes/ellos/ellas** form of the preterite have those same irregularities in all forms of the past subjunctive.

infinitive	preterite form	past subjunctive forms
pedir	**pidieron**	**pidiera, pidieras, pidiera, pidiéramos, pidierais, pidieran**
sentir	**sintieron**	**sintiera, sintieras, sintiera, sintiéramos, sintierais, sintieran**
dormir	**durmieron**	**durmiera, durmieras, durmiera, durmiéramos, durmierais, durmieran**
influir	**influyeron**	**influyera, influyeras, influyera, influyéramos, influyerais, influyeran**
saber	**supieron**	**supiera, supieras, supiera, supiéramos, supierais, supieran**
ir/ser	**fueron**	**fuera, fueras, fuera, fuéramos, fuerais, fueran**

- There is an alternate set of past subjunctive endings that is also used in Spain and other parts of the Spanish-speaking world: **-se, -ses, -se, -semos, -seis, -sen.** You will also see these forms in literary texts.

Mariano me pidió que **fuera/fuese** con él al tribunal.
*Mariano asked me **to go** to court with him.*

Nadie creyó que **estuviéramos/estuviésemos** entre los manifestantes.
*No one believed that **we were** among the demonstrators.*

TALLER DE CONSULTA

This additional grammar topic is covered in the **Manual de gramática, Lección 5**.

5.4 Relative pronouns, pp. A14–A16.

See **1.3**, **pp. 26–27** for the preterite forms of regular, irregular, and stem-changing verbs.

¡ATENCIÓN!

The past subjunctive is also referred to as the imperfect subjunctive (**el imperfecto del subjuntivo**).

The **nosotros/as** form of the past subjunctive always takes a written accent.

The imperfect

- The imperfect tense in Spanish is used to narrate past events without focusing on their beginning, end, or completion.

*—Mis padres también me pidieron que me lo **quitara**.*

Present time	Past time
Ellos sugieren que **vayamos** a la reunión. *They suggest that we go to the meeting.*	Ellos sugirieron que **fuéramos** a la reunión. *They suggested that **we go** to the meeting.*
Espero que no **tengan** problemas con la policía. *I hope they won't **have** any trouble with the police.*	Esperaba que no **tuvieran** problemas con la policía. *I was hoping they wouldn't **have** any trouble with the police.*
Necesitamos un presidente que **apoye** nuestra causa. *We need a president who **will support** our cause.*	Necesitábamos un presidente que **apoyara** nuestra causa. *We needed a president who **would support** our cause.*
Tú la defiendes aunque **sea** culpable. *You defend her even though **she's** guilty.*	Tú la defendiste aunque **fuera** culpable. *You defended her even though **she was** guilty.*

- Use the past subjunctive after the expression **como si** (*as if*).

Habla de la guerra **como si no le importara**.
*He talks about the war **as if he didn't care**.*

¿Por qué siempre me andas espiando **como si fuera** un ladrón?
*Why do you always go around spying on me **as if I were** a thief?*

Reaccionarán **como si trajéramos** malas noticias.
*They will react **as if we brought** bad news.*

Me saludó **como si no me conociera**.
*She greeted me **as if she didn't know me**.*

- The past subjunctive of **querer** is commonly used to make polite requests, to express wishes, or to soften statements.

Quisiera verlos hoy, por favor.
***I'd like** to see you today, please.*

Quisiéramos paz y justicia para nuestro pueblo.
***We wish for** peace and justice for our people.*

TALLER DE CONSULTA

The past subjunctive is also frequently used in **si** clauses. See **6.3, pp. 222–223**.

¿Tú te imaginas qué pasaría si a cada uno se le ocurriera venir vestido de acuerdo con su religión?
Can you imagine what would happen if everyone decided to come dressed according to his or her religion?

¡ATENCIÓN!

When using the past subjunctive of **querer** or the conditional of any verb in a main clause, use the past subjunctive in the subordinate clause.

Quisiéramos que volvieran mañana.
We'd like you to return tomorrow.

Sería mejor que me dijeras la verdad.
It would be better for you to tell me the truth.

Práctica

1 **Viñas de Chile** Completa este correo electrónico que Manu le escribe a su madre. Usa el pretérito imperfecto del subjuntivo.

De: Manuel <manu89@micorreo.com>
Para: Ángela <ang_esr@micorreo.com>
Asunto: Re: Chile

Hola, mamá:

¿Qué tal? Al final ayer fui a la viña y conocí al viticultor (*winegrower*) que trabaja allí, como me pediste. Me dio consejos muy útiles. Me dijo que era importante que nosotros (1) __________ (poner) el vino en un lugar oscuro. Me sugirió que lo (2) __________ (guardar) en el sótano (*basement*). También me recomendó que (3) __________ (mantener) el sótano con un nivel de humedad de un 70%. Y claro, me dijo que sólo (4) __________ (comprar) vinos de calidad, como los chilenos o argentinos. A mí me pareció curioso que me (5) __________ (aconsejar) comprar vinos argentinos, porque otros chilenos con los que hablé me pidieron que nunca los (6) __________ (comprar). ¿Qué piensas? Ya hablé con papá esta mañana y me dijo que (7) __________ (hablar) contigo. Yo creo que con estos consejos podemos vender el vino en la tienda sin problemas.

Un beso,

Manuel

Nota
CULTURAL

Los **vinos** producidos en **Chile** son reconocidos en todo el mundo por su gran calidad. En el siglo XVI, el conquistador **Francisco Aguirre** plantó las primeras viñas (*vines*) del país. Hoy, el corazón de la producción vinícola se encuentra en los valles alrededor de **Santiago**, zona ideal para el cultivo de la uva por su clima.

2 **¿Qué le pidieron?** Lucía Ríos es rectora de una universidad. En parejas, usen la tabla para preparar un diálogo en el que ella cuenta lo que le pidieron el primer día de clases.

Modelo —¿Qué le pidió su secretaria?
—Mi secretaria me pidió que le diera menos trabajo.

los profesores	me pidió que	construir un estadio nuevo
los estudiantes	me pidieron que	hacer menos ruido
el club ecologista		plantar más árboles
los vecinos de la universidad		dar más días de vacaciones
el entrenador del equipo de fútbol		comprar más computadoras

3 **Dueño estricto** El dueño del nuevo apartamento donde tu compañero/a y tú van a vivir es muy estricto. En parejas, túrnense para comentar las reglas que les pidió que siguieran.

Modelo **No cocinar comidas aromáticas**
—El dueño me dijo que no cocináramos comidas aromáticas.
—Pues a mí me pidió que no...

1. No usar la calefacción en abril.
2. Limpiar los pisos dos veces al día.
3. No recibir visitas en el apartamento después de las 10 de la noche.
4. Pintar las paredes una vez al año.
5. Sacar la basura todos los días.
6. No encender las luces antes de las 8 de la noche.

Practice more at **vhlcentral.com.**

Comunicación

4 **De niño** En parejas, háganse estas preguntas sobre su niñez. Después, añadan información adicional usando un verbo distinto en el pretérito imperfecto del subjuntivo.

Modelo **—¿Esperabas que tus padres te compraran videojuegos?**

—Sí, y también esperaba que me dieran más independencia./ No, pero esperaba que me llevaran al cine todos los sábados.

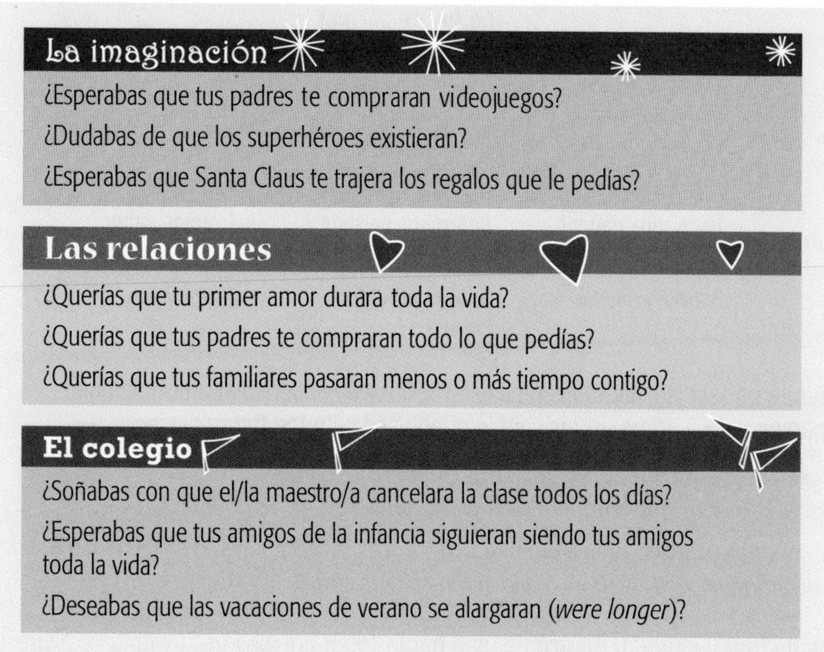

La imaginación

¿Esperabas que tus padres te compraran videojuegos?

¿Dudabas de que los superhéroes existieran?

¿Esperabas que Santa Claus te trajera los regalos que le pedías?

Las relaciones

¿Querías que tu primer amor durara toda la vida?

¿Querías que tus padres te compraran todo lo que pedías?

¿Querías que tus familiares pasaran menos o más tiempo contigo?

El colegio

¿Soñabas con que el/la maestro/a cancelara la clase todos los días?

¿Esperabas que tus amigos de la infancia siguieran siendo tus amigos toda la vida?

¿Deseabas que las vacaciones de verano se alargaran (*were longer*)?

5  **¿Qué sucedió?** **En parejas, preparen una conversación inspirada en esta situación. Utilicen el pretérito imperfecto del subjuntivo. Después, represéntenla ante la clase.**

Rosaura y Orlando fueron de viaje a Francia el año pasado. Rosaura se enojó con Orlando porque él se quedó en el hotel y no quiso acompañarla a esquiar. A ella le encanta el esquí, pero a él no. Ahora están planeando otras vacaciones y peleando sobre lo que pasó durante las últimas.

Modelo **ROSAURA** Quería que tú me acompañaras.

ORLANDO Era importante que tú entendieras mis gustos.

5.2

The future perfect and the conditional perfect

The future perfect

- The future perfect tense (**el futuro perfecto**) is formed with the future of **haber** and a past participle.

The future perfect

ganar	perder	salir
habré ganado	habré perdido	habré salido
habrás ganado	habrás perdido	habrás salido
habrá ganado	habrá perdido	habrá salido
habremos ganado	habremos perdido	habremos salido
habréis ganado	habréis perdido	habréis salido
habrán ganado	habrán perdido	habrán salido

- The future perfect is used to express what *will have happened* at a certain point. The phrase **para** + [*time expression*] is often used with the future perfect.

Para el mes que viene, ya **se habrá celebrado** el juicio.
***By** next month, the trial **will have been held**.*

El partido político **habrá elegido** a su representante **para** las 8 de la tarde.
*The political party **will have chosen** its representative **by** 8 p.m.*

- **Antes de (que), cuando, dentro de,** and **hasta (que)** are also used with time expressions or other verb forms to indicate *when* the action in the future perfect *will have happened.*

Cuando lleguemos al estadio, ya **habrá empezado** el partido.
***When** we get to the stadium, the game **will have** already **started**.*

Lo **habré terminado dentro de** dos horas.
***I will have finished** it **within** two hours.*

La ley **se habrá aprobado antes de que** el nuevo presidente asuma el poder.
*The law **will have been approved before** the new president takes office.*

TALLER DE CONSULTA

To review the subjunctive after conjunctions of time or concession, see **3.3, pp. 106–107.**

To express probability regarding present or future occurrences, use the future tense. See **4.1, pp. 136–138**.

- The future perfect may also express supposition or probability regarding a past action.

*¿Qué **habrá pensado** Fátima al ver a sus compañeros?*

¿Habrán ganado las elecciones?
I wonder if they've won the election.

Carlos **habrá recibido** quinientos votos, por lo menos.
*I'm sure Carlos **will have received** at least five hundred votes.*

The conditional perfect

*Fátima **habría preferido** llevar el pañuelo en clase.*

- Following a similar pattern, the conditional perfect (**el condicional perfecto**) is formed with the conditional of **haber** and a past participle.

The conditional perfect

tomar	correr	subir
habría tomado	**habría corrido**	**habría subido**
habrías tomado	**habrías corrido**	**habrías subido**
habría tomado	**habría corrido**	**habría subido**
habríamos tomado	**habríamos corrido**	**habríamos subido**
habríais tomado	**habríais corrido**	**habríais subido**
habrían tomado	**habrían corrido**	**habrían subido**

TALLER DE CONSULTA

To review irregular past participles, see **4.3, p. 147**.

The conditional perfect is frequently used after **si** clauses that contain the past perfect subjunctive. See **6.3, pp. 222–223**.

- The conditional perfect tense is used to express what *would have occurred* but did not.

  Habrías ganado la lotería con esos números.
  ***You would have won** the lottery with those numbers.*

  Creo que González **habría sido** un gran presidente.
  *I think González **would have been** a great president.*

- Use the conjunction **pero** to introduce a clause explaining what actually did happen.

  Juan y Lidia **habrían ido** a la manifestación, pero ya tenían otros planes.
  *Juan and Lidia **would have gone** to the protest, but they already had other plans.*

  Alba **se habría unido** al ejército, pero sus padres se opusieron.
  *Alba **would have joined** the army, but her parents objected.*

- The conditional perfect may also express probability or conjecture about the past.

  Era imposible que ganaran las elecciones. ¿No **habrían contado** mal los votos?
  *It was impossible that they could have won the election. Don't you think they **miscounted** the votes?*

Práctica

1 **Completar** **Completa el diálogo entre el jugador de fútbol Andrés Ramírez y un aficionado. Usa el futuro perfecto.**

AFICIONADO Andrés, seguramente tú (1) __________ (comprar) entradas para ir a ver el partido del domingo entre Boca Juniors y River Plate.

RAMÍREZ No, pero antes de que comience el partido ya las (2) __________ (conseguir).

AFICIONADO ¿Crees que va a ser un partido complicado?

RAMÍREZ No, para el medio tiempo ya se (3) __________ (definir) quién será el ganador. Es más, para ese entonces todos nosotros, los aficionados del Boca Juniors, (4) __________ (festejar) la victoria.

AFICIONADO ¿Y los aficionados del River Plate?

RAMÍREZ Ellos ya (5) __________ (comprender) que no vale la pena ir a este tipo de partido porque siempre pierden.

2 **Completar** **Completa las oraciones con el condicional perfecto.**

1. No me gustó la película. Otro director __________ (elegir) un final más pacífico.
2. Nosotros __________ (salir) a comer, pero no encontré mi tarjeta de crédito.
3. Ellos __________ (defender) al acusado, pero el juez finalizó el juicio repentinamente.
4. El ladrón __________ (huir), pero la policía enseguida llegó.
5. Ustedes __________ (convocar) una reunión, pero era demasiado tarde.
6. Tú me __________ (chantajear), pero yo no lo permití.
7. El tribunal __________ (decidir) que María era inocente, pero ella se declaró culpable.
8. Nosotras __________ (luchar) contra la desigualdad en la empresa, pero nos despidieron antes de poder actuar.

3 **Planes** **Tú y tus amigos habían planeado encontrarse a las seis de la tarde para ir a ver una película, pero nadie ha venido y tú no sabes por qué. Escribe suposiciones con la información proporcionada. Sigue el modelo.**

Modelo **Mis amigos pensaron que soy aburrido/a.**
Mis amigos habrán pensado que soy aburrido/a.

1. Entendí mal los planes.
2. Me dejaron un mensaje telefónico.
3. No consiguieron entradas.
4. No escuché el timbre (*doorbell*).
5. Uno de mis amigos tuvo un accidente.
6. Llegaron antes de las seis.
7. Me equivoqué de día.
8. Me engañaron.
9. Fue una broma.
10. Lo soñé.
11. ¿?
12. ¿?

Practice more at **vhlcentral.com.**

Comunicación

4 **Un final distinto** En parejas, conecten a los héroes con sus historias. Luego utilicen el condicional perfecto para inventar un final distinto. Sigan el modelo.

Modelo **El gladiador Máximo / muere en el Coliseo.**

En nuestra historia, el gladiador no habría muerto en el Coliseo.
Él habría triunfado y...

Rocky	se pasa al Lado Oscuro.
Robin Hood	sigue al conejo por el túnel.
Harry Potter	derrota a Iván Drago.
Anakin Skywalker	se enamora de Marian.
Alicia	escapa de los ataques de Voldemort.

5 **¿Qué habrían hecho?** En parejas, túrnense para decir lo que habrían hecho en cada situación usando palabras de la lista y el condicional perfecto.

cerrajero (*locksmith*)	enojarse	gritar	médico
comprar	ensuciar (*to get dirty*)	helado	mentir
culpar	golpearse	llamar	traje (*suit*)
		llave	

1

2

3

4

6 **El futuro** Hazles estas preguntas a tres compañeros. Después, comparte las respuestas con la clase.

- Cuando terminen las próximas vacaciones de verano, ¿qué habrás hecho?
- Antes de terminar tus estudios universitarios, ¿qué aventuras habrás tenido?
- Dentro de diez años, ¿dónde habrás estado y a quién habrás conocido?
- Cuando tengas cuarenta años, ¿qué decisiones importantes habrás tomado?
- Para el año 2035, ¿qué altibajos (*ups and downs*) habrás experimentado?
- Cuando seas abuelo/a, ¿qué lecciones habrás aprendido de la vida?

5.3 Negative, affirmative, and indefinite expressions

—*¿Tú has visto a **alguien** aquí que lo lleve?*

- This chart lists negative, affirmative, and indefinite expressions.

algo *something; anything*	**nada** *nothing; not anything*
alguien *someone; somebody; anyone*	**nadie** *no one; nobody; not anyone*
alguno/a(s), algún *some; any*	**ninguno/a, ningún** *no; none; not any*
o... o *either... or*	**ni... ni** *neither... nor*
siempre *always*	**nunca, jamás** *never; not ever*
también *also; too*	**tampoco** *neither; not either*

—¿Dejaste **algo** en la mesa?
—*Did you leave **something** on the table?*

—**No, no** dejé **nada**.
—*No, I did**n't** leave **anything**.*

—**Siempre** he luchado contra la desigualdad.
—*I have **always** fought inequality.*

—¡Mentira! Usted **no** ha hecho **ningún** esfuerzo.
—*That's a lie! You have **not** made **any** effort.*

- In Spanish, double negatives are perfectly acceptable, and required in certain constructions. Most negative statements use the pattern **no** + [*verb*] + [*negative word*]. When the negative word precedes the verb, **no** is omitted.

No lo extraño **nunca**.
*I **never** miss him.*

Nunca lo extraño.
*I **never** miss him.*

Su opinión **no** le importa a **nadie**.
*His opinion does**n't** matter to **anyone**.*

A **nadie** le importa su opinión.
***Nobody** cares about his opinion.*

- In English, once one negative word appears in a sentence, no other negative word may be used. In Spanish, however, once a negative word is used, all other elements must be expressed in the negative, if possible.

No le digas **nada** a **nadie**.
*Do**n't** say **anything** to **anyone**.*

No quiero **ni** pasta **ni** pizza.
*I do**n't** want pasta **or** pizza.*

Yo **nunca** hablo de política **tampoco**.
*I **never** talk about politics **either**.*

No he conocido a **ningún** activista.
*I have**n't** met **any** activists.*

- The personal **a** is used before negative, affirmative, and indefinite words that are the direct object of the verb when these words refer to people.

—**Nadie** me comprende. ¿Por qué será?
—*__No one__ understands me. Why is that?*

—Porque tú no comprendes **a nadie**.
—*Because you don't understand __anybody__.*

—**Algunos** políticos son corruptos.
—***Some** politicians are corrupt.*

—Pues, yo no conozco **a ninguno** que no lo sea.
—*Well, I don't know __any__ who are not.*

- Before a masculine singular noun, **alguno** and **ninguno** are shortened to **algún** and **ningún**.

¿Han sufrido **algún** daño?
Have they suffered __any__ harm?

No confiamos en **ningún** abogado.
We don't trust __any__ lawyers.

- **Tampoco** means *neither* or *not either.* It is the opposite of **también**.

¿No quieren hacer un esfuerzo para solucionar la crisis? Pues yo **tampoco**.
They don't want to make an effort to resolve the crisis? Well, I do__n't either__.

Mi hermano es un activista, y yo **también**.
My brother is an activist, and __so__ am I.

- The conjunction **o... o** (*either... or*) is used when there is a choice to be made between two options. **Ni... ni** (*neither... nor*) is used to negate both options.

Debo hablar **o** con el gerente **o** con la dueña.
I have to speak with __either__ the manager __or__ the owner.

No me interesa **ni** la política **ni** la economía.
I'm __not__ interested in politics __or__ economics.

—*Y eso __no__ lo queremos __ni__ tú __ni__ yo, ¿a que no?*

- The conjunction **ni siquiera** (*not even*) is used to add emphasis.

Ni siquiera se despidieron antes de salir.
They did__n't even__ say goodbye before they left.

Nada pudo lograr que se solucionara el conflicto, **ni siquiera** la visita del ministro.
Nothing could lead them to settle the conflict, __not even__ the visit from the minister.

¡ATENCIÓN!

Cualquiera can be used to mean *any, anyone, whoever, whatever* or *whichever.* When used before a singular noun (masculine or feminine), the **-a** is dropped.

Cualquiera haría lo mismo.
Anyone would do the same.

Llegarán en cualquier momento.
They will arrive at any moment.

¡ATENCIÓN!

In the conjunction **o... o**, the first **o** can be omitted.

Debo hablar con el gerente o con la dueña.

In the conjunction **ni... ni**, the first **ni** can be omitted when it comes after the verb.

No me interesa la política ni la economía.

However, when the first **ni** goes before the verb, **no... ni** can be used instead of **ni... ni.**

La inmigración no/ni ha subido ni ha bajado.

Práctica

1 **Manifestación** Ana y Pablo se encuentran en la manifestación que hay en el centro de la ciudad. Completa la conversación usando las expresiones del recuadro.

alguna	ni... ni	nunca	también
nadie	ninguno	o... o	tampoco

PABLO Hola, Ana. ¿Qué hay?

ANA Hola, Pablo. ¿(1) ________ vez habías visto tanta gente reunida?

PABLO No, (2) ________. No recuerdo ver tanta gente reunida (3) ________ aquí (4) ________ en otras ciudades.

ANA La gente quiere que respeten sus derechos. (5) ________ cree mucho en el gobierno. (6) ________ nadie cree en los partidos políticos. Por eso todos estamos aquí.

PABLO Y recuerda que (7) ________ estamos aquí para protestar por los bajos sueldos. El dinero no alcanza para nada. (8) ________ comes (9) ________ pagas el alquiler, es terrible.

ANA Espero que los gobernantes nos escuchen. (10) ________ parece escuchar a la gente.

> Nota
> **CULTURAL**
> Una serie de manifestaciones desataron en España lo que se conoce como el movimiento de los indignados. La primera protesta se organizó en la Puerta del Sol, Madrid, el día 15 de mayo de 2011. A partir de estos sucesos, las plazas de más de 50 ciudades españolas se cubrieron con miles de personas que acampaban día y noche con el objetivo de mejorar el sistema democrático español y luchar contra la prolongada crisis económica.

2 **Puntos de vista** A veces los asuntos políticos pueden llegar a ser bastante polémicos. Transforma estas opiniones afirmativas en negativas usando las expresiones correspondientes. Sigue el modelo.

Modelo **Siempre he sido un pacifista.**
Nunca he sido un pacifista.

1. Cuando un político da un discurso, siempre dice la verdad.
2. Yo también estoy de acuerdo con los socialistas.
3. Paula siempre ayuda a algunas víctimas de la violencia.
4. Las leyes siempre son desiguales o injustas.
5. El partido político siempre ayuda a los oprimidos.
6. Las manifestaciones siempre terminan en una pelea.

3 **La conferencia** En parejas, imaginen que están almorzando en un restaurante ruidoso pero sólo escuchan parte de lo que la gente dice. Escriban respuestas a estas oraciones, usando las expresiones indicadas.

1. —¿Podrías acompañarme al tribunal mañana? (ni... ni)
2. —Sé que le mentiste a la abogada sobre los hechos. (jamás)
3. —¿Qué ocurrió con el dinero que faltaba? (nadie... nada)
4. —Ella decidió visitar el lugar del accidente. (nunca)
5. —No creo que pierdan las elecciones. (tampoco)
6. —¿Aprobaron las leyes contra la corrupción? (ninguno/a)

 Practice more at **vhlcentral.com.**

Comunicación

4 **Opiniones** En grupos de cuatro, hablen sobre estas opiniones. Cada miembro del equipo da su opinión y el resto responde diciendo si está de acuerdo o no. Usen expresiones negativas, afirmativas e indefinidas.

- Los gobiernos de cada país deben defender los derechos humanos.
- Los políticos corruptos también deben ir a la cárcel.
- A veces las guerras son necesarias e inevitables.
- El servicio militar debería ser obligatorio.
- Los ejércitos no deberían existir.
- Los terroristas deben hacer pactos con el gobierno.
- Un país no debería pagar las deudas de otro.
- Los dictadores creen que hacen lo mejor por su país.
- Las manifestaciones no deberían permitirse.
- Todos los partidos políticos son iguales.

5 **Escena**

A. **En grupos de tres, escriban una conversación entre un(a) hijo/a adolescente y sus padres usando expresiones negativas, afirmativas e indefinidas.**

Modelo

HIJA ¿Por qué siempre desconfían de mí? No me gusta que nunca crean lo que les digo. No soy ninguna mentirosa y mis amigos tampoco lo son. No tienen ninguna razón para preocuparse.

MAMÁ Sí, hija, muy bien, pero recuerda que...

HIJA Por última vez, ¿puedo ir...?

MAMÁ ...

B. **Ahora, representen la conversación que escribieron ante la clase.**

Síntesis

¡Luchemos unidos contra la corrupción!

Porque Temuco lo merece...

Vote por Marcelo Rojas para alcalde

Partido Conservador

PARA QUE HAYA
MÁS TRABAJO
EN TEMUCO

Vote por
Patricia Salazar
para gobernar con decisión

PARTIDO LIBERAL

Para una sociedad más justa

Antonio Morales es la solución.

Por un Temuco mejor...

Vote Partido Ecologista

Por un Temuco que progresa

Celeste Ortega

es tu mejor opción.

Para encaminarnos a un futuro mejor vota por el

Partido Avance Democrático

1 **Entrevista** En la ciudad chilena de Temuco hay elecciones para la alcaldía. Aquí tienen algunos carteles publicitarios de cuatro partidos políticos imaginarios. En parejas, seleccionen uno de ellos y escriban una entrevista al/a la candidato/a realizada por un(a) periodista local. Usen las estructuras presentadas en esta lección.

2 **Pedidos** Los políticos reciben muchos pedidos durante sus campañas electorales. En grupos pequeños, imaginen que tuvieron una audiencia con uno de los candidatos para alcalde. Describan cinco cosas que le pidieron. Deben usar el pretérito imperfecto del subjuntivo.

Modelo Le pedimos que bajara los impuestos.

3 **Elecciones perdidas** Imaginen que ninguno de los candidatos ganó las elecciones. En grupos de cuatro, elijan cada uno/a a un candidato y expliquen qué habría hecho si hubiera sido elegido. Después, compartan sus comentarios con la clase. La clase decidirá quién es el/la ganador(a) de cada grupo. Usen la gramática de la lección.

Preparación

Vocabulario de la lectura

derrocar *to overthrow*
derrotar *to defeat*
la ejecución *execution*
ejercer (el poder) *to exercise/ exert (power)*
fortalecer *to strengthen*
el fracaso *failure*
la fuerza *force*
el golpe de estado *coup d'état*
la huelga *strike*
el informe *report*
el orgullo *pride*
el secuestro *kidnapping*
la trampa *trap*

Vocabulario útil

encabezar *to lead*
el juicio *judgment*
la ley *law*
promulgar *to enact (a law)*
rescatado/a *rescued*
tener derecho a *to have the right to*

1 **Palabras** Elige la palabra de la lista que corresponde a cada descripción.

derrotar	fuerza	ley
fortalecer	huelga	orgullo
fracaso	informe	secuestro

1. ______________ Regla o norma
2. ______________ Poder, fortaleza, vigor
3. ______________ Acción de retener a una persona y no dejarla libre
4. ______________ Opuesto de éxito
5. ______________ Vencer, ganar
6. ______________ Exposición oral o escrita que describe una situación
7. ______________ Forma de protesta en la que se decide no trabajar
8. ______________ Hacer que algo o alguien sea más fuerte

2 **Contextos** Escribe dos oraciones con cuatro palabras de la Actividad 1. Después, escribe dos oraciones más con cuatro palabras del resto del vocabulario.

3 **Los gobiernos** En parejas, contesten las preguntas y expliquen sus respuestas.

1. ¿Cuántas formas de gobierno conocen?
2. ¿Cuáles son las diferencias entre estos gobiernos?
3. ¿Qué tipo de gobierno tiene su país?
4. ¿De qué beneficios disfrutan gracias al tipo de gobierno de su país? ¿Qué desventajas tiene?
5. ¿Cómo participan en la vida política de su país?

4 **Citas** En grupos de tres, escojan una de estas citas y coméntenla. Después, compartan sus ideas con el resto de la clase.

"No se mueve ninguna hoja en este país si no la estoy moviendo yo, que quede claro". *Augusto Pinochet*

"Ser joven y no ser revolucionario es una contradicción hasta biológica". *Salvador Allende*

Chile: dictadura y democracia

Audio: Reading

El día 11 de septiembre de 1973, Chile, considerado por décadas como uno de los países de mayor tradición democrática de Hispanoamérica, sufrió un golpe militar liderado por Augusto Pinochet. El golpe derrocó al presidente socialista Salvador Allende. El gobierno, que caía por la fuerza, había durado tan sólo tres años. Este breve período se había visto marcado por las grandes dificultades económicas, las huelgas y la violencia en las calles. La oposición, con la ayuda de los servicios secretos estadounidenses, había impuesto grandes obstáculos para desequilibrar la economía chilena.

Esta crisis social e institucional culminó con el golpe de estado. Desde ese día, el general Augusto Pinochet ejerció el poder de forma dictatorial. La prioridad de su gobierno fue la de eliminar a la oposición política tomando como primera medida° la prohibición de todos los partidos políticos. Este objetivo no sólo se persiguió° con las leyes, sino que se violaron de forma sistemática los derechos humanos. Se detenía a los miembros de partidos políticos y sindicatos y se les llevaba a centros preparados para la tortura. De muchos de ellos no se supo nunca nada; de otros, se tiene la certeza° de que fueron ejecutados°.

El gobierno militar estableció una política económica neoliberal que mejoró la economía chilena, reduciendo con éxito la inflación y aumentando la producción. Este éxito económico ha sido en muchas ocasiones la tarjeta de presentación° de la dictadura de Pinochet. Sus críticos, sin embargo, afirman que estas medidas económicas aumentaron las desigualdades sociales porque privilegiaban a los más ricos.

Confiado° en su victoria, el general se presentó como candidato presidencial en un plebiscito° que él mismo propuso. Éste se celebró en 1988 y, para sorpresa de muchos, fue derrotado. Pinochet había caído en su propia trampa y su fracaso abrió las puertas a elecciones libres al año siguiente, las primeras en casi veinte años. Augusto Pinochet salió del poder en 1990. A partir de esa fecha, Chile empezó el proceso de transición democrática.

Hoy, la sociedad chilena todavía sigue dividida a la hora de juzgar los muchos años de dictadura. Una parte de la población chilena ve a Pinochet, quien murió el 10 de diciembre de 2006, como un cruel dictador que impuso un estado dictatorial manchado por la sangre° de sus enemigos políticos. Otros ven en Pinochet a un héroe que intervino en la historia del país para salvarlo del comunismo. Hasta hace poco, todavía había quienes negaban la existencia de secuestros y ejecuciones, tantas veces denunciados° por los familiares de los desaparecidos. La aparición de pruebas° y la publicación de informes han confirmado la existencia de estos crímenes.

Uno de ellos, el informe Valech (conocido oficialmente como Informe de la Comisión Nacional sobre Prisión Política y Tortura), fue publicado el 29 de noviembre de 2004. Su misión era ofrecer un reconocimiento público y oficial de los abusos a los derechos humanos cometidos por el gobierno militar de Augusto Pinochet en Chile entre los años 1973 y 1990. El presidente chileno Ricardo Lagos, electo en las elecciones del año 2000, formó una comisión para ello. Con el testimonio de más de treinta y cinco mil personas, se constataron° los crímenes y se ofreció ayuda económica compensatoria y cobertura sanitaria° a las víctimas de la represión militar.

En un día histórico de enero de 2005, el ejército chileno aceptó su responsabilidad institucional en los abusos del pasado. En palabras de Ricardo Lagos, la mirada a la historia reciente ha servido para fortalecer la convivencia° y la unidad de todos los chilenos, que ya pueden mirar con orgullo hacia un futuro mejor. ■

measure · *was pursued* · *certainty* · *executed* · *calling card* · *Confident* · *referendum* · *stained by the blood* · *reported* · *proof* · *verified* · *health coverage* · *coexistence*

Fotos ***p. 190:*** *izq.* ***Salvador Allende;*** *der.* ***Augusto Pinochet***

Análisis

Comprensión Contesta las preguntas con oraciones completas.

1. ¿Qué sucedió con el gobierno de Salvador Allende?
2. ¿Qué ocurrió con la economía chilena durante el gobierno de Allende?
3. ¿Qué tipo de gobierno estableció Pinochet?
4. ¿Qué prioridades tuvo el gobierno de Pinochet? ¿Cómo consiguió estos objetivos?
5. ¿Qué ocurrió en el plebiscito de 1988? ¿Cuáles fueron las consecuencias?
6. ¿Qué piensan los chilenos hoy en día sobre el gobierno de Pinochet?
7. ¿Cuál fue el propósito del informe Valech?
8. ¿Qué ocurrió en enero de 2005?

2

Responsables En parejas, lean este fragmento con pasajes extraídos del artículo y contesten las preguntas.

> Hoy, la sociedad chilena todavía sigue dividida. Una parte de la población chilena ve a Pinochet como un cruel dictador. Otros ven en Pinochet a un héroe. Hasta hace poco, todavía había quienes negaban la existencia de secuestros y ejecuciones.

- ¿Qué situación paralela hay/hubo en su país?
- ¿Quiénes son/fueron los protagonistas?
- ¿Cuáles son/fueron las circunstancias?
- ¿En qué se parece/parecía la situación a lo descrito en el pasaje?
- ¿En qué se diferencia/diferenciaba?

Completar En parejas, completen las oraciones con sus opiniones.

1. Un buen líder es una persona que...
2. El gobierno de cada país debe garantizar...
3. El abuso de poder en el gobierno ocurre cuando...
4. El abuso de poder también ocurre en la vida cuando...
5. Las leyes y los derechos nos ayudan a...

4

El juicio En grupos de tres, elijan uno de los casos y preparen un pequeño juicio. Uno/a de ustedes hará el papel de juez(a) y los demás representarán las posturas opuestas para cada tema. El/La juez(a) hará preguntas y al final dará su veredicto.

- Licencias de conducir a los 18 años de edad
- No fumar en lugares públicos
- Conscripción (*draft*) en tiempos de guerra

Practice more at **vhlcentral.com.**

Preparación

Sobre el autor

Juan Madrid (1947–) nació en Málaga, España. Estudió en Madrid y Salamanca antes de iniciarse en su carrera como periodista en 1973. Se dedica además a la literatura y es reconocido desde hace mucho tiempo como uno de los máximos exponentes de la llamada "nueva novela negra". También ha escrito cuentos, novelas juveniles y guiones de cine y de televisión. Entre sus obras destacan las novelas: *Cuentas pendientes* (1995), *Tánger* (1997), *Gente bastante extraña* (2001) y *Brigada central* (2010–2011), novela en tres tomos basada en el guion de televisión del mismo nombre.

Vocabulario de la lectura	Vocabulario útil
Comercio *Business Administration*	**el control de armas** *gun control*
dar para vivir *to yield enough to live on*	**desesperado/a** *desperate*
darse cuenta de *to realize*	**dirigirse a** *to address*
el juguete *toy*	**disparar** *to shoot*
el lío *mess*	**el hambre** *hunger*
matar(se) *to kill (oneself)*	**la indiferencia** *indifference*
sospechar *to suspect*	**la inflación** *inflation*
	el/la tendero/a *storekeeper*
	voltear *to turn back*

1 

Vocabulario **Relaciona cada palabra con la definición adecuada. Después, escribe un párrafo usando el mayor número posible de palabras de la actividad.**

_____ 1. hambre
_____ 2. juguete
_____ 3. dar para vivir
_____ 4. sospechar
_____ 5. matar
_____ 6. indiferencia
_____ 7. lío
_____ 8. inflación

a. no confiar en las intenciones de alguien
b. ganas y necesidad de comer
c. confusión que resulta al presentarse muchos problemas a la vez
d. tipo de arma de fuego
e. situación económica en que los precios suben mucho
f. objeto con que se divierten los niños
g. quitarle la vida a otro ser
h. actitud que no inspira ni interés ni repulsión
i. ser suficiente para subsistir

2 

Cambiar el pasado **En parejas, contesten las preguntas.**

1. Si pudieran viajar al pasado, ¿qué habrían hecho diferente?
2. ¿Han hecho alguna vez algo de lo que se arrepientan? ¿Qué?
3. ¿Tiene algún valor arrepentirse, o es mejor no mirar atrás? ¿Por qué?
4. ¿Por qué creen que sospechamos tan fácilmente de los demás?
5. ¿Alguna vez han decepcionado a un(a) buen(a) amigo/a? ¿Qué ocurrió?
6. ¿Cuál es el acto más extremo que cometerían si actuaran en defensa propia (*self-defense*)?

LA MIRADA

Juan Madrid

Mire usted, yo no soy mala persona. Yo me dedico a mis cosas, la tienda, y ya ve usted, no es muy grande y mis hijos, que antes estaban aquí conmigo, pero la juventud, ya lo sabe usted. La juventud tira para° otras cosas, pasan de° la tienda, como ellos dicen. ¿Usted tiene hijos? Dios se los conserve. Mientras sean pequeños, no le darán más que alegrías, pero en cuanto se hacen mayores la cosa cambia, se lo digo porque lo sé, sí señor. Mire, mi Arturo, con veinte años, aún no ha hecho nada. Empezó Comercio y luego dijo de hacer° Filosofía, no sé si la empezó, y ahora va diciendo que lo suyo° es el teatro. ¡El teatro, fíjese usted! Pero para qué cansarle. Usted va a lo suyo, a su trabajo y yo al mío. No, no señor, no voy a cerrar la tienda. ¿Para qué? No es que no pueda, es que no quiero. Aquí no ha pasado nada.

¿Cómo dice usted, señor inspector? Bueno, Arturo y Carmina, sí señor. Carmina está con su madre, sí señor, y viene menos por aquí. Antcs, como ya le he dicho, venían más. Claro, también estaba su madre. Trabajábamos Carmina y yo y los niños ayudaban. Esas cosas, liar° paquetes, llevar recados°, nada. Para mí que la juventud tiene que saber lo que es la vida. ¿Cómo dice? No señor, yo solo. Llevo ya muchos años yo solo en la tienda. Da para vivir pero nada más. Si le pregunta a mi mujer le dirá mentiras. Le dirá que soy rico. Pero es mentira, no señor. Y ella lo sabe

tira... prefiere/ **pasan...** no les interesa

dijo... habló de estudiar

lo... *his "thing"*

liar: *wrapping up*

recados: mensajes

porque ha estado aquí conmigo toda la vida. O sea desde que nos casamos, hace... hace más de veinte años. ¡Si no lo sabrá ella, señor inspector!

Yo no soy violento. Yo soy normal, ya se lo he dicho. Soy un español decente, normal, que se mata a trabajar y paga sus impuestos. Y si no puedo defenderme pues usted me dirá.

¿Cómo dice? Oiga, yo no quiero hablar de política. Yo la única política que entiendo es la del trabajo. ¿Sabe usted a qué hora salgo yo de la tienda? No lo sabe, claro que no lo sabe. Pues salgo a las diez de la noche. Bueno, mejor dicho, echo el cierre° a las diez y me quedo con la luz encendida haciendo el balance°, porque yo hago el balance diario. En cualquier momento, sé lo que falta, lo que tengo que comprar... Si la política de este país se llevara como mi tienda... Pero, bueno, no quiero hablar de política.

Yo he estado en la guerra, ¿sabe? Sé los ojos que tienen los que quieren matar y ese chico me quería matar.

Sí señor, se lo cuento, los maté porque les miré a los ojos. Esa cara descarada°, chulesca°, del que no trabaja, el pelo largo y sucio... y la chica, para qué hablar de la chica. Una... una cualquiera°. Se cruzó de brazos y me llamó viejo de mierda°. Eso es, apunte, viejo de mierda.

No, no me estoy haciendo un lío, lo que pasa es que no hablo mucho con la gente y menos con la policía... disculpe, le cuento, sí señor. Entraron como a las nueve y media. Yo, nada más verlos, sospeché. Algunas veces vienen jóvenes a comprar saladitos°, galletitas°, cosas, refrescos, patatas... para los guateques°, ¿sabe usted? Bueno, nada más verlos supe que no venían a ningún guateque. El chico fue el que sacó la pistola y me la puso en la garganta. Me quedé sin habla°. Yo creo que estaba más nervioso que yo, temblaba y sudaba°.

"El dinero, venga, el dinero", me dijo. Y la chica dijo eso de viejo de mierda. Pero fue al mirarle a los ojos. Yo he estado en la guerra, ¿sabe? Sé los ojos que tienen los que quieren matar y ese chico me quería matar. Yo tengo licencia de armas, sí señor, aquí la tiene y aquí está la Magnum 357. ¿Qué? Pues nada, que me gusta ¿a usted no? Es un arma preciosa, segura, ella me ha salvado la vida. Con licencia yo puedo tener lo que quiera. No se enfade, sigo.

Bueno, pues eso. ¿Por dónde iba?... ¡Ah, sí! Pues que veo que me pone en la garganta la pistola y le digo que sí, que le doy el dinero. Hay que decir eso, para disimular, para que confíen. Igual hacíamos en la guerra.

Y ahí está... ¿Cómo? No señor, no me di cuenta de que la pistola era de juguete. ¿Cómo habría de° saberlo? Lo único que supe es que me iba a matar y entonces abrí el cajón...° Mire, de esta forma... y el revólver lo tenía ahí, tapado° bajo los papeles. Le seguí mirando a los ojos y saqué el revólver. Disparé de cerca y me salpicó° el delantal° y la camisa. Es muy potente el Magnum, es un buen revólver. Ya lo ha visto. Le abrí un boquete° en el pecho° que...

En fin, era su vida o la mía... ¿La chica? ¡Qué sabía yo! Podría tener un arma escondida° entre las ropas, esas golfas° lo hacen... nada, a ella fue en la cabeza. Es más seguro, usted sabe, que es un defensor del orden.

Pues no, no señor. No supe que el revólver era de juguete, ni que tenían doce años. A mí me parecieron de la edad de mi Arturo, ya se lo he dicho. Me parecieron como de veinte años. Y no jugaban. No era juego. Les miré a los ojos y supe que querían matarme. Por eso los maté yo. A los dos, sí señor. ■

echo... *I lock up*
balancing the books
shameless
cocky
a floozy
viejo... *lousy old man*
snacks
cookies
fiestas
sin... *speechless*
temblaba... *he was shaking and sweating*
habría... podría
drawer
covered
spattered/apron
hole/chest
hidden/tramps

Análisis

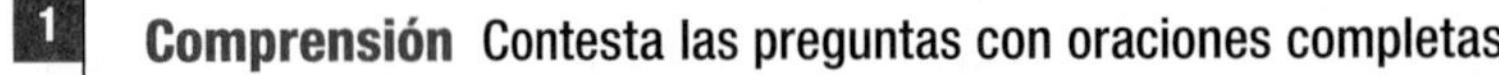

1 **Comprensión** Contesta las preguntas con oraciones completas.

1. ¿Quién está hablando de lo que pasó en la tienda?
2. ¿A quién se dirige?
3. ¿Cuántos hijos tiene el tendero?
4. ¿Quién estaba con el tendero cuando llegaron los dos chicos?
5. ¿Cómo se describe a sí mismo?
6. ¿Cómo es el arma del tendero? ¿Y la de los chicos?
7. ¿Cuántos años tenían los chicos?

2 **Interpretar** Contesta las preguntas y explica tus respuestas.

1. ¿Cómo piensas que es la relación del tendero con su familia?
2. ¿Crees que el tendero se arrepiente de lo que hizo?
3. ¿Cuál es tu opinión sobre estas frases?
   a. "Mientras [los hijos] sean pequeños, no le darán más que alegrías, pero en cuanto se hacen mayores la cosa cambia".
   b. "La juventud tiene que saber lo que es la vida".

3 **Escena** En grupos de cuatro, asígnense los siguientes papeles para representar una escena ante la clase en la que cada personaje expone su postura sobre el derecho a la posesión de armas. Después, la clase votará por el grupo que mejor actuó.

- un(a) oficial de policía
- una persona aficionada a la caza
- una persona que vive en un vecindario peligroso
- el/la dueño/a de una tienda

4 **Reacción** Imagina que eres periodista y has escuchado las declaraciones del tendero. Escribe un artículo sobre lo que sucedió. Agrega todos los detalles que creas necesarios. Usa las estructuras que aprendiste en esta lección.

Plan de redacción

Escribir una noticia

1 **Organización** Organiza la información que tienes, empezando por lo más importante.

2 **Narración** Narra los hechos de forma clara, detallando qué sucedió, cómo y cuándo.

3 **Conclusión** Menciona la repercusión que tiene esta noticia con relación a otros acontecimientos y explica por qué es importante.

4 **Título** Escoge un título para tu noticia que sea corto y llamativo.

Practice more at **vhlcentral.com.**

Creencias e ideologías

Las leyes y los derechos

los derechos humanos *human rights*
la desobediencia civil *civil disobedience*
la (des)igualdad *(in)equality*
el/la juez(a) *judge*
la (in)justicia *(in)justice*
la libertad *freedom*
la lucha *struggle, fight*
el tribunal *court*

abusar *to abuse*
aprobar (o:ue) una ley *to pass a law*
convocar *to summon*
defender (e:ie) *to defend*
derogar *to abolish*
encarcelar *to imprison*
juzgar *to judge*

analfabeto/a *illiterate*
(des)igual *(un)equal*
(in)justo/a *(un)fair*
oprimido/a *oppressed*

La política

el abuso *abuse*
la armada *navy*
la bandera *flag*
la creencia *belief*
la crueldad *cruelty*
la democracia *democracy*
la dictadura *dictatorship*
el ejército *army*
el gobierno *government*
la guerra (civil) *(civil) war*
el partido político *political party*
la paz *peace*
el poder *power*
la política *politics*
las relaciones exteriores *foreign relations*
la victoria *victory*

dedicarse a *to devote oneself to*
elegir (e:i) *to elect*
ganar/perder (e:ie) las elecciones *to win/lose elections*
gobernar (e:ie) *to govern*
influir *to influence*
votar *to vote*

conservador(a) *conservative*
liberal *liberal*
pacífico/a *peaceful*
pacifista *pacifist*

Gente

el/la abogado/a *lawyer*
el/la activista *activist*
el ladrón/la ladrona *thief*
el/la manifestante *demonstrator*
el/la político/a *politician*
el/la presidente/a *president*
el/la terrorista *terrorist*
la víctima *victim*

La seguridad y la amenaza

la amenaza *threat*
el arma (*f.*) *weapon*
el escándalo *scandal*
la (in)seguridad *(in)security; (lack of) safety*
el temor *fear*
el terrorismo *terrorism*
la violencia *violence*

chantajear *to blackmail*
destrozar *to destroy*
espiar *to spy*
huir *to flee*
pelear *to fight*
secuestrar *to kidnap, to hijack*

Cortometraje

el/la alumno/a *pupil, student*
la autoridad *authority*
el/la chaval(a) *kid, youngster*
la confianza *trust*
la diversidad *diversity*
la doble moral *double standard*
la hipocresía *hypocrisy*
el instituto *high school*
el pañuelo *headscarf*
el rato *a while*
la regla *rule*

ceder *to give up*
confiar *to trust*
disentir *to dissent, to disagree*
pegar *to hit*

laico/a *secular, lay*
musulmán/musulmana *Muslim*
raro/a *weird*

Cultura

la ejecución *execution*
el fracaso *failure*
la fuerza *force*
el golpe de estado *coup d'état*
la huelga *strike*
el informe *report*
el juicio *judgment*
la ley *law*
el orgullo *pride*
el secuestro *kidnapping*
la trampa *trap*

derrocar *to overthrow*
derrotar *to defeat*
ejercer (el poder) *to exercise/exert (power)*
encabezar *to lead*
fortalecer *to strengthen*
promulgar *to enact (a law)*
tener derecho a *to have the right to*

rescatado/a *rescued*

Literatura

Comercio *Business Administration*
el control de armas *gun control*
el hambre *hunger*
la indiferencia *indifference*
la inflación *inflation*
el juguete *toy*
el lío *mess*
el/la tendero/a *storekeeper*

dar para vivir *to yield enough to live on*
darse cuenta de *to realize*
dirigirse a *to address*
disparar *to shoot*
matar(se) *to kill (oneself)*
sospechar *to suspect*
voltear *to turn back*

desesperado/a *desperate*

LECCIÓN 6

Herencia y destino

En un mundo donde las sociedades son multiculturales, ¿cómo podemos evitar los conflictos derivados de las diferentes formas de pensar, de actuar y de interpretar la vida? ¿Podemos al mismo tiempo aferrarnos a la herencia de nuestros antepasados y aceptar los cambios que nos propone el multiculturalismo? ¿Es la diversidad una amenaza para la identidad de individuos y grupos o es una fuente de nuevas perspectivas? ¿En qué tipo de mundo queremos vivir?

204

210

Blog de un catalán en Colombia

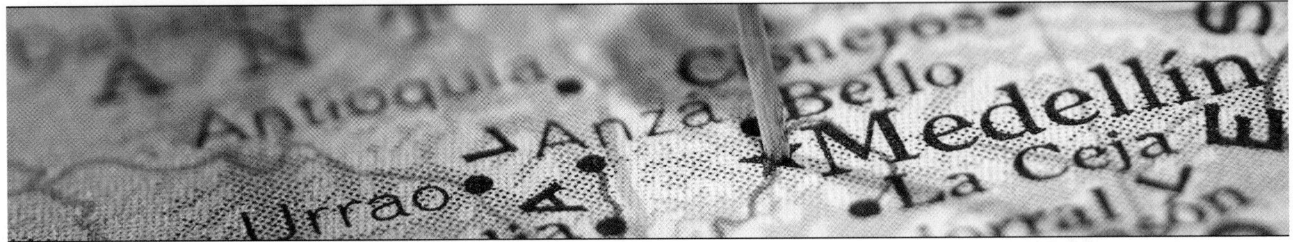

Datos personales

Mi nombre es Javier y nací en Barcelona el 27 de junio de 1988. Vivo en Medellín desde hace dos años. Estudio Administración de Negocios en la EAFIT. Me encanta salir con mis amigos y tocar la guitarra. Mi frase favorita es "Nunca es triste la verdad, lo que no tiene es remedio", de Serrat. Me llevo fatal con las personas falsas y con el análisis matemático. En este blog cuento mis aventuras cotidianas y un montón de cosas que no le interesan a nadie... pero, al fin y al cabo, es mi blog.

Entradas recientes

- Y me marché sin protestar...
- ¿Quién dijo que la gente joven no tiene ideales?
- Ventajas de pertenecer a una banda de rock
- ¡No al maltrato de animales!
- Diálogo nocturno con mi mejor amigo

¿Un eterno emigrante?

16 de noviembre 17:52 por Javier

En este último semestre de mi carrera, estoy haciendo una práctica profesional en una cooperativa de cafeteros. Mi jefe está muy satisfecho con mi trabajo y hoy me contó que me ha recomendado para un puesto en el sector de compras de una empresa con sede en Boston. Se trata de una empresa dedicada al comercio justo de café y otros alimentos. Justo cuando ya me había adaptado a la vida aquí, debo comenzar a considerar mi futuro. La verdad es que me atrae la idea de mudarme a los EE.UU. Si rechazo esta propuesta, quizás pierda una oportunidad única de superarme profesionalmente. Pero si la acepto, dejaría un país donde he logrado establecerme y hacer amigos. También extrañaría demasiado a mi familia. ¿Y si voy a una astróloga para que me prediga el futuro? Hablando en serio, sé que tengo que prescindir de las opiniones ajenas y tomar esta decisión solo. Me despido por ahora; necesito pensar...

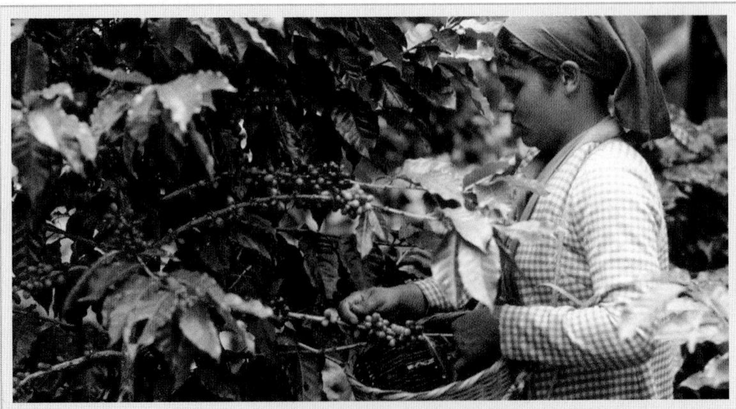

El comercio justo beneficia tanto a los productores como a los consumidores.

Comentarios

Borja S.
Valencia,
España

Borja dice:
16 de noviembre 21:03

¡Hola, primo! Toda la familia está muy orgullosa de ti. ¡Ahora te ofrecen empleos sin que tú los solicites! Mira, hace falta mucho coraje para cruzar la frontera del propio país y alcanzar metas en otro lado. ¡Y tú lo has hecho con muchísimo éxito! Así que no dejes pasar esta oportunidad. No creo que tengas problemas de integración: eres bilingüe y no hay quien te gane asimilándote a nuevos paisajes. ¡Ánimo!

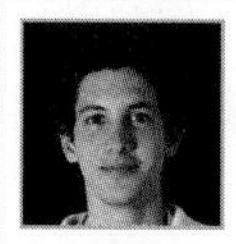

Víctor M.
Punta del
Este, Uruguay

Víctor dice:
17 de noviembre 08:19

Amigo, creo que vivir en Boston es un verdadero lujo. Su diversidad y su herencia cultural la hacen única. Además, me han comentado que el nivel de vida allí es excelente. ¡Piensa en cuánto te enriquecerás con una experiencia como ésta! Si no logras integrarte a la forma de vida allí, puedes regresar a Colombia cuando quieras. Javi, tú nunca has sido un conformista. ¡Disfruta del nuevo desafío!

Sara D.
Arequipa,
Perú

Sara dice:
17 de noviembre 22:10

Javi, ¿qué ocurrirá con tu empresa si te marchas? ¿No estaba previsto que aumentaran tus exportaciones de café el año próximo? Es lógico que en este momento sientas una gran incertidumbre por tu futuro. Todos estamos preocupados por la inestabilidad económica y el caos generalizado. Pero me parece que sería mejor que hicieras un esfuerzo y lucharas por tu propio proyecto. Escucha la propuesta de la empresa y evalúa con tranquilidad todos los pros y contras.

Análisis

Clasificar Lee el blog de Javier y las respuestas de los lectores. Escribe las palabras y expresiones que asocias con estas categorías.

las tendencias | problemas y soluciones | los cambios

Antónimos Fíjate en estas palabras. Busca en el blog otras palabras que Javier y sus amigos usan con el significado opuesto. Sigue el modelo.

Modelo inmigrante: **emigrante**

1. aceptar: ________
2. empobrecerse: ________
3. fracasar: ________
4. acompañado/a: ________
5. certeza: ________
6. orden: ________

Busca antónimos para otras palabras y expresiones usadas en el blog.

Etiquetas En parejas, elijan al menos seis etiquetas para esta entrada del blog.

________ ________ ________
________ ________ ________

Tu reacción Piensa en una respuesta para el blog de Javier. Luego escribe por lo menos cinco oraciones usando algunas de las palabras y expresiones que has aprendido.

Escribe un comentario...

Publicar

Nuestro futuro

Las tendencias

la asimilación *assimilation*
la causa *cause*
la diversidad *diversity*
el/la emigrante *emigrant*
la frontera *border*

la herencia cultural *cultural heritage*
la humanidad *humankind; humanity*
los ideales *principles; ideals*
el idioma oficial *official language*
la inmigración *immigration*
la integración *integration*
la lengua materna *mother tongue*
el lujo *luxury*
la meta *goal*
la natalidad *birthrate*
la población *population*
el/la refugiado/a (de guerra/político/a) *(war/political) refugee*

---

adivinar *to guess*
anticipar *to anticipate; to expect*
asimilarse *to assimilate*
atraer *to attract*
aumentar *to grow, to increase*

disminuir *to decrease, to reduce, to diminish*
predecir (e:i) *to predict*
superarse *to better oneself*

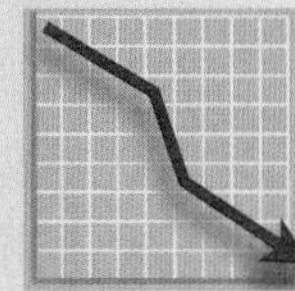

---

bilingüe *bilingual*
(in)conformista *(non)conformist*
excluido/a *excluded*
monolingüe *monolingual*
previsto/a *foreseen*
solo/a *alone*

Problemas y soluciones

la amnistía *amnesty*
la añoranza *homesickness*
el caos *chaos*
el coraje *courage*
el daño *harm*
el diálogo *dialogue*

el entendimiento *understanding*
la incertidumbre *uncertainty*
la inestabilidad *instability*
el maltrato *abuse, mistreatment*
el nivel de vida *standard of living*
la polémica *controversy*
la superpoblación *overpopulation*

---

hacer un esfuerzo *to make an effort*
luchar *to fight*
prescindir (de) *to do without*
protestar *to protest*

Los cambios

adaptarse *to adapt*
alcanzar (un sueño/una meta) *to fulfill (a dream); to reach (a goal)*
dejar *to leave behind*
despedirse (e:i) *to say goodbye*

enriquecerse *to get rich*
establecerse *to establish oneself*
extrañar *to miss (a person, place)*
integrarse (a) *to become part (of); to fit in*
lograr *to attain, to achieve*
pertenecer *to belong*
rechazar *to reject*

Práctica

1 **No pertenece**

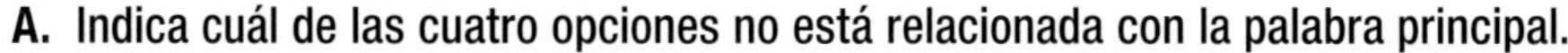

A. Indica cuál de las cuatro opciones no está relacionada con la palabra principal.

1. **predecir**
   a. anticipar b. equivocarse c. adivinar d. prever
2. **meta**
   a. lujo b. fin c. propósito d. objetivo
3. **polémica**
   a. entendimiento b. controversia c. debate d. discusión
4. **humanidad**
   a. mundo b. gente c. seres humanos d. inestabilidad
5. **despedirse**
   a. decir adiós b. atraer c. marcharse d. separarse
6. **coraje**
   a. héroe b. valentía c. esfuerzo d. cobardía

B. Ahora, escribe seis oraciones usando las palabras que escogiste en la parte A.

2 **Contexto** Escoge la palabra que mejor se ajuste al contexto de cada oración.

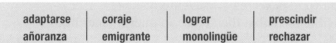

adaptarse	coraje	lograr	prescindir
añoranza	emigrante	monolingüe	rechazar

1. Sabe vivir bajo cualquier tipo de circunstancias.
2. No me dieron el puesto de trabajo porque sólo hablaba una lengua.
3. Dijo "no" a catorce propuestas buenísimas; no le convenció ninguna.
4. Me fui de mi país para encontrar trabajo, no por razones políticas.
5. Durante la recesión tuvimos que recortar gastos: dejamos de salir a comer.
6. En esta época del año siempre se pone melancólica. ¡Vive tan lejos de casa!

3 **¿Dónde y cómo te ves en diez años?**

A. Imagínate con diez años más. Escribe una descripción utilizando las preguntas como guía. Añade todos los detalles que quieras. ¡Es tu futuro!

- ¿Has alcanzado tus metas? ¿Qué has logrado? ¿Lo anticipaste?
- ¿Tuviste que prescindir de algo para alcanzar tus sueños? ¿De qué?
- ¿Vives en el país donde naciste o en un país extranjero?
- ¿Vives adaptado/a a las circunstancias o te sientes excluido/a? ¿Por qué?
- ¿Rechazaste algo importante? ¿Dejaste algo atrás?
- ¿Te has enriquecido? ¿Cuál es tu nivel de vida?
- ¿Extrañas algo de tu pasado? ¿Eres feliz o quieres volver atrás?

B. Ahora, compártelo con un(a) compañero/a y responde a sus preguntas.

Practice more at **vhlcentral.com.**

Preparación

Vocabulario del corto

la aduana *customs*
arreglar *to fix*
crecer *to grow (up)*
el cura *priest*
desconfiar *to be suspicious, to not trust*
la facha *look*
el jardín *garden, yard*
jurar *to promise*
el mantenimiento *maintenance*
la paciencia *patience*
el progreso *progress*
el rancho *ranch*
reconocer *to recognize*
el territorio *territory*
tomar el pelo *to pull someone's leg*

Vocabulario útil

la actitud *attitude*
arriesgarse *to take a risk*
estar embarazada *to be pregnant*
gozar (de) *to enjoy*
mezclar *to mix*
la nostalgia *nostalgia*
sembrar (e:ie) *to plant*
sentirse realizado/a *to feel fulfilled*

EXPRESIONES

aquí mismo *right here*
a ver, a ver *let's see*
Qué curioso. *How interesting.*
Ya era hora. *It was about time.*

1 

Completar Completa las oraciones usando las palabras del vocabulario.

1. —Acabo de ver a la vecina y te cuento que ella ______.
   —¿Cómo? ¡Ella me había dicho que no quería tener hijos!
2. Dicen que la gente europea ______ de una alta calidad de vida.
3. Te aconsejo que no compres tanto queso. Te lo pueden quitar en la ______.
4. Mis tíos viven en un pueblo cuyo alcalde es muy corrupto; ellos ______ de las autoridades.
5. Mi hija dice que va a la moda, pero yo no la puedo ver salir de casa con esa ______.

2

Personajes Observen los fotogramas y, en parejas, respondan a las preguntas.

1. 

2. 

3. 

- ¿Quiénes son los personajes?
- ¿De dónde son?
- ¿Qué relación hay entre ellos?
- ¿De qué crees que se trata el corto?

3 

Otros países En parejas, imaginen que tienen que ir a vivir a otro país. Hagan una lista de tres países en los que les gustaría vivir. Expliquen por qué han elegido esos países y digan qué aspectos positivos y negativos tendría vivir allí. Compartan su lista con la clase.

UN PEDAZO DE TIERRA

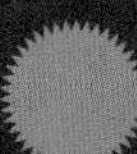

PRIMER PREMIO: *Academy of Television Arts & Sciences College Television Awards*
MEJOR CORTO: *Festival Internacional de Cortometrajes de Bilbao*
PREMIO AL MEJOR CORTOMETRAJE: *San Francisco Latino Film Fest*

Una producción de KOO KOO PRODUCTIONS Guion y Dirección JORGE GAGGERO Fotografía HILDA MERCADO
Montaje JOSÉ PULIDO Música XAVIER ASALI/MARCELO BERESTOVOY
Actores RUBÉN MORENO/ROBERTO ENTIQUE/ERICK CARRILLO/ART BONILLA

ESCENAS

Nota
CULTURAL

La guerra mexicano-estadounidense

El 29 de diciembre de 1845, la República de Texas pasó a ser territorio estadounidense. A partir de° ese día, las relaciones entre los Estados Unidos y México se vieron fuertemente deterioradas. La tensión entre los dos países creció tanto que culminó en una guerra, conocida como la guerra mexicano-estadounidense, que duró desde 1846 hasta 1848. Esta guerra tuvo fatales consecuencias para la integridad territorial de México, que terminó cediendo al país del norte tierras que hoy forman parte de California, Colorado, Nuevo México, Nevada, Arizona, Utah y Wyoming.

A partir de *From*

ARGUMENTO *Don Aurelio, muy enfermo, le pide a sus familiares que lo entierren en el mismo lugar donde está enterrada su esposa.*

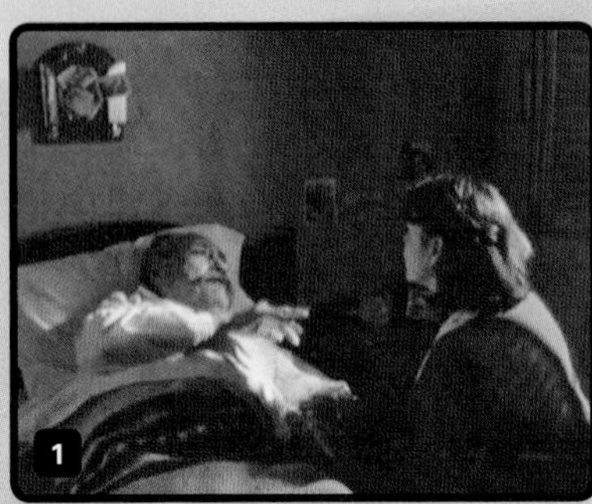

DON AURELIO Palos Verdes...
IRENE Sí.
DON AURELIO ...quiero que me entierren en Palos Verdes.
IRENE Se lo juramos. Tranquilo, tranquilo, abuelo. Ya viene el cura.

RAMIRO Oye, ¿tú crees que llegue? Son como 400 kilómetros.
AGUSTÍN Sí, le cambié las bujías[1], los cables, la tapa del distribuidor. Sí, quedó como nuevo.
RAMIRO ¿Y el abuelo?
AGUSTÍN Sólo Dios sabe.

DON AURELIO Esto no es Palos Verdes, no. Ustedes me quieren engañar.
RAMIRO Sí, es Palos Verdes, abuelo.
DON AURELIO No hay ranchos. Aquí no hay ranchos.

DON AURELIO Aquí mismo me casé con tu tatarabuela[2]. Fue una linda ceremonia. Merceditas bajó del carro con su largo vestido blanco. Dos meses tardaron con las puntillas[3] y esas bobadas[4].

PEDRO Palos Verdes. No reconozco ningún lugar.
AGUSTÍN ¿No?
PEDRO No, nada. A ver, a ver, a ver, espérenme tantito... ¡este lugar yo lo conozco! Digo, conozco el árbol. Sí, es de los más viejos de acá.
RAMIRO Ahí nació el abuelo y está sepultada la abuela Mercedes.

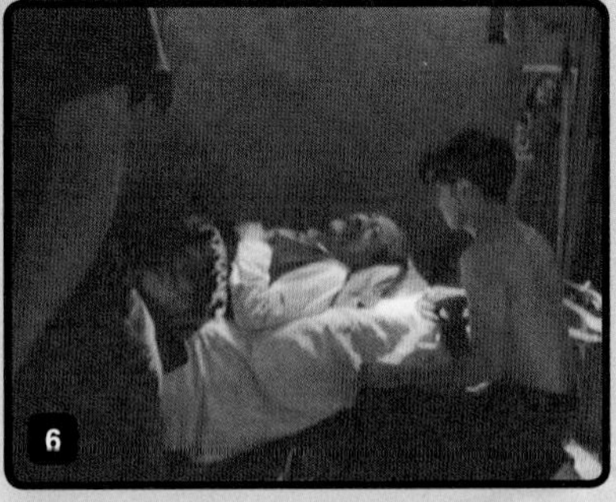

(Ramiro se acerca por el pasillo[5] al cuarto que está con la puerta abierta. Puede ver a su hermano de espaldas[6]. Al entrar, encuentra al abuelo recostado[7] con los ojos entreabiertos[8] y una sonrisa.)
AGUSTÍN Está muerto.

1 *spark plugs* 2 *great-great grandmother* 3 *lace trim* 4 *silly things* 5 *hallway* 6 **de...** *from behind* 7 *lying down* 8 *half-open*

Análisis

1

Comprensión Contesta las preguntas con oraciones completas.

1. ¿Por qué está en la cama don Aurelio?
2. ¿Adónde van en el carro?
3. ¿Por qué llevan un ataúd?
4. ¿Quién es Merceditas?
5. ¿Dónde está enterrada Merceditas?
6. ¿En qué trabaja Pedro?
7. ¿Qué le ocurre al abuelo mientras duerme?
8. ¿Dónde lo entierran?
9. ¿Qué decide Ramiro después del entierro?

2

Interpretar Contesta las preguntas y explica tus respuestas.

1. Al comienzo del corto, ¿crees que la actitud de los jóvenes está influenciada por Irene?
2. ¿Cambia la actitud de los jóvenes hacia su abuelo?
3. ¿Crees que es clara la relación entre don Aurelio y los dos jóvenes? ¿Por qué?
4. ¿Por qué crees que Ramiro se quiere quedar en Palos Verdes?
5. En tu opinión, ¿por qué se titula el corto *Un pedazo de tierra*?
6. ¿Qué sensación te transmitió el corto? ¿Alegría, tristeza, soledad, esperanza? ¿Por qué?

3

Contextos En parejas, comenten las citas. Expliquen la importancia que tienen en la historia. ¿Cuál es la actitud de cada personaje hacia el pasado? ¿Y hacia el futuro?

"Ándele, don Aurelio, déjese ir, ya déjese ir". *Irene*

"Si se nos va antes, pues lo dejamos acá y con la platita que nos dieron pues disfrutamos de las playas de California". *Ramiro*

"Mire, don Aurelio, Palos Verdes cambió. Ya no es territorio mexicano y su rancho ya no existe. Mírese usted en las fotos, no es igual. Ya nada es igual". *Agustín*

"¡Y quién hubiera dicho que le arreglaría la tumba en cada cambio de estación!" *Ramiro*

4

Multiculturalismo En parejas, lean estas ideas opuestas sobre la diversidad cultural. Elijan una de las afirmaciones y defiéndanla. Escriban sus argumentos y después compartan su opinión con la clase.

- Es bueno separar los países y las culturas. Si se mezclan las culturas, terminan desapareciendo.
- Lo mejor es la mezcla de culturas. Siempre enriquece a todo el mundo.

IMAGINA ESPAÑA

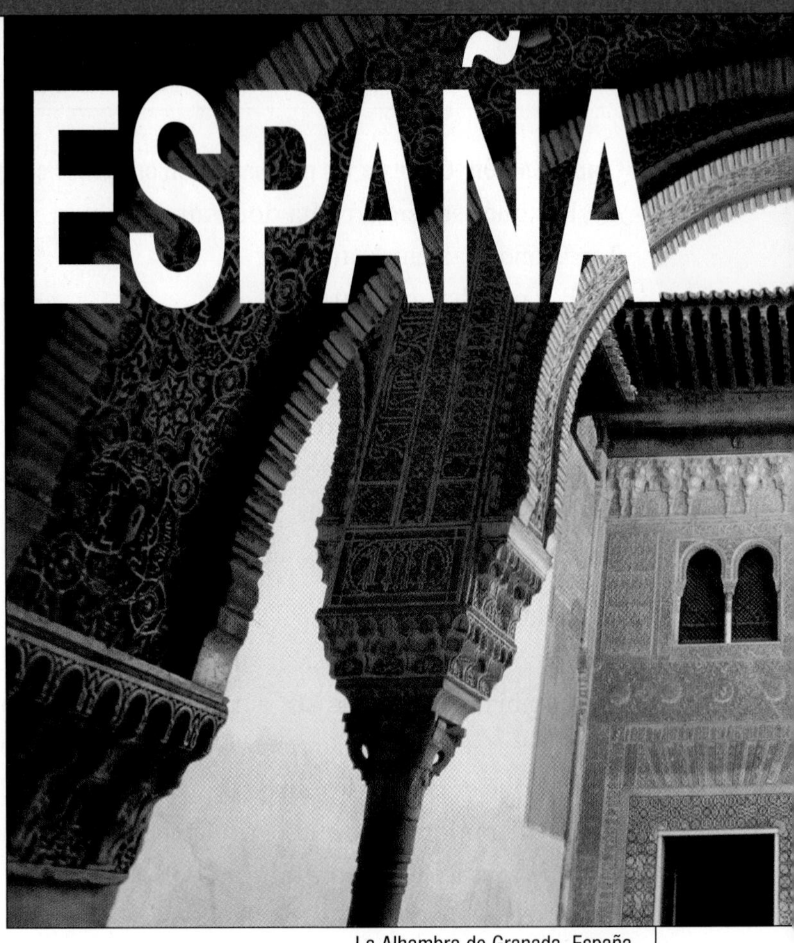

La Alhambra de Granada, España

Confluencia de civilizaciones

A través de los siglos, la ubicación estratégica de España la convirtió en territorio atractivo para todas las civilizaciones que buscaban ampliar sus dominios. Sus muchos kilómetros de costa están bañados por el **océano Atlántico** y el **mar Mediterráneo**. Su superficie ocupa la mayor parte de la **península Ibérica**, las **islas Baleares**, las **islas Canarias** y las ciudades de la costa africana **Ceuta** y **Melilla**. A estas tierras llegaron los celtas, los íberos, los romanos, los visigodos, los judíos y los moros del norte de **África**, entre otros, y todos ellos han dejado su huella[1] en la cultura española. Su legado[2] se encuentra en la arquitectura, el paisaje, las costumbres, las comidas y las celebraciones.

Un recorrido por sus ciudades y pueblos nos ofrece toda la magia de su patrimonio[3] histórico. De los romanos, quedan acueductos, puentes[4] y teatros. De los visigodos, quedan los arcos con forma de herradura[5] que desde la península pasaron a **Oriente**. De los ocho siglos que los moros estuvieron en la península, quedan monumentos arquitectónicos, como la **Alhambra** de **Granada** y la **Mezquita de Córdoba**. Los moros crearon además una nueva cultura a caballo[6] entre Oriente y Occidente, dejando una riquísima herencia, no sólo en las artes —imposible negar la influencia árabe en el flamenco—, sino también en las ciencias. El álgebra y sus conocimientos cartográficos, geográficos y astronómicos pasaron, a través de España, a formar parte de la cultura occidental.

Hoy día, el turismo es una de las bases de la economía española. La gran oferta cultural y turística atrae anualmente a unos 52 millones de turistas a este país de sólo 47 millones de habitantes. Hay quienes siguen los pasos de **Hemingway**, que vio una España de toreros y de historias de amor y muerte. Otros buscan la diversión, fácil de encontrar en las fiestas que se ofrecen en toda la geografía y, claro está, en los bares que cierran a altas horas de la madrugada. Hay quienes quieren relajarse en la playa bajo el perenne sol de la costa mediterránea. Y no hay que olvidar a los que disfrutan de los extraordinarios museos que se encuentran en muchas ciudades, especialmente en **Barcelona**, **Madrid** y **Bilbao**.

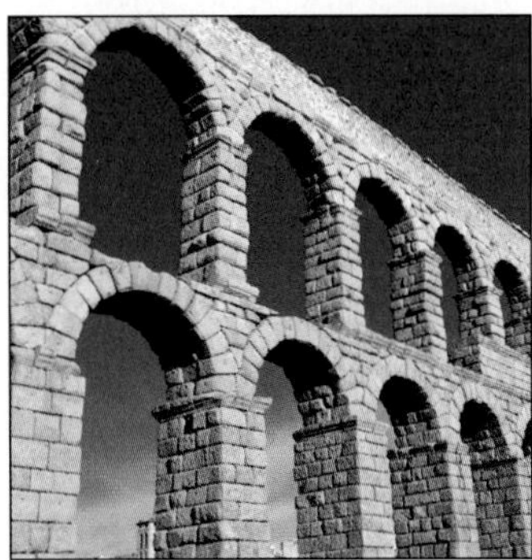

España es el segundo país del mundo en número de monumentos declarados **Patrimonio de la Humanidad**, y en los últimos años se han aumentado las medidas para preservarlos. Los organismos oficiales están intentando promover una oferta más cultural que enseñe a los visitantes la realidad histórica del país. Pero independientemente de lo que busque el visitante, es imposible que no disfrute de la gran diversidad cultural de un país que ha sido por milenios uno de los centros culturales de Europa.

Signos vitales

En **España** no sólo se habla español. Además de muchos dialectos, hay varias lenguas cooficiales: el **euskera**, de origen desconocido y que se habla en el **País Vasco**; el **gallego**, que se habla en **Galicia**, al norte de **Portugal**; y el **catalán**, que se habla en **Cataluña** y en otras comunidades autónomas.

[1] *mark* [2] *legacy* [3] *heritage* [4] *bridges* [5] *horseshoe* [6] **a...** *that bridged*

¡Visitemos España!

Antoni Gaudí Mezclados, a veces escondidos[1], a veces dominando la ciudad, en **Barcelona** se hallan[2] los edificios más emblemáticos del modernismo europeo. Enamoran por igual a los expertos en arquitectura y al paseante[3] menos entendido en la materia. Su creador fue el arquitecto catalán **Antoni Gaudí** (1852–1926), quien fue enterrado con grandes honores entre los muros[4] de su obra maestra: **la Sagrada Familia**.

Las cuevas de Sacromonte Hay en **Granada**, ciudad del sur español, una montaña llena de cuevas[5] en las que los gitanos[6], siglo tras siglo, establecieron sus viviendas. Allí pervivió[7] la tradición de las **zambras**, del árabe *zámra,* que significa *celebración espontánea de música y baile*. Hoy en día, las cuevas de **Sacromonte** ofrecen espectáculos gitanos de flamenco que los amantes de este estilo musical y los curiosos no pueden perderse.

Ibiza Situada en el **Mediterráneo**, **Ibiza** es una de las cinco **islas Baleares**. Antiguo paraíso *hippy*, es uno de los sitios donde todavía persiste la costumbre de la vida relajada. La capital, también llamada **Ibiza**, está construida en una montaña y su **Barrio de la Penya y de la Bomba** no decepciona a nadie que busque un poco de color en su vida nocturna.

Museo del Prado Conocido como uno de los mejores museos de arte del mundo, el **Museo del Prado** en **Madrid** es también uno de los más grandes. Tiene fama mundial por su amplia colección de pinturas, que contiene alrededor de 7.600 obras. El museo aloja[8] obras de artistas como **El Greco**, **Goya** y **Rembrandt**, pero, sin duda, la obra más famosa del museo es *Las meninas* de **Velázquez**.

[1] *hidden* [2] *are found* [3] *visitor* [4] *walls* [5] *caves* [6] *gypsies* [7] *survived* [8] *houses*

El español de España

chaval(a) niño/a; *kid*
colega amigo/a; *buddy, pal*
currar trabajar; *to work (slang)*
jersey suéter; *sweater*
lavabo baño; *bathroom*
majo/a guapo/a; simpático/a; *good-looking; friendly*
móvil (teléfono) celular; *cell phone*
ordenador computadora; *computer*
patatas papas; *potatoes*
piso apartamento; *apartment*
tío/a chico/a; *guy, girl*

Expresiones

¡Vale! ¡De acuerdo!; *OK!*
¡Venga! ¡Vamos!; ¡De acuerdo!; *Come on!; OK!*

Palabras españolas de origen árabe

aceite *oil;* **aceituna** *olive;* **ajedrez** *chess;* **albañil** *mason;* **albaricoque** *apricot;* **alcachofa** *artichoke;* **alcalde** *mayor;* **alcoba** *bedroom;* **alfombra** *carpet;* **almacén** *store;* **almohada** *pillow;* **alquiler** *rent;* **limón** *lemon;* **naranja** *orange*

GALERÍA DE CREADORES

ARQUITECTURA Santiago Calatrava

Santiago Calatrava es el arquitecto español más reconocido actualmente a nivel internacional. Nació en Valencia, donde terminó la carrera de Arquitectura, y en 1981 se doctoró en Ingeniería civil en Zurich. Allí estableció su estudio y empezó a trabajar por toda Europa en proyectos que combinan la arquitectura y la ingeniería. El color blanco está presente en todas sus creaciones, las cuales imitan no sólo el ojo humano, un par de manos, un árbol, una columna vertebral, sino también sus movimientos. Algunas de sus grandes obras incluyen el Puente James Joyce, en Dublín, Irlanda; el Auditorio de Tenerife, España; y el pabellón Quadracci en el Museo de Arte de Milwaukee, en Wisconsin. En esta imagen podemos apreciar el Hemisférico (izquierda) y el Palacio de las Artes Reina Sofía (derecha), en Valencia, España.

CINE Isabel Coixet

Isabel Coixet es una directora de cine española que afirma ganarse la vida no con el cine, sino con la publicidad. Nació en Barcelona en 1962, pero, a pesar de su nacionalidad, prefiere escribir sus guiones en inglés y rodar fuera de España. Algunas de sus películas son *Demasiado viejo para morir joven* (1989), *Cosas que nunca te dije* (1996), *Mi vida sin mí* (2003) y *La vida secreta de las palabras* (2005). En 2008 dirigió *Elegía*, basada en la novela *The Dying Animal* de Philip Roth, con un elenco estelar que incluye a Penélope Cruz y Ben Kingsley.

GASTRONOMÍA **Ferran Adrià**

Ferran Adrià es un cocinero español al que se le ha considerado como el mejor chef del mundo. Fue dueño y chef del reconocido restaurante El Bulli, en Girona, el cual cerró en 2011 para convertirse en una fundación de investigación gastronómica. Comer en este restaurante era una experiencia lujosa, sofisticada y memorable. Los treinta platos de los que constaba el menú eran una combinación de texturas, temperaturas y sabores. Se podía disfrutar de delicias como oreos de olivas negras, tapioca de jamón ibérico o pan con chocolate y aceite. Sin duda, la creatividad de este innovador supera la imaginación de las mentes más desbocadas (*unbridled*). Los expertos coinciden en llamarlo el Dalí de la cocina española.

LITERATURA **Ana María Matute**

Ana María Matute tenía diez años cuando estalló (*broke out*) la Guerra Civil Española en 1936 y para escapar de la realidad escribió una revista, *Shibyl*. Desde entonces, ha escrito muchas novelas, cuentos y obras juveniles, en los que están presentes los problemas de la infancia y la adolescencia. A pesar de escribir durante el franquismo, no dudó en criticar, sutilmente, la violencia y la hipocresía de la España de la época. Con la colección de cuentos *Los hijos muertos* (1958) ganó el Premio Nacional de Literatura. Sus novelas más recientes son *Aranmanoth* (2001) y *Paraíso inhabitado* (2008). Desde 1998, es miembro de la Real Academia Española. En 2007 recibió el Premio Nacional de las Letras Españolas y en 2010 el Premio Cervantes de Literatura.

CONEXIÓN INTERNET

En **vhlcentral.com** encontrarás más información y actividades relacionadas con esta sección.

¿Qué aprendiste?

Cierto o falso Indica si estas afirmaciones son ciertas o falsas. Corrige las falsas.

1. Ceuta y Melilla están en la costa española.
2. Los visigodos estuvieron en la península Ibérica por ocho siglos.
3. El euskera se habla en el País Vasco.
4. El arquitecto Antoni Gaudí está enterrado en la Sagrada Familia.
5. Ana María Matute es una directora de cine española.
6. Ferran Adrià fue el dueño de El Bulli.

Preguntas Contesta las preguntas.

1. ¿Qué construyeron los romanos en España?
2. ¿Cuántos turistas visitan España cada año?
3. ¿Qué conocimientos científicos trajeron los moros a España?
4. ¿Quiénes establecieron sus viviendas en las cuevas de Sacromonte?
5. ¿Quién diseñó el pabellón Quadracci en el Museo de Arte de Milwaukee?
6. ¿Qué artista de la galería te interesa más? ¿Por qué?

PROYECTO

La arquitectura de España

Imagina que eres un(a) arquitecto/a famoso/a y tienes un contrato para construir un edificio nuevo e importante en España. Investiga toda la información que necesites en Internet. Después, organiza tu tarea de la siguiente manera:

- Decide qué tipo de edificio te gustaría crear y en qué ciudad española lo construirías.
- Recopila fotos de diferentes edificios y estructuras importantes en varios lugares de España.
- Busca un mapa de España, o dibuja uno, e indica dónde están estas estructuras.
- Presenta esta información a tus compañeros de clase y prepara un bosquejo de tu propio edificio, incorporando varias características de las estructuras que has encontrado.

MINIPRUEBA

Completa las oraciones con la información correcta y demuestra lo que aprendiste sobre España.

1. Las estructuras de arcos en forma de herradura fueron introducidas en España por los ______.
   a. romanos b. visigodos c. moros
2. La Alhambra de Granada y la Mezquita de Córdoba son dos perfectos ejemplos de la ______ árabe.
   a. astronomía b. pintura c. arquitectura
3. Los españoles dicen ______ como sinónimo de *trabajar.*
   a. majo b. ordenar c. currar
4. El ______ es un estilo de música con influencias árabes.
   a. flamenco b. euskera c. gitano
5. España es el país número ______ en el mundo en número de monumentos que forman parte del Patrimonio de la Humanidad.
   a. uno b. dos c. tres
6. El ______ se habla en la región que se encuentra al norte de Portugal.
   a. gallego b. catalán c. portugués
7. ______ tiene los edificios más emblemáticos del modernismo europeo.
   a. Madrid b. Granada c. Barcelona
8. ______ es una palabra árabe que significa *celebración.*
   a. Ajedrez b. Zambra c. Alacena
9. Los españoles comen ______ y navegan por Internet en ______.
   a. majos; ordenadores b. patatas; colegas c. patatas; ordenadores
10. La obra maestra del arquitecto Antoni Gaudí es ______.
    a. la Alhambra b. la Sagrada Familia c. la Mezquita de Córdoba
11. La capital de Ibiza se llama ______.
    a. Baleares b. Ibiza c. Penya
12. Las islas ______ se encuentran en el Mediterráneo y son parte del territorio español.
    a. Baleares b. Sacromonte c. Canarias
13. En el Museo del Prado, se encuentra *Las meninas* de ______.
    a. Goya b. Velázquez c. Picasso

En pantalla

Vocabulario

invivible *unlivable*
el/la morador(a) *resident*
el/la paisano/a *person from the same country*
la patera *open boat*
procedente de *from*
radicar *to settle*
el reto *challenge*
la tiendecita *little store*

Lavapiés es un barrio del centro de Madrid que ha experimentado muchos cambios a través de su desarrollo. Según cuenta la historia, su curioso nombre hace referencia a una fuente donde la gente se lavaba los pies antes de acudir a las ceremonias religiosas. En la época moderna, Lavapiés se caracteriza por ser una de las zonas más multiculturales de Madrid. Esto se debe a la presencia histórica de inmigrantes y al proceso de evolución cultural y étnica constante. ¡Te invitamos a conocerlo a través del reportaje!

Conexión personal ¿Qué nacionalidades conviven en tu comunidad? ¿Qué porcentaje aproximado representan? ¿Qué contacto tienes con otras culturas? ¿Cómo ha cambiado tu comunidad a lo largo de los años?

1 **Comprensión** **Contesta las preguntas.**

1. ¿Qué tipo de barreras han superado los inmigrantes en Lavapiés?
2. ¿Cuántas nacionalidades conviven en Lavapiés?
3. Según el negociante, ¿cómo ha cambiado el barrio?
4. ¿Qué se decía del barrio en el pasado?
5. ¿Por qué lucha el Movimiento contra la Intolerancia en España?
6. ¿Cómo es la convivencia de los habitantes de Lavapiés hoy en día?

2 **Expansión**

A. En grupos de tres, busquen información sobre un barrio de una ciudad española. Tengan en cuenta:

- Cuál es su ubicación y cuáles son sus monumentos y lugares históricos.
- Por qué se caracteriza esta área.
- Qué grupos étnicos la poblaron a través de su historia.
- Qué lenguas o dialectos se hablan en esa región.
- Qué cambios ha experimentado este lugar y cómo creen que lo afecta la diversidad cultural.

B. **Presenten un informe a la clase.**

Lavapiés, un barrio de inmigrantes en medio de Madrid

Africanos, asiáticos, sudamericanos, caribeños, españoles y otros europeos conviven armoniosamente en Lavapiés.

Se estima que el 50 por ciento de los residentes en esta zona de Madrid es de origen extranjero.

...éste es el pequeño barrio de las Naciones Unidas porque aquí está prácticamente una representación de todos los países...

La intolerancia y la discriminación definitivamente no tienen lugar en sus calles.

Practice more at **vhlcentral.com.**

Presentation

6.1

The passive voice and constructions with *se*

The passive voice

TALLER DE CONSULTA

The following grammar topic is covered in the **Manual de gramática, Lección 6.**

6.4 The infinitive and the present participle, p. A17.

To review irregular past participles, see **4.3, p. 147.**

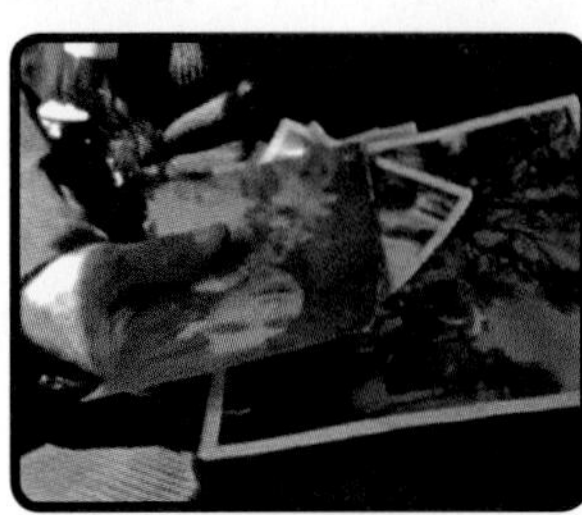

El abuelo había nacido en Palos Verdes, donde, según él, ***fue llevado por el mismísimo Pancho Villa*** *a pelear por la revolución.*

- In the active voice (**la voz activa**), a person or thing (the *agent*) performs an action on an object (the *recipient*). The agent is emphasized as the subject of the sentence. Statements in the active voice usually follow the pattern [*agent*] + [*verb*] + [*recipient*].

AGENT = SUBJECT	VERB	RECIPIENT = DIRECT OBJECT
El policía *The police officer*	**vigila** *guards*	**la frontera.** *the border.*
El departamento de inmigración *The department of immigration*	**ha detenido** *has detained*	**a diez personas.** *ten people.*

- In the passive voice (**la voz pasiva**), the recipient of the action becomes the subject of the sentence. Passive statements emphasize the thing that was done or the person that was acted upon. They follow the pattern [*recipient*] + **ser** + [*past participle*] + **por** + [*agent*].

RECIPIENT = SUBJECT	*SER* + PAST PARTICIPLE	*POR* + AGENT
La frontera *The border*	**es vigilada** *is guarded*	**por el policía.** *by the police officer.*
Diez personas *Ten people*	**han sido detenidas** *have been detained*	**por el departamento de inmigración.** *by the department of immigration.*

- Note that singular forms of **ser** (**es, ha sido, fue,** etc.) are used with singular recipients, and plural forms (**son, han sido, fueron,** etc.) are used with plural recipients.

La manifestación **es organizada** por un grupo de activistas.
The demonstration ***is organized*** *by a group of activists.*

Los dos candidatos **fueron rechazados** por el comité.
The two candidates ***were rejected*** *by the committee.*

- In addition, the past participle must agree in number and gender with the recipient(s).

La **disminución** de empleos fue **prevista** por el Secretario de Economía.
The ***decline*** *in jobs was* ***predicted*** *by the Secretary of the Treasury.*

Los **problemas** han sido **resueltos** por el jefe.
The ***problems*** *have been* ***resolved*** *by the boss.*

- Note that **por** + [*agent*] may be omitted if the agent is unknown or if the speaker wants to de-emphasize that information.

Las metas fueron alcanzadas.
The goals were reached.

El maltrato no ha sido eliminado.
Abuse has not been eradicated.

The passive *se*

- The pronoun **se** is often used to express the passive voice when the agent performing the action is not stated. The third-person singular verb form is used with singular nouns, and the third-person plural form is used with plural nouns. The passive **se** is used only with transitive verbs (verbs that can take a direct object).

  Se subirán los impuestos a final de año.
  *Taxes **will be raised** at the end of the year.*

- When referring to an undefined person, use the passive **se** and make sure the verb agrees with the object.

  Se busca secretaria bilingüe.
  Bilingual secretary wanted.

  Se necesitan voluntarios.
  Volunteers needed.

The impersonal *se*

- **Se** is also used with third-person singular verbs in impersonal constructions where the subject of the sentence is undefined. In English, the words *one, people, we, you,* or *they* are often used for this purpose. The impersonal **se** is used with intransitive verbs (verbs that cannot take a direct object).

  ¿**Se puede** vivir sin dinero?
  ***Can one** live without money?*

  No se debe invertir todo en la bolsa de valores.
  ***You shouldn't** invest everything in the stock market.*

Se to express unexpected events

- **Se** is also used to describe accidental or unplanned incidents. In this construction, the agent is de-emphasized, implying that the incident is not his or her responsibility.

	INDIRECT OBJECT PRONOUN	VERB	SUBJECT
Se	**me**	**perdió**	**el reloj.**

- In this construction, the person(s) to whom the event happened is/are expressed as an indirect object. What would be the direct object of the English sentence becomes the subject of the Spanish sentence. These verbs are frequently used with **se** to describe unplanned events.

acabar *to finish, to run out*	**olvidar** *to forget*
caer *to fall, to drop*	**perder (e:ie)** *to lose*
dañar *to damage, to break*	**quedar** *to leave behind*
ocurrir *to occur*	**romper** *to break*

  Se les quedó el pasaporte en la frontera.
  ***They left** the passport at the border.*

- To clarify or emphasize the person(s) to whom the unexpected occurrence happened, the construction sometimes begins with **a** + [*noun*] or **a** + [*prepositional pronoun*].

  A María siempre se le olvida pagar los impuestos.
  ***María** always forgets to pay her taxes.*

¡ATENCIÓN!

The impersonal **se** can also be used with transitive verbs when they refer to a specific person. In this case, use the personal **a** and a singular verb form.

Se entrevistó al refugiado.
The refugee was interviewed.

Se entrevistó a los refugiados.
The refugees were interviewed.

Práctica

1 **Cambio de país** **Completa las oraciones en voz pasiva con la forma adecuada del participio pasado.**

1. Una fiesta fue _______ (organizar) para despedir a la familia Villar.
2. En el aeropuerto, sus visas fueron _______ (revisar) por los agentes de aduana.
3. Su equipaje fue _______ (examinar) antes de subir al avión.
4. Ya en los Estados Unidos, los hijos fueron _______ (admitir) en las escuelas.
5. Los hijos de los Villar ya no son _______ (considerar) extranjeros.
6. Cuando volvieron a visitar Argentina, los Villar fueron _______ (recibir) en el aeropuerto por todos sus familiares.

2 **Completar** **La empresa para la que trabajas ha cambiado algunas reglas. Completa las oraciones con el pronombre se.**

1. _______ (trabajar) de ocho a seis.
2. No _______ (deber) comer en las oficinas.
3. _______ (prohibir) los teléfonos celulares.
4. _______ (tener) sólo veinte minutos para almorzar.
5. No _______ (permitir) las llamadas telefónicas personales.
6. _______ (prohibir) escuchar la radio en la oficina.

3 **Accidentes**

A. Describe qué sucedió en cada situación. Usa se y el verbo entre paréntesis.

Modelo **No encuentro las llaves por ningún lado. (perder)**
Se me perdieron las llaves.

1. Dejamos el cartel de la protesta en casa. (olvidar)
2. Un virus atacó la computadora que compré hace poco. (dañar)
3. Después de pagar todas las facturas, Julián y Pati no tenían más dinero en la cuenta. (acabar)
4. Tienes varias ideas buenas para luchar contra el maltrato. (ocurrir)
5. Tony no recuerda dónde puso los pasaportes. (perder)
6. Iba con demasiada prisa y tropecé (*tripped*). Ahora los papeles están por todo el suelo. (caer)
7. No pensamos que los vasos estuvieran en peligro en el nuevo lavaplatos. (romper)

6. Carlos y Emilia dijeron que traerían las fotos de sus últimas vacaciones, pero no las tienen. (olvidar)

B. Usando las oraciones anteriores como modelo, describe tres situaciones que te hayan pasado a ti o a alguien que conoces.

 Practice more at **vhlcentral.com.**

Comunicación

4 **La escuela** Marcos y Marta son estudiantes y les cuentan a sus padres qué se hace en la escuela. En parejas, describan lo que se hace usando el pronombre **se** y las notas de Marcos y Marta.

- Aprender a...
- Comer en...
- Estudiar...
- Hacer...
- Compartir...
- Hablar con...
- Jugar...
- Usar...
- Practicar...
- Escribir...

5 **Carteles** En parejas, imaginen qué otras cosas se hacen en el lugar donde se encuentra cada cartel. Escriban oraciones usando **se**. Luego, la clase tiene que adivinar qué lugar están describiendo.

Modelo —Se prestan libros, se estudia y se pide información para hacer investigaciones.
—Es la biblioteca.

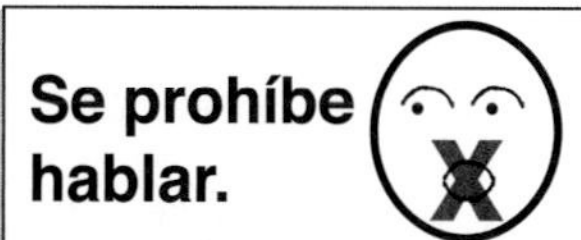

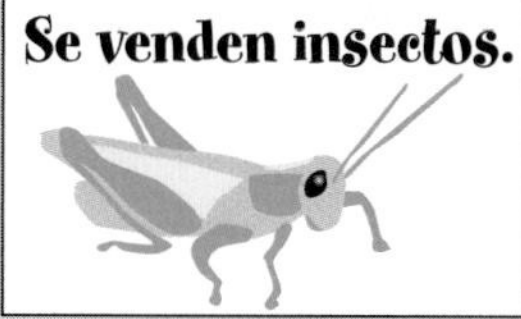

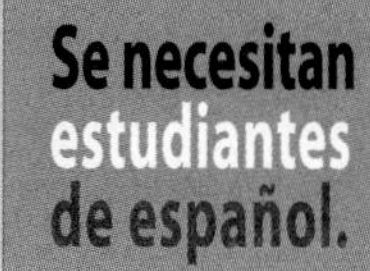

Sólo se habla guaraní.

6 **El artículo** En grupos, lean las notas que tomó una periodista sobre un caso de robo y escriban el artículo utilizando la voz pasiva.

Notas sobre el caso

- *Hace 25 años:*
  asaltaron el Museo de Bellas Artes, robaron seis cuadros muy famosos, destruyeron varios marcos antiguos en un pasillo, dañaron una estatua, golpearon a los dos guardias de seguridad, lastimaron con una navaja al cuidador
- *El mes pasado:*
  un detective descubrió los seis cuadros en París; dos meses antes, un empresario de Taiwán los había vendido a una galería francesa
- *Ayer:*
  la policía allanó (raided) las propiedades del empresario en Taipéi, encontró las otras obras de arte robadas, no atrapó al sospechoso
- *Ahora:*
  la aseguradora del museo investiga pistas de los posibles ladrones. Ella afirma: "considerarán el robo resuelto cuando atrapen a los culpables".

6.2

The present and past perfect subjunctive

TALLER DE CONSULTA

To review the present and past subjunctive, see **3.1, pp. 96–98; 3.2, pp. 102–103; 3.3, pp. 106–107; and 5.1, pp. 176–177.**

—No creo que el abuelo haya reconocido Palos Verdes.

The present perfect subjunctive

- The present perfect subjunctive (**el pretérito perfecto del subjuntivo**) is formed with the present subjunctive of **haber** and a past participle.

The present perfect subjunctive

cerrar	perder	asistir
haya cerrado	**haya perdido**	**haya asistido**
hayas cerrado	**hayas perdido**	**hayas asistido**
haya cerrado	**haya perdido**	**haya asistido**
hayamos cerrado	**hayamos perdido**	**hayamos asistido**
hayáis cerrado	**hayáis perdido**	**hayáis asistido**
hayan cerrado	**hayan perdido**	**hayan asistido**

- The present perfect subjunctive is used to refer to recently completed actions or past actions that still bear relevance in the present. It is used mainly in the subordinate clause of a sentence whose main clause expresses will, emotion, doubt, or uncertainty.

Present perfect indicative

Luis **ha dejado** de usar su tarjeta de crédito.
*Luis **has stopped** using his credit card.*

Present perfect subjunctive

No creo que Luis **haya dejado** de usar su tarjeta de crédito.
*I don't think Luis **has stopped** using his credit card.*

- Note the different contexts in which you must use the subjunctive tenses you have learned so far.

Present subjunctive

Las empresas multinacionales **buscan** empleados que **hablen** varios idiomas.
*Multinational companies **are looking for** employees who **speak** several languages.*

Present perfect subjunctive

Prefieren contratar a los que **hayan viajado** al extranjero.
***They prefer** to hire those who **have traveled** abroad.*

Past subjunctive

Antes, casi todas **insistían** en que los solicitantes **tuvieran** cinco años de experiencia.
*In the past, almost all of them **insisted** that applicants **have** five years of experience.*

¡ATENCIÓN!

In a multiple-clause sentence, the choice of tense for the verb in the subjunctive depends on *when* the action takes place in each clause. The present perfect subjunctive is used primarily when the action of the main clause is in the present tense, but the action in the subordinate clause is in the past.

The past perfect subjunctive

- The past perfect subjunctive (**el pretérito pluscuamperfecto del subjuntivo**) is formed with the past subjunctive of **haber** and a past participle.

*El abuelo no pensaba que Palos Verdes **hubiera cambiado** tanto.*

The past perfect subjunctive

cambiar	poder	sentir
hubiera cambiado	**hubiera podido**	**hubiera sentido**
hubieras cambiado	**hubieras podido**	**hubieras sentido**
hubiera cambiado	**hubiera podido**	**hubiera sentido**
hubiéramos cambiado	**hubiéramos podido**	**hubiéramos sentido**
hubierais cambiado	**hubierais podido**	**hubierais sentido**
hubieran cambiado	**hubieran podido**	**hubieran sentido**

- The past perfect subjunctive is used in subordinate clauses under the same conditions as other subjunctive forms, and in the same way the past perfect is used in English (*I had talked, you had spoken,* etc.). It refers to actions or conditions that had taken place before another past occurence.

Le molestó que su novio **no hubiera renovado** su pasaporte.
*She was annoyed that her boyfriend **hadn't renewed** his passport.*

A pesar de que nos mostró su currículum, dudábamos que el solicitante **hubiera trabajado** con una ONG.
*Despite what it said on his résumé, we doubted that the applicant **had worked** with an NGO.*

- When the action in the main clause is in the past, both the past subjunctive and the past perfect subjunctive can be used in the subordinate clause. Note, however, how the sequence of events differs.

Past subjunctive

Tú no pensabas que la computadora **costara** tanto, ¿verdad?
*You didn't think the computer **would (was going to) cost** so much, right?*

La empresa buscó una persona que **viviera** en la zona.
*The company looked for a person who **lived (was living)** in the area.*

Past perfect subjunctive

Tú no pensabas que la computadora **hubiera costado** tanto, ¿verdad?
*You didn't think the computer **(had already) cost** so much, right?*

La empresa buscó una persona que **hubiera vivido** en la zona.
*The company looked for a person who **had lived** in the area.*

TALLER DE CONSULTA

The alternative past subjunctive forms of **haber** may also be used with the past participle to form the past perfect subjunctive. See **5.1, p. 176.**

Ojalá hubieras/hubieses contribuido al proyecto.
I wish you had contributed to the project.

The past perfect subjunctive is also frequently used in **si** clauses. See **6.3, p. 223.**

Si no se te hubiera/hubiese perdido el celular, te habríamos llamado.
If you hadn't lost your cell phone, we would have called you.

Práctica

Seleccionar **Elige la opción correcta.**

1. Es imposible que el nivel de desempleo (haya/hubiera) subido.
2. Prefirieron contratar a un empleado que (haya/hubiera) trabajado en una empresa multinacional.
3. Estoy casi seguro de que el nuevo gerente se (ha/haya) aprendido todos nuestros nombres.
4. Busco al joven que (ha/haya) solicitado empleo en el museo.
5. No pensó que la bancarrota (ha/hubiera) sido la mejor opción.

2

Combinar **Combina las expresiones de la segunda columna con las de la primera para formar oraciones completas con el pretérito pluscuamperfecto del subjuntivo.**

_____ 1. Esperaba que tú
_____ 2. Dudaba que los estudiantes
_____ 3. Le molestó que el director del corto no
_____ 4. Ojalá nosotros
_____ 5. Fue una lástima que ella no

a. hubiéramos hecho un mayor esfuerzo.
b. hubieran apagado sus teléfonos celulares.
c. hubiera podido venir a la fiesta.
d. se hubiera despedido de los actores.
e. hubieras encontrado las llaves, pero no tuviste suerte.

3

El reproche **Completa este correo electrónico con la forma correcta del pretérito perfecto del subjuntivo o del pretérito pluscuamperfecto del subjuntivo.**

De: Mario González <mgonzalez_0510@micorreo.com>
Para: Carlos Rey <carlitos_rey@micorreo.com>
Asunto: ¡Hola!

Hola, Carlos:

¿Qué tal? ¿Cómo te va la vida en Nueva York? No creo que (1) _____________ (tú, adaptarse) todavía, porque acabas de llegar, pero no te preocupes. La gente allí es muy tolerante y está acostumbrada a convivir con muchas culturas diferentes.

Carlos, nunca (2) _____________ (yo, imaginar) que te marcharías de España. No quiero decir que en el pasado (3) _____________ (tú, ser) cobarde, sino que te imaginaba aquí.

No creo que la idea de mudarte (4) _____________ (surgir) de la nada; seguro que lo tenías muy bien planeado. Cuando me enteré de que te ibas, me extrañó mucho que no (5) _____________ (tú, comentar) nada a tus amigos más cercanos. La verdad es que es una lástima que nosotros (6) _____________ (enterarse) tan tarde. A algunos del grupo les molestó que no les (7) _____________ (avisar), pero no digas nada, por favor. Sólo espero que (8) _____________ (tú, tener) muy buen viaje y que estés bien.

Bueno, llámame cuando (9) _____________ (tú, integrarse), y la próxima vez sé más comunicativo con tus amigos.
Un gran saludo,

Mario
P.D.: ¡Ojalá Marta (10) _____________ (irse) contigo! No para de hablar de ti.☺

Practice more at **vhlcentral.com.**

Comunicación

4 **Mentirosas** Dos amigas se llaman para contarse todos sus éxitos en España. En parejas, representen cada uno/a a una amiga y contradigan lo que dice. Usen el pretérito perfecto del subjuntivo y las expresiones de la lista.

Modelo —He conocido al presidente de España.

—No creo que hayas conocido al presidente de España. Yo he estado en el estreno de la nueva película de Almodóvar.

—Es imposible...

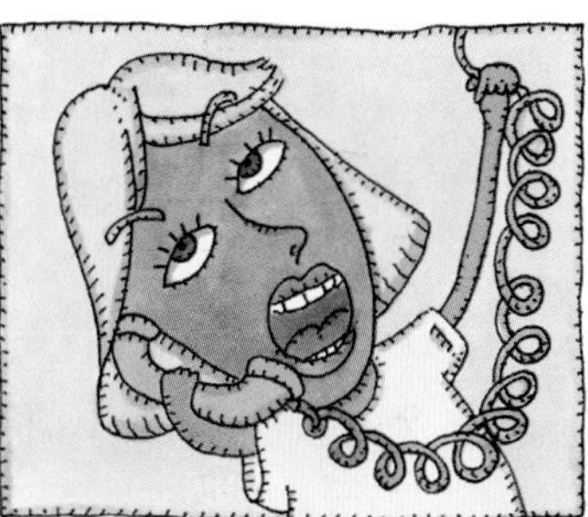

No creo	**Es improbable**
Dudo	**No es cierto**
Es imposible	**No es probable**

Isabel	**Elena**
1. He ido de compras con Leticia Ortiz, la futura reina de España.	1. He conseguido la nacionalidad española.
2. Mi jefe me ha aumentado el sueldo un 100%.	2. Un torero muy famoso me ha invitado a cenar.
3. Mi compañía me ha declarado la mejor empleada del año.	3. Mi jefe me ha pedido que me quede en España para siempre.
4. El rey Juan Carlos ha visitado la oficina donde trabajo.	4. Esta mañana me he tomado un café con Javier Bardem y Penélope Cruz.

5 **Selección** Imaginen que son miembros de Amnistía Internacional, pero sólo uno/a de ustedes ha sido seleccionado para trabajar en el extranjero. Dramaticen la situación usando el pretérito perfecto del subjuntivo y el pretérito pluscuamperfecto del subjuntivo.

Modelo —¿Quieres saber la verdad? Me sorprende que te hayan elegido a ti.

—¿Por qué? Estoy totalmente preparado y hablo el idioma oficial del país.

—¡Ah! No sabía que hubieras aprendido francés. De todas formas, yo soy mejor candidato, porque...

6 **Historia** En parejas, imaginen que son periodistas que investigan la vida de un famoso y excéntrico científico peruano llamado Ástor Gómez. Hace un mes que su familia y sus colegas no lo ven, y sólo se ha encontrado una nota debajo de su microscopio que dice: "Ojalá hubiera sido un extraterrestre". Inventen una historia que explique la frase encontrada. Usen el pretérito pluscuamperfecto del subjuntivo.

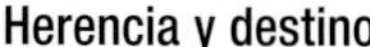

Presentation

6.3

Si clauses

- **Si** (*if*) clauses express a condition or event upon which another condition or event depends. Sentences with **si** clauses are often hypothetical statements. They contain a subordinate clause (**si** clause) and a main clause (result clause).

—***Si*** *se nos va antes, pues lo dejamos acá.*

- The **si** clause may be the first or second clause in a sentence. Note that a comma is used only when the **si** clause comes first.

Si tienes tiempo, ven con nosotros al parque de atracciones.
If you have time, *come with us to the amusement park.*

Iré con ustedes **si no tengo que trabajar**.
I'll go with you ***if I don't have to work****.*

¡ATENCIÓN!

Si (*if*) does not carry a written accent. However, **sí** (yes) and **sí** (*himself, herself,* etc.) do carry a written accent.

Si puedes, ven.
Come if you can.

Sí, puedo.
Yes, I can.

Se sorprendió a sí misma.
She surprised herself.

Hypothetical statements about possible events

- In hypothetical statements about conditions or events that are possible or likely to occur, use a **si** clause in the present indicative. The main clause may use the present indicative, the future indicative, **ir a** + [*infinitive*], or a command.

Si **clause: Present indicative**		**Main clause**
Si usted no **juega** a la lotería, ***If*** *you don't* ***play*** *the lottery,*	PRESENT TENSE	no **puede** ganar. ***you can't*** *win.*
Si voy a otro país, ***If I go*** *to another country,*	FUTURE TENSE	**encontraré** un trabajo mejor. ***I'll find*** *a better job.*
Si pasas por Inmigración, ***If you go*** *through Immigration,*	*IR A* + [INFINITIVE]	**van a pedirte** el pasaporte. ***they are going to ask for*** *your passport.*
Si ves a Marta, ***If you see*** *Marta,*	COMMAND	**dile** que me llame. ***tell her*** *to call me.*

Hypothetical statements about improbable situations

- In hypothetical statements about current conditions or events that are improbable or contrary-to-fact, use a **si** clause in the past subjunctive. The main clause uses the conditional.

Si clause: Past subjunctive	Main clause: Conditional
Si fuera más fácil, ***If it*** *were easier,*	nos **iríamos** del país. ***we would leave*** *the country.*
Si tuviera más dinero, ***If I had*** *more money,*	**donaría** a una ONG. ***I would donate*** *to an NGO.*

¡ATENCIÓN!

A contrary-to-fact situation is one that is possible, but has not occurred.

Hypothetical statements about the past

- In hypothetical statements about contrary-to-fact situations in the past, the **si** clause describes what *would have happened* if another event or condition *had occurred.* The **si** clause uses the past perfect subjunctive. The main clause uses the conditional perfect.

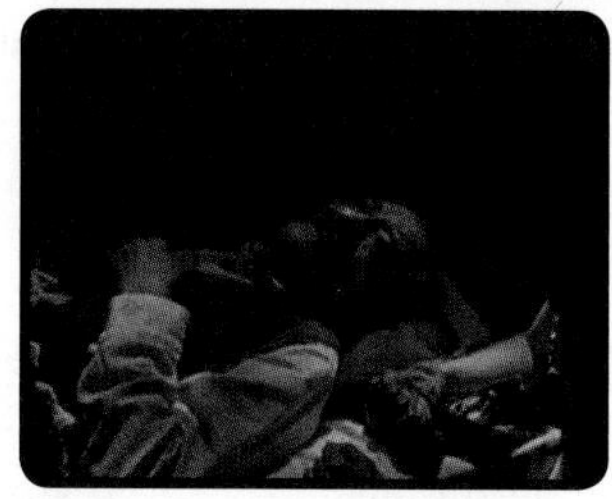

*Si el abuelo no **hubiera regresado** a Palos Verdes, no **habría muerto** todavía.*

Si clause: Past perfect subjunctive	Main clause: Conditional perfect
Si no hubieran hablado con los periodistas, ***If they hadn't spoken*** *with the press,*	**no habría habido** tanta polémica. ***there wouldn't have been*** *so much controversy.*
Si hubiera pasado más tiempo en España, ***If I had spent*** *more time in Spain,*	**habría conseguido** el pasaporte español. ***I would have gotten*** *a Spanish passport.*

Habitual conditions and actions in the past

- In statements that express habitual past actions that are not contrary-to-fact, both the **si** clause and the main clause use the imperfect.

Si clause: Imperfect	Main clause: Imperfect
Si Milena **tenía** tiempo libre, ***If*** *Milena* ***had*** *free time,*	siempre **iba** a la playa. *she* ***would*** *always* ***go*** *to the beach.*
De niño, **si iba** a la feria, *As a child,* ***if I went*** *to the fair,*	siempre **me montaba** en la montaña rusa. ***I would*** *always* ***ride*** *the roller coaster.*

Práctica

1 **Situaciones** Completa las oraciones.

A. Situaciones probables o posibles

1. Si no ____________ (luchar) por tus derechos, nadie lo hará.
2. Si ellos no ____________ (llegar), no podrán despedirse de los amigos.

B. Situaciones hipotéticas sobre eventos improbables

3. Si no fuera bilingüe, yo no ____________ (poder) trabajar en otro país.
4. Si David hiciera un esfuerzo, él ____________ (adaptarse) más rápidamente a la vida en Canadá.

C. Situaciones hipotéticas sobre el pasado

5. Si mi familia no hubiera venido a visitarme, yo ____________ (aburrirse) mucho.
6. Si mis padres ____________ (integrarse) a la comunidad, habrían aprendido el idioma oficial.

2 **Emigrantes** Carolina y Leticia emigraron de su país para estudiar. Ahora imaginan cómo serían sus vidas si no hubieran dejado su país. Completa el diálogo con el condicional o el imperfecto del subjuntivo.

LETICIA ¿Qué (1) ________ (ser) de nuestras vidas si (2) ________ (estar) en nuestro país?

CAROLINA Bastante diferentes. Nosotras no (3) ________ (estudiar) donde lo hacemos ahora, ni (4) ________ (tener) la opción de un trabajo de media jornada.

LETICIA Es cierto, pero si yo (5) ________ (vivir) allá, (6) ________ (estar) más cerca de mis familiares. No (7) ________ (perderse) las fiestas, (8) ________ (hablar) todo el tiempo con mis amigos...

CAROLINA Sí, pero también nos (9) ________ (quejarse) mucho y (10) ________ (desear) no estar allá.

3 **Si yo hubiera sido...** En parejas, imaginen cómo habrían sido sus vidas si hubieran sido uno de estos personajes.

Modelo **uno de los Beatles**

Si yo hubiera sido uno de los Beatles, habría tenido millones de aficionados a mi música y habría viajado por todo el mundo.

- Madre Teresa de Calcuta
- Benjamin Franklin
- Elvis Presley
- Ray Charles
- la Princesa Diana de Inglaterra
- Federico García Lorca
- ¿?

Practice more at **vhlcentral.com.**

Comunicación

4 **¿Qué harías?** **En parejas, miren los dibujos y túrnense para preguntarse qué harían si les ocurriera lo que muestra cada dibujo. Sigan el modelo y sean creativos.**

Modelo —¿Qué harías si encontraras diez mil dólares en la calle?

—Si yo encontrara diez mil dólares en la calle, seguramente llamaría a la policía y preguntaría si alguien los había reclamado.

1. Tu suegro viene de visita sin avisar.

2. Te invitan a bailar tango.

3. Se descompone tu carro en el desierto.

4. Te quedas atrapado/a en un ascensor.

5 **¿Qué pasaría?** **En parejas, pregúntense qué hacían, hacen, harían o habrían hecho en las siguientes situaciones.**

Modelo **Si fueras un(a) atleta famoso/a**

Si fuera un(a) atleta famoso/a, donaría parte de mi sueldo para construir más escuelas.

1. Si hoy hubieras tenido el día libre
2. Si, de niño/a, tus amigos te rechazaban
3. Si cerraran las fronteras de tu país
4. Si tuvieras que abandonar tu país
5. Si ves a un padre regañar a su hijo

6 **¡Qué desilusión!** **Imagina que te presentas para un trabajo en otro país, pero no lo obtienes porque otro candidato lo ha conseguido. En parejas, hablen de lo que habrían hecho distinto si hubieran tenido una segunda oportunidad y de lo que habrían hecho si lo hubieran conseguido.**

Modelo Si hubiera tenido una segunda oportunidad, habría hablado de mis viajes anteriores y habría mejorado mi currículum... Y si me hubieran contratado, habría comprado un carro increíble con el sueldo que me habría ganado...

Síntesis

¡El español avanza a pasos de gigante!

A pesar de que se esperaba que las generaciones de hispanos nacidas en los Estados Unidos abandonaran la lengua materna, un estudio revela que el español sigue en crecimiento. El estudio *El uso futuro de la lengua española en los Estados Unidos – Proyecciones 2015 y 2025* confirma la evidencia: el idioma español se expande rápidamente en los Estados Unidos. El estudio, financiado por la Hispanic USA Inc. y elaborado por el Roslow Research Group, afirma que en unos 15 años, el 45% de los habitantes de los Estados Unidos hablará también español.

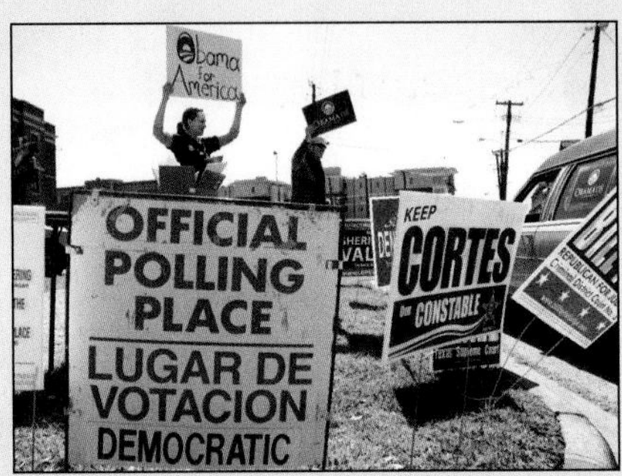

Hasta hace poco, los estudios indicaban que las lenguas maternas de los inmigrantes tendían a reducirse o a desaparecer a lo largo de las generaciones. De hecho, el español se extinguió en varios países durante el siglo XX. Así ocurrió en Micronesia, en Guam y en otras islas del Pacífico, y también en las Filipinas, donde prácticamente ha desaparecido. Pero, a pesar de la previsión de que el uso del español disminuiría en estos años, el estudio revela que dentro de quince años habrá en los Estados Unidos 12,4 millones de personas más que hablen este idioma.

"Sabemos que el número de hispanos que se adaptan a la cultura estadounidense seguirá creciendo, pero lo que este estudio muestra claramente es que el español llegó para quedarse", concluye el análisis. En la actualidad, 39 millones de habitantes de los Estados Unidos son hispanohablantes. En este país, el español es, después del inglés, la lengua más hablada y el idioma que más se enseña en las escuelas y universidades. ■

1 

Opiniones En grupos pequeños, lean estas reacciones al artículo. Túrnense para dar sus opiniones sobre cada afirmación. Luego, presenten sus ideas a la clase.

"Algún día, el español reemplazará al inglés en el mundo. Pero, en la actualidad, los inmigrantes no hablan bien ni el español ni el inglés. La enseñanza de idiomas se debe promover desde la escuela primaria".

"Nadie puede saber lo que ocurrirá en el futuro con la población. Lo más probable es que, con el tiempo, los inmigrantes se adapten y hablen cada vez más inglés".

"Si el español se impone, el país podría perder su identidad lingüística. Hay que proteger el inglés antes de que sea demasiado tarde: ninguna medida preventiva está de más".

2 

Consecuencias En parejas, hablen sobre las consecuencias de la inmigración hispanohablante en los Estados Unidos. Escriban una lista en la que describan los beneficios y los riesgos de este fenómeno. Usen la gramática que aprendieron en esta lección. Luego debatan sus ideas con la clase.

Preparación

Vocabulario de la lectura

el barro *mud; clay*
guiar *to guide*
el ladrillo *brick*
la maqueta *model*
el martillo *hammer*
la pared *wall*
la piedra (esculpida) *(sculpted) stone*
planificar *to plan*
realizar *to carry out*
el tamaño *size*
el terreno *terrain*
ubicado/a *located*

Vocabulario útil

descubrir *to discover*
el enigma *enigma*
el modo *means, manner*
el plano *blueprint, plan*
remodelar *to remodel*
el universo *universe*

1 **Adivinanzas** Resuelve las adivinanzas (*riddles*) con el vocabulario que acabas de aprender.

_____ 1. Soy un objeto rectangular. Me puedes usar en la construcción de un edificio.
_____ 2. Me formo si mezclas tierra y agua.
_____ 3. Divido los cuartos de tu casa. Puedes pintarme de blanco, de azul o del color que más te guste.
_____ 4. Contengo todos los planetas, estrellas y galaxias. Nada es más grande que yo.
_____ 5. Soy otra forma de decir "manera".
_____ 6. Si necesitas golpear algo con mucha fuerza, te puedo ayudar.

2 **Preferencias** Encuesta a un(a) compañero/a. Después, comparte sus respuestas con el resto de la clase. ¿Quiénes son los más aventureros?

1. ¿Qué tipo de viajes prefieres hacer?
a. viajes relajantes
b. viajes culturales
c. viajes aventureros

2. Si necesitas algo, ¿de qué forma prefieres conseguirlo?
a. comprándolo por Internet
b. comprándolo en la tienda
c. creándolo yo mismo/a

3. ¿Qué prefieres hacer un domingo por la tarde?
a. relajarme y prepararme para la semana
b. tomar un café con mis amigos
c. hacer deportes de riesgo

4. ¿Con qué personaje de ficción te identificas más?
a. Homer Simpson
b. Blancanieves
c. Indiana Jones

3 **Descubrimiento** Se sabe mucho sobre las culturas antiguas (persa, griega, romana, azteca, etc.) a través de sus ruinas. En parejas, escriban un artículo anunciando el descubrimiento de las ruinas de una civilización hasta ahora desconocida. Luego, compartan la noticia con la clase.

- ¿Dónde se descubrieron?
- ¿Quién las descubrió?
- ¿Qué indican sobre esa cultura?
- ¿Cómo y por qué se extinguió?

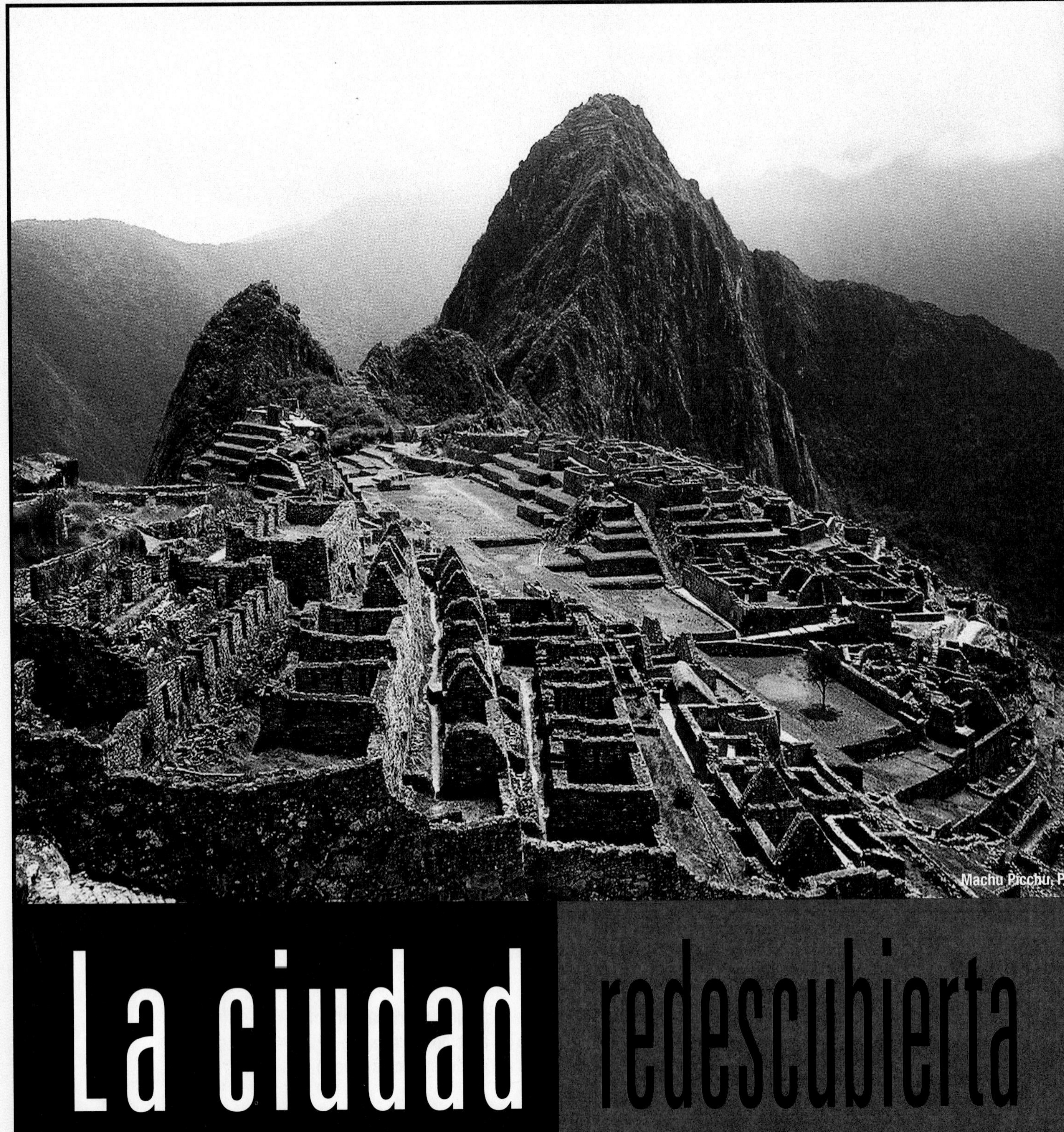

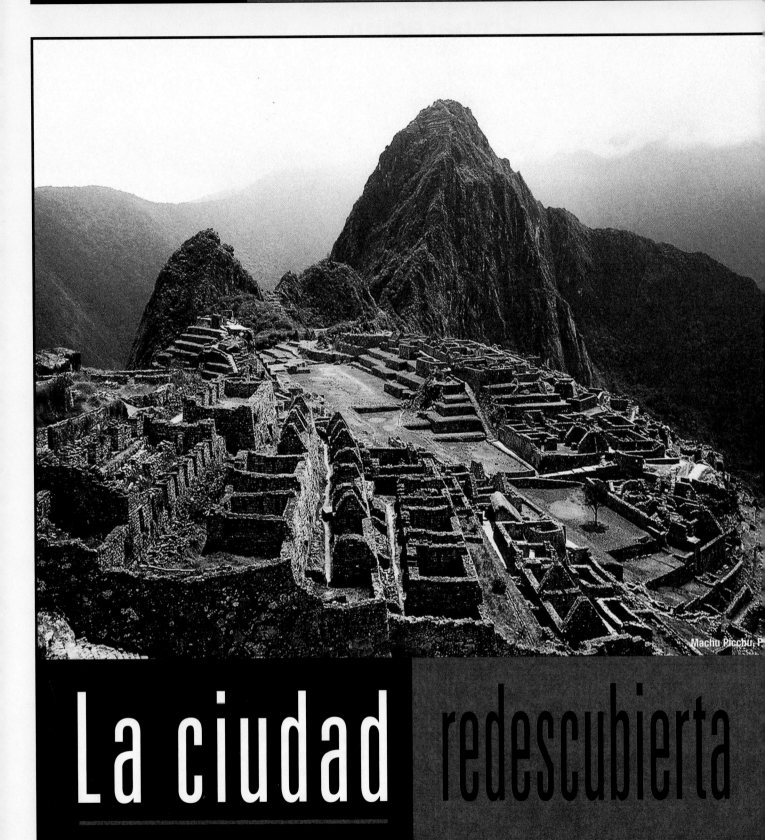

Machu Picchu, P

La ciudad redescubierta

En 1911, como si se tratara de una película de Indiana Jones, el estadounidense Hiram Bingham, profesor de la universidad de Yale, guió una expedición por los Andes que llevó al redescubrimiento de la maravillosa "Ciudad Perdida", Machu Picchu. Puesto que los conquistadores españoles nunca la encontraron, la majestuosa ciudad, construida a mediados del siglo XV, estaba casi intacta. Nunca había sido olvidada totalmente, pero los habitantes de la zona, quienes conocían su existencia, tenían poco contacto con otros pueblos. Después de la visita de Bingham, Machu Picchu se convirtió en uno de los atractivos turísticos más importantes de todo el mundo.

Esta ciudad es el ejemplo más famoso de la arquitectura inca, caracterizada por adecuarse a los escarpes° naturales del terreno. Está ubicada en una zona montañosa y cubre unos trece kilómetros cuadrados. En los escarpes, se construyeron terrazas que, conectadas por escaleras, llevaban a una plaza central, donde se encontraban los templos y los edificios del gobierno de la ciudad.

cliffs

Además de Machu Picchu, los incas, por lo general, planificaban muy cuidadosamente la construcción de otros tipos de edificios, como templos y palacios, y también de ciudades enteras. Realizaban planos cuidadosos sobre la ubicación de cada uno de los componentes de la ciudad y construían maquetas. Normalmente, las paredes de los edificios importantes eran de piedra. Los incas usaban martillos para dar a las piedras la forma adecuada, y con ellos hacían un trabajo muy fino. Incluso se piensa que cuando tenían que construir un edificio importante, especialmente si era religioso, construían primero un modelo a tamaño real. Este procedimiento permitía anticipar la distribución correcta de las piedras. Así explican los expertos el nivel de perfección que se consiguió con la arquitectura en piedra, a pesar de que los modelos se hacían supuestamente con adobe, ladrillos hechos de barro secado° al sol.

dried

Varios factores contribuyeron a la decadencia° de Machu Picchu, que comenzó sólo unos cien años después de su construcción. Durante el apogeo° del imperio inca, su primer emperador, Pachacútec, había mandado construir la ciudad, reservada a la élite social. Sin embargo, después de la muerte de Pachacútec, sus sucesores construyeron sus propias ciudades, por lo que Machu Picchu empezó a perder algo de su prestigio.

decline
height

Durante la misma época, los españoles conquistaron la capital inca de Cuzco. Mientras tanto, los incas sucumbían a enfermedades como la viruela°, que habían traído los españoles y contra las cuales no tenían defensas naturales. Además, luego de la conquista española, los agricultores que habían sido forzados a cultivar las tierras de Machu Picchu dejaron estas tierras para volver a sus pueblos de origen. Cuando llegó Bingham casi cuatro siglos más tarde, con la excepción de unos pocos descendientes que todavía ocupaban el lugar, los incas ya habían abandonado Machu Picchu.

smallpox

Con su historia tan llena de intriga y una arquitectura que asombra° hasta a los ingenieros contemporáneos, se justifica que en 1983 la UNESCO haya nombrado a Machu Picchu patrimonio cultural y natural de la humanidad.■

astounds

¿Bingham e Indiana Jones?

Según un artículo del *Los Angeles Times,* el famoso protagonista de la serie de películas de Indiana Jones estaba inspirado en Hiram Bingham, el redescubridor de Machu Picchu. Aunque no es la única hipótesis que se maneja, las coincidencias son muchas. Las obvias son que los dos eran norteamericanos, profesores universitarios e iban siempre a la búsqueda de tesoros y ciudades perdidas.

Análisis

1 **Comprensión** Contesta las preguntas con oraciones completas.

1. ¿Quién fue Hiram Bingham y por qué es conocido?
2. ¿Por qué estaba Machu Picchu casi intacta?
3. ¿Por qué es famosa Machu Picchu?
4. ¿Qué construían los incas primero cuando tenían un proyecto muy importante?
5. ¿Qué hizo el emperador Pachacútec?
6. ¿Por qué sucumbieron muchos incas a la viruela?
7. ¿Cuál es la conexión entre Hiram Bingham e Indiana Jones?
8. ¿Qué declaró la UNESCO en 1983?

2 **Interpretar** En parejas, contesten estas preguntas.

1. ¿Qué habrían hecho los conquistadores españoles si hubieran encontrado la ciudad de Machu Picchu en el siglo XVI?
2. Los españoles consideraban su propia civilización más avanzada que las de los indígenas que encontraron en América. ¿Crees que el redescubrimiento de Machu Picchu prueba que esta suposición era falsa? ¿Por qué?
3. ¿Conocen alguna cultura actual que tenga la misma actitud hacia otra cultura que tenían los españoles del siglo XVI? Expliquen.

3 **Abandono** En grupos de tres, consideren qué tendría que ocurrir para que todos los habitantes del pueblo donde ustedes viven lo abandonaran. Tengan en cuenta estos puntos y, después, compartan sus opiniones con la clase.

- La serie de eventos que tendrían que suceder
- Las razones principales: económicas, políticas, sociales, etc.
- La rapidez con la que los habitantes abandonarían el lugar
- La probabilidad de esta situación

4 **Nueva comunidad** En grupos de cuatro, diseñen una nueva comunidad. Describan sus características usando estas preguntas como guía. Después, creen un plano o maqueta y presenten su comunidad a la clase.

- ¿Cómo se llama la comunidad?
- ¿Tiene idioma oficial? ¿Cuál/es?
- ¿Cuál es su forma de gobierno?
- ¿Cuántos habitantes tiene?
- ¿Tiene fronteras? ¿Tienen acceso los inmigrantes?
- ¿Cuál es su historia y cultura?

Preparación

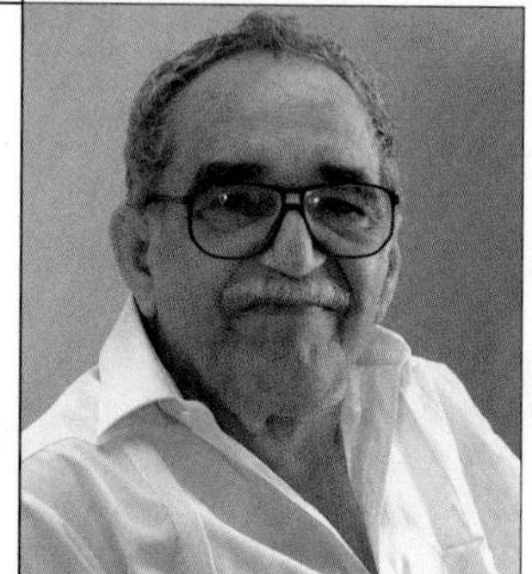

Sobre el autor

Nacido en 1928 en Aracataca, Colombia, **Gabriel García Márquez** fue criado por sus abuelos entre mitos, leyendas y libros fantásticos. Comenzó a estudiar derecho, pero lo abandonó para dedicarse al periodismo. Como corresponsal en Italia, viajó por toda Europa. Vivió en diferentes lugares y escribió guiones cinematográficos, cuentos y novelas. En 1967 publicó su novela más famosa, *Cien años de soledad*, cuya acción transcurre en el mítico pueblo de Macondo. En 1982 se le concedió el Premio Nobel de Literatura. En el prefacio de su autobiografía, *Vivir para contarla* (2002), García Márquez señala: "La vida no es la que uno vivió, sino la que uno recuerda y cómo la recuerda para contarla".

Vocabulario de la lectura

amanecer *to wake up*
burlarse (de) *to mock*
el/la carnicero/a *butcher*
la certeza *certainty*
la desgracia *misfortune, tragedy*
esparcir *to spread*
el/la pariente *relative*
la preocupación *concern*
el presagio *omen*
el presentimiento *premonition*
el/la tonto/a *fool*

Vocabulario útil

afligirse *to be distressed*
la duda *doubt*
el miedo *fear*
rumorear *to be rumored*
el sentido común *common sense*
supersticioso/a *superstitious*

1 **Vocabulario** Busca en la lista del vocabulario un sinónimo para cada palabra.

1. despertarse ______
2. presentimiento ______
3. difundir ______
4. inquietud ______
5. reírse (de) ______
6. estúpido ______

2 **¿Eres supersticioso/a?** Haz el test para saber si eres supersticioso/a o no. Luego, en parejas, comparen sus respuestas y díganle a su compañero/a si es sensato/a o supersticioso/a.

1. **Frente a ti hay una escalera (*ladder*) apoyada contra la pared.**
   - **a.** Pasas por debajo sin pensarlo dos veces.
   - **b.** Cruzas la calle.
2. **Un pariente te cuenta que soñó que algo malo te sucedía.**
   - **a.** Le preguntas por qué mejor no sueña con los números ganadores de la lotería.
   - **b.** Te quedas todo el día en casa para evitar cualquier riesgo.
3. **Accidentalmente rompes un espejo.**
   - **a.** Echas todo a la basura y sales a comprar otro.
   - **b.** Sales a buscar un trébol (*clover*) de cuatro hojas (*leaves*).
4. **Ves un gato negro.**
   - **a.** Te paras para acariciarlo.
   - **b.** Te alejas de él lo más posible.
5. **Te regalan un paraguas para tu cumpleaños.**
   - **a.** Lo abres para ver lo bonito que es.
   - **b.** No lo abres hasta estar fuera de casa.
6. **Para que te vaya bien en la vida, piensas que lo mejor es:**
   - **a.** pensar en lo positivo y ser optimista.
   - **b.** tener contigo tu amuleto de la buena suerte y leer tu horóscopo.

Resultados

Mayoría de A: Sensato/a Eres inteligente y sensato/a; para ti no existen las malas señales y te burlas de las supersticiones.

Mayoría de B: Supersticioso/a Le das tanto valor a los malos presagios que el miedo determina tus acciones.

ALGO MUY GRAVE VA A SUCEDER EN ESTE PUEBLO

Gabriel García Márquez

Imagínese un pueblo muy pequeño donde hay una señora vieja que tiene dos hijos, uno de 17 y una hija de 14. Está sirviéndoles el desayuno a sus hijos y se le advierte una expresión muy preocupada. Los hijos le preguntan qué le pasa y ella responde: "No sé. Pero he amanecido con el presentimiento de que algo muy grave va a sucederle a este pueblo". El hijo se va a jugar al billar y, en el momento en que va a tirar una carambola° sencillísima, el adversario le dice: "Te apuesto° un peso a que no la haces". Todos se ríen; él se ríe. Tira la carambola y no la hace. Paga su peso y le preguntan: "Pero qué pasó, si era una carambola sencilla". Contesta: "Es cierto, pero me ha quedado la preocupación de una cosa que me dijo mi mamá esta mañana sobre algo grave que va a suceder a este pueblo". Todos se ríen de él y el que se ha ganado el peso regresa a su casa, donde está su mamá o una nieta o, en fin, cualquier pariente. Feliz con su peso, dice: "Le gané este peso a Dámaso en la forma más sencilla porque es un tonto".

tirar... *make a rebound shot (in billiards)*

I bet you

—¿Y por qué es un tonto?

Dice: "Hombre, porque no pudo hacer una carambola sencillísima estorbado° por la idea de que su mamá amaneció hoy con la certeza de que algo muy grave iba a suceder en este pueblo". Entonces le dice su madre: "No te burles de los presentimientos de los viejos porque a veces salen°".

La pariente lo oye y va a comprar carne. Ella dice al carnicero: "Véndame una libra° de carne"; y, en el momento en que se la están cortando, agrega: "Mejor véndame dos, porque andan diciendo que algo grave va a pasar y lo mejor es estar preparado". El carnicero despacha° su carne y, cuando llega otra señora a comprar una libra de carne, le dice: "Lleve dos porque hasta aquí llega la gente diciendo que algo muy grave va a pasar, y se están preparando y andan comprando cosas". Entonces, la vieja responde: "Tengo varios hijos, mire, mejor déme cuatro libras". Se lleva las cuatro libras; y para no hacer largo el cuento, diré que el carnicero en media hora agota° la carne, mata otra vaca, se vende toda y se va esparciendo el rumor. Llega el momento en que todo el mundo, en el pueblo, está esperando que pase algo. Se paralizan las actividades y, de pronto a las dos de la tarde, hace calor como siempre. Alguien dice: "¿Se ha dado cuenta el calor que está haciendo?".

Pero he amanecido con el presentimiento de que algo muy grave va a sucederle a este pueblo.

"Pero si en este pueblo siempre ha hecho calor." (Tanto calor que es el pueblo donde los músicos tenían instrumentos remendados° con brea° y tocaban siempre a la sombra° porque, si tocaban al sol, se les caían los pedazos.)

"Sin embargo —dice uno— nunca a esta hora ha hecho tanto calor."

"Pero a las dos de la tarde es cuando hay más calor."

"Sí, pero no tanto calor como ahora."

Al pueblo desierto, a la plaza desierta, baja de pronto un pajarito y se corre la voz: "Hay un pajarito en la plaza". Y viene todo el mundo, espantado°, a ver el pajarito.

"Pero, señores, siempre ha habido pajaritos que bajan."

"Sí, pero nunca a esta hora."

Llega un momento de tal tensión para los habitantes del pueblo, que todos están desesperados por irse y no tienen el valor de hacerlo.

"Yo sí soy muy macho —grita uno—. Yo me voy."

Agarra° sus muebles, sus hijos, sus animales, los mete en una carreta° y atraviesa° la calle central donde está el pobre pueblo viéndolo. Hasta el momento en que dicen: "Si éste se atreve° a irse, pues nosotros también nos vamos", y empiezan a desmantelar literalmente el pueblo. Se llevan las cosas, los animales, todo.

Y uno de los últimos que abandona el pueblo dice: "Que no venga la desgracia a caer sobre lo que queda de nuestra casa", y entonces la incendia y otros incendian también sus casas.

Huyen° en un tremendo y verdadero pánico, como en un éxodo de guerra, y en medio de ellos va la señora que tuvo el presagio, clamando: "Yo dije que algo muy grave iba a pasar, y me dijeron que estaba loca." ■

(Este cuento fue narrado verbalmente —y grabado— en un congreso de escritores por Gabriel García Márquez "para que vean cómo cambia cuando lo escriba" y fue publicado por la revista mexicana El Cuento.*)*

worried
they are fulfilled
pound
serves
runs out of
mended/tar
shade
frightened
He grabs
cart
he crosses
dares to
They flee

Análisis

1 **Comprensión** Contesta las preguntas con oraciones completas.

1. ¿Cuál es el presentimiento de la señora? ¿A quién se lo cuenta?
2. ¿Quién es Dámaso?
3. ¿Por qué pierde la apuesta?
4. ¿Por qué dice el que gana la apuesta que Dámaso es un tonto?
5. ¿Qué pasa en la carnicería?
6. Al ver el calor que hace y los pájaros que bajan, ¿qué hacen los habitantes del pueblo?

2 **Interpretar** En parejas, contesten estas preguntas y expliquen sus respuestas.

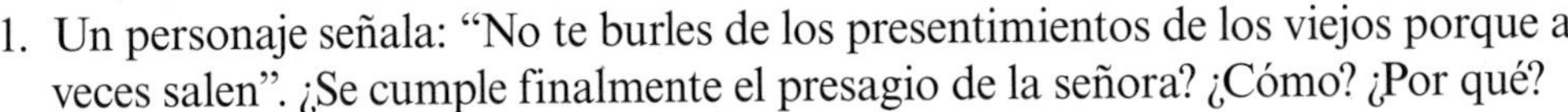

1. Un personaje señala: “No te burles de los presentimientos de los viejos porque a veces salen”. ¿Se cumple finalmente el presagio de la señora? ¿Cómo? ¿Por qué?
2. Este cuento carece de (*lacks*) descripciones de los personajes, incluso de sus nombres, con una excepción. ¿Por qué creen que sólo Dámaso tiene nombre? ¿De qué manera es un personaje clave?
3. ¿Podría desarrollarse este cuento en cualquier lugar del mundo? ¿Es importante que tenga lugar en un pueblo pequeño? ¿En un pueblo de Latinoamérica?
4. ¿Quién es responsable del pánico? ¿Dámaso, la madre, el carnicero? ¿Por qué?

3 **Refranes** En parejas, lean los refranes y expliquen de qué se trata cada uno. Luego, digan cómo se relacionan con el cuento.

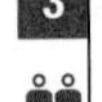

Todo es según el color del cristal con que se mira.

No hay peor ciego que el que no quiere ver.

Hombre prevenido vale por dos.

Cuando el río suena, agua lleva.

4 **Escribir** Imagina que eres psíquico/a. Has tenido visiones de una catástrofe inminente y convocas una conferencia de prensa. Sigue el plan de redacción para escribir tu declaración. Usa las estructuras que aprendiste en esta lección.

Plan de redacción

Conferencia de prensa

1. **Información** Describe detalladamente lo que va a ocurrir, dónde y cuándo. Cuenta cómo obtuviste la información.
2. **Interpretación** Explica de qué manera va a afectar este hecho a la población y advierte del peligro.
3. **Conclusión** Indica de qué manera se puede prevenir la situación.

Nuestro futuro

Las tendencias

la asimilación *assimilation*
la causa *cause*
la diversidad *diversity*
el/la emigrante *emigrant*
la frontera *border*
la herencia cultural *cultural heritage*
la humanidad *humankind, humanity*
los ideales *principles; ideals*
el idioma oficial *official language*
la inmigración *immigration*
la integración *integration*
la lengua materna *mother tongue*
el lujo *luxury*
la meta *goal*
la natalidad *birthrate*
la población *population*
el/la refugiado/a (de guerra/político/a) *(war/political) refugee*

adivinar *to guess*
anticipar *to anticipate; to expect*
asimilarse *to assimilate*
atraer *to attract*
aumentar *to grow*
disminuir *to decrease, to reduce, to diminish*
predecir (e:i) *to predict*
superarse *to better oneself*

bilingüe *bilingual*
(in)conformista *(non)conformist*
excluido/a *excluded*
monolingüe *monolingual*
previsto/a *foreseen*
solo/a *alone*

Problemas y soluciones

la amnistía *amnesty*
la añoranza *homesickness*
el caos *chaos*
el coraje *courage*
el daño *harm*
el diálogo *dialogue*
el entendimiento *understanding*
la incertidumbre *uncertainty*
la inestabilidad *instability*
el maltrato *abuse, mistreatment*
el nivel de vida *standard of living*
la polémica *controversy*
la superpoblación *overpopulation*

hacer un esfuerzo *to make an effort*
luchar *to fight*
prescindir (de) *to do without*
protestar *to protest*

Los cambios

adaptarse *to adapt*
alcanzar (un sueño/una meta) *to fulfill (a dream); to reach (a goal)*
dejar *to leave behind*
despedirse (e:i) *to say goodbye*
enriquecerse *to get rich*
establecerse *to establish oneself*
extrañar *to miss (a person, a place)*
integrarse (a) *to become part (of); to fit in*
lograr *to attain, to achieve*
pertenecer *to belong*
rechazar *to reject*

Cortometraje

la actitud *attitude*
la aduana *customs*
el cura *priest*
la facha *look*
el jardín *garden, yard*
el mantenimiento *maintenance*
la nostalgia *nostalgia*
la paciencia *patience*
el progreso *progress*
el rancho *ranch*
el territorio *territory*

arreglar *to fix*
arriesgarse *to take a risk*
crecer *to grow (up)*
desconfiar *to be suspicious, to not trust*
estar embarazada *to be pregnant*
gozar (de) *to enjoy*
jurar *to promise*
mezclar *to mix*
reconocer *to recognize*
sembrar (e:ie) *to plant*
sentirse realizado/a *to feel fulfilled*
tomar el pelo *to pull someone's leg*

Cultura

el barro *mud; clay*
el enigma *enigma*
el ladrillo *brick*
la maqueta *model*
el martillo *hammer*
el modo *means, manner*
la pared *wall*
la piedra (esculpida) *(sculpted) stone*
el plano *blueprint, plan*
el tamaño *size*
el terreno *terrain*
el universo *universe*

descubrir *to discover*
guiar *to guide*
planificar *to plan*
realizar *to carry out*
remodelar *to remodel*

ubicado/a *located*

Literatura

el/la carnicero/a *butcher*
la certeza *certainty*
la desgracia *misfortune, tragedy*
la duda *doubt*
el miedo *fear*
el/la pariente *relative*
la preocupación *concern*
el presagio *omen*
el presentimiento *premonition*
el sentido común *common sense*
el/la tonto/a *fool*

afligirse *to be distressed*
amanecer *to wake up*
burlarse (de) *to mock*
esparcir *to spread*
rumorear *to be rumored*

supersticioso/a *superstitious*

Contenido

1.4

Nouns and articles

Nouns

- In Spanish, nouns (**sustantivos**) ending in **-o, -or, -l, -s,** and **-ma** are usually masculine, and nouns ending in **-a, -ora, -ión, -d,** and **-z** are usually feminine.

Masculine nouns	Feminine nouns
el amigo, el cuaderno	la amiga, la palabra
el escritor, el color	la escritora, la computadora
el control, el papel	la relación, la ilusión
el autobús, el paraguas	la amistad, la fidelidad
el problema, el tema	la luz, la paz

- Form the plural of most nouns by adding **-s** to words ending in a vowel and **-es** to words ending in a consonant. Change a final **-z** to **-c** before adding **-es**.

el hombre → los hombres — **la mujer → las mujeres**
la novia → las novias — **el lápiz → los lápices**

- If a singular noun ends in a stressed **-i** or **-u**, add **-es** to form the plural. If the last syllable of a singular noun ending in **-s** is unstressed, make no change to form the plural.

el tabú → los tabúes — **el lunes → los lunes**
el israelí → los israelíes — **la crisis → las crisis**
el papá → los papás — **el café → los cafés**

Articles

- Spanish definite and indefinite articles (**artículos definidos e indefinidos**) agree in gender and number with the nouns they modify.

	Definite articles		Indefinite articles	
	singular	plural	singular	plural
MASCULINE	el compañero	los compañeros	un compañero	unos compañeros
FEMININE	la compañera	las compañeras	una compañera	unas compañeras

- In Spanish, when an abstract noun is the subject of a sentence, a definite article is always used.

El amor es eterno.
Love is eternal.

but

Para ser modelo, necesitas belleza y altura.
In order to be a model, you need beauty and height.

- An indefinite article is not used before a noun that indicates profession or place of origin unless the noun is followed by an adjective.

Juan García es profesor.
Juan García is a professor.

Juan García es **un** profesor excelente.
*Juan García is **an** excellent professor.*

Ana María es neoyorquina.
Ana María is a New Yorker.

Ana María es **una** neoyorquina orgullosa.
*Ana María is **a** proud New Yorker.*

¡ATENCIÓN!

Some nouns may be either masculine or feminine, depending on whether they refer to a male or a female.

el/la artista *artist*
el/la estudiante *student*

Occasionally, the masculine and feminine forms have different meanings.

el capital *capital (money)*
la capital *capital (city)*

¡ATENCIÓN!

Accent marks are sometimes dropped or added to maintain the stress in the singular and plural forms.

canción → canciones
autobús → autobuses
margen → márgenes
imagen → imágenes

¡ATENCIÓN!

The prepositions **de** and **a** contract with the article **el**.

de + el = del
a + el = al

¡ATENCIÓN!

Singular feminine nouns that begin with a stressed **a-** take the article **el**; adjectives remain in the feminine.

el alma gemela → las almas gemelas
el área vigilada → las áreas vigiladas

Práctica

1 **Cambiar** Escribe en plural las palabras que están en singular y viceversa.

1. la compañera ______
2. unos amigos ______
3. el novio ______
4. una crisis ______
5. unas parejas ______
6. un corazón ______
7. las amistades ______
8. el tabú ______

2 **Un chiste** Completa el chiste con los artículos apropiados. Recuerda que en algunos casos no es necesario usar ningún artículo.

(1) ___ pareja se va a casar. Él tiene 90 años. Ella tiene 85. Entran en (2) ___ farmacia y (3) ___ novio le pregunta al farmacéutico (*pharmacist*):

—¿Tiene (4) ___ remedios para (5) ___ corazón?

—Sí —contesta (6) ___ farmacéutico.

—¿Tiene (7) ___ remedios para (8) ___ presión y (9) ___ colesterol?

—Sí, también —contesta nuevamente (10) ___ farmacéutico.

—¿Y (11) ___ remedios para (12) ___ artritis y (13) ___ reumatismo?

—Sí. Ésta es (14) ___ farmacia muy completa. Tenemos de todo.

Entonces (15) ___ novio mira a (16) ___ novia y le dice:

—Querida, ¿qué te parece si hacemos (17) ___ lista de regalos de bodas aquí?

3 **La cita** Completa el párrafo con la forma correcta de los artículos definidos e indefinidos.

Ayer tuve (1) ___ cita con Leonardo. Fuimos a (2) ___ restaurante muy romántico que está junto a (3) ___ playa muy famosa de Barcelona. Desde nuestra mesa, podíamos ver (4) ___ mar Mediterráneo y a todos (5) ___ turistas que paseaban por allí. De repente, vino (6) ___ hombre desconocido a nuestra mesa. No sabíamos qué estaba ocurriendo. Después, nos dimos cuenta de que vendía rosas. Leonardo me compró (7) ___ rosa más bonita de todas. Nos divertimos mucho, pero al salir tuvimos (8) ___ problema. Una de (9) ___ ruedas (*tires*) del coche estaba pinchada (*punctured*). (10) ___ próxima semana tendremos nuestra segunda cita.

4 **Escribir** Escribe oraciones completas con las palabras indicadas; utiliza los artículos definidos e indefinidos que correspondan y haz los cambios necesarios.

Modelo **Elisa – ser – buena periodista**
Elisa es una buena periodista.

1. revistas del corazón – afirmar – amor – ser – eterno
2. ayer – astrólogo – predecir – desgracia
3. lunes pasado – comprar – flores – tía Juanita
4. capital – Venezuela – ser – Caracas
5. personas optimistas – soñar con – mundo mejor
6. Rodrigo – ser – alma – fiesta

1.5

The present tense

Regular *-ar, -er, -ir* verbs

- The present tense (**el presente**) of regular verbs is formed by dropping the infinitive ending **-ar**, **-er**, or **-ir** and adding personal endings.

The present tense of regular verbs

	hablar	beber	vivir
yo	hablo	bebo	vivo
tú	hablas	bebes	vives
usted/él/ella	habla	bebe	vive
nosotros/as	hablamos	bebemos	vivimos
vosotros/as	habláis	bebéis	vivís
ustedes/ellos/ellas	hablan	beben	viven

- The present tense is used to express actions or situations that are going on at the present time. It is also used to express general truths.

—¿Por qué **rompes** conmigo?
—*Why **are you breaking up** with me?*

—Porque no te **amo**.
—*Because I don't **love** you.*

- The present tense is also used to express habitual actions or actions that will take place in the near future.

Mis padres me **escriben** con frecuencia.
*My parents **write** to me often.*

Mañana les **mando** una carta larga.
*Tomorrow **I'm sending** them a long letter.*

Stem-changing verbs

- Some verbs have stem changes in the present tense. In many **-ar** and **-er** verbs, **e** changes to **ie** and **o** changes to **ue**. In some **-ir** verbs, **e** changes to **i**. The **nosotros/as** and **vosotros/as** forms never have stem changes in the present tense.

Stem-changing verbs

e → ie	o → ue	e → i
pensar *to think*	**poder** *to be able to, can*	**pedir** *to ask for*
pienso	puedo	pido
piensas	puedes	pides
piensa	puede	pide
pensamos	podemos	pedimos
pensáis	podéis	pedís
piensan	pueden	piden

¡ATENCIÓN!

Subject pronouns are normally omitted in Spanish. They are used to emphasize or clarify the subject.

—¿Viven en California?
—*Do they live in California?*

—Sí, ella vive en Los Ángeles, y él vive en San Francisco.

—*Yes, she lives in Los Angeles, and he lives in San Francisco.*

¡ATENCIÓN!

Jugar changes its stem vowel from **u** to **ue**. **Construir, destruir, incluir,** and **influir** add a **y** before the personal endings. As with other stem-changing verbs, the **nosotros/as** and **vosotros/as** forms follow the regular pattern.

jugar
juego, juegas, juega, jugamos, jugáis, juegan

incluir
incluyo, incluyes, incluye, incluimos, incluís, incluyen

Irregular *yo* forms

- Many **-er** and **-ir** verbs have irregular **yo** forms in the present tense. Verbs ending in **-cer** or **-cir** change to **-zco** in the **yo** form; those ending in **-ger** or **-gir** change to **-jo**. Several verbs have irregular **-go** endings, and a few have individual irregularities.

Ending in *-go*

caer *to fall*	**yo caigo**
distinguir *to distinguish*	**yo distingo**
hacer *to do, to make*	**yo hago**
poner *to put, to place*	**yo pongo**
salir *to leave, to go out*	**yo salgo**
traer *to bring*	**yo traigo**
valer *to be worth*	**yo valgo**

Ending in *-zco*

conducir *to drive*	**yo conduzco**
conocer *to know*	**yo conozco**
crecer *to grow*	**yo crezco**
obedecer *to obey*	**yo obedezco**
parecer *to seem*	**yo parezco**
producir *to produce*	**yo produzco**
traducir *to translate*	**yo traduzco**

Ending in *-jo*

dirigir *to direct, to manage*	**yo dirijo**
escoger *to choose*	**yo escojo**
exigir *to demand*	**yo exijo**
proteger *to protect*	**yo protejo**

Other verbs

caber *to fit*	**yo quepo**
saber *to know*	**yo sé**
ver *to see*	**yo veo**

- Verbs with prefixes follow the same patterns as the base words.

reconocer *to recognize*	**yo reconozco**
deshacer *to undo*	**yo deshago**
rehacer *to remake, to redo*	**yo rehago**
aparecer *to appear*	**yo aparezco**
desaparecer *to disappear*	**yo desaparezco**
componer *to make up*	**yo compongo**
oponer *to oppose*	**yo opongo**
proponer *to propose*	**yo propongo**
suponer *to suppose*	**yo supongo**
atraer *to attract*	**yo atraigo**
contraer *to contract*	**yo contraigo**
distraer *to distract*	**yo distraigo**

¡ATENCIÓN!

Some verbs with irregular **yo** forms have stem changes as well.

conseguir (e:i) → consigo
corregir (e:i) → corrijo
elegir (e:i) → elijo
seguir (e:i) → sigo
torcer (o:ue) → tuerzo

Irregular verbs

- Other commonly used verbs in Spanish are irregular in the present tense or combine a stem-change with an irregular **yo** form or other spelling change.

dar *to give*	**decir** *to say*	**estar** *to be*	**ir** *to go*	**oír** *to hear*	**ser** *to be*	**tener** *to have*	**venir** *to come*
doy	digo	estoy	voy	oigo	soy	tengo	vengo
das	dices	estás	vas	oyes	eres	tienes	vienes
da	dice	está	va	oye	es	tiene	viene
damos	decimos	estamos	vamos	oímos	somos	tenemos	venimos
dais	decís	estáis	vais	oís	sois	tenéis	venís
dan	dicen	están	van	oyen	son	tienen	vienen

Práctica

1 **Un apartamento infernal** Beto tiene quejas (*complaints*) de su apartamento. Completa el párrafo con las palabras de la lista.

caber	hacer	oír	tener
estar	ir	ser	ver

Mi apartamento (1) ______ en el quinto piso. El edificio no (2) ______ ascensor y, para llegar al apartamento, (3) ______ que subir por la escalera. El apartamento es tan pequeño que mis cosas no (4) ______. Las paredes (*walls*) (5) ______ muy finas (*thin*). A todas horas (6) ______ la radio o la televisión de algún vecino. El apartamento siempre (7) ______ oscuro y no puedo (8) ______ cuando (9) ______ la tarea. ¡(10) ______ a buscar otro apartamento!

2 **¿Salimos?** Juan quiere salir con Marina. Él insiste mucho y no entiende que Marina no está interesada en él. Completa la conversación usando los verbos entre paréntesis.

JUAN ¿(1) ______ (querer) cenar conmigo esta noche?
MARINA No, gracias, esta noche (2) ______ (salir, yo) con una amiga.
JUAN ¿Adónde (3) ______ (ir) a ir ustedes?
MARINA Yo no lo (4) ______ (saber) todavía.
JUAN ¿Cuándo (5) ______ (pensar, tú) que lo vas a saber?
MARINA Nosotras (6) ______ (tener) que ir antes a una reunión, pero yo (7) ______ (creer) que vamos a ir a bailar.
JUAN De acuerdo, pero nosotros (8) ______ (poder) hacer planes para mañana.
MARINA Yo (9) ______ (tener) mucho trabajo y además (10) ______ (estar) muy preocupada por mi amiga. Ella (11) ______ (estar) deprimida.
JUAN ¿Qué (12) ______ (poder) hacer yo para ayudarla?
MARINA La verdad es que no (13) ______ (ver) cómo puedes ayudarla, pero gracias.

3 **El primer contacto** Completa el intercambio de correos electrónicos entre Juan y Micaela con los verbos de la lista.

confesar	divertir	ir	querer	salir	tener
construir	estudiar	preferir	reír	sentir	trabajar

¡Hola, soy Juan! ¿Cómo estás? Alicia me ha hablado mucho de ti. Te explico un poco sobre mí. Soy divorciado y (1) ______ una hija. Soy arquitecto. (2) ______ casas y edificios en la misma compañía donde trabaja Alicia. Los fines de semana, mi hija y yo (3) ______ a pasear o (4) ______ al cine. Espero conocerte pronto.

Hola, Juan. Soy Micaela. Alicia también me ha hablado mucho de ti. Tengo 25 años. (5) ______ francés y alemán. También (6) ______ en un banco. Suelo salir con amigos los fines de semana y nosotros nos (7) ______ mucho. (8) ______ los hombres inteligentes y seguros, y Alicia me dice que eres así. ¿(9) ______ salir a comer el viernes?

Presentation

2.4 Possessive adjectives and pronouns

- Possessive adjectives (**adjetivos posesivos**) are used to express ownership or possession. Unlike English, Spanish has two types of possessive adjectives: the short, or unstressed, forms and the long, or stressed, forms. Both forms agree in gender and number with the object owned, and not with the owner.

Possessive adjectives

short forms (unstressed)		long forms (stressed)	
mi(s)	*my*	**mío/a(s)**	*my/(of) mine*
tu(s)	*your*	**tuyo/a(s)**	*your/(of) yours*
su(s)	*your; his; her; its*	**suyo/a(s)**	*your/(of) yours his/(of) his; her/ (of) hers; its/(of) its*
nuestro/a(s)	*our*	**nuestro/a(s)**	*our/(of) ours*
vuestro/a(s)	*your*	**vuestro/a(s)**	*your/(of) yours*
su(s)	*your; their*	**suyo/a(s)**	*your/(of) yours; their/(of) theirs*

- Short possessive adjectives precede the nouns they modify.

En **mi** opinión, esa novela es pésima.
*In **my** opinion, that novel is awful.*

Nuestras revistas favoritas son *Vanidades* y *Latina*.
***Our** favorite magazines are* Vanidades *and* Latina.

- Stressed possessive adjectives follow the nouns they modify. They are used for emphasis or to express *of mine, of yours,* etc. The nouns are usually preceded by a definite or indefinite article.

mi amigo → **un** amigo **mío**
my friend → ***a** friend **of mine***

tus amigas → **las** amigas **tuyas**
your friends → *friends **of yours***

- Because **su(s)** and **suyo/a(s)** have multiple meanings (*your, his, her, its, their*), the construction [*article*] + [*noun*] + **de** + [*subject pronoun*] can be used to clarify meaning.

su casa
la casa suya

la casa de él/ella	*his/her house*
la casa de usted/ustedes	*your house*
la casa de ellos/ellas	*their house*

- Possessive pronouns (**pronombres posesivos**) have the same forms as stressed possessive adjectives and are preceded by a definite article. Possessive pronouns agree in gender and number with the nouns they replace.

No encuentro mi **libro**. ¿Me prestas **el tuyo**?
*I can't find my **book**. Can I borrow **yours**?*

Si **la cámara** suya no funciona, puede usar **la nuestra**.
*If your **camera** isn't working, you can use **ours**.*

¡ATENCIÓN!

After the verb **ser,** stressed possessives are usually used without articles.

¿Es tuya la calculadora?
Is the calculator yours?

No, no es mía.
No, it is not mine.

¡ATENCIÓN!

The neuter form **lo** + [*singular stressed possessive*] is used to refer to abstract ideas or concepts such as *what is mine* and *what belongs to you.*

Quiero lo mío.
I want what is mine.

Práctica

1

¿De quién hablan? **En un programa de entrevistas en la televisión, varias personas famosas hacen comentarios. Completa los espacios con adjetivos posesivos.**

1. La actriz Fernanda Luro habla sobre su esposo Raúl González: "_______ esposo siempre me acompaña a los estrenos (*premieres*), aunque _______ agenda esté llena de compromisos".
2. Los integrantes del dúo Maite y Antonio comentan sobre su hijo: "_______ hijo empezó a cantar a los dos años".
3. El actor Saúl Mar habla de su exesposa, la modelo Serafina: "_______ ex ya no es tan guapa como antes, aunque _______ seguidores piensen lo contrario".
4. La famosa cantante Celia Rodríguez habla de la relación con sus padres: "_______ padres me apoyan muchísimo cuando estoy de gira (*on tour*)".

2

¿Es tuyo...? **Escribe preguntas con ser y contéstalas usando el pronombre posesivo que corresponde a las personas indicadas. Sigue el modelo.**

Modelo **tú / libro / yo**

—¿Es tuyo este libro?

—Sí, es mío.

1. ustedes / revistas / nosotros
   ____
   ____
2. nosotros / periódicos / yo
   ____
   ____
3. ella / computadora / ella
   ____
   ____
4. tú / diccionario / ellos
   ____
   ____

3

Almuerzo **Durante la hora del almuerzo, tres compañeros de trabajo tratan de conocerse mejor. Completa el diálogo con los posesivos adecuados. Cuando sea necesario, añade también el artículo definido correspondiente.**

AGUSTÍN (1) _______ esposa es profesora de inglés en una escuela primaria.

MANUEL (2) _______ es abogada. Le encanta su trabajo.

JUAN Yo soy soltero y vivo con (3) _______ padres y (4) _______ hermano.

MANUEL (5) _______ películas favoritas son las de acción. ¿Y (6) _______?

JUAN A mí no me gusta el cine.

AGUSTÍN A mí tampoco, pero a (7) _______ esposa le gustan las películas clásicas. Afortunadamente las ve con (8) _______ hermana.

JUAN (9) _______ pasatiempo favorito es la música.

MANUEL ¡Ahh! ¿Es (10) _______ la guitarra que vi en la oficina?

JUAN Sí, es (11) _______. Después del trabajo, nos reunimos en la casa de un amigo (12) _______ y tocamos un poco. A (13) _______ amigos y a mí nos gusta el rock. (14) _______ músicos preferidos son...

AGUSTÍN ¡No te molestes en nombrarlos! No sé nada de música.

MANUEL Parece que (15) _______ gustos son muy distintos.

JUAN ¡Lo mismo digo!

Presentation

3.4

Adverbs

- Adverbs (**adverbios**) describe *how, when,* and *where* actions take place. They usually follow the verbs they modify and precede adjectives or other adverbs.

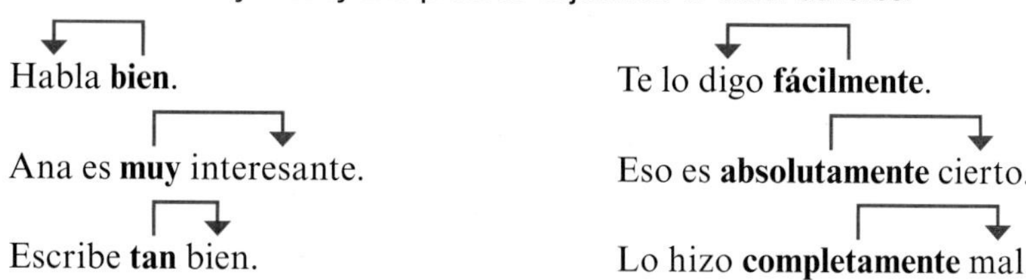

Habla **bien**. | Te lo digo **fácilmente**.
Ana es **muy** interesante. | Eso es **absolutamente** cierto.
Escribe **tan** bien. | Lo hizo **completamente** mal.

- Many Spanish adverbs are formed by adding the suffix **-mente** to the feminine singular form of an adjective. The **-mente** ending is equivalent to the English *-ly*.

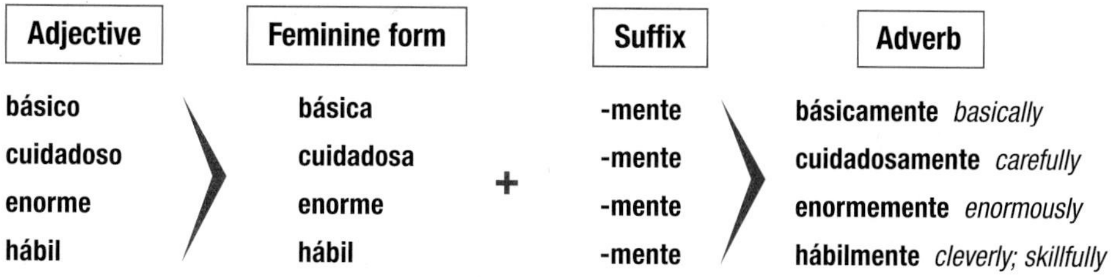

Adjective	Feminine form	Suffix	Adverb
básico	**básica**	**-mente**	**básicamente** *basically*
cuidadoso	**cuidadosa**	**-mente**	**cuidadosamente** *carefully*
enorme	**enorme**	**-mente**	**enormemente** *enormously*
hábil	**hábil**	**-mente**	**hábilmente** *cleverly; skillfully*

¡ATENCIÓN!

If an adjective has a written accent, it is kept when the suffix **-mente** is added. If an adjective does not have a written accent, no accent is added to the adverb ending in **-mente**.

- If two or more adverbs modify the same verb, only the final adverb uses the suffix **-mente**.

Se marchó **lenta** y **silenciosamente**.
*He left **slowly** and **silently**.*

Lo explicó **clara** y **cuidadosamente.**
*She explained it **clearly** and **carefully**.*

- The construction **con** + [*noun*] is sometimes used instead of long adverbs that end in **-mente**.

cuidadosamente → con cuidado | **frecuentemente → con frecuencia**

- Here are some common adverbs and adverbial phrases:

a menudo *frequently; often*	**así** *like this; so*	**mañana** *tomorrow*
a tiempo *on time*	**ayer** *yesterday*	**más** *more*
a veces *sometimes*	**casi** *almost*	**menos** *less*
adentro *inside*	**de costumbre** *usually*	**muy** *very*
afuera *outside*	**de repente** *suddenly*	**por fin** *finally*
apenas *hardly; scarcely*	**de vez en cuando** *now and then*	**pronto** *soon*
aquí *here*		**tan** *so*

A veces salimos a tomar un café.
***Sometimes** we go out for coffee.*

Casi terminé el libro.
*I **almost** finished the book.*

- The adverbs **poco** and **bien** frequently modify adjectives. In these cases, **poco** is often the equivalent of the English prefix *un-*, while **bien** means *well, very, rather* or *quite*.

La situación está **poco** clara.
*The situation is **un**clear.*

El plan estuvo **bien** pensado.
*The plan was **well** thought out.*

¡ATENCIÓN!

Some adverbs and adjectives have the same forms.

ADJ: **bastante dinero**
enough money
ADV: **bastante difícil**
rather difficult

ADJ: **poco tiempo**
little time
ADV: **habla poco**
speaks very little

Práctica

1 **Adverbios** Escribe el adverbio que se deriva de cada adjetivo.

1. básico ____________
2. feliz ____________
3. fácil ____________
4. inteligente ____________
5. alegre ____________
6. común ____________
7. injusto ____________
8. asombroso ____________
9. insistente ____________
10. silencioso ____________

2 **Instrucciones para ser feliz** Completa cada oración de forma lógica con un adverbio derivado de un adjetivo de la lista.

cuidadoso	frecuente	malo	triste
enorme	inmediato	tranquilo	último

1. Tienes que amar a tu pareja ____________.
2. Haz ejercicio ____________.
3. Debes gastar el dinero ____________.
4. Si eres injusto/a con alguien, debes pedir perdón ____________.
5. Desayuna todas las mañanas ____________.

3 **Instrucciones** Los padres de Mario y Paola salieron de viaje. Lee las instrucciones que les dejaron a los chicos. Completa los espacios con un adverbio o expresión adverbial de la lista.

a menudo	adentro	apenas	mañana
a tiempo	afuera	de vez en cuando	tan

1. Pasen la aspiradora ________. (¡Todos los días!)
2. Si llueve, metan los muebles del jardín ________.
3. Lleguen a la escuela ________.
4. ________ lleven a Botitas al veterinario para su cita.
5. Dejen que el gato juegue ________ si no llueve.
6. Vayan sólo ________ al centro comercial.
7. Limpien sus cuartos. ¡No los dejen ________ sucios como la última vez!
8. Compren comida sana. La última vez, ________ comieron frutas y verduras.

4.4

Prepositions

- The preposition **a** can mean *to, at, for, upon, within, of, on, from,* or *by,* depending on the context. Sometimes it has no direct translation in English.

Fueron **al** cine.
*They went **to the** movies.*

Terminó **a** las doce.
*It ended **at** midnight.*

Lucy estaba **a** mi derecha.
*Lucy was **on** my right.*

Al llegar **a** casa, me sentí feliz.
***Upon** returning home, I felt happy.*

- The preposition **a** introduces indirect objects.

Le mandó un mensaje de texto **a** su novio.
*She sent a text message **to** her boyfriend.*

Le prometió **a** María que saldrían el viernes.
He promised María they'd go out on Friday.

- When a direct object noun is a person (or a pet), it is preceded by the personal **a,** which has no equivalent in English. If the person in question is not specific, the personal **a** is omitted, except before the words **alguien**, **nadie**, **alguno/a**, and **ninguno/a**.

—¿Viste **a** tus amigos?
—Did you see your friends?

—No, no he visto **a** nadie.
—No, I haven't seen anyone.

—Necesitamos un buen ingeniero.
—We need a good engineer.

—Conozco **a** una ingeniera excelente.
—I know an excellent engineer.

- With movement, either literal or figurative, **hacia** means *toward* or *to.*

Él se dirige **hacia** Chile para ver el eclipse.
*He is going **to** Chile to see the eclipse.*

La actitud de René **hacia** él fue negativa.
*René's attitude **toward** him was negative.*

- With time, **hacia** means *approximately, around, about,* or *toward.*

Hacia la una de la mañana, oí un ruido en mi casa.
***Around** one o'clock in the morning, I heard a noise in my house.*

Sus teorías se hicieron populares **hacia** la segunda mitad del siglo XX.
*His theories became popular **toward** the second half of the twentieth century.*

- The preposition **con** means *with.*

Trabajó **con** los mejores investigadores.
*She worked **with** the best researchers.*

Quiero una computadora **con** pantalla táctil.
*I want a computer **with** a touch screen.*

- **Con** can also mean *but, even though,* or *in spite of* when used to convey surprise at an apparent conflict between two known facts.

No han podido descubrir la cura. ¡**Con** todo el dinero que reciben!
*They've been unable to find a cure, **in spite of** all the money they get!*

¡ATENCIÓN!

Some verbs require **a** when used with an infinitive, such as **aprender a**, **ayudar a**, **comenzar a**, **enseñar a**, **ir a**, and **volver a**.

Aprendí a manejar.
I learned to drive.
Me ayudó a arreglar el coche.
He helped me fix the car.

A + [*infinitive*] can be used as a command.

¡A comer! *Let's eat!*
¡A dormir! *To bed!*

¡ATENCIÓN!

There is no accent mark on the **i** in the preposition **hacia**.
The stress falls on the first **a**.
The word **hacía** is a form of the verb **hacer**.

¡ATENCIÓN!

Note how the following words combine to form distinct amalgams:

con + mí = conmigo

con + ti = contigo

con + usted/él/ella = consigo

con + ustedes/ellos/ellas = consigo

It is never correct to say "con mí" or "con ti", but it is possible to use **con él mismo/con ella misma** instead of **consigo**.

¡ATENCIÓN!

De is often used in prepositional phrases of location: **al lado de, a la derecha de, cerca de, debajo de, detrás de, encima de.**

¡ATENCIÓN!

Common phrases with **de**:
de nuevo *again*
de paso *on the way*
de pie *standing up*
de repente *suddenly*
de todos modos *in any case*
de vacaciones *on vacation*
de vuelta *back*

Common phrases with **en**:
en cambio *on the other hand*
en contra *against*
en fila *in a row*
en serio *seriously*
en tren *by train*
en vano *in vain*

¡ATENCIÓN!

Common phrases with **por**:
por casualidad *by chance/accident*
por ejemplo *for example*
por eso *therefore, for that reason*
por fin *finally*
por lo general *in general*
por lo menos *at least*
por lo tanto *therefore*
por si acaso *just in case*
por supuesto *of course*

Common phrases with **para**:
no estar para bromas *to be in no mood for jokes*
no ser para tanto *to not be so important*
para colmo *to top it all off*
para que sepas *just so you know*
para siempre *forever*

- **De** often corresponds to *of* or the possessive endings *'s/s'* in English.

Uses of de

Possession	Description	Material	Position	Origin	Contents
la camisa del chico *the boy's shirt*	**la máquina de coser** *the sewing machine*	**el recipiente de vidrio** *the glass container*	**la pantalla de enfrente** *the facing screen*	**El científico es de Perú.** *The scientist is from Peru.*	**el vaso de leche** *the glass of milk*

- **Desde** expresses direction (*from*) and time (*since*).

Viajamos **desde** Maine a Nueva York.
*We traveled **from** Maine to New York.*

No hemos oído de ellos **desde** el martes.
*We haven't heard from them **since** Tuesday.*

- **En** corresponds to several English prepositions, such as *in, on, into, onto, by,* and *at*.

El microscopio está **en** la mesa.
*The microscope is **on** the table.*

El profesor entró **en** la clase.
*The professor went **into** the classroom.*

- **Entre** generally corresponds to the English prepositions *between* and *among*.

entre 1976 y 1982
***between** 1976 and 1982*

entre ellos
***among** themselves*

- **Entre** is not followed by **ti** and **mí**, the usual pronouns that serve as objects of prepositions. Instead, the subject pronouns **tú** and **yo** are used.

Entre tú y yo...
Between you and me . . .

- **Hasta** corresponds to *as far as* in spatial relationships, *until* in time relationships, and *up to* for quantities. It can also be used as an adverb to mean *even as much/many as,* or *including*.

Avanzaron hasta las **murallas** del palacio.
*They advanced **as far as** the palace walls.*

Hasta 1898, Cuba fue colonia de España.
***Until** 1898, Cuba was a colony of Spain.*

- **Por** and **para** can both be translated as *for*, but they are not interchangeable.

Estuve en Lima **por** dos meses.
*I was in Lima **for** two months.*

Fui a Lima **para** conocer a mis primos.
*I went to Lima **to** meet my cousins.*

Cuando fui a Lima, pasé **por** Miami.
*When I went to Lima, I passed **through** Miami.*

En Miami, compré regalos **para** mis primos.
*In Miami, I bought presents **for** my cousins.*

- **Sin** corresponds to *without* in English. It is often followed by a noun, but it can also be followed by the infinitive form of a verb.

No veo nada **sin** los lentes.
*I can't see a thing **without** glasses.*

Lo hice **sin** pensar.
*I did it **without** thinking.*

Práctica

1

Unir Arma oraciones correctas uniendo los elementos de las dos columnas.

1. La clase de ciencias no comienza ____ a. entre 2008 y 2012.
2. Ayer, no vi a Carlos ____ b. con las noticias.
3. Trata de estar al día ____ c. sin leche.
4. Ana estudió en la universidad ____ d. a la actriz.
5. Prefiero el café ____ e. hacia mí fue muy positiva.
6. El reportero hizo reír ____ f. en la clase de inglés.
7. La actitud de Alberto ____ g. hasta las nueve y media.

2

Un artículo Completa el texto con las preposiciones **de**, **desde** o **en**.

(1) ____ la Tierra puedes ver hasta 3.000 estrellas. (2) ____ una noche clara también puedes ver una nube (3) ____ estrellas llamada Vía Láctea y quizá estrellas fugaces, que son rayos (*rays*) (4) ____ luz. La estrella que está más cerca (5) ____ la Tierra es el Sol. (6) ____ el Sol hasta la Tierra hay unos 150 millones (7) ____ kilómetros.

¿Sabías que (8) ____ los inicios de la humanidad los hombres creían que el Sol era una pelota (9) ____ fuego? Los chinos, por ejemplo, pensaban que el Sol había salido (10) ____ la boca (11) ____ un dragón.

(12) ____ el Sol llegan a la Tierra diferentes tipos (13) ____ rayos. La capa (14) ____ ozono no deja pasar los rayos ultravioleta que son peligrosos para la salud (15) ____ personas, animales y plantas. Por eso, los agujeros (*holes*) (16) ____ la capa (17) ____ ozono se estudian constantemente (18) ____ los laboratorios científicos.

3

Oraciones Escribe oraciones completas con los elementos dados. Usa preposiciones y haz los cambios que creas necesarios.

1. mis padres / vivir / Denver
   ____
2. el estudiante / hablar / profesor de español
   ____
3. Celia / ser / Paraguay
   ____
4. nosotros / enseñarle / proyecto / grupo
   ____
5. yo / compartir / información / mis compañeros
   ____
6. Marta / trabajar / Esteban / 2001 y 2010
   ____
7. yo / no ver / mis tíos / el martes
   ____
8. tú / planear / una fiesta / tus amigos
   ____

Presentation

5.4

Relative pronouns

- Relative pronouns are used to connect short sentences or clauses to create longer, more fluid sentences. Unlike the interrogative words **qué**, **quién(es)**, and **cuál(es)**, relative pronouns never carry accent marks.

—¿De **qué** hablan?
—***What*** *are you talking about?*

—De la película **que** vimos anoche.
—*About the movie (**that**) we saw last night.*

The relative pronoun *que*

- **Que** (*that, which, who*) is the most frequently used relative pronoun (**pronombre relativo**). It can refer to people or things, subjects or objects, and can be used in restrictive clauses (without commas) or nonrestrictive clauses (with commas). Note that while some relative pronouns may be omitted in English, they must always be used in Spanish.

La familia **que** conocimos ayer vive muy cerca de nuestra ciudad.
*The family (**that**) we met yesterday lives very close to our city.*

Los ciudadanos **que** van a la manifestación exigen respuestas del gobierno.
*The citizens **who** are going to the protest demand answers from the government.*

La inundación fue causada por la lluvia, **que** ha durado más de dos semanas.
*The flood was caused by the rain, **which** has lasted over two weeks.*

- In a restrictive (without commas) clause where no preposition or personal **a** precedes the relative pronoun, always use **que**.

El libro **que** olvidaste en la biblioteca está en mi casa.
*They book (**that**) you left in the library is at my house.*

El que/La que

- After prepositions, use a definite article followed by **que**: **el que**, **la que**, **los que**, or **las que**. The article must agree in gender and number with the antecedent (the noun or pronoun to which it refers). When referring to *things* (but not *people*), the article may be omitted after short prepositions, such as **en**, **de**, and **con**.

La mujer **para la que** trabajo llegará a las seis.
*The woman (**whom**) **I work for** will arrive at six.*

El edificio **en (el) que** viven es viejo.
*The building (**that**) they live **in** is old.*

- **El que**, **la que**, **los que**, and **las que** are also used for clarification to refer to a previously mentioned person or thing.

Hablé con los vecinos que tienen perros, pero no con **los que** tienen gatos.
*I talked to the neighbors who have dogs, but not to **the ones who** have cats.*

Si puedes optar entre dos compañías, elige **la que** paga más.
*If you can choose between two companies, pick **the one that** pays more.*

El cual/La cual

- **El cual**, **la cual**, **los cuales**, and **las cuales** are generally interchangeable with **el que**, **la que**, **los que**, and **las que** after prepositions. They are often used in more formal speech or writing. Note that when **el cual** and its forms are used, the definite article is never omitted.

  El edificio **en el cual** viven es viejo.
  *The building **in which** they live is old.*

Quien/Quienes

- **Quien** (singular) and **quienes** (plural) only refer to people. **Quien(es)** can therefore generally be replaced by forms of **el que** and **el cual**, although the reverse is not always true.

  Los investigadores, **quienes (los que/los cuales)** estudian el caso, son de Ecuador.
  *The researchers, **who** are studying the case, are from Ecuador.*

  El investigador **de quien (del que/del cual)** hablaron era mi profesor.
  *The researcher (**whom**) they spoke **about** was my professor.*

¡ATENCIÓN!

When used with **a** or **de**, the contractions **al que/al cual** and **del que/del cual** are formed.

- Although **que** and **quien(es)** may both refer to people, their use depends on the structure of the sentence. In restrictive clauses (without commas), only **que** is used if no preposition or personal **a** is necessary. If a preposition or personal **a** is necessary, **quien** (or a form of **el que/el cual**) is used instead.

  La gente **que** vive en la capital está harta de la contaminación.
  *The people **who** live in the capital are tired of pollution.*

  Esperamos una respuesta de los estudiantes **a quienes (a los que/a los cuales)** llamamos.
  *We're waiting for a response from the students (**whom**) we called.*

- In nonrestrictive clauses (with commas) that refer to people, **que** is more common in spoken Spanish, but **quien(es)** (or a form of **el que/el cual**) is preferred in writing.

  Juan y María, **que** viven conmigo, me regañan si dejo las luces prendidas.
  *Juan and María, **who** live with me, scold me if I leave the lights on.*

  Las expertas, **quienes** por fin concedieron la entrevista, no mencionaron el problema.
  *The experts, **who** finally granted the interview, didn't mention the problem.*

The relative adjective *cuyo*

- The relative adjective **cuyo (cuya, cuyos, cuyas)** means *whose* and agrees in number and gender with the noun it precedes. When asking to whom something belongs, use **¿de quién(es)?**, not a form of **cuyo**.

  El equipo, **cuyo** proyecto aprobaron, viajará a las islas Galápagos en febrero.
  *The team, **whose** project they approved, will travel to the Galapagos Islands in February.*

  La colega, **cuyas** ideas mejoraron el plan, no tiene tiempo para realizar el proyecto.
  *The colleague, **whose** ideas improved the plan, doesn't have time to do the project.*

  —**¿De quién** es este libro?
  —***Whose** book is this?*

  —En realidad, es una libreta **cuyas** notas son de Javier.
  —*Actually, it's a notebook **whose** notes are Javier's.*

Práctica

1

Relativos Selecciona la palabra o frase adecuada para completar cada oración.

1. El señor Gómez, ______ empresa se dedica al transporte, está en una reunión.
   a. cuya b. cuyo c. cuyos
2. Hay muchos clientes ______ se puede negociar.
   a. con la que b. con los que c. con el cual
3. El científico, ______ busca una solución para la enfermedad, ha viajado a Suramérica.
   a. del cual b. quien c. quienes
4. Los amigos ______ me viste quieren visitar el museo de bellas artes.
   a. en quien b. de quien c. con quienes
5. Los estudiantes ______ conociste ayer participaron en el proyecto.
   a. a quien b. a quienes c. quien
6. La película de anoche, ______ vi en el cine, me pareció maravillosa.
   a. la cual b. las que c. de quien

2

Emparejar Empareja los elementos para formar oraciones.

1. Los chicos ____	a. quien estuve cenando es muy simpático.
2. La película ____	b. el que viajamos a San Francisco era muy rápido.
3. El tren en ____	c. que me recomendaste es excelente.
4. La familia con ____	d. la cual viví en Cuba era muy liberal.
5. El escritor con ____	e. cuyas novias son de España vienen de visita.

3

Completar Completa las oraciones con las palabras de la lista.

cuyo	la que	para la cual	quien
cuyos	los que	que	quienes

1. ________ quiera comprar más entradas para el concierto que visite la página web.
2. La abogada para ________ trabajo me ha dado dos semanas de vacaciones.
3. Ellos son ________ deben pagar la cena.
4. Los estudiantes ________ exámenes son el jueves deben presentarse a las 10 de la mañana.
5. La empresa ________ trabajo es muy famosa.
6. Hablé con los actores, ________ están trabajando en la serie de televisión.
7. La familia, ________ hijo viene de Costa Rica, ya ha llegado al aeropuerto.
8. La gente ________ va al cine se queja del precio de las entradas.

6.4

The infinitive and the present participle

The present participle

- The present participle (**el gerundio**) of regular **-ar**, **-er**, and **-ir** verbs is formed as follows:

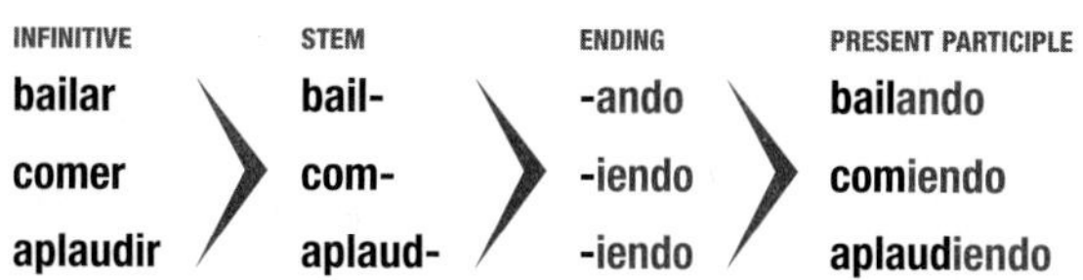

INFINITIVE	STEM	ENDING	PRESENT PARTICIPLE
bailar	**bail-**	**-ando**	**bailando**
comer	**com-**	**-iendo**	**comiendo**
aplaudir	**aplaud-**	**-iendo**	**aplaudiendo**

- **-Ir** verbs that change **o** to **u,** or **e** to **i** in the **usted/él/ella** and **ustedes/ellos/ellas** forms of the preterite have the same change in the present participle.

  pedir → pidiendo **mentir → mintiendo** **dormir → durmiendo**

- When the stem of an **-er** or **-ir** verb ends in a vowel, the **-i-** of the present participle ending changes to **-y-**. The present participle of **ir** is **yendo**.

  leer → leyendo **construir → construyendo** **oír → oyendo**

- The present progressive (**el presente progresivo**) narrates an action in progress. It is formed with the present tense of **estar** and the present participle of the main verb.

  Estoy sacando una foto.
  ***I am taking** a photo.*

  ¿Qué **estás comiendo**?
  *What **are you eating**?*

  Están recorriendo la ciudad.
  ***They are traveling around** the city.*

- Other tenses have progressive forms as well, though they are used less frequently than the present progressive. These tenses emphasize that an action was/will be in progress at a particular moment in time.

  Estaba contestando la última pregunta cuando el profesor nos pidió los exámenes.
  ***I was in the middle of answering** the last question when the professor asked for our exams.*

  No vengas a las cuatro, todavía **estaremos trabajando**.
  *Don't come at four; **we will** still **be working**.*

  Luis cerró la puerta, pero su mamá le **siguió gritando**.
  *Luis shut the door, but his mother **kept right on shouting** at him.*

- Progressive tenses often use other verbs, especially ones that convey motion or continuity like **andar**, **continuar**, **ir**, **llevar**, **seguir**, and **venir**, in place of **estar**.

  anda diciendo
  he goes around saying

  van acostumbrándose
  they're getting more and more used to

  siguieron hablando
  they kept talking

  continuarás trabajando
  you'll continue working

  llevo un mes trabajando
  I have been working for a month

  venimos insistiendo
  we've been insisting

¡ATENCIÓN!

Progressive forms are used less frequently in Spanish than in English, and only when emphasizing that an action is in progress at the moment described. To refer to actions that occur over a period of time or in the near future, Spanish uses the present tense instead.

Estudia Economía.
She is studying Economics.

Llego mañana.
I'm arriving tomorrow.

The infinitive

- In Spanish, unlike in English, the gerund form of a verb (*talking, working,* etc.) may not be used as a noun or in giving instructions. The infinitive (**el infinitivo**), with or without the definite article **el,** is used instead.

Ver es **creer.**
***Seeing** is **believing**.*

Descargar es fácil.
***Downloading** is easy.*

El arte del **mirar**
*The art of **seeing***

- The infinitive is commonly used after other conjugated verbs, especially when there is no change of subject. **Deber, decidir, desear, necesitar, pensar, poder, preferir, querer,** and **saber** are all frequently followed by infinitives.

—Mis primos **han decidido comprarle** una computadora a mi abuela.
—*My cousins **have decided to buy*** a computer for my grandmother.

—¡Qué buena idea! No sabía que ella **quería tener** una.
—*What a good idea! I didn't know that she **wanted to have** one.*

- Verbs of perception, such as **escuchar, mirar, oír, sentir,** and **ver,** are followed by the infinitive even if there is a change of subject. The use of an object pronoun with the conjugated verb distinguishes the two subjects and eliminates the need for a subordinate clause.

Te **oigo hablar**, ¡pero no entiendo nada!
*I **hear** you **speaking,** but I don't understand anything!*

Si la **ven salir**, avísenme enseguida.
*If **you see** her **leave**, let me know immediately.*

- Many verbs of influence, such as **dejar, hacer, mandar, permitir,** and **prohibir,** may also be followed by the infinitive. Here again, the object pronoun makes a subordinate clause unnecessary.

La profesora **nos hizo leer** artículos sobre la historia de España.
*The teacher **made us read** articles about Spanish History.*

El profesor **me ha dejado continuar** con el proyecto.
*The professor **let me continue** with the project.*

- The infinitive may be used with impersonal expressions, such as es **bueno, es fácil**, and **es importante**. It is required after **hay que** and **tener que**.

Es importante utilizar el corrector ortográfico.
***It is important to use** the spell-checker.*

¿**Es ético clonar** a un ser humano?
***Is it ethical to clone** a human being?*

- Use the infinitive after prepositions.

El Dr. Pérez necesitó veinte años **para demostrar** sus teorías.
*Dr. Pérez needed twenty years **in order to prove** his theories.*

Él no podrá abrir el documento **sin instalar** el programa.
*He won't be able to open the document **without installing*** the program.

Práctica

1 **Una conversación telefónica** **Daniel es nuevo en la ciudad y no sabe cómo llegar al estadio de fútbol. Decide llamar a su exnovia Alicia para que le explique cómo encontrarlo. Completa el diálogo con la forma correcta del gerundio.**

ALICIA Hola, ¿quién habla?

DANIEL Hola, Alicia, soy Daniel; estoy buscando el estadio de fútbol y necesito que me ayudes... Llevo (1) __________ (caminar) más de media hora por el centro y sigo perdido.

ALICIA ¿Dónde estás?

DANIEL No estoy muy seguro, no encuentro el nombre de la calle. Pero estoy (2) __________ (ver) un centro comercial a mi izquierda y más allá parece que están (3) __________ (construir) un estadio de fútbol. (4) __________ (hablar) de fútbol, ¿dónde tengo mis boletos? ¡He perdido mis entradas!

ALICIA Madre mía, ¡sigues (5) __________ (ser) un desastre...! Algún día te va a pasar algo serio.

DANIEL Siempre andas (6) __________ (pensar) lo peor.

ALICIA Y tú siempre estás (7) __________ (olvidarse) de todo.

DANIEL Ya estamos (8) __________ (discutir) otra vez.

2 **La Luna** **Rellena cada espacio con dos palabras: una de la primera columna y una de la segunda. Conjuga los verbos según sea necesario.**

desear	conseguir
importante	convencer
necesitar	hablar
para	hacer
pensar	investigar
querer	seguir

Científicos de la NASA (1) __________ la superficie de la Luna. (2) __________ el dinero necesario para el proyecto, primero ellos (3) __________ a los políticos de que es (4) __________ invirtiendo dinero público en estas aventuras espaciales. (5) __________ en todos los medios de comunicación posibles para explicar sus objetivos. (6) __________ mucha publicidad en los próximos meses.

3 **En diferentes tiempos** **Completa cada oración con el infinitivo o el gerundio del verbo entre paréntesis.**

1. Después de _______ (visitar) a sus amigos, Elisa fue al cine con su novio.
2. Ana María lleva cinco años _______ (estudiar) español.
3. Marta y Eva están _______ (hacer) un proyecto para la clase de ciencias.
4. Es muy importante _______ (mantener) buenas relaciones con tus compañeros de universidad.
5. ¡Me encanta mi trabajo! Llevo _______ (trabajar) aquí dos años ya y estoy muy feliz.
6. Para ser actor, hay que _______ (tener) mucha memoria y nada de vergüenza.

Glossary of Grammatical Terms

ADJECTIVE A word that modifies, or describes, a noun or pronoun.

muchos libros	un hombre **rico**
many *books*	*a* ***rich*** *man*

Demonstrative adjective An adjective that specifies which noun a speaker is referring to.

esta fiesta	**ese** chico
this *party*	***that*** *boy*
aquellas flores	
those *flowers*	

Possessive adjective An adjective that indicates ownership or possession.

su mejor vestido	Éste es **mi** hermano.
her *best dress*	*This is* ***my*** *brother.*

Stressed possessive adjective A possessive adjective that emphasizes the owner or possessor.

un libro **mío**	una amiga **tuya**
a book ***of mine***	*a friend* ***of yours***

ADVERB A word that modifies, or describes, a verb, adjective, or other adverb.

Pancho escribe **rápidamente**.
Pancho writes ***quickly****.*

Este cuadro es **muy** bonito.
This picture is ***very*** *pretty.*

ANTECEDENT The noun to which a pronoun or dependent clause refers.

El libro que compré es interesante.
The book that I bought is interesting.

Le presté cinco dólares **a Diego**.
I loaned Diego five dollars.

ARTICLE A word that points out a noun in either a specific or a non-specific way.

Definite article An article that points out a noun in a specific way.

el libro	**la** maleta
the *book*	***the*** *suitcase*
los diccionarios	**las** palabras
the *dictionaries*	***the*** *words*

Indefinite article An article that points out a noun in a general, non-specific way.

un lápiz	**una** computadora
a *pencil*	***a*** *computer*
unos pájaros	**unas** escuelas
some *birds*	***some*** *schools*

CLAUSE A group of words that contains both a conjugated verb and a subject, either expressed or implied.

Main (or Independent) clause A clause that can stand alone as a complete sentence.

Pienso ir a cenar pronto.
I plan to go to dinner soon.

Subordinate (or Dependent) clause A clause that does not express a complete thought and therefore cannot stand alone as a sentence.

Trabajo en la cafetería **porque necesito dinero para la escuela.**
I work in the cafeteria ***because I need money for school.***

Adjective clause A dependent clause that functions to modify or describe the noun or direct object in the main clause. When the antecedent is uncertain or indefinite, the verb in the adjective clause is in the subjunctive.

Queremos contratar al candidato **que mandó su currículum ayer**.
We want to hire the candidate ***who sent his résumé yesterday****.*

¿Conoce un buen restaurante **que esté cerca del teatro**?
Do you know of a good restaurant ***that's near the theater****?*

Adverbial clause A dependent clause that functions to modify or describe a verb, an adjective, or an adverb. When the adverbial clause describes an action that has not yet happened or is uncertain, the verb in the adverbial clause is usually in the subjunctive.

Llamé a mi mamá **cuando me dieron la noticia**.
I called my mom ***when they gave me the news****.*

El ejército está preparado **en caso de que haya un ataque**.
The army is prepared ***in case there is an attack****.*

Noun clause A dependent clause that functions as a noun, often as the object of the main clause. When the main clause expresses will, emotion, doubt, or uncertainty, the verb in the noun clause is in the subjunctive (unless there is no change of subject).

José sabe **que mañana habrá un examen**.
José knows ***that tomorrow there will be an exam****.*

Luisa dudaba **que la acompañáramos**.
Luisa doubted ***that we would go with her****.*

COMPARATIVE A grammatical construction used with nouns, adjectives, verbs, or adverbs to compare people, objects, actions, or characteristics.

Tus clases son **menos interesantes** que las mías.
*Your classes are **less interesting** than mine.*

Como **más frutas** que verduras.
*I eat **more fruits** than vegetables.*

CONJUGATION A set of the forms of a verb for a specific tense or mood or the process by which these verb forms are presented.

PRETERITE CONJUGATION OF **CANTAR**:

cant**é**	cant**amos**
cant**aste**	cant**asteis**
cant**ó**	cant**aron**

CONJUNCTION A word used to connect words, clauses, or phrases.

Susana es de Cuba **y** Pedro es de España.
*Susana is from Cuba **and** Pedro is from Spain.*

No quiero estudiar, **pero** tengo que hacerlo.
*I don't want to study, **but** I have to.*

CONTRACTION The joining of two words into one. The only contractions in Spanish are **al** and **del**.

Mi hermano fue **al** concierto ayer.
*My brother went **to the** concert yesterday.*

Saqué dinero **del** banco.
*I took money **from the** bank.*

DIRECT OBJECT A noun or pronoun that directly receives the action of the verb.

Tomás lee **el libro**. — **La** pagó ayer.
*Tomás reads **the book**.* — *She paid **it** yesterday.*

GENDER The grammatical categorizing of certain kinds of words, such as nouns and pronouns, as masculine, feminine, or neuter.

MASCULINE
articles **el, un**
pronouns **él, lo, mío, éste, ése, aquél**
adjective **simpático**

FEMININE
articles **la, una**
pronouns **ella, la, mía, ésta, ésa, aquélla**
adjective **simpática**

NEUTER
pronouns **lo, esto, eso, aquello**

IMPERSONAL EXPRESSION A third-person expression with no expressed or specific subject.

Es muy importante. — **Llueve** mucho.
It's very important. — ***It's raining** hard.*

Aquí **se habla** español.
*Spanish **is spoken** here.*

INDIRECT OBJECT A noun or pronoun that receives the action of the verb indirectly; the object, often a living being, to or for whom an action is performed.

Eduardo **le** dio un libro **a Linda**.
*Eduardo gave a book **to Linda**.*

La profesora **me** puso una C en el examen.
*The professor gave **me** a C on the test.*

INFINITIVE The basic form of a verb. Infinitives in Spanish end in **-ar**, **-er**, or **-ir**.

habl**ar**	corr**er**	abr**ir**
to speak	*to run*	*to open*

INTERROGATIVE An adjective or pronoun used to ask a question.

¿Quién habla? — **¿Cuántos** compraste?
***Who** is speaking?* — ***How many** did you buy?*

¿Qué piensas hacer hoy?
***What** do you plan to do today?*

MOOD A grammatical designation that indicates whether a verb is intended to make a statement or command, or to express doubt, emotion, or condition contrary to fact.

Imperative mood Verb forms used to make commands.

Di la verdad. — **Caminen** ustedes conmigo.
***Tell** the truth.* — ***Walk** with me.*

¡**Comamos** ahora! — ¡No lo **hagas**!
***Let's eat** now!* — ***Don't do** it!*

Indicative mood Verb forms used to describe facts, actions, and states considered to be real.

Sé que **tienes** el dinero.
***I know** that **you have** the money.*

Subjunctive mood Verb forms used principally in subordinate (dependent) clauses to express wishes, desires, emotions, doubts, and certain conditions, such as contrary-to-fact situations.

Prefieren que **hables** en español.
*They prefer that **you speak** in Spanish.*

NOUN A word that identifies people, animals, places, things, and ideas.

hombre	**gato**
man	***cat***
México	**casa**
Mexico	***house***
libertad	**libro**
freedom	***book***

NUMBER A grammatical term that refers to singular or plural. Nouns in Spanish and English have number. Other parts of a sentence, such as adjectives, articles, and verbs, can also have number.

SINGULAR	PLURAL
una cosa ***a*** *thing*	**unas** cosas ***some*** *things*
el profesor ***the*** *professor*	**los** profesores ***the*** *professors*

PASSIVE VOICE A sentence construction in which the recipient of the action becomes the subject of the sentence. Passive statements emphasize the thing that was done or the person that was acted upon. They follow the pattern [*recipient*] + **ser** + [*past participle*] + **por** + [*agent*].

ACTIVE VOICE:
Juan **entregó** la tarea.
Juan ***turned in*** *the assignment.*

PASSIVE VOICE:
La tarea **fue entregada por** Juan.
The assignment ***was turned in by*** *Juan.*

PAST PARTICIPLE A past form of the verb used in compound tenses. The past participle may also be used as an adjective, but it must then agree in number and gender with the word it modifies.

Han **buscado** por todas partes.
They have ***searched*** *everywhere.*

Yo no había **estudiado** para el examen.
I hadn't ***studied*** *for the exam.*

Hay una ventana **abierta** en la sala.
There is an ***open*** *window in the living room.*

PERSON The form of the verb or pronoun that indicates the speaker, the one spoken to, or the one spoken about. In Spanish, as in English, there are three persons: first, second, and third.

PERSON	SINGULAR	PLURAL
1st	**yo** *I*	**nosotros/as** *we*
2nd	**tú, Ud.** *you*	**vosotros/as, Uds.** *you*
3rd	**él, ella** *he, she*	**ellos, ellas** *they*

PREPOSITION A word or words that describe(s) the relationship, most often in time or space, between two other words.

Anita es **de** California.
Anita is ***from*** *California.*

La chaqueta está **en** el carro.
The jacket is ***in*** *the car.*

PRESENT PARTICIPLE In English, a verb form that ends in *-ing*. In Spanish, the present participle ends in **-ndo**, and is often used with **estar** to form a progressive tense.

Está **hablando** por teléfono ahora mismo.
He is ***talking*** *on the phone right now.*

PRONOUN A word that takes the place of a noun or nouns.

Demonstrative pronoun A pronoun that takes the place of a specific noun.

Quiero **ésta**.
I want ***this one.***

¿Vas a comprar **ése**?
Are you going to buy ***that one****?*

Juan prefirió **aquéllos**.
Juan preferred ***those.***

Object pronoun A pronoun that functions as a direct or indirect object of the verb.

Te digo la verdad.
I'm telling ***you*** *the truth.*

Me lo trajo Juan.
Juan brought ***it to me.***

Possessive pronoun A pronoun that functions to show ownership or possession. Possessive pronouns are preceded by a definite article and agree in gender and number with the nouns they replace.

Perdí mi libro. ¿Me prestas el **tuyo**?
I lost my book. Will you lend me ***yours****?*

Las clases suyas son aburridas, pero **las nuestras** son buenísimas.
Their classes are boring, but ***ours*** *are great.*

Prepositional pronoun A pronoun that functions as the object of a preposition. Except for **mí**, **ti**, and **sí**, these pronouns are the same as subject pronouns. The adjective **mismo/a** may be added to express *myself, himself,* etc. After the preposition **con**, the forms **conmigo**, **contigo**, and **consigo** are used.

¿Es **para mí**? *Is this* ***for me****?*	Juan habló **de ella**. *Juan spoke* ***about her.***
Iré **contigo**. *I will go* ***with you.***	Se lo regaló **a sí mismo**. *He gave it* ***to himself.***

Reflexive pronoun A pronoun that indicates that the action of a verb is performed by the subject on itself. These pronouns are often expressed in English with *-self: myself, yourself,* etc.

Yo **me** bañé. *I took a bath.*	Elena **se** acostó. *Elena went to bed.*

Relative pronoun A pronoun that connects a subordinate clause to a main clause.

El edificio en **el cual** vivimos es antiguo.
*The building **that** we live in is ancient.*

La mujer de **quien** te hablé acaba de renunciar.
*The woman **(whom)** I told you about just quit.*

Subject pronoun A pronoun that replaces the name or title of a person or thing, and acts as the subject of a verb.

Tú debes estudiar más.
***You** should study more.*

Él llegó primero.
***He** arrived first.*

SUBJECT A noun or pronoun that performs the action of a verb and is often implied by the verb.

María va al supermercado.
***María** goes to the supermarket.*

(Ellos) Trabajan mucho.
***They** work hard.*

Esos libros son muy caros.
***Those books** are very expensive.*

SUPERLATIVE A grammatical construction used to describe the most or the least of a quality when comparing several nouns.

Tina es la **menos simpática** de las chicas.
*Tina is **the least pleasant** of the girls.*

Tu coche es **el más rápido** de todos.
*Your car is **the fastest one** of all.*

Los restaurantes en Calle Ocho son **los mejores** de todo Miami.
*The restaurants on Calle Ocho are **the best** in all of Miami.*

Absolute superlatives Adjectives or adverbs combined with forms of the suffix **-ísimo/a** in order to express the idea of *extremely* or *very*.

¡Lo hice **facilísimo**!
*I did it **so easily**!*

Ella es **jovencísima**.
*She is **very, very young**.*

TENSE A set of verb forms that reflects the time of an action or state: past, present, or future

Compound tense A two-word tense made up of an auxiliary verb and a present or past participle. In Spanish, the two most common auxiliary verbs are **estar** and **haber**.

En este momento, **estoy estudiando**.
*At this time, **I am studying**.*

El paquete no **ha llegado** todavía.
*The package **has** not **arrived** yet.*

Simple tense A tense expressed by a single conjugated verb.

María **estaba** mal anoche.
*María **was** ill last night.*

Juana **hablará** con su mamá mañana.
*Juana **will speak** with her mom tomorrow.*

VERB A word that expresses actions or states of being.

Auxiliary verb A verb used with a present or past participle to form a compound tense. **Haber** is the most commonly used auxiliary verb in Spanish.

Los chicos **han** visto la película.
*The children **have** seen the movie.*

Espero que **hayas** comido.
*I hope you **have** eaten.*

Reflexive verb A verb that describes an action performed by the subject on itself and is always used with a reflexive pronoun.

Me peiné antes de salir.
***I combed my hair** before leaving.*

Pedro y Adela **se levantan** muy temprano.
*Pedro and Adela **get (themselves) up** very early.*

Spelling-change verb A verb that undergoes a predictable change in spelling, in order to maintain a consistent pronunciation in the various conjugations.

practicar	**c→qu**	practico	practi**qu**é
dirigir	**g→j**	dirigí	diri**j**o
almorzar	**z→c**	almorzó	almor**c**é

Stem-changing verb A verb whose stem vowel undergoes one or more predictable changes in the various conjugations.

entender	**(e:ie)**	ent**ie**ndo
pedir	**(e:i)**	p**i**den
dormir	**(o:ue, u)**	d**ue**rmo, d**u**rmieron

Verb conjugation tables

Below is a list of the verbs introduced as active vocabulary in **ENLACES**. Each verb is followed by a model verb conjugated in the same pattern. The number in parentheses indicates where in the verb tables, pages **A26–A41**, you can find the conjugated forms of the model verb. Many of these verbs can be used reflexively. To check the verb conjugation, use the model tables on pages **A26–A41**. For placement of the reflexive pronouns, see page **A25**.

abandonar like hablar (1)
abastecer like conocer (15)
abusar like hablar (1)
acosar like hablar (1)
adaptar like hablar (1)
adivinar like hablar (1)
administrar like hablar (1)
afligir like exigir (35)
agradecer like conocer (15)
ahorrar like hablar (1)
alargar like llegar (42)
alcanzar like cruzar (18)
amanecer like conocer (15)
amar like hablar (1)
anticipar like hablar (1)
apoyar like hablar (1)
aprobar (o:ue) like contar (16)
aprovechar like hablar (1)
arreglar like hablar (1)
arriesgar like llegar (42)
arruinar like hablar (1)
ascender like entender (28)
asimilar like hablar (1)
atraer like traer (73)
atrever like comer (2)
aumentar like hablar (1)
ayudar like hablar (1)
bajar like hablar (1)
besar like hablar (1)
botar like hablar (1)
burlar like hablar (1)
capacitar like hablar (1)
casar like hablar (1)
ceder like comer (1)
chantajear like hablar (1)
cobrar like hablar (1)
compartir like vivir (3)
confiar like enviar (29)
construir like destruir (23)
contar (o:ue) (16)
contentar like hablar (1)
contratar like hablar (1)
convertir (e:ie) like sentir (65)
convivir like vivir (3)
convocar like tocar (71)
coquetear like hablar (1)
crecer like conocer (15)
criar like enviar (29)
cruzar (18)
cuidar like hablar (1)
cumplimentar like hablar (1)
dar (19)
dedicar like tocar (71)
defender (e:ie) like entender (28)
dejar like hablar (1)
depositar like hablar (1)
derogar like llegar (42)
derrocar like tocar (71)
derrotar like hablar (1)
desaprovechar like hablar (1)
desconfiar like enviar (29)
descubrir like conducir (14)
despedir (e:i) like pedir (48)
despreciar like hablar (1)
destrozar like cruzar (18)
dirigir like exigir (35)
discutir like vivir (3)
disentir (e:ie) like sentir (65)
disfrutar like hablar (1)
disimular like hablar (1)
disminuir like destruir (23)
disparar like hablar (1)
divorciar like hablar (1)
doblar like hablar (1)
ejercer like vencer (75)
elegir (e:i) (26)
emigrar like hablar (1)
enamorar like hablar (1)
encabezar like cruzar (18)
encarcelar like hablar (1)
engañar like hablar (1)
enojar like hablar (1)
enriquecer like conocer (15)
enrojecer like conocer (15)
enterar like hablar (1)
esconder like comer (2)
esparcir (32)
espiar like enviar (29)
establecer like conocer (15)
estar (33)
exigir (35)
extrañar like hablar (1)
firmar like hablar (1)
fortalecer like conocer (15)
ganar like hablar (1)
gastar like hablar (1)
gobernar (e:ie) like pensar (49)
gozar like cruzar (18)
guiar like enviar (29)
hacer (39)
heredar like hablar (1)
huir like destruir (23)
independizarse like cruzar (18)
indicar like tocar (71)
influir like destruir (23)
integrar like hablar (1)
invertir (e:ie) like sentir (65)
jubilar like hablar (1)
jurar like hablar (1)
juzgar like llegar (42)
lamentar like hablar (1)
ligar like llegar (42)
llevar like hablar (1)
lograr like hablar (1)
luchar like hablar (1)
malcriar like enviar (29)
matar like hablar (1)
merecer like conocer (15)
mezclar like hablar (1)
mimar like hablar (1)
mudar like hablar (1)
odiar like hablar (1)
parar like hablar (1)
parecer like conocer (15)
pasar like hablar (1)
pasear like hablar (1)
pedir (e:i) (48)
pegar like llegar (42)
pelear like hablar (1)
perder (e:ie) like entender (28)
pertenecer like conocer (15)
planificar like tocar (71)
poblar (o:ue) like contar (16)
poner (51)
predecir (e:i) (52)
preguntar like hablar (1)
prescindir like vivir (3)
prestar like hablar (1)
promocionar like hablar (1)
promulgar like llegar (42)
protestar like hablar (1)
quebrar (e:ie) like pensar (49)
quedar like hablar (1)
quejar like hablar (1)
querer (e:ie) (56)
realizar like cruzar (18)
rechazar like cruzar (18)
reconocer like conocer (15)
recorrer like comer (2)
reemplazar like cruzar (18)
regañar like hablar (1)
relajar like hablar (1)
remodelar like hablar (1)
renovar (o:ue) like contar (16)
renunciar like hablar (1)
repartir like vivir (3)
residir like vivir (3)
respetar like hablar (1)
respirar like hablar (1)
rodear like hablar (1)
romper like comer (2) *except* past participle is roto
rumorear like hablar (1)
sacrificar like tocar (71)
salir (63)
salvar like hablar (1)
secuestrar like hablar (1)
sembrar (e:ie) like pensar (49)
sentir (e:ie) (65)
sobrevivir like vivir (3)
solicitar like hablar (1)
soñar (o:ue) like contar (16)
sospechar like hablar (1)
subir like vivir (3)
superar like hablar (1)
sustituir like destruir (23)
tener (69)
tomar like hablar (1)
trasnochar like hablar (1)
valorar like hablar (1)
voltear like hablar (1)
votar like hablar (1)

Verb Conjugation Tables

Pages **A26–A41** contain verb conjugation patterns. Patterns 1 to 3 include the simple tenses of three model **-ar, -er**, and **-ir** regular verbs. Patterns 4 to 80 include verbs with stem changes, spelling changes, and irregular verbs. Three charts are also provided for the formation of compound tenses (**p. A26**) and progressive tenses (**p. A27**).

Verbs with stem changes, spelling changes, and irregular verbs

In patterns 4 to 80, the superscript numbers in parentheses identify the type of irregularity:

(1) Stem-changing verbs (**p*e*nsar → p*ie*nso**)

(2) Verbs with spelling changes (**reco*g*er → reco*j*o**)

(3) Verbs with accent changes or verbs that require replacing **u** with **ü** (**re*u*nir → re*ú*no; averig*u*ar → averig*ü*é**)

(4) Verbs with unique irregularities (sometimes in addition to stem or spelling changes) (**poner → puse**)

Note: Any form that deviates from the regular verb patterns is indicated in **bold** font.

Voseo

Voseo conjugations, corresponding to the second-person singular **vos** form used in parts of Latin America, are included in the present indicative and in the second person singular informal imperative.

tú/vos hablas/hablás habla/hablá

Negative imperative

The verb forms for the negative imperative are not included in the verb charts. They coincide with the forms of the present subjunctive.

Reflexive verbs: simple tenses

In all simple indicative and subjunctive tenses, the reflexive pronoun is placed before the verb. In the imperative, the reflexive pronoun is attached to the verb in affirmative commands, but precedes the verb in negative commands.

Infinitive	SIMPLE INDICATIVE TENSES	SIMPLE SUBJUNCTIVE TENSES	IMPERATIVE
casarse	me caso	me case	
	te casas/te casás	te cases	cásate/casáte (no te cases/casés)
	se casa	se case	cásese (no se case)
	nos casamos	nos casemos	casémonos (no nos casemos)
	os casáis	os caséis	casaos (no os caséis)
	se casan	se casen	cásense (no se casen)

Reflexive verbs: compound tenses

In all compound tenses, the reflexive pronoun is placed before the verb.

Infinitive	COMPOUND INDICATIVE TENSES	COMPOUND SUBJUNCTIVE TENSES
casarse	me he casado	me haya casado
	te has casado	te hayas casado
	se ha casado	se haya casado
	nos hemos casado	nos hayamos casado
	os habéis casado	os hayáis casado
	se han casado	se hayan casado

Regular verbs: simple tenses

	Infinitivo		INDICATIVO					SUBJUNTIVO		IMPERATIVO
	Gerundio Participio	Pronombres personales	Presente	Pretérito imperfecto	Pretérito perfecto simple	Futuro simple	Condicional simple	Presente	Pretérito imperfecto	
1	**hablar**	yo	hablo	hablaba	hablé	hablaré	hablaría	hable	hablara *o* hablase	
		tú/vos	hablas/hablás	hablabas	hablaste	hablarás	hablarías	hables	hablaras *o* hablases	habla/hablá
	hablando	Ud., él, ella	habla	hablaba	habló	hablará	hablaría	hable	hablara *o* hablase	hable
	hablado	nosotros/as	hablamos	hablábamos	hablamos	hablaremos	hablaríamos	hablemos	habláramos *o* hablásemos	hablemos
		vosotros/as	habláis	hablabais	hablasteis	hablaréis	hablaríais	habléis	hablarais *o* hablaseis	hablad
		Uds., ellos/as	hablan	hablaban	hablaron	hablarán	hablarían	hablen	hablaran *o* hablasen	hablen
2	**comer**	yo	como	comía	comí	comeré	comería	coma	comiera *o* comiese	
		tú/vos	comes/comés	comías	comiste	comerás	comerías	comas	comieras *o* comieses	come/comé
	comiendo	Ud., él, ella	come	comía	comió	comerá	comería	coma	comiera *o* comiese	coma
	comido	nosotros/as	comemos	comíamos	comimos	comeremos	comeríamos	comamos	comiéramos *o* comiésemos	comamos
		vosotros/as	coméis	comíais	comisteis	comeréis	comeríais	comáis	comierais *o* comieseis	comed
		Uds., ellos/as	comen	comían	comieron	comerán	comerían	coman	comieran *o* comiesen	coman
3	**vivir**	yo	vivo	vivía	viví	viviré	viviría	viva	viviera *o* viviese	
		tú/vos	vives/vivís	vivías	viviste	vivirás	vivirías	vivas	vivieras *o* vivieses	vive/viví
	viviendo	Ud., él, ella	vive	vivía	vivió	vivirá	viviría	viva	viviera *o* viviese	viva
	vivido	nosotros/as	vivimos	vivíamos	vivimos	viviremos	viviríamos	vivamos	viviéramos *o* viviésemos	vivamos
		vosotros/as	vivís	vivíais	vivisteis	viviréis	viviríais	viváis	vivierais *o* vivieseis	vivid
		Uds., ellos/as	viven	vivían	vivieron	vivirán	vivirían	vivan	vivieran *o* viviesen	vivan

Compound tenses

INDICATIVO								SUBJUNTIVO			
Pretérito perfecto compuesto		Pretérito pluscuamperfecto		Futuro compuesto		Condicional compuesto		Pretérito perfecto compuesto		Pretérito pluscuamperfecto	
he		había		habré		habría		haya		hubiera *o* hubiese	
has	hablado	habías	hablado	habrás	hablado	habrías	hablado	hayas	hablado	hubieras *o* hubieses	hablado
ha	comido	había	comido	habrá	comido	habría	comido	haya	comido	hubiera *o* hubiese	comido
hemos	vivido	habíamos	vivido	habremos	vivido	habríamos	vivido	hayamos	vivido	hubiéramos *o* hubiésemos	vivido
habéis		habíais		habréis		habríais		hayáis		hubierais *o* hubieseis	
han		habían		habrán		habrían		hayan		hubieran *o* hubiesen	

Estar + gerundio (Progressive tenses)

INDICATIVO									
Presente		**Pretérito imperfecto**		**Pretérito perfecto simple**		**Futuro simple**		**Condicional simple**	
estoy		estaba		estuve		estaré		estaría	
estás	hablando	estabas	hablando	estuviste	hablando	estarás	hablando	estarías	hablando
está	comiendo	estaba	comiendo	estuvo	comiendo	estará	comiendo	estaría	comiendo
estamos	viviendo	estábamos	viviendo	estuvimos	viviendo	estaremos	viviendo	estaríamos	viviendo
estáis		estabais		estuvisteis		estaréis		estaríais	
están		estaban		estuvieron		estarán		estarían	

SUBJUNTIVO			
Pretérito perfecto		**Pretérito imperfecto**	
esté		estuviera *o* estuviese	
estés	hablando	estuvieras *o* estuvieses	hablando
esté	comiendo	estuviera *o* estuviese	comiendo
estemos	viviendo	estuviéramos *o* estuviésemos	viviendo
estéis		estuvierais *o* estuvieseis	
estén		estuvieran *o* estuviesen	

Perfect progressive tenses are formed using a conjugated form of **haber** + **estado** + **gerundio**, as in **he estado comiendo, hubiera estado corriendo,** etc.

Verbs with stem changes, spelling changes, and irregular verbs

	Infinitivo		INDICATIVO					SUBJUNTIVO		IMPERATIVO
	Gerundio Participio	**Pronombres personales**	**Presente**	**Pretérito imperfecto**	**Pretérito perfecto simple**	**Futuro simple**	**Condicional simple**	**Presente**	**Pretérito imperfecto**	
4	**adquirir** (1)	yo	**adquiero**	adquiría	adquirí	adquiriré	adquiriría	**adquiera**	adquiriera *o* adquiriese	
	(i:ie)	tú/vos	**adquieres**/ adquirís	adquirías	adquiriste	adquirirás	adquirirías	**adquieras**	adquirieras *o* adquirieses	**adquiere**/adquirí
	adquiriendo	Ud., él, ella	**adquiere**	adquiría	adquirió	adquirirá	adquiriría	**adquiera**	adquiriera *o* adquiriese	**adquiera**
	adquirido	nosotros/as	adquirimos	adquiríamos	adquirimos	adquiriremos	adquiriríamos	adquiramos	adquiriéramos *o* adquiriésemos	adquiramos
		vosotros/as	adquirís	adquiríais	adquiristeis	adquiriréis	adquiriríais	adquiráis	adquirierais *o* adquirieseis	adquirid
		Uds., ellos/as	**adquieren**	adquirían	adquirieron	adquirirán	adquirirían	**adquieran**	adquirieran *o* adquiriesen	**adquieran**

	Infinitivo Gerundio Participio	Pronombres personales	INDICATIVO Presente	INDICATIVO Pretérito imperfecto	INDICATIVO Pretérito perfecto simple	INDICATIVO Futuro simple	INDICATIVO Condicional simple	SUBJUNTIVO Presente	SUBJUNTIVO Pretérito imperfecto	IMPERATIVO
5	**aislar** (3)	yo	**aíslo**	aislaba	aislé	aislaré	aislaría	**aísle**	aislara *o* aislase	
	(i:í)	tú/vos	**aíslas**/aislás	aislabas	aislaste	aislarás	aislarías	**aísles**	aislaras *o* aislases	**aísla**/aislá
	aislando	Ud., él, ella	**aísla**	aislaba	aisló	aislará	aislaría	**aísle**	aislara *o* aislase	**aísle**
	aislado	nosotros/as	aislamos	aislábamos	aislamos	aislaremos	aislaríamos	aislemos	aisláramos *o* aislásemos	aislemos
		vosotros/as	aisláis	aislabais	aislasteis	aislaréis	aislaríais	aisléis	aislarais *o* aislaseis	aislad
		Uds., ellos/as	**aíslan**	aislaban	aislaron	aislarán	aislarían	**aíslen**	aislaran *o* aislasen	**aíslen**
6	**almorzar** (1, 2)	yo	**almuerzo**	almorzaba	**almorcé**	almorzaré	almorzaría	**almuerce**	almorzara *o* almorzase	
	(o:ue) (z:c)	tú/vos	**almuerzas**/ almorzás	almorzabas	almorzaste	almorzarás	almorzarías	**almuerces**	almorzaras *o* almorzases	**almuerza**/ almorzá
	almorzando	Ud., él, ella	**almuerza**	almorzaba	almorzó	almorzará	almorzaría	**almuerce**	almorzara *o* almorzase	**almuerce**
	almorzado	nosotros/as	almorzamos	almorzábamos	almorzamos	almorzaremos	almorzaríamos	**almorcemos**	almorzáramos *o* almorzásemos	**almorcemos**
		vosotros/as	almorzáis	almorzabais	almorzasteis	almorzaréis	almorzaríais	**almorcéis**	almorzarais *o* almorzaseis	almorzad
		Uds., ellos/as	**almuerzan**	almorzaban	almorzaron	almorzarán	almorzarían	**almuercen**	almorzaran *o* almorzasen	**almuercen**
7	**andar** (4)	yo	ando	andaba	**anduve**	andaré	andaría	ande	**anduviera** *o* **anduviese**	
		tú/vos	andas/andás	andabas	**anduviste**	andarás	andarías	andes	**anduvieras** *o* **anduvieses**	anda/andá
	andando	Ud., él, ella	anda	andaba	**anduvo**	andará	andaría	ande	**anduviera** *o* **anduviese**	ande
	andado	nosotros/as	andamos	andábamos	**anduvimos**	andaremos	andaríamos	andemos	**anduviéramos** *o* **anduviésemos**	andemos
		vosotros/as	andáis	andabais	**anduvisteis**	andaréis	andaríais	andéis	**anduvierais** *o* **anduvieseis**	andad
		Uds., ellos/as	andan	andaban	**anduvieron**	andarán	andarían	anden	**anduvieran** *o* **anduviesen**	anden
8	**asir** (4)	yo	**asgo**	asía	así	asiré	asiría	**asga**	asiera *o* asiese	
		tú/vos	ases/asís	asías	asiste	asirás	asirías	**asgas**	asieras *o* asieses	ase/así
	asiendo	Ud., él, ella	ase	asía	asió	asirá	asiría	**asga**	asiera *o* asiese	**asga**
	asido	nosotros/as	asimos	asíamos	asimos	asiremos	asiríamos	**asgamos**	asiéramos *o* asiésemos	**asgamos**
		vosotros/as	asís	asíais	asisteis	asiréis	asiríais	**asgáis**	asierais *o* asieseis	asid
		Uds., ellos/as	asen	asían	asieron	asirán	asirían	**asgan**	asieran *o* asiesen	**asgan**
9	**avergonzar** (1, 2)	yo	**avergüenzo**	avergonzaba	**avergoncé**	avergonzaré	avergonzaría	**avergüence**	avergonzara *o* avergonzase	
	(o:üe) (z:c)	tú/vos	**avergüenzas**/ avergonzás	avergonzabas	avergonzaste	avergonzarás	avergonzarías	**avergüences**	avergonzaras *o* avergonzases	**avergüenza**/ avergonzá
	avergonzando	Ud., él, ella	**avergüenza**	avergonzaba	avergonzó	avergonzará	avergonzaría	**avergüence**	avergonzara *o* avergonzase	**avergüence**
	avergonzado	nosotros/as	avergonzamos	avergonzábamos	avergonzamos	avergonzaremos	avergonzaríamos	**avergoncemos**	avergonzáramos *o* avergonzásemos	**avergoncemos**
		vosotros/as	avergonzáis	avergonzabais	avergonzasteis	avergonzaréis	avergonzaríais	**avergoncéis**	avergonzarais *o* avergonzaseis	avergonzad
		Uds., ellos/as	**avergüenzan**	avergonzaban	avergonzaron	avergonzarán	avergonzarían	**avergüencen**	avergonzaran *o* avergonzasen	**avergüencen**

	Infinitivo Gerundio Participio	Pronombres personales	INDICATIVO Presente	 Pretérito imperfecto	 Pretérito perfecto simple	 Futuro simple	 Condicional simple	SUBJUNTIVO Presente	 Pretérito imperfecto	IMPERATIVO
10	**averiguar** [3]	yo	averiguo	averiguaba	**averigüé**	averiguaré	averiguaría	**averigüe**	averiguara *o* averiguase	
	(u:ü)	tú/vos	averiguas/ averiguás	averiguabas	averiguaste	averiguarás	averiguarías	**averigües**	averiguaras *o* averiguases	averigua/ averiguá
	averiguando	Ud., él, ella	averigua	averiguaba	averiguó	averiguará	averiguaría	**averigüe**	averiguara *o* averiguase	**averigüe**
	averiguado	nosotros/as	averiguamos	averiguábamos	averiguamos	averiguaremos	averiguaríamos	**averigüemos**	averiguáramos *o* averiguásemos	**averigüemos**
		vosotros/as	averiguáis	averiguabais	averiguasteis	averiguaréis	averiguaríais	**averigüéis**	averiguarais *o* averiguaseis	averiguad
		Uds., ellos/as	averiguan	averiguaban	averiguaron	averiguarán	averiguarían	**averigüen**	averiguaran *o* averiguasen	**averigüen**
11	**bendecir** [4]	yo	**bendigo**	bendecía	**bendije**	bendeciré	bendeciría	**bendiga**	**bendijera** *o* **bendijese**	
	bendiciendo	tú/vos	**bendices/** bendecís	bendecías	**bendijiste**	bendecirás	bendecirías	**bendigas**	**bendijeras** *o* **bendijeses**	**bendice/** bendecí
	bendecido *o*	Ud., él, ella	**bendice**	bendecía	**bendijo**	bendecirá	bendeciría	**bendiga**	**bendijera** *o* **bendijese**	**bendiga**
	bendito	nosotros/as	bendecimos	bendecíamos	**bendijimos**	bendeciremos	bendeciríamos	**bendigamos**	**bendijéramos** *o* **bendijésemos**	**bendigamos**
		vosotros/as	bendecís	bendecíais	**bendijisteis**	bendeciréis	bendeciríais	**bendigáis**	**bendijerais** *o* **bendijeseis**	bendecid
		Uds., ellos/as	**bendicen**	bendecían	**bendijeron**	bendecirán	bendecirían	**bendigan**	**bendijeran** *o* **bendijesen**	**bendigan**
12	**caber** [4]	yo	**quepo**	cabía	**cupe**	**cabré**	**cabría**	**quepa**	**cupiera** *o* **cupiese**	
		tú/vos	cabes/cabés	cabías	**cupiste**	**cabrás**	**cabrías**	**quepas**	**cupieras** *o* **cupieses**	cabe/cabé
	cabiendo	Ud., él, ella	cabe	cabía	**cupo**	**cabrá**	**cabría**	**quepa**	**cupiera** *o* **cupiese**	**quepa**
	cabido	nosotros/as	cabemos	cabíamos	**cupimos**	**cabremos**	**cabríamos**	**quepamos**	**cupiéramos** *o* **cupiésemos**	**quepamos**
		vosotros/as	cabéis	cabíais	**cupisteis**	**cabréis**	**cabríais**	**quepáis**	**cupierais** *o* **cupieseis**	cabed
		Uds., ellos/as	caben	cabían	**cupieron**	**cabrán**	**cabrían**	**quepan**	**cupieran** *o* **cupiesen**	**quepan**
13	**caer** [3, 4]	yo	**caigo**	caía	caí	caeré	caería	**caiga**	**cayera** *o* **cayese**	
	(y)	tú/vos	caes/caés	caías	**caíste**	caerás	caerías	**caigas**	**cayeras** *o* **cayeses**	cae/caé
		Ud., él, ella	cae	caía	**cayó**	caerá	caería	**caiga**	**cayera** *o* **cayese**	**caiga**
	cayendo	nosotros/as	caemos	caíamos	**caímos**	caeremos	caeríamos	**caigamos**	**cayéramos** *o* **cayésemos**	**caigamos**
	caído	vosotros/as	caéis	caíais	**caísteis**	caeréis	caeríais	**caigáis**	**cayerais** *o* **cayeseis**	caed
		Uds., ellos/as	caen	caían	**cayeron**	caerán	caerían	**caigan**	**cayeran** *o* **cayesen**	**caigan**
14	**conducir** [2, 4]	yo	**conduzco**	conducía	**conduje**	conduciré	conduciría	**conduzca**	**condujera** *o* **condujese**	
	(c:zc)	tú/vos	conduces/ conducís	conducías	**condujiste**	conducirás	conducirías	**conduzcas**	**condujeras** *o* **condujeses**	conduce/ conducí
	conduciendo	Ud., él, ella	conduce	conducía	**condujo**	conducirá	conduciría	**conduzca**	**condujera** *o* **condujese**	**conduzca**
	conducido	nosotros/as	conducimos	conducíamos	**condujimos**	conduciremos	conduciríamos	**conduzcamos**	**condujéramos** *o* **condujésemos**	**conduzcamos**
		vosotros/as	conducís	conducíais	**condujisteis**	conduciréis	conduciríais	**conduzcáis**	**condujerais** *o* **condujeseis**	conducid
		Uds., ellos/as	conducen	conducían	**condujeron**	conducirán	conducirían	**conduzcan**	**condujeran** *o* **condujesen**	**conduzcan**

	Infinitivo Gerundio Participio	Pronombres personales	INDICATIVO Presente	Pretérito imperfecto	Pretérito perfecto simple	Futuro simple	Condicional simple	SUBJUNTIVO Presente	Pretérito imperfecto	IMPERATIVO
15	**conocer** (1)	yo	**conozco**	conocía	conocí	conoceré	conocería	**conozca**	conociera *o* conociese	
	(c:zc)	tú/vos	conoces/conocés	conocías	conociste	conocerás	conocerías	**conozcas**	conocieras *o* conocieses	conoce/conocé
		Ud., él, ella	conoce	conocía	conoció	conocerá	conocería	**conozca**	conociera *o* conociese	**conozca**
	conociendo	nosotros/as	conocemos	conocíamos	conocimos	conoceremos	conoceríamos	**conozcamos**	conociéramos *o* conociésemos	**conozcamos**
	conocido	vosotros/as	conocéis	conocíais	conocisteis	conoceréis	conoceríais	**conozcáis**	conocierais *o* conocieseis	conoced
		Uds., ellos/as	conocen	conocían	conocieron	conocerán	conocerían	**conozcan**	conocieran *o* conociesen	**conozcan**
16	**contar** (1)	yo	**cuento**	contaba	conté	contaré	contaría	**cuente**	contara *o* contase	
	(o:ue)	tú/vos	**cuentas**/contás	contabas	contaste	contarás	contarías	**cuentes**	contaras *o* contases	**cuenta**/contá
		Ud., él, ella	**cuenta**	contaba	contó	contará	contaría	**cuente**	contara *o* contase	**cuente**
	contando	nosotros/as	contamos	contábamos	contamos	contaremos	contaríamos	contemos	contáramos *o* contásemos	contemos
	contado	vosotros/as	contáis	contabais	contasteis	contaréis	contaríais	contéis	contarais *o* contaseis	contad
		Uds., ellos/as	**cuentan**	contaban	contaron	contarán	contarían	**cuenten**	contaran *o* contasen	**cuenten**
17	**creer** (3, 4)	yo	creo	creía	creí	creeré	creería	crea	**creyera** *o* **creyese**	
	(y)	tú/vos	crees/creés	creías	**creíste**	creerás	creerías	creas	**creyeras** *o* **creyeses**	cree/creé
		Ud., él, ella	cree	creía	**creyó**	creerá	creería	crea	**creyera** *o* **creyese**	crea
	creyendo	nosotros/as	creemos	creíamos	**creímos**	creeremos	creeríamos	creamos	**creyéramos** *o* **creyésemos**	creamos
	creído	vosotros/as	creéis	creíais	**creísteis**	creeréis	creeríais	creáis	**creyerais** *o* **creyeseis**	creed
		Uds., ellos/as	creen	creían	**creyeron**	creerán	creerían	crean	**creyeran** *o* **creyesen**	crean
18	**cruzar** (1)	yo	cruzo	cruzaba	**crucé**	cruzaré	cruzaría	**cruce**	cruzara *o* cruzase	
	(z:c)	tú/vos	cruzas/cruzás	cruzabas	cruzaste	cruzarás	cruzarías	**cruces**	cruzaras *o* cruzases	cruza/cruzá
		Ud., él, ella	cruza	cruzaba	cruzó	cruzará	cruzaría	**cruce**	cruzara *o* cruzase	**cruce**
	cruzando	nosotros/as	cruzamos	cruzábamos	cruzamos	cruzaremos	cruzaríamos	**crucemos**	cruzáramos *o* cruzásemos	**crucemos**
	cruzado	vosotros/as	cruzáis	cruzabais	cruzasteis	cruzaréis	cruzaríais	**crucéis**	cruzarais *o* cruzaseis	cruzad
		Uds., ellos/as	cruzan	cruzaban	cruzaron	cruzarán	cruzarían	**crucen**	cruzaran *o* cruzasen	**crucen**
19	**dar** (4)	yo	**doy**	daba	**di**	daré	daría	**dé**	**diera** *o* **diese**	
		tú/vos	das	dabas	**diste**	darás	darías	des	**dieras** *o* **dieses**	da
	dando	Ud., él, ella	da	daba	**dio**	dará	daría	**dé**	**diera** *o* **diese**	**dé**
	dado	nosotros/as	damos	dábamos	**dimos**	daremos	daríamos	demos	**diéramos** *o* **diésemos**	demos
		vosotros/as	**dais**	dabais	**disteis**	daréis	daríais	**deis**	**dierais** *o* **dieseis**	dad
		Uds., ellos/as	dan	daban	**dieron**	darán	darían	den	**dieran** *o* **diesen**	den
20	**decir** (1, 4)	yo	**digo**	decía	**dije**	**diré**	**diría**	**diga**	**dijera** *o* **dijese**	
	(e:i)	tú/vos	**dices**/decís	decías	**dijiste**	**dirás**	**dirías**	**digas**	**dijeras** *o* **dijeses**	**di**/decí
		Ud., él, ella	**dice**	decía	**dijo**	**dirá**	**diría**	**diga**	**dijera** *o* **dijese**	**diga**
	diciendo	nosotros/as	decimos	decíamos	**dijimos**	**diremos**	**diríamos**	**digamos**	**dijéramos** *o* **dijésemos**	**digamos**
	dicho	vosotros/as	decís	decíais	**dijisteis**	**diréis**	**diríais**	**digáis**	**dijerais** *o* **dijeseis**	decid
		Uds., ellos/as	**dicen**	decían	**dijeron**	**dirán**	**dirían**	**digan**	**dijeran** *o* **dijesen**	**digan**

	Infinitivo Gerundio Participio	Pronombres personales	INDICATIVO Presente	Pretérito imperfecto	Pretérito perfecto simple	Futuro simple	Condicional simple	SUBJUNTIVO Presente	Pretérito imperfecto	IMPERATIVO
21	**degollar** (1, 3)	yo	**degüello**	degollaba	degollé	degollaré	degollaría	**degüelle**	degollara *o* degollase	
	(go:güe)	tú/vos	**degüellas**/ degollás	degollabas	degollaste	degollarás	degollarías	**degüelles**	degollaras *o* degollases	**degüella**/ degollá
	degollando	Ud., él, ella	**degüella**	degollaba	degolló	degollará	degollaría	**degüelle**	degollara *o* degollase	**degüelle**
	degollado	nosotros/as	degollamos	degollábamos	degollamos	degollaremos	degollaríamos	degollemos	degolláramos *o* degollásemos	degollemos
		vosotros/as	degolláis	degollabais	degollasteis	degollaréis	degollaríais	degolléis	degollarais *o* degollaseis	degollad
		Uds., ellos/as	**degüellan**	degollaban	degollaron	degollarán	degollarían	**degüellen**	degollaran *o* degollasen	**degüellen**
22	**delinquir** (2)	yo	**delinco**	delinquía	delinquí	delinquiré	delinquiría	**delinca**	delinquiera *o* delinquiese	
	(qu:c)	tú/vos	delinques/ delinquís	delinquías	delinquiste	delinquirás	delinquirías	**delincas**	delinquieras *o* delinquieses	delinque/ delinquí
	delinquiendo	Ud., él, ella	delinque	delinquía	delinquió	delinquirá	delinquiría	**delinca**	delinquiera *o* delinquiese	**delinca**
	delinquido	nosotros/as	delinquimos	delinquíamos	delinquimos	delinquiremos	delinquiríamos	**delincamos**	delinquiéramos *o* delinquiésemos	**delincamos**
		vosotros/as	delinquís	delinquíais	delinquisteis	delinquiréis	delinquiríais	**delincáis**	delinquierais *o* delinquieseis	delinquid
		Uds., ellos/as	delinquen	delinquían	delinquieron	delinquirán	delinquirían	**delincan**	delinquieran *o* delinquiesen	**delincan**
23	**destruir** (4)	yo	**destruyo**	destruía	destruí	destruiré	destruiría	**destruya**	**destruyera** *o* **destruyese**	
	(y)	tú/vos	**destruyes**/ destruís	destruías	destruiste	destruirás	destruirías	**destruyas**	**destruyeras** *o* **destruyeses**	**destruye**/ destruí
	destruyendo	Ud., él, ella	**destruye**	destruía	**destruyó**	destruirá	destruiría	**destruya**	**destruyera** *o* **destruyese**	**destruya**
	destruido	nosotros/as	destruimos	destruíamos	destruimos	destruiremos	destruiríamos	**destruyamos**	**destruyéramos** *o* **destruyésemos**	**destruyamos**
		vosotros/as	destruís	destruíais	destruisteis	destruiréis	destruiríais	**destruyáis**	**destruyerais** *o* **destruyeseis**	destruid
		Uds., ellos/as	**destruyen**	destruían	**destruyeron**	destruirán	destruirían	**destruyan**	**destruyeran** *o* **destruyesen**	**destruyan**
24	**discernir** (1)	yo	**discierno**	discernía	discerní	discerniré	discerniría	**discierna**	discerniera *o* discerniese	
	(e:ie)	tú/vos	**disciernes**/ discernís	discernías	discerniste	discernirás	discernirías	**disciernas**	discernieras *o* discernieses	**discierne**/ discerní
	discerniendo	Ud., él, ella	**discierne**	discernía	discernió	discernirá	discerniría	**discierna**	discerniera *o* discerniese	**discierna**
	discernido	nosotros/as	discernimos	discerníamos	discernimos	discerniremos	discerniríamos	discernamos	discerniéramos *o* discerniésemos	discernamos
		vosotros/as	discernís	discerníais	discernisteis	discerniréis	discerniríais	discernáis	discernierais *o* discernieseis	discernid
		Uds., ellos/as	**disciernen**	discernían	discernieron	discernirán	discernirían	**disciernan**	discernieran *o* discerniesen	**disciernan**
25	**dormir** (1)	yo	**duermo**	dormía	dormí	dormiré	dormiría	**duerma**	**durmiera** *o* **durmiese**	
	(o:ue)	tú/vos	**duermes**/dormís	dormías	dormiste	dormirás	dormirías	**duermas**	**durmieras** *o* **durmieses**	**duerme**/dormí
		Ud., él, ella	**duerme**	dormía	**durmió**	dormirá	dormiría	**duerma**	**durmiera** *o* **durmiese**	**duerma**
	durmiendo	nosotros/as	dormimos	dormíamos	dormimos	dormiremos	dormiríamos	**durmamos**	**durmiéramos** *o* **durmiésemos**	**durmamos**
	dormido	vosotros/as	dormís	dormíais	dormisteis	dormiréis	dormiríais	**durmáis**	**durmierais** *o* **durmieseis**	dormid
		Uds., ellos/as	**duermen**	dormían	**durmieron**	dormirán	dormirían	**duerman**	**durmieran** *o* **durmiesen**	**duerman**

	Infinitivo Gerundio Participio	Pronombres personales	INDICATIVO Presente	 Pretérito imperfecto	 Pretérito perfecto simple	 Futuro simple	 Condicional simple	SUBJUNTIVO Presente	 Pretérito imperfecto	IMPERATIVO
26	**elegir** (1, 2)	yo	**elijo**	elegía	elegí	elegiré	elegiría	**elija**	**eligiera** *o* **eligiese**	
	(e:i) (g:j)	tú/vos	**eliges**/elegís	elegías	elegiste	elegirás	elegirías	**elijas**	**eligieras** *o* **eligieses**	**elige**/elegí
		Ud., él, ella	**elige**	elegía	**eligió**	elegirá	elegiría	**elija**	**eligiera** *o* **eligiese**	**elija**
	eligiendo	nosotros/as	elegimos	elegíamos	elegimos	elegiremos	elegiríamos	**elijamos**	**eligiéramos** *o* **eligiésemos**	**elijamos**
	elegido *o* **electo**	vosotros/as	elegís	elegíais	elegisteis	elegiréis	elegiríais	**elijáis**	**eligierais** *o* **eligieseis**	elegid
		Uds., ellos/as	**eligen**	elegían	**eligieron**	elegirán	elegirían	**elijan**	**eligieran** *o* **eligiesen**	**elijan**
27	**empezar** (1,2)	yo	**empiezo**	empezaba	**empecé**	empezaré	empezaría	**empiece**	empezara *o* empezase	
	(e:ie) (z:c)	tú/vos	**empiezas**/ empezás	empezabas	empezaste	empezarás	empezarías	**empieces**	empezaras *o* empezases	**empieza**/ empezá
	empezando	Ud., él, ella	**empieza**	empezaba	empezó	empezará	empezaría	**empiece**	empezara *o* empezase	**empiece**
	empezado	nosotros/as	empezamos	empezábamos	empezamos	empezaremos	empezaríamos	**empecemos**	empezáramos *o* empezásemos	**empecemos**
		vosotros/as	empezáis	empezabais	empezasteis	empezaréis	empezaríais	**empecéis**	empezarais *o* empezaseis	empezad
		Uds., ellos/as	**empiezan**	empezaban	empezaron	empezarán	empezarían	**empiecen**	empezaran *o* empezasen	**empiecen**
28	**entender** (1)	yo	**entiendo**	entendía	entendí	entenderé	entendería	**entienda**	entendiera *o* entendiese	
	(e:ie)	tú/vos	**entiendes**/ entendés	entendías	entendiste	entenderás	entenderías	**entiendas**	entendieras *o* entendieses	**entiende**/ entendé
	entendiendo	Ud., él, ella	**entiende**	entendía	entendió	entenderá	entendería	**entienda**	entendiera *o* entendiese	**entienda**
	entendido	nosotros/as	entendemos	entendíamos	entendimos	entenderemos	entenderíamos	entendamos	entendiéramos *o* entendiésemos	entendamos
		vosotros/as	entendéis	entendíais	entendisteis	entenderéis	entenderíais	entendáis	entendierais *o* entendieseis	entended
		Uds., ellos/as	**entienden**	entendían	entendieron	entenderán	entenderían	**entiendan**	entendieran *o* entendiesen	**entiendan**
29	**enviar** (3)	yo	**envío**	enviaba	envié	enviaré	enviaría	**envíe**	enviara *o* enviase	
	(i:í)	tú/vos	**envías**/enviás	enviabas	enviaste	enviarás	enviarías	**envíes**	enviaras *o* enviases	**envía**/enviá
		Ud., él, ella	**envía**	enviaba	envió	enviará	enviaría	**envíe**	enviara *o* enviase	**envíe**
	enviando	nosotros/as	enviamos	enviábamos	enviamos	enviaremos	enviaríamos	enviemos	enviáramos *o* enviásemos	enviemos
	enviado	vosotros/as	enviáis	enviabais	enviasteis	enviaréis	enviaríais	enviéis	enviarais *o* enviaseis	enviad
		Uds., ellos/as	**envían**	enviaban	enviaron	enviarán	enviarían	**envíen**	enviaran *o* enviasen	**envíen**
30	**erguir** (4)	yo	**irgo** *o* **yergo**	erguía	erguí	erguiré	erguiría	**irga** *o* **yerga**	**irguiera** *o* **irguiese**	
		tú/vos	**irgues** *o* **yergues**/erguís	erguías	erguiste	erguirás	erguirías	**irgas** *o* **yergas**	**irguieras** *o* **irguieses**	**irgue** *o* **yergue**/ erguí
	irguiendo	Ud., él, ella	**irgue** *o* **yergue**	erguía	**irguió**	erguirá	erguiría	**irga** *o* **yerga**	**irguiera** *o* **irguiese**	**irga** *o* **yerga**
	erguido	nosotros/as	erguimos	erguíamos	erguimos	erguiremos	erguiríamos	**irgamos** *o* **yergamos**	**irguiéramos** *o* **irguiésemos**	**irgamos** *o* **yergamos**
		vosotros/as	erguís	erguíais	erguisteis	erguiréis	erguiríais	**irgáis** *o* **yergáis**	**irguierais** *o* **irguieseis**	erguid
		Uds., ellos/as	**irguen** *o* **yerguen**	erguían	**irguieron**	erguirán	erguirían	**irgan** *o* **yergan**	**irguieran** *o* **irguiesen**	**irgan** *o* **yergan**

	Infinitivo Gerundio Participio	Pronombres personales	INDICATIVO Presente	Pretérito imperfecto	Pretérito perfecto simple	Futuro simple	Condicional simple	SUBJUNTIVO Presente	Pretérito imperfecto	IMPERATIVO
31	**errar** (4)	yo	**yerro** *o* erro	erraba	erré	erraré	erraría	**yerre** *o* erre	errara *o* errase	
	(y)	tú/vos	**yerras** *o* erras/ errás	errabas	erraste	errarás	errarías	**yerres** *o* erres	erraras *o* errases	**yerra** *o* erra/ errá
	errando	Ud., él, ella	**yerra** *o* erra	erraba	erró	errará	erraría	**yerre** *o* erre	errara *o* errase	**yerre** o erre
	errado	nosotros/as	erramos	errábamos	erramos	erraremos	erraríamos	erremos	erráramos *o* errásemos	erremos
		vosotros/as	erráis	errabais	errasteis	erraréis	erraríais	erréis	errarais *o* erraseis	errad
		Uds., ellos/as	**yerran** *o* erran	erraban	erraron	errarán	errarían	**yerren** *o* erren	erraran *o* errasen	**yerren** *o* erren
32	**esparcir** (2)	yo	**esparzo**	esparcía	esparcí	esparciré	esparciría	**esparza**	esparciera *o* esparciese	
	(c:z)	tú/vos	esparces/esparcís	esparcías	esparciste	esparcirás	esparcirías	**esparzas**	esparcieras *o* esparcieses	esparce/esparcí
		Ud., él, ella	esparce	esparcía	esparció	esparcirá	esparciría	**esparza**	esparciera *o* esparciese	**esparza**
	esparciendo	nosotros/as	esparcimos	esparcíamos	esparcimos	esparciremos	esparciríamos	**esparzamos**	esparciéramos *o* esparciésemos	**esparzamos**
	esparcido	vosotros/as	esparcís	esparcíais	esparcisteis	esparciréis	esparciríais	**esparzáis**	esparcierais *o* esparcieseis	esparcid
		Uds., ellos/as	esparcen	esparcían	esparcieron	esparcirán	esparcirían	**esparzan**	esparcieran *o* esparciesen	**esparzan**
33	**estar** (4)	yo	**estoy**	estaba	**estuve**	estaré	estaría	**esté**	**estuviera** *o* **estuviese**	
		tú/vos	**estás**	estabas	**estuviste**	estarás	estarías	**estés**	**estuvieras** *o* **estuvieses**	**está**
	estando	Ud., él, ella	**está**	estaba	**estuvo**	estará	estaría	**esté**	**estuviera** *o* **estuviese**	**esté**
	estado	nosotros/as	estamos	estábamos	**estuvimos**	estaremos	estaríamos	estemos	**estuviéramos** *o* **estuviésemos**	estemos
		vosotros/as	estáis	estabais	**estuvisteis**	estaréis	estaríais	estéis	**estuvierais** *o* **estuvieseis**	estad
		Uds., ellos/as	**están**	estaban	**estuvieron**	estarán	estarían	**estén**	**estuvieran** *o* **estuviesen**	**estén**
34	**europeizar** (2, 3)	yo	**europeízo**	europeizaba	**europeicé**	europeizaré	europeizaría	**europeíce**	europeizara *o* europeizase	
	(z:c) (i:í)	tú/vos	**europeízas**/ europeizás	europeizabas	europeizaste	europeizarás	europeizarías	**europeíces**	europeizaras *o* europeizases	**europeíza**/ europeizá
	europeizando	Ud., él, ella	**europeíza**	europeizaba	europeizó	europeizará	europeizaría	**europeíce**	europeizara *o* europeizase	**europeíce**
	europeizado	nosotros/as	europeizamos	europeizábamos	europeizamos	europeizaremos	europeizaríamos	**europeicemos**	europeizáramos *o* europeizásemos	**europeicemos**
		vosotros/as	europeizáis	europeizabais	europeizasteis	europeizaréis	europeizaríais	**europeicéis**	europeizarais *o* europeizaseis	europeizad
		Uds., ellos/as	**europeízan**	europeizaban	europeizaron	europeizarán	europeizarían	**europeícen**	europeizaran *o* europeizasen	**europeícen**
35	**exigir** (2)	yo	**exijo**	exigía	exigí	exigiré	exigiría	**exija**	exigiera *o* exigiese	
	(g:j)	tú/vos	exiges/exigís	exigías	exigiste	exigirás	exigirías	**exijas**	exigieras *o* exigieses	exige/exigí
		Ud., él, ella	exige	exigía	exigió	exigirá	exigiría	**exija**	exigiera *o* exigiese	**exija**
	exigiendo	nosotros/as	exigimos	exigíamos	exigimos	exigiremos	exigiríamos	**exijamos**	exigiéramos *o* exigiésemos	**exijamos**
	exigido	vosotros/as	exigís	exigíais	exigisteis	exigiréis	exigiríais	**exijáis**	exigierais *o* exigieseis	exigid
		Uds., ellos/as	exigen	exigían	exigieron	exigirán	exigirían	**exijan**	exigieran *o* exigiesen	**exijan**

	Infinitivo / Gerundio / Participio	Pronombres personales	INDICATIVO Presente	Pretérito imperfecto	Pretérito perfecto simple	Futuro simple	Condicional simple	SUBJUNTIVO Presente	Pretérito imperfecto	IMPERATIVO
36	extinguir (2)	yo	extingo	extinguía	extinguí	extinguiré	extinguiría	extinga	extinguiera *o* extinguiese	
	(gu:g)	tú/vos	extingues/ extinguís	extinguías	extinguiste	extinguirás	extinguirías	extingas	extinguieras *o* extinguieses	extingue/ extinguí
	extinguiendo	Ud., él, ella	extingue	extinguía	extinguió	extinguirá	extinguiría	extinga	extinguiera *o* extinguiese	extinga
	extinguido	nosotros/as	extinguimos	extinguíamos	extinguimos	extinguiremos	extinguiríamos	extingamos	extinguiéramos *o* extinguiésemos	extingamos
		vosotros/as	extinguís	extinguíais	extinguisteis	extinguiréis	extinguiríais	extingáis	extinguierais *o* extinguieseis	extinguid
		Uds., ellos/as	extinguen	extinguían	extinguieron	extinguirán	extinguirían	extingan	extinguieran *o* extinguiesen	extingan
37	graduar (3)	yo	gradúo	graduaba	gradué	graduaré	graduaría	gradúe	graduara *o* graduase	
	(u:ú)	tú/vos	gradúas/graduás	graduabas	graduaste	graduarás	graduarías	gradúes	graduaras *o* graduases	gradúa/graduá
		Ud., él, ella	gradúa	graduaba	graduó	graduará	graduaría	gradúe	graduara *o* graduase	gradúe
	graduando	nosotros/as	graduamos	graduábamos	graduamos	graduaremos	graduaríamos	graduemos	graduáramos *o* graduásemos	graduemos
	graduado	vosotros/as	graduáis	graduabais	graduasteis	graduaréis	graduaríais	graduéis	graduarais *o* graduaseis	graduad
		Uds., ellos/as	gradúan	graduaban	graduaron	graduarán	graduarían	gradúen	graduaran *o* graduasen	gradúen
38	haber (4)	yo	he	había	hube	habré	habría	haya	hubiera *o* hubiese	
		tú/vos	has	habías	hubiste	habrás	habrías	hayas	hubieras *o* hubieses	
	habiendo	Ud., él, ella	ha	había	hubo	habrá	habría	haya	hubiera *o* hubiese	
	habido	nosotros/as	hemos	habíamos	hubimos	habremos	habríamos	hayamos	hubiéramos *o* hubiésemos	
		vosotros/as	habéis	habíais	hubisteis	habréis	habríais	hayáis	hubierais *o* hubieseis	
		Uds., ellos/as	han	habían	hubieron	habrán	habrían	hayan	hubieran *o* hubiesen	
39	hacer (4)	yo	hago	hacía	hice	haré	haría	haga	hiciera *o* hiciese	
		tú/vos	haces/hacés	hacías	hiciste	harás	harías	hagas	hicieras *o* hicieses	haz/hacé
	haciendo	Ud., él, ella	hace	hacía	hizo	hará	haría	haga	hiciera *o* hiciese	haga
	hecho	nosotros/as	hacemos	hacíamos	hicimos	haremos	haríamos	hagamos	hiciéramos *o* hiciésemos	hagamos
		vosotros/as	hacéis	hacíais	hicisteis	haréis	haríais	hagáis	hicierais *o* hicieseis	haced
		Uds., ellos/as	hacen	hacían	hicieron	harán	harían	hagan	hicieran *o* hiciesen	hagan
40	ir (4)	yo	voy	iba	fui	iré	iría	vaya	fuera *o* fuese	
		tú/vos	vas	ibas	fuiste	irás	irías	vayas	fueras *o* fueses	ve/andá
	yendo	Ud., él, ella	va	iba	fue	irá	iría	vaya	fuera *o* fuese	vaya
	ido	nosotros/as	vamos	íbamos	fuimos	iremos	iríamos	vayamos	fuéramos *o* fuésemos	vayamos/vamos
		vosotros/as	vais	ibais	fuisteis	iréis	iríais	vayáis	fuerais *o* fueseis	id
		Uds., ellos/as	van	iban	fueron	irán	irían	vayan	fueran *o* fuesen	vayan
41	jugar (1,2)	yo	juego	jugaba	jugué	jugaré	jugaría	juegue	jugara *o* jugase	
	(u:ue) (g:gu)	tú/vos	juegas/jugás	jugabas	jugaste	jugarás	jugarías	juegues	jugaras *o* jugases	juega/jugá
		Ud., él, ella	juega	jugaba	jugó	jugará	jugaría	juegue	jugara *o* jugase	juegue
	jugando	nosotros/as	jugamos	jugábamos	jugamos	jugaremos	jugaríamos	juguemos	jugáramos *o* jugásemos	juguemos
	jugado	vosotros/as	jugáis	jugabais	jugasteis	jugaréis	jugaríais	juguéis	jugarais *o* jugaseis	jugad
		Uds., ellos/as	juegan	jugaban	jugaron	jugarán	jugarían	jueguen	jugaran *o* jugasen	jueguen

	Infinitivo Gerundio Participio	Pronombres personales	INDICATIVO Presente	Pretérito imperfecto	Pretérito perfecto simple	Futuro simple	Condicional simple	SUBJUNTIVO Presente	Pretérito imperfecto	IMPERATIVO
42	**llegar** (2)	yo	llego	llegaba	**llegué**	llegaré	llegaría	**llegue**	llegara *o* llegase	
	(g:gu)	tú/vos	llegas/llegás	llegabas	llegaste	llegarás	llegarías	**llegues**	llegaras *o* llegases	llega/llegá
		Ud., él, ella	llega	llegaba	llegó	llegará	llegaría	**llegue**	llegara *o* llegase	**llegue**
	llegando	nosotros/as	llegamos	llegábamos	llegamos	llegaremos	llegaríamos	**lleguemos**	llegáramos *o* llegásemos	**lleguemos**
	llegado	vosotros/as	llegáis	llegabais	llegasteis	llegaréis	llegaríais	**lleguéis**	llegarais *o* llegaseis	llegad
		Uds., ellos/as	llegan	llegaban	llegaron	llegarán	llegarían	**lleguen**	llegaran *o* llegasen	**lleguen**
43	**lucir** (1)	yo	**luzco**	lucía	lucí	luciré	luciría	**luzca**	luciera *o* luciese	
	(c:zc)	tú/vos	luces/lucís	lucías	luciste	lucirás	lucirías	**luzcas**	lucieras *o* lucieses	luce/lucí
		Ud., él, ella	luce	lucía	lució	lucirá	luciría	**luzca**	luciera *o* luciese	**luzca**
	luciendo	nosotros/as	lucimos	lucíamos	lucimos	luciremos	luciríamos	**luzcamos**	luciéramos *o* luciésemos	**luzcamos**
	lucido	vosotros/as	lucís	lucíais	lucisteis	luciréis	luciríais	**luzcáis**	lucierais *o* lucieseis	lucid
		Uds., ellos/as	lucen	lucían	lucieron	lucirán	lucirían	**luzcan**	lucieran *o* luciesen	**luzcan**
44	**mover** (1)	yo	**muevo**	movía	moví	moveré	movería	**mueva**	moviera *o* moviese	
	(o:ue)	tú/vos	**mueves**/movés	movías	moviste	moverás	moverías	**muevas**	movieras *o* movieses	**mueve**/mové
		Ud., él, ella	**mueve**	movía	movió	moverá	movería	**mueva**	moviera *o* moviese	**mueva**
	moviendo	nosotros/as	movemos	movíamos	movimos	moveremos	moveríamos	movamos	moviéramos *o* moviésemos	movamos
	movido	vosotros/as	movéis	movíais	movisteis	moveréis	moveríais	mováis	movierais *o* movieseis	moved
		Uds., ellos/as	**mueven**	movían	movieron	moverán	moverían	**muevan**	movieran *o* moviesen	**muevan**
45	**negar** (1, 2)	yo	**niego**	negaba	**negué**	negaré	negaría	**niegue**	negara *o* negase	
	(e:ie) (g:gu)	tú/vos	**niegas**/negás	negabas	negaste	negarás	negarías	**niegues**	negaras *o* negases	**niega**/negá
		Ud., él, ella	**niega**	negaba	negó	negará	negaría	**niegue**	negara *o* negase	**niegue**
	negando	nosotros/as	negamos	negábamos	negamos	negaremos	negaríamos	**neguemos**	negáramos *o* negásemos	**neguemos**
	negado	vosotros/as	negáis	negabais	negasteis	negaréis	negaríais	**neguéis**	negarais *o* negaseis	negad
		Uds., ellos/as	**niegan**	negaban	negaron	negarán	negarían	**nieguen**	negaran *o* negasen	**nieguen**
46	**oír** (3, 4)	yo	**oigo**	oía	oí	oiré	oiría	**oiga**	**oyera** *u* **oyese**	
	(y)	tú/vos	**oyes**/oís	oías	**oíste**	oirás	oirías	**oigas**	**oyeras** *u* **oyeses**	**oye**/oí
		Ud., él, ella	**oye**	oía	**oyó**	oirá	oiría	**oiga**	**oyera** *u* **oyese**	**oiga**
	oyendo	nosotros/as	**oímos**	oíamos	**oímos**	oiremos	oiríamos	**oigamos**	**oyéramos** *u* **oyésemos**	**oigamos**
	oído	vosotros/as	oís	oíais	**oísteis**	oiréis	oiríais	**oigáis**	**oyerais** *u* **oyeseis**	**oíd**
		Uds., ellos/as	**oyen**	oían	**oyeron**	oirán	oirían	**oigan**	**oyeran** *u* **oyesen**	**oigan**
47	**oler** (1)	yo	**huelo**	olía	olí	oleré	olería	**huela**	oliera *u* oliese	
	(o:hue)	tú/vos	**hueles**/olés	olías	oliste	olerás	olerías	**huelas**	olieras *u* olieses	**huele**/olé
		Ud., él, ella	**huele**	olía	olió	olerá	olería	**huela**	oliera *u* oliese	**huela**
	oliendo	nosotros/as	olemos	olíamos	olimos	oleremos	oleríamos	olamos	oliéramos *u* oliésemos	olamos
	olido	vosotros/as	oléis	olíais	olisteis	oleréis	oleríais	oláis	olierais *u* olieseis	oled
		Uds., ellos/as	**huelen**	olían	olieron	olerán	olerían	**huelan**	olieran *u* oliesen	**huelan**

	Infinitivo / Gerundio / Participio	Pronombres personales	INDICATIVO Presente	INDICATIVO Pretérito imperfecto	INDICATIVO Pretérito perfecto simple	INDICATIVO Futuro simple	INDICATIVO Condicional simple	SUBJUNTIVO Presente	SUBJUNTIVO Pretérito imperfecto	IMPERATIVO
48	**pedir** (1)	yo	**pido**	pedía	pedí	pediré	pediría	**pida**	**pidiera** *o* **pidiese**	
	(e:i)	tú/vos	**pides**/pedís	pedías	pediste	pedirás	pedirías	**pidas**	**pidieras** *o* **pidieses**	**pide**/pedí
		Ud., él, ella	**pide**	pedía	**pidió**	pedirá	pediría	**pida**	**pidiera** *o* **pidiese**	**pida**
	pidiendo	nosotros/as	pedimos	pedíamos	pedimos	pediremos	pediríamos	**pidamos**	**pidiéramos** *o* **pidiésemos**	**pidamos**
	pedido	vosotros/as	pedís	pedíais	pedisteis	pediréis	pediríais	**pidáis**	**pidierais** *o* **pidieseis**	pedid
		Uds., ellos/as	**piden**	pedían	**pidieron**	pedirán	pedirían	**pidan**	**pidieran** *o* **pidiesen**	**pidan**
49	**pensar** (1)	yo	**pienso**	pensaba	pensé	pensaré	pensaría	**piense**	pensara *o* pensase	
	(e:ie)	tú/vos	**piensas**/pensás	pensabas	pensaste	pensarás	pensarías	**pienses**	pensaras *o* pensases	**piensa**/pensá
		Ud., él, ella	**piensa**	pensaba	pensó	pensará	pensaría	**piense**	pensara *o* pensase	**piense**
	pensando	nosotros/as	pensamos	pensábamos	pensamos	pensaremos	pensaríamos	pensemos	pensáramos *o* pensásemos	pensemos
	pensado	vosotros/as	pensáis	pensabais	pensasteis	pensaréis	pensaríais	penséis	pensarais *o* pensaseis	pensad
		Uds., ellos/as	**piensan**	pensaban	pensaron	pensarán	pensarían	**piensen**	pensaran *o* pensasen	**piensen**
50	**poder** (1, 4)	yo	**puedo**	podía	**pude**	**podré**	**podría**	**pueda**	**pudiera** *o* **pudiese**	
	(o:ue)	tú/vos	**puedes**/podés	podías	**pudiste**	**podrás**	**podrías**	**puedas**	**pudieras** *o* **pudieses**	**puede**/podé
		Ud., él, ella	**puede**	podía	**pudo**	**podrá**	**podría**	**pueda**	**pudiera** *o* **pudiese**	**pueda**
	pudiendo	nosotros/as	podemos	podíamos	**pudimos**	**podremos**	**podríamos**	podamos	**pudiéramos** *o* **pudiésemos**	podamos
	podido	vosotros/as	podéis	podíais	**pudisteis**	**podréis**	**podríais**	podáis	**pudierais** *o* **pudieseis**	poded
		Uds., ellos/as	**pueden**	podían	**pudieron**	**podrán**	**podrían**	**puedan**	**pudieran** *o* **pudiesen**	**puedan**
51	**poner** (4)	yo	**pongo**	ponía	**puse**	**pondré**	**pondría**	**ponga**	**pusiera** *o* **pusiese**	
		tú/vos	pones/ponés	ponías	**pusiste**	**pondrás**	**pondrías**	**pongas**	**pusieras** *o* **pusieses**	**pon**/poné
	poniendo	Ud., él, ella	pone	ponía	**puso**	**pondrá**	**pondría**	**ponga**	**pusiera** *o* **pusiese**	**ponga**
	puesto	nosotros/as	ponemos	poníamos	**pusimos**	**pondremos**	**pondríamos**	**pongamos**	**pusiéramos** *o* **pusiésemos**	**pongamos**
		vosotros/as	ponéis	poníais	**pusisteis**	**pondréis**	**pondríais**	**pongáis**	**pusierais** *o* **pusieseis**	poned
		Uds., ellos/as	ponen	ponían	**pusieron**	**pondrán**	**pondrían**	**pongan**	**pusieran** *o* **pusiesen**	**pongan**
52	**predecir** (1, 4)	yo	**predigo**	predecía	**predije**	**predeciré** *o* **prediré**	**predeciría** *o* **prediría**	**prediga**	**predijera** *o* **predijese**	
	(e:i)	tú/vos	**predices**/ predecís	predecías	**predijiste**	**predecirás** *o* **predirás**	**predecirías** *o* **predirías**	**predigas**	**predijeras** *o* **predijeses**	**predice**/predecí
	prediciendo **predicho**	Ud., él, ella	**predice**	predecía	**predijo**	**predecirá** *o* **predirá**	**predeciría** *o* **prediría**	**prediga**	**predijera** *o* **predijese**	**prediga**
		nosotros/as	predecimos	predecíamos	**predijimos**	**predeciremos** *o* **prediremos**	**predeciríamos** *o* **prediríamos**	**predigamos**	**predijéramos** *o* **predijésemos**	**predigamos**
		vosotros/as	predecís	predecíais	**predijisteis**	**predeciréis** *o* **prediréis**	**predeciríais** *o* **prediríais**	**predigáis**	**predijerais** *o* **predijeseis**	predecid
		Uds., ellos/as	**predicen**	predecían	**predijeron**	**predecirán** *o* **predirán**	**predecirían** *o* **predirían**	**predigan**	**predijeran** *o* **predijesen**	**predigan**
53	**prohibir** (3)	yo	**prohíbo**	prohibía	prohibí	prohibiré	prohibiría	**prohíba**	prohibiera *o* prohibiese	
	(i:í)	tú/vos	**prohíbes**/prohibís	prohibías	prohibiste	prohibirás	prohibirías	**prohíbas**	prohibieras *o* prohibieses	**prohíbe**/prohibí
		Ud., él, ella	**prohíbe**	prohibía	prohibió	prohibirá	prohibiría	**prohíba**	prohibiera *o* prohibiese	**prohíba**
	prohibiendo	nosotros/as	prohibimos	prohibíamos	prohibimos	prohibiremos	prohibiríamos	prohibamos	prohibiéramos *o* prohibiésemos	prohibamos
	prohibido	vosotros/as	prohibís	prohibíais	prohibisteis	prohibiréis	prohibiríais	prohibáis	prohibierais *o* prohibieseis	prohibid
		Uds., ellos/as	**prohíben**	prohibían	prohibieron	prohibirán	prohibirían	**prohíban**	prohibieran *o* prohibiesen	**prohíban**

	Infinitivo Gerundio Participio	Pronombres personales	INDICATIVO: Presente	INDICATIVO: Pretérito imperfecto	INDICATIVO: Pretérito perfecto simple	INDICATIVO: Futuro simple	INDICATIVO: Condicional simple	SUBJUNTIVO: Presente	SUBJUNTIVO: Pretérito imperfecto	IMPERATIVO
54	**proteger** (2)	yo	**protejo**	protegía	protegí	protegeré	protegería	**proteja**	protegiera *o* protegiese	
	(g:j)	tú/vos	proteges/protegés	protegías	protegiste	protegerás	protegerías	**protejas**	protegieras *o* protegieses	protege/protegé
		Ud., él, ella	protege	protegía	protegió	protegerá	protegería	**proteja**	protegiera *o* protegiese	**proteja**
	protegiendo	nosotros/as	protegemos	protegíamos	protegimos	protegeremos	protegeríamos	**protejamos**	protegiéramos *o* protegiésemos	**protejamos**
	protegido	vosotros/as	protegéis	protegíais	protegisteis	protegeréis	protegeríais	**protejáis**	protegierais *o* protegieseis	proteged
		Uds., ellos/as	protegen	protegían	protegieron	protegerán	protegerían	**protejan**	protegieran *o* protegiesen	**protejan**
55	**pudrir/podrir** (4)	yo	pudro	pudría *o* podría	pudrí *o* podrí	pudriré *o* podriré	pudriría *o* podriría	pudra	pudriera *o* pudriese	
		tú/vos	pudres/pudrís	pudrías *o* podrías	pudriste *o* podriste	pudrirás *o* podrirás	pudrirías *o* podrirías	pudras	pudrieras *o* pudrieses	pudre/pudrí *o* podrí
	pudriendo podrido	Ud., él, ella	pudre	pudría *o* podría	pudrió *o* podrió	pudrirá *o* podrirá	pudriría *o* podriría	pudra	pudriera *o* pudriese	pudra
		nosotros/as	pudrimos *o* podrimos	pudríamos *o* podríamos	pudrimos *o* podrimos	pudriremos *o* podriremos	pudriríamos *o* podriríamos	pudramos	pudriéramos *o* pudriésemos	pudramos
		vosotros/as	pudrís *o* podrís	pudríais *o* podríais	pudristeis *o* podristeis	pudriréis *o* podriréis	pudriríais *o* podriríais	pudráis	pudrierais *o* pudrieseis	pudrid *o* podrid
		Uds., ellos/as	pudren	pudrían *o* podrían	pudrieron *o* podrieron	pudrirán *o* podrirán	pudrirían *o* podrirían	pudran	pudrieran *o* pudriesen	pudran
56	**querer** (1, 4)	yo	**quiero**	quería	**quise**	**querré**	**querría**	**quiera**	**quisiera** *o* **quisiese**	
	(e:ie)	tú/vos	**quieres**/querés	querías	**quisiste**	**querrás**	**querrías**	**quieras**	**quisieras** *o* **quisieses**	**quiere**/queré
		Ud., él, ella	**quiere**	quería	**quiso**	**querrá**	**querría**	**quiera**	**quisiera** *o* **quisiese**	**quiera**
	queriendo	nosotros/as	queremos	queríamos	**quisimos**	**querremos**	**querríamos**	queramos	**quisiéramos** *o* **quisiésemos**	queramos
	querido	vosotros/as	queréis	queríais	**quisisteis**	**querréis**	**querríais**	queráis	**quisierais** *o* **quisieseis**	quered
		Uds., ellos/as	**quieren**	querían	**quisieron**	**querrán**	**querrían**	**quieran**	**quisieran** *o* **quisiesen**	**quieran**
57	**rehusar** (3)	yo	**rehúso**	rehusaba	rehusé	rehusaré	rehusaría	**rehúse**	rehusara *o* rehusase	
	(u:ú)	tú/vos	**rehúsas**/rehusás	rehusabas	rehusaste	rehusarás	rehusarías	**rehúses**	rehusaras *o* rehusases	**rehúsa**/rehusá
		Ud., él, ella	**rehúsa**	rehusaba	rehusó	rehusará	rehusaría	**rehúse**	rehusara *o* rehusase	**rehúse**
	rehusando	nosotros/as	rehusamos	rehusábamos	rehusamos	rehusaremos	rehusaríamos	rehusemos	rehusáramos *o* rehusásemos	rehusemos
	rehusado	vosotros/as	rehusáis	rehusabais	rehusasteis	rehusaréis	rehusaríais	rehuséis	rehusarais *o* rehusaseis	rehusad
		Uds., ellos/as	**rehúsan**	rehusaban	rehusaron	rehusarán	rehusarían	**rehúsen**	rehusaran *o* rehusasen	**rehúsen**
58	**reír** (1)	yo	**río**	reía	reí	reiré	reiría	**ría**	**riera** *o* **riese**	
	(e:i)	tú/vos	**ríes**/reís	reías	**reíste**	reirás	reirías	**rías**	**rieras** *o* **rieses**	**ríe**/reí
		Ud., él, ella	**ríe**	reía	**rio**	reirá	reiría	**ría**	**riera** *o* **riese**	**ría**
	riendo	nosotros/as	**reímos**	reíamos	**reímos**	reiremos	reiríamos	**riamos**	**riéramos** *o* **riésemos**	**riamos**
	reído	vosotros/as	reís	reíais	**reísteis**	reiréis	reiríais	**riáis**	**rierais** *o* **rieseis**	**reíd**
		Uds., ellos/as	**ríen**	reían	**rieron**	reirán	reirían	**rían**	**rieran** *o* **riesen**	**rían**

	Infinitivo Gerundio Participio	Pronombres personales	INDICATIVO Presente	 Pretérito imperfecto	 Pretérito perfecto simple	 Futuro simple	 Condicional simple	SUBJUNTIVO Presente	 Pretérito imperfecto	IMPERATIVO
59	**reunir** (3)	yo	**reúno**	reunía	reuní	reuniré	reuniría	**reúna**	reuniera *o* reuniese	
	(u:ú)	tú/vos	**reúnes**/reunís	reunías	reuniste	reunirás	reunirías	**reúnas**	reunieras *o* reunieses	**reúne**/reuní
		Ud., él, ella	**reúne**	reunía	reunió	reunirá	reuniría	**reúna**	reuniera *o* reuniese	**reúna**
	reuniendo	nosotros/as	reunimos	reuníamos	reunimos	reuniremos	reuniríamos	reunamos	reuniéramos *o* reuniésemos	reunamos
	reunido	vosotros/as	reunís	reuníais	reunisteis	reuniréis	reuniríais	reunáis	reunierais *o* reunieseis	reunid
		Uds., ellos/as	**reúnen**	reunían	reunieron	reunirán	reunirían	**reúnan**	reunieran *o* reuniesen	**reúnan**
60	**roer** (3, 4)	yo	roo *o* **roigo** *o* **royo**	roía	roí	roeré	roería	roa *o* **roiga** *o* **roya**	**royera** *o* **royese**	
	(y)	tú/vos	roes/roés	roías	**roíste**	roerás	roerías	roas *o* **roigas** *o* **royas**	**royeras** *o* **royeses**	roe/roé
	royendo	Ud., él, ella	roe	roía	**royó**	roerá	roería	roa *o* **roiga** *o* **roya**	**royera** *o* **royese**	roa *o* **roiga** *o* **roya**
	roído	nosotros/as	roemos	roíamos	**roímos**	roeremos	roeríamos	roamos *o* **roigamos** *o* **royamos**	**royéramos** *o* **royésemos**	roamos *o* **roigamos** *o* **royamos**
		vosotros/as	roéis	roíais	**roísteis**	roeréis	roeríais	roáis *o* **roigáis** *o* **royáis**	**royerais** *o* **royeseis**	roed
		Uds., ellos/as	roen	roían	**royeron**	roerán	roerían	roan *o* **roigan** *o* **royan**	**royeran** *o* **royesen**	roan *o* **roigan** *o* **royan**
61	**rogar** (1, 2)	yo	**ruego**	rogaba	**rogué**	rogaré	rogaría	**ruegue**	rogara *o* rogase	
	(o:ue) (g:gu)	tú/vos	**ruegas**/rogás	rogabas	rogaste	rogarás	rogarías	**ruegues**	rogaras *o* rogases	**ruega**/rogá
		Ud., él, ella	**ruega**	rogaba	rogó	rogará	rogaría	**ruegue**	rogara *o* rogase	**ruegue**
	rogando	nosotros/as	rogamos	rogábamos	rogamos	rogaremos	rogaríamos	**roguemos**	rogáramos *o* rogásemos	**roguemos**
	rogado	vosotros/as	rogáis	rogabais	rogasteis	rogaréis	rogaríais	**roguéis**	rogarais *o* rogaseis	rogad
		Uds., ellos/as	**ruegan**	rogaban	rogaron	rogarán	rogarían	**rueguen**	rogaran *o* rogasen	**rueguen**
62	**saber** (4)	yo	**sé**	sabía	**supe**	**sabré**	**sabría**	**sepa**	**supiera** *o* **supiese**	
		tú/vos	sabes/sabés	sabías	**supiste**	**sabrás**	**sabrías**	**sepas**	**supieras** *o* **supieses**	sabe/sabé
	sabiendo	Ud., él, ella	sabe	sabía	**supo**	**sabrá**	**sabría**	**sepa**	**supiera** *o* **supiese**	**sepa**
	sabido	nosotros/as	sabemos	sabíamos	**supimos**	**sabremos**	**sabríamos**	**sepamos**	**supiéramos** *o* **supiésemos**	**sepamos**
		vosotros/as	sabéis	sabíais	**supisteis**	**sabréis**	**sabríais**	**sepáis**	**supierais** *o* **supieseis**	sabed
		Uds., ellos/as	saben	sabían	**supieron**	**sabrán**	**sabrían**	**sepan**	**supieran** *o* **supiesen**	**sepan**
63	**salir** (4)	yo	**salgo**	salía	salí	**saldré**	**saldría**	**salga**	saliera *o* saliese	
		tú/vos	sales/salís	salías	saliste	**saldrás**	**saldrías**	**salgas**	salieras *o* salieses	**sal**/salí
	saliendo	Ud., él, ella	sale	salía	salió	**saldrá**	**saldría**	**salga**	saliera *o* saliese	**salga**
	salido	nosotros/as	salimos	salíamos	salimos	**saldremos**	**saldríamos**	**salgamos**	saliéramos *o* saliésemos	**salgamos**
		vosotros/as	salís	salíais	salisteis	**saldréis**	**saldríais**	**salgáis**	salierais *o* salieseis	salid
		Uds., ellos/as	salen	salían	salieron	**saldrán**	**saldrían**	**salgan**	salieran *o* saliesen	**salgan**

	Infinitivo Gerundio Participio	Pronombres personales	INDICATIVO Presente	Pretérito imperfecto	Pretérito perfecto simple	Futuro simple	Condicional simple	SUBJUNTIVO Presente	Pretérito imperfecto	IMPERATIVO
64	**seguir** (1, 2)	yo	**sigo**	seguía	seguí	seguiré	seguiría	**siga**	**siguiera** *o* **siguiese**	
	(e:i) (gu:g)	tú/vos	**sigues**/seguís	seguías	seguiste	seguirás	seguirías	**sigas**	**siguieras** *o* **siguieses**	**sigue**/seguí
		Ud., él, ella	**sigue**	seguía	**siguió**	seguirá	seguiría	**siga**	**siguiera** *o* **siguiese**	**siga**
	siguiendo	nosotros/as	seguimos	seguíamos	seguimos	seguiremos	seguiríamos	**sigamos**	**siguiéramos** *o* **siguiésemos**	**sigamos**
	seguido	vosotros/as	seguís	seguíais	seguisteis	seguiréis	seguiríais	**sigáis**	**siguierais** *o* **siguieseis**	seguid
		Uds., ellos/as	**siguen**	seguían	**siguieron**	seguirán	seguirían	**sigan**	**siguieran** *o* **siguiesen**	**sigan**
65	**sentir** (1, 4)	yo	**siento**	sentía	sentí	sentiré	sentiría	**sienta**	**sintiera** *o* **sintiese**	
	(e:ie)	tú/vos	**sientes**/sentís	sentías	sentiste	sentirás	sentirías	**sientas**	**sintieras** *o* **sintieses**	**siente**/sentí
		Ud., él, ella	**siente**	sentía	**sintió**	sentirá	sentiría	**sienta**	**sintiera** *o* **sintiese**	**sienta**
	sintiendo	nosotros/as	sentimos	sentíamos	sentimos	sentiremos	sentiríamos	**sintamos**	**sintiéramos** *o* **sintiésemos**	**sintamos**
	sentido	vosotros/as	sentís	sentíais	sentisteis	sentiréis	sentiríais	**sintáis**	**sintierais** *o* **sintieseis**	sentid
		Uds., ellos/as	**sienten**	sentían	**sintieron**	sentirán	sentirían	**sientan**	**sintieran** *o* **sintiesen**	**sientan**
66	**ser** (4)	yo	**soy**	**era**	**fui**	seré	sería	**sea**	**fuera** *o* **fuese**	
		tú/vos	**eres/sos**	**eras**	**fuiste**	serás	serías	**seas**	**fueras** *o* **fueses**	**sé**
	siendo	Ud., él, ella	**es**	**era**	**fue**	será	sería	**sea**	**fuera** *o* **fuese**	**sea**
	sido	nosotros/as	**somos**	**éramos**	**fuimos**	seremos	seríamos	**seamos**	**fuéramos** *o* **fuésemos**	**seamos**
		vosotros/as	**sois**	**erais**	**fuisteis**	seréis	seríais	**seáis**	**fuerais** *o* **fueseis**	sed
		Uds., ellos/as	**son**	**eran**	**fueron**	serán	serían	**sean**	**fueran** *o* **fuesen**	**sean**
67	**soler** (1)	yo	**suelo**	solía				**suela**		
	(o:ue)	tú/vos	**sueles**/solés	solías				**suelas**		
		Ud., él, ella	**suele**	solía	***soler** does not exist in certain tenses			**suela**		
	soliendo	nosotros/as	solemos	solíamos				solamos		
	solido	vosotros/as	soléis	solíais				soláis		
		Uds., ellos/as	**suelen**	solían				**suelan**		
68	**tañer** (4)	yo	taño	tañía	tañí	tañeré	tañería	taña	**tañera** *o* **tañese**	
		tú/vos	tañes/tañés	tañías	tañiste	tañerás	tañerías	tañas	**tañeras** *o* **tañeses**	tañe/tañé
	tañendo	Ud., él, ella	tañe	tañía	**tañó**	tañerá	tañería	taña	**tañera** *o* **tañese**	taña
	tañido	nosotros/as	tañemos	tañíamos	tañimos	tañeremos	tañeríamos	tañamos	**tañéramos** *o* **tañésemos**	tañamos
		vosotros/as	tañéis	tañíais	tañisteis	tañeréis	tañeríais	tañáis	**tañerais** *o* **tañeseis**	tañed
		Uds., ellos/as	tañen	tañían	**tañeron**	tañerán	tañerían	tañan	**tañeran** *o* **tañesen**	tañan
69	**tener** (1, 4)	yo	**tengo**	tenía	**tuve**	**tendré**	**tendría**	**tenga**	**tuviera** *o* **tuviese**	
	(e:ie)	tú/vos	**tienes**/tenés	tenías	**tuviste**	**tendrás**	**tendrías**	**tengas**	**tuvieras** *o* **tuvieses**	**ten**/tené
		Ud., él, ella	**tiene**	tenía	**tuvo**	**tendrá**	**tendría**	**tenga**	**tuviera** *o* **tuviese**	**tenga**
	teniendo	nosotros/as	tenemos	teníamos	**tuvimos**	**tendremos**	**tendríamos**	**tengamos**	**tuviéramos** *o* **tuviésemos**	**tengamos**
	tenido	vosotros/as	tenéis	teníais	**tuvisteis**	**tendréis**	**tendríais**	**tengáis**	**tuvierais** *o* **tuvieseis**	tened
		Uds., ellos/as	**tienen**	tenían	**tuvieron**	**tendrán**	**tendrían**	**tengan**	**tuvieran** *o* **tuviesen**	**tengan**

	Infinitivo Gerundio Participio	Pronombres personales	INDICATIVO Presente	Pretérito imperfecto	Pretérito perfecto simple	Futuro simple	Condicional simple	SUBJUNTIVO Presente	Pretérito imperfecto	IMPERATIVO
70	**teñir** (1)	yo	**tiño**	teñía	teñí	teñiré	teñiría	**tiña**	**tiñera** *o* **tiñese**	
	(e:i)	tú/vos	**tiñes**/teñís	teñías	teñiste	teñirás	teñirías	**tiñas**	**tiñeras** *o* **tiñeses**	**tiñe**/teñí
		Ud., él, ella	**tiñe**	teñía	**tiñó**	teñirá	teñiría	**tiña**	**tiñera** *o* **tiñese**	**tiña**
	tiñendo	nosotros/as	teñimos	teñíamos	teñimos	teñiremos	teñiríamos	**tiñamos**	**tiñéramos** *o* **tiñésemos**	**tiñamos**
	teñido	vosotros/as	teñís	teñíais	teñisteis	teñiréis	teñiríais	**tiñáis**	**tiñerais** *o* **tiñeseis**	teñid
		Uds., ellos/as	**tiñen**	teñían	**tiñeron**	teñirán	teñirían	**tiñan**	**tiñeran** *o* **tiñesen**	**tiñan**
71	**tocar** (2)	yo	toco	tocaba	**toqué**	tocaré	tocaría	**toque**	tocara *o* tocase	
	(c:qu)	tú/vos	tocas/tocás	tocabas	tocaste	tocará	tocarías	**toques**	tocaras *o* tocases	toca/tocá
		Ud., él, ella	toca	tocaba	tocó	tocarás	tocaría	**toque**	tocara *o* tocase	**toque**
	tocando	nosotros/as	tocamos	tocábamos	tocamos	tocaremos	tocaríamos	**toquemos**	tocáramos *o* tocásemos	**toquemos**
	tocado	vosotros/as	tocáis	tocabais	tocasteis	tocaréis	tocaríais	**toquéis**	tocarais *o* tocaseis	tocad
		Uds., ellos/as	tocan	tocaban	tocaron	tocarán	tocarían	**toquen**	tocaran *o* tocasen	**toquen**
72	**torcer** (1, 2)	yo	**tuerzo**	torcía	torcí	torceré	torcería	**tuerza**	torciera *o* torciese	
	(o:ue) (c:z)	tú/vos	**tuerces**/torcés	torcías	torciste	torcerás	torcerías	**tuerzas**	torcieras *o* torcieses	**tuerce**/torcé
		Ud., él, ella	**tuerce**	torcía	torció	torcerá	torcería	**tuerza**	torciera *o* torciese	**tuerza**
	torciendo	nosotros/as	torcemos	torcíamos	torcimos	torceremos	torceríamos	**torzamos**	torciéramos *o* torciésemos	**torzamos**
	torcido *o* **tuerto**	vosotros/as	torcéis	torcíais	torcisteis	torceréis	torceríais	**torzáis**	torcierais *o* torcieseis	torced
		Uds., ellos/as	**tuercen**	torcían	torcieron	torcerán	torcerían	**tuerzan**	torcieran *o* torciesen	**tuerzan**
73	**traer** (4)	yo	**traigo**	traía	**traje**	traeré	traería	**traiga**	**trajera** *o* **trajese**	
		tú/vos	traes/traés	traías	**trajiste**	traerás	traerías	**traigas**	**trajeras** *o* **trajeses**	trae/traé
	trayendo	Ud., él, ella	trae	traía	**trajo**	traerá	traería	**traiga**	**trajera** *o* **trajese**	**traiga**
	traído	nosotros/as	traemos	traíamos	**trajimos**	traeremos	traeríamos	**traigamos**	**trajéramos** *o* **trajésemos**	**traigamos**
		vosotros/as	traeis	traíais	**trajisteis**	traeréis	traeríais	**traigáis**	**trajerais** *o* **trajeseis**	traed
		Uds., ellos/as	traen	traían	**trajeron**	traerán	traerían	**traigan**	**trajeran** *o* **trajesen**	**traigan**
74	**valer** (4)	yo	**valgo**	valía	valí	**valdré**	**valdría**	**valga**	valiera *o* valiese	
		tú/vos	vales/valés	valías	valiste	**valdrás**	**valdrías**	**valgas**	valieras *o* valieses	vale/valé
	valiendo	Ud., él, ella	vale	valía	valió	**valdrá**	**valdría**	**valga**	valiera *o* valiese	**valga**
	valido	nosotros/as	valemos	valíamos	valimos	**valdremos**	**valdríamos**	**valgamos**	valiéramos *o* valiésemos	**valgamos**
		vosotros/as	va éis	valíais	valisteis	**valdréis**	**valdríais**	**valgáis**	valierais *o* valieseis	valed
		Uds., ellos/as	valen	valían	valieron	**valdrán**	**valdrían**	**valgan**	valieran *o* valiesen	**valgan**
75	**vencer** (2)	yo	**venzo**	vencía	vencí	venceré	vencería	**venza**	venciera *o* venciese	
	(c:z)	tú/vos	vences/vencés	vencías	venciste	vencerás	vencerías	**venzas**	vencieras *o* vencieses	vence/vencé
		Ud., él, ella	vence	vencía	venció	vencerá	vencería	**venza**	venciera *o* venciese	**venza**
	venciendo	nosotros/as	vencemos	vencíamos	vencimos	venceremos	venceríamos	**venzamos**	venciéramos *o* venciésemos	**venzamos**
	vencido	vosotros/as	vencéis	vencíais	vencisteis	venceréis	venceríais	**venzáis**	vencierais *o* vencieseis	venced
		Uds., ellos/as	vencen	vencían	vencieron	vencerán	vencerían	**venzan**	vencieran *o* venciesen	**venzan**

	Infinitivo Gerundio Participio	Pronombres personales	INDICATIVO Presente	 Pretérito imperfecto	 Pretérito perfecto simple	 Futuro simple	 Condicional simple	SUBJUNTIVO Presente	 Pretérito imperfecto	IMPERATIVO
76	**venir** (1, 4)	yo	**vengo**	venía	**vine**	**vendré**	**vendría**	**venga**	**viniera** *o* **viniese**	
	(e:ie)	tú/vos	**vienes**/venís	venías	**viniste**	**vendrás**	**vendrías**	**vengas**	**vinieras** *o* **vinieses**	**ven**/vení
		Ud., él, ella	**viene**	venía	**vino**	**vendrá**	**vendría**	**venga**	**viniera** *o* **viniese**	**venga Ud.**
	viniendo	nosotros/as	venimos	veníamos	**vinimos**	**vendremos**	**vendríamos**	**vengamos**	**viniéramos** *o* **viniésemos**	**vengamos**
	venido	vosotros/as	venís	veníais	**vinisteis**	**vendréis**	**vendríais**	**vengáis**	**vinierais** *o* **vinieseis**	**venid (no vengáis)**
		Uds., ellos/as	**vienen**	venían	**vinieron**	**vendrán**	**vendrían**	**vengan**	**vinieran** *o* **viniesen**	**vengan Uds.**
77	**ver** (4)	yo	**veo**	**veía**	**vi**	veré	vería	**vea**	viera *o* viese	
		tú/vos	ves	**veías**	viste	verás	verías	**veas**	vieras *o* vieses	ve
	viendo	Ud., él, ella	ve	**veía**	**vio**	verá	vería	**vea**	viera *o* viese	**vea**
	visto	nosotros/as	vemos	**veíamos**	vimos	veremos	veríamos	**veamos**	viéramos *o* viésemos	**veamos**
		vosotros/as	**veis**	**veíais**	visteis	veréis	veríais	**veáis**	vierais *o* vieseis	ved
		Uds., ellos/as	ven	**veían**	vieron	verán	verían	**vean**	vieran *o* viesen	**vean**
78	**volcar** (1, 2)	yo	**vuelco**	volcaba	**volqué**	volcaré	volcaría	**vuelque**	volcara *o* volcase	
	(o:ue) (c:qu)	tú/vos	**vuelcas**/volcás	volcabas	volcaste	volcarás	volcarías	**vuelques**	volcaras *o* volcases	**vuelca**/volcá
		Ud., él, ella	**vuelca**	volcaba	volcó	volcará	volcaría	**vuelque**	volcara *o* volcase	**vuelque**
	volcando	nosotros/as	volcamos	volcábamos	volcamos	volcaremos	volcaríamos	**volquemos**	volcáramos *o* volcásemos	**volquemos**
	volcado	vosotros/as	volcáis	volcabais	volcasteis	volcaréis	volcaríais	**volquéis**	volcarais *o* volcaseis	volcad
		Uds., ellos/as	**vuelcan**	volcaban	volcaron	volcarán	volcarían	**vuelquen**	volcaran *o* volcasen	**vuelquen**
79	**yacer** (4)	yo	**yazco** *o* **yazgo** *o* **yago**	yacía	yací	yaceré	yacería	**yazca** *o* **yazga** *o* **yaga**	yaciera *o* yaciese	
	yaciendo	tú/vos	yaces/yacés	yacías	yaciste	yacerás	yacerías	**yazcas** *o* **yazgas** *o* **yagas**	yacieras *o* yacieses	**yace** *o* **yaz**/yacé
	yacido	Ud., él, ella	yace	yacía	yació	yacerá	yacería	**yazca** *o* **yazga** *o* **yaga**	yaciera *o* yaciese	**yazca** *o* **yazga** *o* **yaga**
		nosotros/as	yacemos	yacíamos	yacimos	yaceremos	yaceríamos	**yazcamos** *o* **yazgamos** *o* **yagamos**	yaciéramos *o* yaciésemos	**yazcamos** *o* **yazgamos** *o* **yagamos**
		vosotros/as	yacéis	yacíais	yacisteis	yaceréis	yaceríais	**yazcáis** *o* **yazgáis** *o* **yagáis**	yacierais *o* yacieseis	yaced
		Uds., ellos/as	yacen	yacían	yacieron	yacerán	yacerían	**yazcan** *o* **yazgan** *o* **yagan**	yacieran *o* yaciesen	**yazcan** *o* **yazgan** *o* **yagan**
80	**zambullir** (4)	yo	zambullo	zambullía	zambullí	zambulliré	zambulliría	zambulla	**zambullera** *o* **zambullese**	
		tú/vos	zambulles/zambullís	zambullías	zambulliste	zambullirás	zambullirías	zambullas	**zambulleras** *o* **zambulleses**	zambulle/zambullí
	zambullendo	Ud., él, ella	zambulle	zambullía	**zambulló**	zambullirá	zambulliría	zambulla	**zambullera** *o* **zambullese**	zambulla
	zambullido	nosotros/as	zambullimos	zambullíamos	zambullimos	zambulliremos	zambulliríamos	zambullamos	**zambulléramos** *o* **zambullésemos**	zambullamos
		vosotros/as	zambullís	zambullíais	zambullisteis	zambulliréis	zambulliríais	zambulláis	**zambullerais** *o* **zambulleseis**	zambullid
		Uds., ellos/as	zambullen	zambullían	**zambulleron**	zambullirán	zambullirían	zambullan	**zambulleran** *o* **zambullesen**	zambullan

Vocabulary

This glossary contains the words and expressions listed on the **Vocabulario** page found at the end of each lesson in **ENLACES**, as well as other useful vocabulary. A numeral following an entry indicates the lesson where the word or expression was introduced.

Note on alphabetization

For purposes of alphabetization, **ch** and **ll** are not treated as separate letters, but **ñ** follows **n**.

Abbreviations used in this glossary

adj.	adjective	*form.*	formal	*poss.*	possessive
adv.	adverb	*indef.*	indefinite	*p.p.*	past participle
art.	article	*interj.*	interjection	*prep.*	preposition
conj.	conjunction	*i.o.*	indirect object	*pron.*	pronoun
def.	definite	*m.*	masculine	*sing.*	singular
d.o.	direct object	*obj.*	object	*sub.*	subject
f.	feminine	*pej.*	pejorative	*v.*	verb
fam.	familiar	*pl.*	plural		

Español-Inglés

A

a *prep.* at; to
¿A qué hora…? At what time…?
a bordo aboard
a dieta on a diet
a la derecha to the right
a la izquierda to the left
a la plancha grilled
a la(s) + *time* at + *time*
a menos que unless
a menudo *adv.* often
a nombre de in the name of
a plazos in installments
A sus órdenes. At your service.
a tiempo *adv.* on time
a veces *adv.* sometimes
a ver let's see
abajo *adv.* down
abeja *f.* bee
abandonar *v.* to leave **1**
abastecer *v.* to supply **4**
abierto/a *adj.* open
abogado/a *m., f.* lawyer **3, 5**
abrazar(se) *v.* to hug; to embrace (each other)
abrazo *m.* hug
abrigo *m.* coat
abril *m.* April
abrir *v.* to open
abuelo/a *m., f.* grandfather; grandmother
abuelos *pl.* grandparents
aburrido/a *adj.* bored; boring
aburrir *v.* to bore
aburrirse *v.* to get bored
abusar *v.* to abuse **5**
abuso *m.* abuse **5**
acabar de (+ *inf.*) *v.* to have just done something
acampar *v.* to camp
acariciar *v.* to cares
accidente *m.* accident
acción *f.* action
de acción action (genre)
aceite *m.* oil
acento *m.* accent
acera *f.* sidewalk **2**
ácido/a *adj.* acid
acomodarse *v.* to adapt
acompañar *v.* to go with; to accompany
aconsejar *v.* to advise
acontecimiento *m.* event
acordarse (de) (o:ue) *v.* to remember
acosar *v.* to harass **4**
acostarse (o:ue) *v.* to go to bed
acostumbrar *v.* to do as a custom/habit
actitud *f.* attitude **6**
activista *m., f.* activist **5**
activo/a *adj.* active
actor *m.* actor
actriz *f.* actress
actualidad *f.* news; current events
actualizado/a *adj.* up-to-date
actuar *v.* to act
acuático/a *adj.* aquatic
adaptar(se) *v.* to adapt **6**
adelgazar *v.* to lose weight; to slim down
además (de) *adv.* furthermore; besides
adicional *adj.* additional
adiós *interj.* goodbye
adivinar *v.* to guess **6**
adjetivo *m.* adjective
adjuntar (un archivo) *v.* to attach (a file)
administración *f.* **de empresas** business administration
administrar *v.* to manage, to run **4**
administrativo/a *adj.* administrative **4**
ADN *m.* DNA
adolescencia *f.* adolescence **3**
adolescente *m., f.* adolescent **3**
¿adónde? *adv.* where (to)? (destination)
aduana *f.* customs **6**
adulto/a *m., f.* adult **3**
aeróbico/a *adj.* aerobic
aeropuerto *m.* airport
afectado/a *adj.* affected
afeitarse *v.* to shave
afición *f.* hobby **4**
aficionado/a *adj.* fan
afirmativo/a *adj.* affirmative
afligirse *v.* to be distressed **6**; to get upset **2**
afueras *f., pl.* suburbs **2**
agencia *f.* **de viajes** travel agency
agente *m., f.* **de viajes** travel agent
agobiado/a *adj.* overwhelmed **1**
agosto *m.* August
agotado/a *adj.* exhausted **4**; *adj.* sold out
agotar *v.* to use up
agradable *adj.* pleasant
agradacer *v.* to thank **3**
agua *f.* water
agua mineral mineral water
aguafiestas *m., f.* party pooper
aguantar *v.* to put up with; to tolerate
águila *f.* eagle
agujero negro *m.* black hole
ahogar(se) *v.* to suffocate; to drown; to stifle
ahora *adv.* now
ahora mismo right now
ahorrar *v.* to save (money) **4**
ahorros *m.* savings **4**
aire *m.* air
aislado/a *adj.* isolated **3**
ajo *m.* garlic
al (*contraction of* **a + el**)
al aire libre open-air; outdoors
al contado in cash
(al) este (to the) east
al fondo (de) at the end (of)
al lado de beside
(al) norte (to the) north
(al) oeste (to the) west
(al) sur (to the) south

ala *f.*/**las alas** wing(s)
alargar *v.* to drag out **1**
alcalde(sa) *m., f.* mayor **2**
alcanzar *v.* to be enough; to reach **3, 6**; to attain
alcanzar un sueño to fulfill a dream **6**
alcanzar una meta to reach a goal **6**
alcoba *f.* bedroom
alcohol *m.* alcohol
alcohólico/a *adj.* alcoholic
alegrarse (de) *v.* to be happy
alegre *adj.* happy; joyful
alegría *f.* happiness
alejarse *v.* to move away
alemán, alemana *adj.* German
alérgico/a *adj.* allergic
alfombra *f.* carpet; rug
algo *pron.* something; anything
algodón *m.* cotton
alguien *pron.* someone; somebody; anyone
algún; alguna; algunos/as *adj.* any; some
alguno/a(s) *pron.* any; some
alimentar *v.* to feed
alimento *m.* food
alimentación *f.* diet
aliviar *v.* to reduce; to relieve; to soothe
aliviar el estrés/la tensión to reduce stress/tension
allí *adv.* there
allí mismo right there
alma *f.* soul **1**
el alma gemela soulmate, kindred spirit **1**
almacén *m.* department store; warehouse **4**
almohada *f.* pillow
almorzar (o:ue) *v.* to have lunch
almuerzo *m.* lunch
aló *interj.* hello (*on the telephone*)
alpinismo *m.* mountain climbing
alquilar *v.* to rent
alquiler *m.* rent (payment)
alrededores *m., pl.* the outskirts **2**
alternador *m.* alternator
altillo *m.* attic
alto/a *adj.* tall
aluminio *m.* aluminum
alumno/a *m., f.* pupil, student **5**
ama de casa *m., f.* housekeeper; caretaker
amable *adj.* nice; friendly
amado/a *m., f.* beloved, sweetheart **1**
amanecer *m.* dawn **2**; *v.* to wake up **6**
amar(se) *v.* to love (each other) **1**
amarillo/a *adj.* yellow
amenaza *f.* threat **5**
amenazar *v.* to threaten
amigo/a *m., f.* friend
amistad *f.* friendship **1**
amnistía *f.* amnesty **6**
amor *m.* love
analfabeto/a *adj.* illiterate **5**
anaranjado/a *adj.* orange
andar *v.* **en patineta** to skateboard
andinismo *m.* mountain climbing
anfitrión/anfitriona *m., f.* host/hostess
ángel *m.* angel
angustia *f.* distress **4**
ánimo *m.* spirit, mood **1**
animado/a *adj.* lively
animal *m.* animal
aniversario (de bodas) *m.* (wedding) anniversary
anoche *adv.* last night
anotar un gol *v.* to score a goal
ansioso/a *adj.* anxious **1**
anteayer *adv.* the day before yesterday
antepasado/a *m., f.* ancestor **3**
antes *adv.* before
antes de *conj.* before
antes (de) que *conj.* before
antibiótico *m.* antibiotic
anticipar *v.* to anticipate; to expect **6**
antídoto *m.* antidote
antigüedad *f.* antique **2**
antipático/a *adj.* unpleasant
anunciar *v.* to announce; to advertise
anuncio *m.* advertisement; commercial
año *m.* year
año pasado last year
añoranza *f.* homesickness **6**
apagar *v.* to turn off
aparato *m.* appliance
aparcamiento *m.* parking space
aparcar *v.* to park
apartamento *m.* apartment
apellido *m.* last name
apenas *adv.* hardly; scarcely; just
aplaudir *v.* to applaud; to clap
apodo *m.* nickname **3**
apostar (o:ue) *v.* to bet
apoyar(se) *v.* to support (each other) **3**
apreciar *v.* to appreciate
aprender (a + ***inf.*****)** *v.* to learn
aprobar (o:ue) *v.* to approve
aprobar una ley *v.* to pass a law **5**
aprovechar *v.* to take advantage of **4**
apto/a *adj.* suitable **4**
apurarse *v.* to hurry; to rush
aquel, aquella *adj.* that; those (over there)
aquél, aquélla *pron.* that; those (over there)
aquello *neuter, pron.* that; that thing; that fact
aquellos/as *pl. adj.* those (over there)
aquéllos/as *pl. pron.* those (ones) (over there)
aquí *adv.* here
Aquí está... Here it is...
aquí mismo right here
árbol *m.* tree
archivo *m.* file
arepera *f.* restaurant serving arepas **3**
arma *f.* weapon; gun **5**
armada *f.* navy **5**
armario *m.* closet
arqueólogo/a *m., f.* archaeologist
arquitecto/a *m., f.* architect
arrancar *v.* to start (*a car*)
arreglar *v.* to fix **6**; to arrange; to neaten; to straighten up
arrepentirse *v.* to regret
arriba *adv.* up
arriesgarse *v.* to take a risk **6**
arroba *f.* @ symbol
arroz *m.* rice
arruinar *v.* to ruin **4**
arte *m.* art
artes *f., pl.* arts
artesanía *f.* craftsmanship; crafts
artículo *m.* article
artista *m., f.* artist
artístico/a *adj.* artistic
arveja *m.* pea
asado/a *adj.* roast
ascendencia *f.* heritage **3**
ascender *v.* to rise, to be promoted **4**
ascenso *m.* promotion
ascensor *m.* elevator
asesor(a) *m., f.* consultant, advisor **4**
así *adv.* like this; so (*in such a way*)
así así so so
asilo *m.* asylum **3**
asimilación *f.* assimilation **6**
asimilar(se) *v.* to assimilate **6**
asistente *m., f.* assistant **3**
asistir (a) *v.* to attend
aspiradora *f.* vacuum cleaner
aspirante *m., f.* candidate; applicant **4**
aspirina *f.* aspirin
astilla *f.* splinter
atraer *v.* to attract **6**
astronauta *m., f.* astronaut
astrónomo/a *m., f.* astronomer
ataque *m.* seizure
ataúd *m.* casket
aterrizar *v.* to land
atleta *m., f.* athlete
atrasado/a *adj.* late **2**
atreverse *v.* to dare **2**
atrevido/a *adj.* daring; brave **2**
atún *m.* tuna
aumentar *v.* to grow **6**
aumentar de peso to gain weight
aumento *m.* increase
aumento de sueldo pay raise **4**
aunque *conj.* although
autobús *m.* bus
autoestima *f.* self-esteem **3**
automático/a *adj.* automatic
auto(móvil) *m.* auto(mobile)
autoridad *f.* authority **5**
autopista *f.* highway
avance *m.* advance; breakthrough
avanzado/a *adj.* advanced
ave *f.* bird
avenida *f.* avenue **2**
aventura *f.* adventure
de aventura adventure (genre)
avergonzado/a *adj.* embarrassed
averiguar *v.* to find out
avión *m.* airplane
¡Ay! *interj.* Oh!
¡Ay, qué dolor! Oh, what a pain!
ayer *adv.* yesterday
ayudar(se) *v.* to help (each other) **1**
ayuntamiento *m.* city hall **2**
azúcar *m.* sugar
azul *adj.* blue

B

bailar *v.* to dance
bailarín/bailarina *m., f.* dancer
baile *m.* dance
bajar *v.* to go down; to get off (a bus) **2**; to get down
bajar(se) de *v.* to get off of/out of (a vehicle)
bajo *m.* bass
bajo/a *adj.* short (*in height*)
bajo control under control
balcón *m.* balcony
ballena *f.* whale
balón *m.* ball
baloncesto *m.* basketball

banana *f.* banana
bancarrota *f.* bankruptcy **4**
banco *m.* bank
banda *f.* band
banda sonora soundtrack
bandera *f.* flag **5**
bañarse *v.* to bathe; to take a bath
baño *m.* bathroom
barato/a *adj.* cheap
barco *m.* boat
barrer *v.* to sweep
barrer el suelo *v.* to sweep the floor
barrio *m.* neighborhood **2**
barro *m.* mud; clay **6**
bastante *adv.* enough; rather; pretty
basura *f.* trash
baúl *m.* trunk
beber *v.* to drink
bebida *f.* drink
bebida alcohólica alcoholic beverage
beca *f.* grant
beca de investigación research grant
béisbol *m.* baseball
bellas artes *f., pl.* fine arts
belleza *f.* beauty
beneficio *m.* benefit
besar(se) *v.* to kiss (each other) **1**
beso *m.* kiss
biblioteca *f.* library
bicicleta *f.* bicycle
bien *adj.* well
bien educado *adj.* well-mannered **3**
bienes *m., pl.* goods **4**
bienestar *m.* well-being
bienvenido/a(s) *adj.* welcome
bilingüe *adj.* bilingual **6**
billar *m.* billiards
billete *m.* paper money; ticket
billón *m.* trillion
biología *f.* biology
biólogo/a *m., f.* biologist
bioquímico/a *m., f.* biochemist; *adj.* biochemical
bisabuelo/a *m., f.* great-grandfather/grandmother **3**
bistec *m.* steak
bizcocho *m.* biscuit
blanco/a *adj.* white
blog *m.* blog
bluejeans *m., pl.* jeans
blusa *f.* blouse
boca *f.* mouth
boda *f.* wedding
boleto *m.* ticket
boliche *m.* bowling
bolsa *f.* purse, bag
bolsa de valores stock market **4**
bombero/a *m., f.* firefighter
bonito/a *adj.* pretty
borracho/a *adj.* drunk **2**
borrador *m.* eraser
borrar *v.* to erase; to delete
bosque *m.* forest
bosque tropical tropical forest; rainforest
bota *f.* boot
botar *v.* to fire, to throw out **3**
botella *f.* bottle
botella de vino bottle of wine
botón *m.* button
botones *m., f. sing.* bellhop
brazo *m.* arm
brecha *f.* **generacional** generation gap **3**
brindar *v.* to toast (*drink*)
broma *f.* joke
bucear *v.* to scuba dive
buenísimo/a *adj.* extremely good
bueno *adv.* well
buen, bueno/a *adj.* good
¡Buen viaje! Have a good trip!
buena forma good shape (*physical*)
Buena idea. Good idea.
Buenas noches. Good evening; Good night.
Buenas tardes. Good afternoon.
¿Bueno? Hello. (*on telephone*)
Buenos días. Good morning.
bulevar *m.* boulevard
burlarse (de) *v.* to mock **6**
burocracia *f.* bureaucracy
buscador *m.* search engine
buscar *v.* to look for
buzón *m.* mailbox

C

caballo *m.* horse
cabaña *f.* cabin
caber *v.* to fit
no cabe duda de there's no doubt
cabeza *f.* head
cada *adj. m., f.* each
cadena *f.* network
caerse *v.* to fall (down)
café *m.* café; *m.* coffee; *adj.* brown
cafeína *f.* caffeine
cafetera *f.* coffee maker
cafetería *f.* cafeteria
caído/a *p.p.* fallen
caja *f.* cash register, box
cajero/a *m., f.* cashier **2**
cajero automático *m.* ATM **4**
calcetín (calcetines) *m.* sock(s)
calculadora *f.* calculator
caldo *m.* soup
caldo de patas *m.* beef soup
calentamiento *m.* warming
calentarse (e:ie) *v.* to warm up
calidad *f.* quality
calidad de vida standard of living **1**
callar *v.* to silence
calle *f.* street **2**
calor *m.* heat
caloría *f.* calorie
calzar *v.* to wear size... shoes
cama *f.* bed
cámara *f.* camera
cámara de video video camera
cámara digital digital camera
camarero/a *m., f.* waiter/waitress
camarón *m.* shrimp
cambiar (de) *v.* to change
cambio *m.* change
cambio de moneda currency exchange
caminar *v.* to walk
camino *m.* road
camión *m.* truck; bus
camisa *f.* shirt
camiseta *f.* t-shirt
campeonato *m.* championship
campo *m.* countryside
canadiense *adj.* Canadian
canal *m.* (TV) channel
cancha *f.* field
canción *f.* song
candidato/a *m., f.* candidate
cansado/a *adj.* tired
cantante *m., f.* singer
cantar *v.* to sing
cantera *f.* quarry **4**
caos *m.* chaos **6**
capa *f.* **de ozono** ozone layer
capacitado *adj.* qualified **4**
capacitar *v.* to prepare **4**
capaz *adj.* capable; competent **4**
capilla *f.* chapel **2**
capital *f.* capital city
capó *m.* hood
cara *f.* face
carácter *m.* character; personality **3**
característica *f.* characteristic
caramelo *m.* caramel
cárcel *f.* prison; jail
cargo *m.* position **3**
cariñoso/a *adj.* affectionate **1**
carne *f.* meat
carne de res beef
carnicería *f.* butcher shop
carnicero/a *m., f.* butcher **6**
caro/a *adj.* expensive
carpintero/a *m., f.* carpenter
carrera *f.* career; race
carretera *f.* highway
carro *m.* car; automobile
carta *f.* letter; (playing) card
cartel *m.* poster
cartera *f.* wallet
cartero/a *m., f.* mail carrier
casa *f.* house; home
casado/a *adj.* married **1**
casarse (con) *v.* to get married (to) **1**
casi *adv.* almost
castigar *v.* to punish
castigo *m.* punishment
catorce *adj.* fourteen
causa *f.* cause **6**
cazar *v.* to hunt
CD-ROM *m.* CD-ROM
cebolla *f.* onion
ceder *v.* to give up **5**
celda *f.* (prison, jail) cell
celebrar *v.* to celebrate
celos *m.* jealousy **1**
celoso/a *adj.* jealous **1**
célula *f.* cell
celular *adj.* cellular
cena *f.* dinner
cenar *v.* to have dinner
censura *f.* censorship
centro *m.* downtown
centro comercial (shopping) mall **2**
cepillarse *v.* **los dientes/el pelo** to brush one's teeth/one's hair
cerámica *f.* pottery
cerca de *prep.* near
cerdo *m.* pork
cereales *m., pl.* cereal; grains

cero *m.* zero
cerrado/a *adj.* closed
cerrar (e:ie) *v.* to close
certeza *f.* certainty **6**
cerveza *f.* beer
césped *m.* grass
ceviche *m.* marinated fish dish
chaleco *m.* vest
chamán *m.* shaman
champán *m.* champagne
champiñón *m.* mushroom
champú *m.* shampoo
chantajear *v.* to blackmail **5**
chaqueta *f.* jacket
charlar *v.* to chat
chau *fam. interj.* bye
chaval(a) *m., f.* kid; youngster **5**
cheque *m.* (bank) check
cheque (de viajero) (traveler's) check
chévere *adj., fam.* terrific; great; fantastic **3**
chico/a *m., f.* boy/girl
chisme *m.* gossip **1**
chino/a *adj.* Chinese
chocar (con) *v.* to run into
chocolate *m.* chocolate
choque *m.* collision; crash **2**
chuleta *f.* chop (*food*)
chuleta de cerdo pork chop
cibercafé *m.* cybercafé
ciberespacio *m.* cyber space
ciclismo *m.* cycling
ciego/a *adj.* blind **1**
cielo *m.* sky
cien(to) one hundred
ciencia *f.* science
de ciencia ficción science fiction (genre)
científico/a *m., f.* scientist
cierto/a *adj.* certain
(No) es cierto. It's (not) certain.
cima *f.* height **3**
cinco *adj.* five
cincuenta *adj.* fifty
cine *m.* movie theater; cinema **2**; movies
cinta *f.* (audio)tape **1**
cinta caminadora *f.* treadmill
cinturón *m.* belt
circulación *f.* traffic
cita *f.* date; appointment
cita a ciegas blind date **1**
ciudad *f.* city **2**
ciudadano/a *m., f.* citizen **2**
civilización *f.* civilization **3**
Claro (que sí). *fam.* Of course.
clase *f.* class
clase de (ejercicios) aeróbicos aerobics class
clásico/a *adj.* classical
cliente/a *m., f.* customer
clínica *f.* clinic
clon *m.* clone
clonar *v.* to clone
club deportivo *m.* sports club
cobrar *v.* to charge; to be paid **4**
coche *m.* car; automobile
cocina *f.* kitchen; stove
cocinar *v.* to cook
cocinero/a *m., f.* cook; chef
cofre *m.* hood
cola *f.* line

coleccionar *v.* to collect
colesterol *m.* cholesterol
color *m.* color
combustible *m.* fuel
comedia *f.* comedy; play
comedor *m.* dining room
comenzar (e:ie) *v.* to begin
comer *v.* to eat
comercial *adj.* commercial; business-related
Comercio *m.* Business Administration **5**
cometer (un delito) *v.* to commit (a crime)
comida *f.* food; meal
comisaría *f.* police station **2**
como *adv.* like; as
¿cómo? *adv.* what?; how?
¿Cómo es...? What's... like?
¿Cómo está usted? *form.* How are you?
¿Cómo estás? *fam.* How are you?
¿Cómo les fue...? *pl.* How did ... go for you?
¿Cómo se llama (usted)? *form.* What's your name?
¿Cómo te llamas (tú)? *fam.* What's your name?
cómoda *f.* chest of drawers
cómodo/a *adj.* comfortable
compañero/a *m., f.* **de clase** classmate
compañero/a *m., f.* **de cuarto** roommate
compañía *f.* company; firm **4**
compartir *v.* to share **1**
completamente *adv.* completely
compositor(a) *m., f.* composer
compra *f.* purchase **4**
comprar *v.* to buy
compras *f., pl.* purchases
ir de compras *v.* to go shopping
comprender *v.* to understand
comprensión *f.* understanding **3**
comprensivo/a *adj.* understanding
comprobar (o:ue) *v.* to check; to prove; to confirm
comprometerse (con) *v.* to get engaged (to)
compromiso *m.* commitment; responsibility; engagement **1**
computación *f.* computer science
computadora *f.* computer
computadora portátil *f.* portable computer; laptop
computarizado/a *adj.* computerized
comunicación *f.* communication
comunicarse (con) *v.* to communicate (with)
comunidad *f.* community
comunismo *m.* communism **3**
con *prep.* with
con frecuencia *adv.* frequently
Con permiso. Pardon me; Excuse me.
con tal (de) que provided (that)
concierto *m.* concert
concordar *v.* to agree
concurso *m.* game show; contest
conducir *v.* to drive
conductor(a) *m., f.* driver **2**
confianza *f.* trust **5**
confiar (en) *v.* to trust (in) **1, 5**
confirmar *v.* to confirm
confirmar una reservación to confirm a reservation
conformista *adj.* conformist **6**
confundido/a *adj.* confused
congelador *m.* freezer
congelar(se) *v.* to freeze (oneself)
congestionado/a *adj.* congested; stuffed-up
conjunto musical *m.* musical group; band

conmigo *pron.* with me
conocer *v.* to know; to be acquainted with
conocido *adj., p.p.* known
conocimiento *m.* knowledge **3**
conquista *f.* conquest **3**
conseguir (e:i) *v.* to get; to obtain
conseguir entradas to get tickets
consejero/a *m., f.* counselor; advisor
consejo *m.* advice
conservación *f.* conservation
conservador(a) *adj.* conservative **5**
conservar *v.* to conserve; to preserve
construir *v.* to build **2**
consulado *m.* consulate **3**
consultorio *m.* doctor's office
consumir *v.* to consume
consumo *m.* **de energía** energy consumption
contabilidad *f.* accounting
contador(a) *m., f.* accountant **4**
contagiar *v.* to infect; to be contagious
contaminación *f.* pollution
contaminación del aire/del agua air/water pollution
contaminado/a *adj.* polluted
contaminar *v.* to pollute
contar (o:ue) *v.* to count; to tell
contar (con) *v.* to count (on); to rely on **1**
contentarse *v.* to be contented/satisfied (with) **1**
contento/a *adj.* happy; content
contestadora *f.* answering machine
contestar *v.* to answer
contigo *fam. pron.* with you
contraseña *f.* password
contratar *v.* to hire **4**
contribuir *v.* to contribute
control *m.* control
control de armas gun control **5**
control remoto remote control
controlar *v.* to control
controvertido/a *adj.* controversial **3**
conversación *f.* conversation
conversación informal small talk **4**
conversar *v.* to converse; to talk; to chat **2**
convertirse (e:ie) en (algo) *v.* to turn into (something); to become **3**
convivencia *f.* coexistence
convivir *v.* to live together; to coexist **2**
convocar *v.* to summon **5**
cooperar *v.* to cooperate
copa *f.* wineglass; goblet
coquetear *v.* to flirt **1**
coraje *m.* courage **6**
corazón *m.* heart **1**
corbata *f.* tie
cordillera *f.* mountain range
corrector *m.* **ortográfico** spell checker
corredor(a) *m., f.* **de bolsa** stockbroker
correo *m.* mail; post office
correo electrónico e-mail
correr *v.* to run
correr la voz to spread the word
cortar *v.* to cut
cortesía *f.* courtesy
cortinas *f., pl.* curtains
corto/a *adj.* short (*in length*)
a corto plazo *adj.* short-term **4**
corto(metraje) *adj.* short film **1**
cosa *f.* thing
costa *f.* coast

costar (o:ue) *v.* to cost
costumbre *f.* custom; habit
cotidiano/a *adj.* everyday **2**
cráter *m.* crater
crear *v.* to create
crecer *v.* to grow (up) **6**
crecimiento *m.* growth
creencia *f.* belief **5**
creer (en) *v.* to believe (in)
creído/a *adj., p.p.* believed
crema *f.* **de afeitar** shaving cream
criar *v.* to raise (children) **3**
crimen *m.* crime; murder
crisis económica *f.* economic crisis **4**
crítico/a de cine *m., f.* film critic
crueldad *f.* cruelty **5**
cruzar *v.* to cross **2**
cuaderno *m.* notebook
cuadra *f.* city block **2**
¿cuál(es)? which?; which one(s)?
¿Cuál es la fecha de hoy? What is today's date?
cuadro *m.* picture
cuadros *m., pl.* plaid
cuando *conj.* when
¿cuándo? *adv.* when?
¿cuánto/a(s)? *pron.* how much/how many?
¿Cuánto cuesta...? How much does... cost?
¿Cuántos años tienes? How old are you?
cuarenta *adj.* forty
cuarto *m.* room
cuarto de baño bathroom
cuarto/a *adj.* fourth
menos cuarto quarter to (*time*)
y cuarto quarter after (*time*)
cuatro *adj.* four
cuatrocientos/as *adj.* four hundred
cubierto/a *p.p.* covered
cubiertos *m., pl.* silverware
cubrir *v.* to cover
cuchara *f.* spoon
cucharada *f.* spoonful
a cucharadas in spoonfuls
cuchillo *m.* knife
cuello *m.* neck
cuenta *f.* bill; account
cuenta corriente checking account **4**
cuenta de ahorros savings account **4**
cuento *m.* short story
cuerpo *m.* body
cuidado *m.* care
cuidadoso/a *adj.* careful **1**
cuidar *v.* to take care of **1**
¡Cuídense! Take care!
culpa *f.* fault
cultivar *v.* to cultivate
cultivo *m.* farming; cultivation
cultura *f.* culture
cumpleaños *m., sing.* birthday
cumplimentar *v.* to fill in **4**
cumplir años *v.* to havea birthday
cuñado/a *m., f.* brother/sister-in law **3**
cura *m.* priest **6**
curandero/a *m., f.* folk healer
curar *v.* to cure
currículum *m.* résumé
curso *m.* course

D

danza *f.* dance
dañar *v.* to damage; to break down
dañino/a *adj.* harmful
daño *m.* harm **6**
dar *v.* to give
dar para vivir to yield enough to live on **5**
dar un consejo to give advice
dar un paseo to take a stroll **2**
dar una vuelta to take a walk/ride **2**
dar una vuelta en bicicleta/carro/ motocicleta to take a bike/car/ motorcycle ride **2**
darse con to bump into; to run into (something)
darse cuenta de to realize **5**
darse prisa to hurry; to rush
dardos *m., pl.* darts
de *prep.* of; from
¿De dónde eres? *fam.* Where are you from?
¿De dónde es (usted)? *form.* Where are you from?
¿De parte de quién? Who is calling? (*on telephone*)
¿de quién...? *sing.* whose...?
¿de quiénes...? *pl.* whose...?
de algodón (made) of cotton
de aluminio (made) of aluminum
de buen humor in a good mood
de compras shopping
de cuadros plaid
de excursión hiking
de hecho in fact
de ida y vuelta roundtrip
de la mañana in the morning; A.M.
de la noche in the evening; at night; P.M.
de la tarde in the afternoon; in the early evening; P.M.
de lana (made) of wool
de lunares polka-dotted
de mal humor in a bad mood
de mi vida of my life
de moda in fashion
De nada. You're welcome.
De ninguna manera. No way.
de niño/a as a child
de parte de on behalf of
de plástico (made) of plastic
de rayas striped
de repente suddenly
de seda (made) of silk
de vaqueros western (genre)
de vez en cuando from time to time
de vidrio (made) of glass
debajo de *prep.* below; under
deber (+ *inf.*) *v.* should; must; ought to
deber (dinero) *v.* to owe (money)
deber *m.* responsibility; obligation
debido a due to (the fact that)
débil *adj.* weak
decepción *f.* disappointment
decidido/a *adj.* decided; determined
decidir (+ *inf.*) *v.* to decide
décimo/a *adj.* tenth
decir (e:i) *v.* to say; to tell
decir la verdad to tell the truth
decir mentiras to tell lies
decir que to say that
declarar *v.* to declare; to say
dedicarse a *v.* to devote oneself to **5**
dedo *m.* finger
dedo del pie *m.* toe
defender (e:ie) *v.* to defend **5**
deforestación *f.* deforestation
dejar *v.* to let; to quit; to leave behind **6**
dejar a alguien to leave someone **1**
dejar de (+ *inf.*) to stop (doing something)
dejar plantado/a to stand someone up **1**
dejar una propina to leave a tip
del (*contraction of* de + el) of the; from the
delante de *prep.* in front of
por delante *adv.* ahead (of)
delantero/a *m., f.* forward (*sport position*)
delgado/a *adj.* thin; slender
delicioso/a *adj.* delicious
demás *adj.* the rest
demasiado *adj., adv.* too much
democracia *f.* democracy **5**
dentista *m., f.* dentist
dentro de (diez años) within (ten years); inside
dependiente/a *m., f.* clerk
deporte *m.* sport
deportes extremos extreme sports
deportista *m.* sports person; athlete
deportivo/a *adj.* sports-related
depositar *v.* to deposit **4**
deprimido/a *adj.* depressed **1**
derecha *f.* right
a la derecha de to the right of
derecho *adj.* straight (ahead)
derechos *m., pl.* rights
derechos humanos human rights **5**
derogar *v.* to abolish **5**
derretir(se) (e:i) *v.* to melt
derrocar *v.* to overflow **5**
derrotar *v.* to defeat **5**
desafiar *v.* to challenge
desafío *m.* challenge
desaparecer *v.* to disappear
desaparición *f.* disappearance
desaprovechar *v.* to not take advantage of; to waste; to misuse **4**
desarrollar *v.* to develop
desarrollo *m.* development
desastre (natural) *m.* (natural) disaster
desatender (e:ie) *v.* to neglect
desayunar *v.* to have breakfast
desayuno *m.* breakfast
descafeinado/a *adj.* decaffeinated
descansar *v.* to rest
descargar *v.* to download
descompuesto/a *adj.* not working; out of order
desconfiar *v.* to be suspicious, to not trust **6**
descongelar(se) *v.* to thaw (oneself)
desconocido/a *m., f.* stranger **2**
descontrolado/a *adj.* out of control
describir *v.* to describe
descrito/a *p.p.* described
descubierto/a *p.p.* discovered
descubrimiento *m.* discovery **4**
descubrir *v.* to discover **6**
desde *prep.* from
desdén *m.* disdain **3**
desear *v.* to wish; to desire
desechable *adj.* disposable
desempleado/a *adj.* unemployed **4**
desempleo *m.* unemployment **4**
desenlace *m.* ending; outcome **2**
deseo *m.* desire **1**

desesperación *f.* desperation
desesperado/a *adj.* desperate **5**
desgracia *f.* misfortune; tragedy **6**
desierto *m.* desert
desigual *adj.* unequal **5**
desigualdad *f.* inequality **5**
desinterés *m.* lack of interest
desobediencia *f.* disobedience
  desobediencia civil civil disobedience **5**
desordenado/a *adj.* disorderly
despacio *adv.* slowly
desaparición *f.* disappearance
despedida *f.* farewell; good-bye
despedir (e:i) *v.* to fire **4**
despedirse (de) (e:i) *v.* to say goodbye (to) **6**
despejado/a *adj.* clear (*weather*)
despertador *m.* alarm clock
despertarse (e:ie) *v.* to wake up
despreciar *v.* to look down on **3**
después *adv.* afterwards; then
  después de *conj.* after
  después de que *conj.* after
destacado/a *adj.* prominent
destacar *v.* to stand out
destino *m.* destination **2**
destrozar *v.* to destroy **5**
destruir *v.* to destroy
detenerse (e:ie) *v.* to stop
detrás de *prep.* behind
deuda *f.* debt **3, 4**
día *m.* day
  día de fiesta holiday
Diablo *m.* devil
diálogo *m.* dialogue **6**
diario *m.* diary; newspaper
diario/a *adj.* daily
dibujar *v.* to draw
dibujo *m.* drawing
  dibujos animados *m., pl.* cartoons
diccionario *m.* dictionary
dicho/a *p.p.* said
diciembre *m.* December
dictadura *f.* dictatorship **5**
diecinueve *adj.* nineteen
dieciocho *adj.* eighteen
dieciséis *adj.* sixteen
diecisiete *adj.* seventeen
diente *m.* tooth
dieta *f.* diet
diez *adj.* ten
difícil *adj.* difficult; hard
difundir (noticias) *v.* to spread (news)
Diga. *interj.* Hello. (*on telephone*)
digno/a *adj.* worthy **3**
diligencia *f.* errand
diminuto/a *adj.* tiny
dinero *m.* money
dirección *f.* address **2**
  dirección electrónica e-mail address
director(a) *m., f.* director; (*musical*) conductor
dirigir *v.* to direct
  dirigirse a *v.* to address **5**
disco *m.* **compacto** compact disc (CD)
discoteca *f.* dance club **2**
discriminación *f.* discrimination
discurso *m.* speech
discutir *v.* to argue **1**
disentir *v.* to dissent; to disagree **5**
diseñador(a) *m., f.* designer

diseño *m.* design **2**
disfrutar (de) *v.* to enjoy **2**; to reap the benefits (of)
disgustado/a *adj.* disgusted **1**
disimular *v.* to hide; to conceal **2**
disminuir *v.* to decrease; to reduce; to diminish **6**
disparar *v.* to shoot **5**
disparate *m.* silly remark/action; nonsense **3**
disparo *m.* shot
dispuesto/a (a) *adj.* ready, willing (to) **4**
diversidad *f.* diversity **5, 6**
diversión *f.* fun activity;entertainment; recreation
divertido/a *adj.* fun
divertirse (e:ie) *v.* to have fun; to have a good time
divorciado/a *adj.* divorced **1**
divorciarse (de) *v.* to get divorced (from) **1**
divorcio *m.* divorce **1**
doblaje *m.* dubbing
doblar *v.* to turn **2**
doble *adj.* double
  doble moral *f.* double standard **5**
doce *adj.* twelve
doctor(a) *m., f.* doctor
documental *m.* documentary
documentos de viaje *m., pl.* travel documents
dolencia *f.* ailment
doler (o:ue) *v.* to hurt
dolor *m.* ache; pain
  dolor de cabeza *m.* headache
doméstico/a *adj.* domestic
dominar *v.* to dominate
domingo *m.* Sunday
don/doña *title of respect used with a person's first name*
donde *adv.* where
  ¿dónde? where?
  ¿Dónde está...? Where is...?
dormir (o:ue) *v.* to sleep
  dormirse (o:ue) *v.* to go to sleep; to fall asleep
dormitorio *m.* bedroom
dos *adj.* two
  dos veces *adv.* twice; two times
doscientos/as *adj.* two hundred
drama *m.* drama; play
dramático/a *adj.* dramatic
dramaturgo/a *m., f.* playwright
droga *f.* drug
drogadicto/a *adj.; m., f.* drug addict
ducha *f.* shower
ducharse *v.* to shower; to take a shower
duda *f.* doubt **6**
dudar *v.* to doubt
dueño/a *m., f.* owner; landlord **4**
dulces *m., pl.* sweets; candy
durante *prep.* during
durar *v.* to last

E

e *conj.* and *(used instead of* **y** *before words beginning with* **i** *and* **hi***)*
echar *v.* to throw; to throw away
  echar (una carta) al buzón to put (a letter) in the mailbox; to mail
  echar de menos to miss
ecología *f.* ecology
economía *f.* economics
ecoturismo *m.* ecotourism
Ecuador *m.* Ecuador
ecuatoriano/a *adj.* Ecuadorian

edad *f.* age
  edad adulta adulthood **3**
edificio *m.* building **2**
  edificio de apartamentos apartment building
(en) efectivo *adv., m.* cash
efecto *m.* **invernadero** greenhouse effect
efectos *m., pl.* **especiales** special effects
egoísta *adj.* selfish **3**
ejecución *f.* execution **5**
ejecutivo(a) *m., f.* executive **4**
ejercer *v.* to exercise, to exert
  ejercer el poder to exercise/exert power **5**
ejercicio *m.* exercise
  ejercicios aeróbicos aerobic exercises
  ejercicios de estiramiento stretching exercises
ejército *m.* army **5**
el *m., sing., def. art.* the
él *sub. pron.* he; *adj. pron.* him
elecciones *f., pl.* election
electricista *m., f.* electrician
electrodoméstico *m.* electric appliance
elegante *adj.* elegant
elegir (e:i) *v.* to elect **5**
ella *sub. pron.* she; *obj. pron.* her
ellos/as *sub. pron.* they; *obj. pron.* them
embajada *f.* embassy **3**
embarazada *adj.* pregnant
emergencia *f.* emergency
emigrante *m., f.* emigrant **6**
emigrar *v.* to emigrate **1**
emitir *v.* to broadcast
emocionado/a *adj.* excited **1**
emocionante *adj.* exciting
empatar *v.* to tie (a game)
empate *m.* tie
empeorar *v.* to get worse
empezar (e:ie) *v.* to begin
empleado/a *m., f.* employee **4**
empleo *m.* job; employment
empresa company; firm **4**
  empresa multinacional multinational company **4**
en *prep.* in; on; at
  en casa at home
  en caso (de) que in case (that)
  en contra against **3**
  en cuanto as soon as
  en directo live
  en efectivo in cash
  en exceso in excess; too much
  en línea in-line; online
  ¡En marcha! Let's get going!
  en mi nombre in my name
  en punto on the dot; exactly; sharp (*time*)
  en qué in what; how
  ¿En qué puedo servirles? How can I help you?
  en vivo live
enamorado/a (de) *adj.* in love (with) **1**
enamorarse (de) *v.* to fall in love (with) **1**
encabezar *v.* to lead **5**
encantado/a *adj.* delighted; pleased to meet you
encantar *v.* to like very much; to love (*inanimate objects*)
  ¡Me encantó! I loved it!
encarcelar *v.* to imprison **5**
encargado/a *m., f.* person in charge
encarnación *f.* personification **3**
encima de *prep.* on top of
encontrar (o:ue) *v.* to find

encontrar(se) (o:ue) *v.* to meet (each other); to run into (each other)
encrucijada *f.* crossroads
encuesta *f.* poll; survey
energía *f.* energy
energía eólica wind energy
energía nuclear nuclear energy
energía renovable renewable energy
energía solar solar energy
enero *m.* January
enfermarse *v.* to get sick
enfermedad *f.* illness
enfermero/a *m., f.* nurse
enfermo/a *adj.* sick
enfrente de *prep.* opposite; facing
engañar *v.* to cheat, to deceive; to trick **1**
engordar *v.* to gain weight
enigma *m.* enigma **6**
enlace *m.* link
enojado/a *adj.* mad; angry **1**
enojarse (con) *v.* to get angry (with) **1**
enriquecerse *v.* to get rich **6**
enrojecer *v.* to blush; to turn red **2**
ensalada *f.* salad
ensayar *v.* to rehearse
enseguida *adv.* right away
enseñar *v.* to teach
ensuciar *v.* to get (something) dirty
entender (e:ie) *v.* to understand
entendimiento *m.* understanding **6**
enterarse (de) *v.* to become informed (about) **1**
enterrado/a *adj.* buried
enterrar (e:ie) *v.* to bury
entonces *adv.* then
entrada *f.* entrance; ticket
entre *prep.* between; among
entremeses *m., pl.* horsd'oeuvres; appetizers
entrenador(a) *m., f.* trainer
entrenarse *v.* to practice; to train
entretener *v.* to entertain
entretenerse (e:ie) *v.* to amuse oneself
entretenido/a *adj.* entertaining
entrevista *f.* **(laboral)** (job) interview **4**
entrevistado/a *m., f.* interviewee **4**
entrevistador(a) *m., f.* interviewer **4**
entrevistar *v.* to interview
envase *m.* container
enviar *v.* to send; to mail
envidioso/a *adj.* envious; jealous **4**
equilibrado/a *adj.* balanced
equipado/a *adj.* equipped
equipaje *m.* luggage
equipo *m.* team
equivocado/a *adj.* wrong
eres *fam.* you are
erosión *f.* erosion
es he/she/it is
Es bueno que… It's good that…
Es de… He/She is from…
es extraño it's strange
Es importante que… It's important that…
es imposible it's impossible
es improbable it's improbable
Es la una. It's one o'clock.
Es malo que… It's bad that…
Es mejor que… It's better that…
Es necesario que… It's necessary that…
es obvio it's obvious
es ridículo it's ridiculous
es seguro it's sure
es terrible it's terrible
es triste it's sad
Es urgente que… It's urgent that…
es una lástima it's a shame
es verdad it's true
esa(s) *f., adj.* that; those
ésa(s) *f., pron.* that (one); those (ones)
escalar *v.* to climb
escalar montañas *v.* to climb mountains
escalera *f.* stairs; stairway
escama *f.* scale
escándalo *m.* scandal **5**
escasez *f.* shortage **4**
escaso/a *adj.* scant; scarce
escena *f.* scene **1**
escoger *v.* to choose
esconder *v.* to hide **2**
escribir *v.* to write
escribir un mensaje electrónico to write an e-mail message
escribir una carta to write a letter
escribir una postal to write a postcard
escrito/a *p.p.* written
escritor(a) *m., f.* writer
escritorio *m.* desk
escuchar *v.* to listen to
escuchar la radio to listen (to) the radio
escuchar música to listen (to) music
escuela *f.* school
esculpir *v.* to sculpt
escultor(a) *m., f.* sculptor
escultura *f.* sculpture
ese *m., sing., adj.* that
ése *m., sing., pron.* that one
eso *neuter pron.* that; that thing
esos *m., pl., adj.* those
ésos *m., pl., pron.* those (ones)
espacio *m.* space
España *f.* Spain
español *m.* Spanish (*language*)
español(a) *adj.* Spanish; Spaniard
esparcir *v.* to spread **6**
espárragos *m., pl.* asparagus
especialización *f.* major
especializado/a *adj.* specialized
especie *f.* **en peligro (de extinción)** endangered species
espectacular *adj.* spectacular
espectáculo *m.* show; performance
espectador(a) *m., f.* spectator
espejo *m.* mirror
esperanza *f.* hope
esperar *v.* to hope; to wish
esperar (+ *inf.*) *v.* to wait (for); to hope
espiar *v.* to spy **5**
esposo/a *m., f.* husband/wife; spouse **3**
esquí *m.* skiing
esquí acuático (water) skiing
esquí alpino downhill skiing
esquí de fondo cross country skiing
esquiar *v.* to ski
esquina *f.* corner **2**
está he/she/it is; you are
Está bien. That's fine.
Está (muy) despejado. It's (very) clear. (*weather*)
Está lloviendo. It's raining.
Está nevando. It's snowing.
Está (muy) nublado. It's (very) cloudy. (*weather*)
esta(s) *f., adj.* this; these
esta noche tonight
ésta(s) *f., pron.* this (one); these (ones)
Ésta es… This is… (*introducing someone*)
establecer(se) *v.* to start; to establish (oneself) **6**
estación *f.* station **2**; season
estación de autobuses bus station **2**
estación de bomberos fire station **2**
estación de(l) metro subway station
estación de policía police station **2**
estación de tren(es) train station **2**
estacionamiento *m.* parking lot **2**
estacionar *v.* to park
estadio *m.* stadium **2**
estado civil *m.* marital status
Estados Unidos *m., pl.* (EE.UU.; E.U.) United States
estadounidense *adj.* from the United States
estampado/a *adj.* print
estampilla *f.* stamp
estante *m.* bookcase; bookshelves
estantería *f.* bookcase
estar *v.* to be
estar a la/en venta *v.* to be on sale **4**
estar a (veinte kilómetros) de aquí to be (twenty kilometers) from here
estar a dieta to be on a diet
estar aburrido/a to be bored
estar afectado/a (por) to be affected (by)
estar bajo control to be under control
estar bajo presión to be under pressure **4**
estar cansado/a to be tired
estar contaminado/a to be polluted
estar de acuerdo to agree
Estoy (completamente) de acuerdo. I agree (completely).
No estoy de acuerdo. I don't agree.
estar de moda to be in fashion
estar de vacaciones *f., pl.* to be on vacation
estar embarazada to be pregnant **6**
estar en buena forma to be in good shape
estar enfermo/a to be sick
estar en paro to be unemployed **4**
estar harto/a to be fed up (with); to be sick (of) **1**
estar listo/a to be ready
estar perdido/a to be lost **2**
estar roto/a to be broken
estar seguro/a to be sure
estar torcido/a to be twisted; to be sprained
estatua *f.* statue
Este *m.* East
este *m., sing., adj.* this
éste *m., sing., pron.* this (one)
Éste es… *m.* This is… (*introducing someone*)
estéreo *m.* stereo
estilo *m.* style
estiramiento *m.* stretching
esto *neuter pron.* this; this thing
estómago *m.* stomach
estornudar *v.* to sneeze
estos *m., pl., adj.* these
éstos *m., pl., pron.* these (ones)
estrella *f.* star
estrella de cine *m., f.* movie star
estrella fugaz shooting star

estrenar (una película) *v.* to release (a movie)
estreno *m.* premiere; new movie
estrés *m.* stress
estresado/a *adj.* stressed (out) **4**
estricto/a *adj.* strict **3**
estudiante *m., f.* student
estudiantil *adj.* student
estudiar *v.* to study
estufa *f.* stove
estupendo/a *adj.* stupendous
etapa *f.* stage
ético/a *adj.* ethical
  poco ético/a unethical
etnia *f.* ethnic group
evitar *v.* to avoid
examen *m.* test; exam
  examen médico physical exam
excelente *adj.* excellent
exceso *m.* excess; too much
excluido/a *adj.* excluded **6**
excursión *f.* hike; tour; excursion
excursionista *m., f.* hiker
exigente *adj.* demanding **3**
exigir *v.* to demand **4**
exiliado/a *m., f.* exile
  exiliado/a político/a political exile
éxito *m.* success
exitoso/a *adj.* successful **4**
expansión *f.* **(urbana)** (urban) sprawl
experiencia *f.* experience
experimento *m.* experiment
explicar *v.* to explain
explorar *v.* to explore
expulsar *v.* to expel; to dismiss
expresión *f.* expression
extinción *f.* extinction
extinguirse *v.* to become extinct
extranjero/a *adj.* foreign; *m., f.* foreigner; alien **3**
extrañar *v.* to miss (a person, a place) **6**
extraño/a *adj.* strange
extraterrestre *adj.* extraterrestrial; alien

F

fabricar *v.* to manufacture
fabuloso/a *adj.* fabulous
facciones *f., pl.* features **2**
facha *f.* look **6**
fácil *adj.* easy
falda *f.* skirt
fallecido/a *adj.* deceased
falso/a *adj.* insincere **1**
falta (de) *f.* lack (of)
faltar *v.* to lack; to need
fama *f.* fame
familia *f.* family
familiares *m.* relatives **1**
famoso/a *adj.* famous
fantasía *f.* fantasy
fantasma *m.* ghost
fantástico/a *adj.* imaginary
farmacia *f.* pharmacy
fascinar *v.* to fascinate
favorito/a *adj.* favorite
fax *m.* fax (machine)
fe *f.* faith
febrero *m.* February
fecha *f.* date
felicidad *f.* happiness
  ¡Felicidades! Congratulations!
  ¡Felicitaciones! Congratulations!
feliz *adj.* happy
  ¡Feliz cumpleaños! Happy birthday!
fenomenal *adj.* great; phenomenal
fenómeno *m.* phenomenon
feo/a *adj.* ugly
feria *f.* fair
festejar *v.* to celebrate
festival *m.* festival
fidelidad *f.* faithfulness **1**
fiebre *f.* fever
fiesta *f.* party
fijo/a *adj.* fixed; set
fila *f.* line **2**
fin *m.* end
  fin de semana weekend
finalmente *adv.* finally
financiero/a *adj.* financial **4**
firmar *v.* to sign (a document) **3**
física *f.* physics
físico/a *m., f.* physicist
flan (de caramelo) *m.* baked (caramel) custard
flauta *f.* flute
flexible *adj.* flexible
flor *f.* flower
flotar *v.* to float
foca *f.* seal (*animal*)
folklórico/a *adj.* folk; folkloric
folleto *m.* brochure
fondo *m.* end, bottom
forma *f.* shape
formulario *m.* form
fortalecer(se) *v.* to grow stronger; to strengthen **1, 5**
foto(grafía) *f.* photograph
fotógrafo/a *m., f.* photographer
fracaso *m.* failure **5**
fraile (fray) *m.* friar; monk (Brother) **3**
francés, francesa *adj.* French
frasquito *m.* little bottle
frecuentemente *adv.* frequently
frenos *m., pl.* brakes
fresco/a *adj.* cool
frijoles *m., pl.* beans
frío/a *adj.* cold
frito/a *adj.* fried
frontera *f.* border **6**
fruta *f.* fruit
frutería *f.* fruit store
frutilla *f.* strawberry
fuego *m.* fire
fuente *f.* source
fuente *f.* **de fritada** platter of fried food
fuera *adv.* outside
fuerte *adj.* strong
fuerza *f.* force **5**
fumar *v.* to smoke
funcionar *v.* to work; to function
fútbol *m.* soccer
  fútbol americano *m.* football
futuro/a *adj.* future
  en el futuro in the future

G

gafas (de sol) *f., pl.* (sun)glasses
  gafas (oscuras) *f., pl.* (sun)glasses
galaxia *f.* galaxy
galleta *f.* cookie
ganancia *f.* profit **3**
ganar *v.* to win; to earn (money)
  ganar las elecciones to win elections **5**
  ganar un partido to win a game
  ganarse la vida to earn a living **4**
ganga *f.* bargain
garaje *m.* garage; (mechanic's) repair shop; garage (*in a house*)
garganta *f.* throat
garra *f.* claw
gasoducto *m.* gas pipeline **4**
gasolina *f.* gasoline
gasolinera *f.* gas station
gastar *v.* to spend (money) **4**
gato *m.* cat
gemelo/a *m., f.* twin **3**
gen *m.* gene
género *m.* genre
genética *f.* genetics
genial *adj.* wonderful **1**
gente *f.* people **2**
geografía *f.* geography
gerente *m., f.* manager **4**
gimnasio *m.* gymnasium
gobernar (e:ie) *v.* to govern **5**
gobierno *m.* government **5**
golf *m.* golf
golpe *m.* blow, hit
  golpe de estado coup d'état **5**
golpear *v.* to beat (a drum)
gordo/a *adj.* fat
gozar (de) *v.* to enjoy **6**
grabadora *f.* tape recorder
grabar *v.* to record
  grabar (un CD) to burn (a CD)
gracias *f., pl.* thank you; thanks
  Gracias por todo. Thanks for everything.
  Gracias una vez más. Thanks again.
gracioso/a *adj.* funny **1**
graduarse (de/en) *v.* to graduate (from/in)
gran, grande *adj.* big; large
grasa *f.* fat
gratis *adj.* free of charge
grave *adj.* grave; serious
gravedad *f.* gravity
gravísimo/a *adj.* extremely serious
grillo *m.* cricket
gripe *f.* flu
gris *adj.* gray
gritar *v.* to scream; to shout
grupo *m.* **musical** musical group, band
guantes *m., pl.* gloves
guapo/a *adj.* handsome; good-looking
guardar *v.* to save (on a computer)
guerra *f.* war **5**
  guerra civil civil war **5**
guía *m., f.* guide
guiar *v.* to guide **6**
guion *m.* script **1**
guita *f.* cash; dough (slang)
gusano/a *m., f., (pej., lit.* worm) Cuban exile **3**
gustar *v.* to be pleasing to; to like
  Me gustaría... I would like...
gusto *m.* pleasure
  El gusto es mío. The pleasure is mine.
  Gusto de verlo/la. *form.* It's nice to see you.
  Gusto de verte. *fam.* It's nice to see you.

Mucho gusto. Pleased to meet you.
¡Qué gusto volver a verlo/la! *form.* I'm happy to see you again!
¡Qué gusto volver a verte! *fam.* I'm happy to see you again!

H

haber *(auxiliar) v.* to have (done something)
Ha sido un placer. It's been a pleasure.
habitación *f.* room
habitación doble double room
habitación individual single room
habitante *m., f.* inhabitant
hablar *v.* to talk; to speak
hacer *v.* to do; to make
Hace buen tiempo. The weather is good.
Hace (mucho) calor. It's (very) hot. (*weather*)
Hace fresco. It's cool. (*weather*)
Hace (mucho) frío. It's (very) cold. (*weather*)
Hace mal tiempo. The weather is bad.
Hace (mucho) sol. It's (very) sunny. (*weather*)
Hace (mucho) viento. It's (very) windy. (*weather*)
hacer cola to stand in line; to wait in line
hacer diligencias to run errands **2**
hacer ejercicio to exercise
hacer ejercicios aeróbicos to do aerobics
hacer ejercicios de estiramiento to do stretching exercises
hacer el papel (de) to play the role (of)
hacer falta to be necessary
hacer gimnasia to work out
hacer juego (con) to match (with)
hacer la cama to make the bed
hacer las maletas to pack (one's) suitcases
hacer quehaceres domésticos to do household chores
hacer turismo to go sightseeing
hacer un esfuerzo to make an effort **6**
hacer un viaje to take a trip
hacer una excursión to go on a hike; to go on a tour
hacia *prep.* toward
hallazgo *m.* discovery
hambre *f.* hunger **5**
hamburguesa *f.* hamburger
hasta *prep.* until; toward
Hasta la vista. See you later.
Hasta luego. See you later.
Hasta mañana. See you tomorrow.
hasta que until
Hasta pronto. See you soon.
hay there is; there are
Hay (mucha) contaminación. It's (very) smoggy.
Hay (mucha) niebla. It's (very) foggy.
Hay que... It is necessary that...
No hay duda de... There's no doubt...
No hay de qué. You're welcome.
hecho *m.* fact
hecho/a *p.p.* done
heladería *f.* ice cream shop
helado/a *adj.* iced
helado *m.* ice cream
heredar *v.* to inherit **3**
herencia *f.* heritage
herencia cultural cultural heritage **6**
hermanastro/a *m., f.* stepbrother/stepsister **3**
hermano/a *m., f.* brother/sister
hermano/a gemelo/a *m., f.* twin brother/sister
hermano/a mayor/menor *m., f.* older/younger brother/sister
hermanos *m., pl.* siblings (brothers and sisters)
hermoso/a *adj.* beautiful
herramienta *f.* tool
heterogéneo/a *adj.* heterogeneous
híbrido/a *adj.* hybrid
hierba *f.* grass
hijastro/a *m., f.* stepson/stepdaughter
hijo/a *m., f.* son/daughter
hijo/a único/a *m., f.* only child **3**
hijos *m., pl.* children
hipocresía *f.* hypocrisy **5**
historia *f.* history; story **1**
historiador(a) *m., f.* historian
hockey *m.* hockey
hogar *m.* home
hoja *f.* leaf
hola *interj.* hello; hi
hombre *m.* man
hombre de negocios *m.* businessman **4**
homenajear a los dioses *v.* to pay homage to the gods
homogeneidad *f.* homogeneity
honrado/a *adj.* honest **3**
hora *f.* hour; the time
horario *m.* schedule
horario de trabajo work schedule **4**
horno *m.* oven
horno de microondas microwave oven
horóscopo *m.* horoscope
horror *m.* horror
de horror horror (genre)
hospital *m.* hospital
hotel *m.* hotel
hoy *adv.* today
hoy día *adv.* nowadays
Hoy es... Today is...
huelga *f.* strike (*labor*) **5**
hueso *m.* bone
huésped *m., f.* guest
huevo *m.* egg
huir *v.* to flee **5**
humanidad *f.* humankind, humanity **6**
humanidades *f., pl.* humanities
hundir *v.* to sink
huracán *m.* hurricane

I

ida *f.* one way (*travel*)
idea *f.* idea
ideales *m., pl.* principles; ideals **6**
idioma *m.* language
idioma oficial official language **6**
iglesia *f.* church
igual *adj.* equal **5**
igualdad *f.* equality **5**
igualmente *adv.* likewise
ilegal *adj.* illegal
imparcial *adj.* impartial; unbiased
impermeable *m.* raincoat
importante *adj.* important
importar *v.* to be important to; to matter
imposible *adj.* impossible
impresora *f.* printer
imprimir *v.* to print
improbable *adj.* improbable
impuesto *m.* tax **4**
inalámbrico/a *adj.* wireless
inaudito/a *adj.* unprecedented
incapaz *adj.* incapable; incompetent **4**
incendio *m.* fire
incertidumbre *f.* uncertainty **6**
inconformista *adj.* nonconformist **6**
increíble *adj.* incredible
independizarse *v.* to become independent **3**
indicar el camino *v.* to give directions **2**
indiferencia *f.* indifference **5**
individual *adj.* private (*room*)
inesperado/a *adj.* unexpected **2**
inestabilidad *f.* instability **6**
infección *f.* infection
infidelidad *f.* unfaithfulness **1**
inflación *f.* inflation **5**
influencia *f.* influence
influir *v.* to influence **5**
influyente *adj.* influential
informar *v.* to inform
informática *f.* computer science
informe *m.* report; paper (*written work*) **5**
ingeniero/a *m., f.* engineer
ingenuo/a *adj.* naïve **2**
inglés *m.* English (*language*)
inglés, inglesa *adj.* English
injusticia *f.* injustice **5**
injusto/a *adj.* unfair **5**
inmigración *f.* immigration **6**
inmigrante *m., f.* immigrant **1**
innovador(a) *adj.* innovative
inocencia *f.* innocence
inodoro *m.* toilet
inolvidable *adj.* unforgettable **1**
inseguridad *f.* insecurity; lack of safety **5**
inseguro/a *adj.* insecure **1**
insistir (en) *v.* to insist (on)
insoportable *adj.* unbearable **3**
inspector(a) de aduanas *m., f.* customs inspector
instituto *m.* high school **5**
integración *f.* integration **6**
integrarse (a) *v.* to become part (of); to fit in **6**
inteligente *adj.* intelligent
intentar *v.* to try
intercambiar *v.* to exchange
interesante *adj.* interesting
interesar *v.* to be interesting to; to interest
internacional *adj.* international
Internet Internet
interrogante *m.* question; doubt
intoxicar *v.* to poison
intruso/a *m., f.* intruder **4**
inundación *f.* flood
inventar *v.* to invent
invento *m.* invention
inversionista *m., f.* investor **4**
invertir (e:ie) *v.* to invest **4**
investigador(a) *m., f.* researcher
investigar *v.* to research; to investigate
invierno *m.* winter
invisible *adj.* invisible
invitado/a *m., f.* guest (*at a function*)
invitar *v.* to invite
invocar *v.* to invoke; call on
inyección *f.* injection
ir *v.* to go
ir a (+ *inf.*) to be going to do something

ir de compras to go shopping
ir de excursión (a las montañas) to go for a hike (in the mountains)
ir de pesca to go fishing
ir de vacaciones to go on vacation
ir en autobús to go by bus
ir en auto(móvil) to go by auto(mobile); to go by car
ir en avión to go by plane
ir en barco to go by boat
ir en metro to go by subway
ir en motocicleta to go by motorcycle
ir en taxi to go by taxi
ir en tren to go by train
irse *v.* to go away; to leave
italiano/a *adj.* Italian
izquierdo/a *adj.* left
a la izquierda de to the left of

J

jabón *m.* soap
jamás *adv.* never; not ever
jamón *m.* ham
japonés, japonesa *adj.* Japanese
jardín *m.* garden; yard **6**
jefe/a *m., f.* boss
joven *adj.* young
joven *m., f.* youth; young person
joyería *f.* jewelry store
jubilarse *v.* to retire (*from work*) **4**
juego *m.* game
juego de mesa board game
jueves *m., sing.* Thursday
juez(a) *m., f.* judge **3, 6**
jugador(a) *m., f.* player
jugar (u:ue) *v.* to play
jugar a las cartas *f., pl.* to play cards
jugo *m.* juice
jugo de fruta fruit juice
juguete *m.* toy **5**
juicio *m.* judgment **5**
julio *m.* July
jungla *f.* jungle
junio *m.* June
juntos/as *adj.* together
jurar *v.* to promise **6**
justicia *f.* justice **5**
justo/a *adj.* just; fair **5**
juventud *f.* youth **3**
juzgar *v.* to judge **5**

K

kilómetro *m.* kilometer

L

la *f., sing., def. art.* the
la *f., sing., d.o. pron.* her, it; *form.* you
laboratorio *m.* laboratory
ladrillo *m.* brick **6**
ladrón/ladrona m., *f.* thief **5**
lagarto *m.* lizard
lago *m.* lake
laico/a *adj.* secular; lay **5**
lamentar *v.* to regret; to be sorry about **3**
lámpara *f.* lamp
lana *f.* wool
langosta *f.* lobster
lápiz *m.* pencil
largo/a *adj.* long
a largo plazo *adj.* long-term **4**
las *f., pl., def. art.* the
las *f., pl., d.o. pron.* them; *form.* you
lástima *f.* shame
lastimar(se) *v.* to injure (oneself)
lastimarse el pie to injure one's foot
lata *f.* (*tin*) can
lavabo *m.* sink
lavadora *f.* washing machine
lavandería *f.* laundromat
lavaplatos *m., sing.* dishwasher
lavar *v.* to wash
lavar (el suelo, los platos) to wash (the floor, the dishes)
lavarse *v.* to wash oneself
lavarse la cara to wash one's face
lavarse las manos to wash one's hands
lazo *m.* tie **1**
le *sing., i.o. pron.* to/for him; her; *form.* you
Le presento a... *form.* I would like to introduce... to you.
lección *f.* lesson
leche *f.* milk
lechuga *f.* lettuce
el/la lector(a) *m., f.* reader **1**
leer *v.* to read
leer correo electrónico to read e-mail
leer un periódico to read a newspaper
leer una revista to read a magazine
legal *adj.* legal
leído/a *p.p.* read
lejos de *prep.* far from
lengua *f.* language
lenguas extranjeras *f., pl.* foreign languages
lengua materna mother tongue **6**
lentes de contacto *m., pl.* contact lenses
lentes (de sol) (sun)glasses
lento/a *adj.* slow
león *m.* lion
les *pl., i.o. pron.* to/for them; *form.* you
letra *f.* lyrics
letrero *m.* sign; billboard **2**
levantar *v.* to lift
levantar pesas to lift weights
levantarse *v.* to get up
ley *f.* law **5**
liberal *adj.* liberal **5**
libertad *f.* liberty; freedom **5**
libertad de prensa freedom of the press
libre *adj.* free
librería *f.* bookstore
libro *m.* book
licencia de conducir *f.* driver's license
ligar *v.* to flirt; to hook up **1**
limón *m.* lemon
limpiar *v.* to clean
limpiar la casa to clean the house
limpieza *f.* cleaning
limpieza étnica ethnic cleaning
limpio/a *adj.* clean
línea *f.* line
lío *m.* mess **5**
listo/a *adj.* ready; smart
literatura *f.* literature
llamar *v.* to call
llamar por teléfono to call on the phone
llamarse *v.* to be called; to be named
llanta *f.* tire
llave *f.* key
llegada *f.* arrival
llegar *v.* to arrive
llenar *v.* to fill
llenar el tanque to fill the tank
llenar (un formulario) to fill out (a form)
lleno/a *adj.* full **2**
llevar *v.* to carry; to wear; to take
llevar una vida sana to lead a healthy lifestyle
llevarse bien/mal/fatal (con) to get along well/ badly/terribly (with) **1**
llover (o:ue) *v.* to rain
Llueve. It's raining.
lluvia *f.* rain
lluvia ácida acid rain
lo *m., sing. d.o. pron.* him, it; *form.* you
¡Lo hemos pasado de película! We've had a great time!
¡Lo hemos pasado maravillosamente! We've had a great time!
lo mejor the best (thing)
Lo pasamos muy bien. We had a very good time.
lo peor the worst (thing)
lo que that which; what
Lo siento. I'm sorry.
Lo siento muchísimo. I'm so sorry.
lobo *m.* wolf
loco/a *adj.* crazy
locura *f.* craziness
locutor(a) *m., f.* **(de radio/televisión)** (radio/TV) announcer
lograr *v.* to attain; to achieve **6**
lomo a la plancha *m.* grilled flank steak
los *m., pl., def. art.* the
los *m. pl., d.o. pron.* them; *form.* you
lotería *f.* lottery
lucha *f.* struggle; fight **5**
luchar (contra/por) *v.* to fight **6**; to struggle (against/for)
luego *adv.* then; *adv.* later
lugar *m.* place
lujo *m.* luxury **6**
luna *f.* moon
lunares *m.* polka dots
lunes *m., sing.* Monday
luz *f.* light **1**; electricity

M

madera *f.* wood
madrastra *f.* stepmother **3**
madre *f.* mother
madrugada *f.* early morning **2**
madurez *f.* maturity; middle age
maduro/a *adj.* mature **1**
maestro/a *m., f.* teacher
magnífico/a *adj.* magnificent
maíz *m.* corn
mal, malo/a *adj.* bad
maleducado/a *adj.* ill-mannered **3**
malcriar *v.* to spoil **3**
maleta *f.* suitcase
malgastar *v.* to waste
maltrato *m.* abuse; mistreatment **6**

mamá *f.* mom
mandar *v.* to order; to send; to mail
mandón/mandona *adj.* bossy **3**
manejar *v.* to drive
manera *f.* way
manifestación *f.* protest **3**
manifestante *m., f.* demonstrator **5**
mano *f.* hand
manta *f.* blanket
mantener (e:ie) *v.* to maintain
mantenerse en forma to stay in shape
mantenimiento *m.* maintenance **6**
mantequilla *f.* butter
manzana *f.* apple
mañana *f.* morning, A.M.; *adv.* tomorrow
mapa *m.* map
maqueta *f.* model **6**
maquillaje *m.* makeup
maquillarse *v.* to put on makeup
máquina *f.* machine **4**
mar *m.* sea
maravilloso/a *adj.* marvelous
marcar (un gol/un punto) *v.* to score (a goal/a point)
marcharse *v.* to leave
mareado/a *adj.* dizzy; nauseated
margarina *f.* margarine
mariscos *m., pl.* shellfish
marrón *adj.* brown
martes *m., sing.* Tuesday
martillo *m.* hammer **6**
marzo *m.* March
más *pron.* more
más de (+ *number*) more than
más tarde later (on)
más... que more... than
masaje *m.* massage
matar *v.* to kill **5**
matarse *v.* to kill oneself **5**
matemáticas *f., pl.* mathematics
matemático/a *m., f.* mathematician
materia *f.* course
matriarcado *m.* matriarchy
matrimonio *m.* marriage **1**
máximo/a *adj.* maximum
mayo *m.* May
mayonesa *f.* mayonnaise
mayor *adj.* older
el/la mayor *adj.* eldest/oldest
me *sing., d.o. pron.* me; *sing. i.o. pron.* to/for me
Me duele mucho. It hurts me a lot.
Me gusta... I like...
No me gustan nada. I don't like them at all.
Me gustaría(n)... I would like...
Me llamo... My name is...
Me muero por... I'm dying to/for...
mecánico/a *m., f.* mechanic
mediano/a *adj.* medium
medianoche *f.* midnight
medias *f., pl.* pantyhose; stockings
medicamento *m.* medication
medicina *f.* medicine
médico/a *m., f.* doctor; *adj.* medical
medio/a *adj.* half
medio *m.* **ambiente** environment
y media thirty minutes past the hour (*time*)
medio/a hermano/a *m., f.* half brother/sister **3**
mediodía *m.* noon
medios (de comunicación) *m., pl.* means of communication; media
mejor *adj.* better
el/la mejor *m., f.* the best
mejora *f.* improvement
mejorar *v.* to improve
melocotón *m.* peach
menor *adj.* younger
el/la menor *m., f.* youngest
menos *adv.* less
menos cuarto..., menos quince... quarter to... (*time*)
menos de (+ *number*) fewer than
menos... que less... than
mensaje *m.* message
mensaje de texto text message
mensaje electrónico e-mail message
mente *f.* mind
mentira *f.* lie **4**
mentiroso/a *adj.* lying; liar **1**
menú *m.* menu
mercado *m.* market **4**
mercado al aire libre open-air market
merecer *v.* to deserve **1**
merendar (e:ie) *v.* to snack; to have an afternoon snack
merienda *f.* afternoon snack
mes *m.* month
mesa *f.* table
mesero/a *m., f.* waiter/waitress **2**
mesita *f.* end table
mesita de noche night stand
meta *f.* goal **6**
meterse *v.* to break in(to a conversation)
metro *m.* subway **2**
mexicano/a *adj.* Mexican
México *m.* Mexico
mezclar *v.* to mix **6**
mí *pron., obj. of prep.* me
mi(s) *poss. adj.* my
microondas *f., sing.* microwave
horno *m.* **de microondas** microwave oven
miedo *m.* fear **6**
mientras *adv.* while
miércoles *m., sing.* Wednesday
mil *m.* one thousand
mil millones billion
Mil perdones. I'm so sorry. (*lit.* A thousand pardons.)
milla *f.* mile
millón *m.* million
millones (de) millions (of)
milonga *f. type of dance music from the Río de la Plata area in Argentina;* tango club/event **2**
mimar *v.* to pamper **3**
mineral *m.* mineral
minuto *m.* minute
mío/a(s) *poss.* my; (of) mine
mirada *f.* gaze; look **2**
mirar *v.* to look (at); to watch
mirar (la) televisión to watch television
misa *f.* mass
mismo/a *adj.* same
mito *m.* myth
mochila *f.* backpack
moda *f.* fashion
módem *m.* modem
moderno/a *adj.* modern
modo *m.* means; manner **6**
molestar *v.* to bother; to annoy
monitor *m.* (computer) monitor
monitor(a) *m., f.* trainer
mono/a *m., f.* monkey
monolingüe *adj.* monolingual **6**
montaña *f.* mountain
montar *v.* **a caballo** to ride a horse
monumento *m.* monument
mora *f.* blackberry
morado/a *adj.* purple
moreno/a *adj.* brunet(te)
morir (o:ue) *v.* to die
mostrar (o:ue) *v.* to show
motocicleta *f.* motorcycle
motor *m.* motor
muchacho/a *m., f.* boy; girl
mucho/a *adj., adv.* a lot of; much; many
(Muchas) gracias. Thank you (very much); Thanks (a lot).
muchas veces *adv.* a lot; many times
Muchísimas gracias. Thank you very, very much.
Mucho gusto. Pleased to meet you.
muchísimo very much
mudarse *v.* to move (from one house to another) **1, 3**
muebles *m., pl.* furniture
muela *f.* tooth
muerte *f.* death **3**
muerto/a *p.p.* dead
mujer *f.* woman
mujer de negocios *f.* business woman **4**
mujer policía *f.* policewoman **2**
mujeriego *m.* womanizer
multa *f.* fine **4**
mundial *adj.* worldwide
Mundial *m.* World Cup
mundo *m.* world
municipal *adj.* municipal
músculo *m.* muscle
museo *m.* museum **2**
música *f.* music
musical *adj.* musical
músico/a *m., f.* musician
musulmán/musulmana *m., f.* Muslim **5**
muy *adv.* very
Muy amable. That's very kind of you.
(Muy) bien, gracias. (Very) well, thanks.

N

nacer *v.* to be born
nacimiento *m.* birth **3**
nacional *adj.* national
nacionalidad *f.* nationality
nada *pron.* nothing; not anything
nada mal not bad at all
nadar *v.* to swim
nadie *pron.* no one, nobody; not anyone
naipes *m., pl.* (playing) cards
naranja *f.* orange
nariz *f.* nose
natación *f.* swimming
natalidad *f.* birthrate **6**
natural *adj.* natural
naturaleza *f.* nature
nave espacial *f.* spacecraft
navegar (en la red, en Internet) *v.* to surf (the web, the Internet)

Navidad *f.* Christmas
necesario/a *adj.* necessary
necesitar (+ ***inf.*****)** *v.* to need
negar (e:ie) *v.* to deny
negativo/a *adj.* negative
negocios *m., pl.* business; commerce
negro/a *adj.* black
nervioso/a *adj.* nervous
nevar (e:ie) *v.* to snow
Nieva. It's snowing.
ni...ni *conj.* neither... nor
niebla *f.* fog
nieto/a *m., f.* grandson/granddaughter **3**
nieve *f.* snow
ningún; ninguna; ningunos/as *adj.* no; not any
ninguno/a(s) *pron.* no; none; not any
niñez *f.* childhood **3**
niño/a *m., f.* child **3**
nivel *m.* level
nivel de vida standard of living **6**
no *adv.* no; not
¿no? right?
No cabe duda de... There is no doubt...
No es así. That's not the way it is.
No es para tanto. It's not a big deal.
no es seguro it's not sure
no es verdad it's not true
No está nada mal. It's not bad at all.
no estar de acuerdo to disagree
No estoy seguro. I'm not sure.
no hay there is/are not
No hay de qué. You're welcome.
No hay duda de... There is no doubt...
No hay problema. No problem.
¡No me diga(s)! You don't say!
No me gustan nada. I don't like them at all.
no muy bien not very well
No quiero. I don't want to.
No sé. I don't know.
No se preocupe. *form.* Don't worry.
No te preocupes. *fam.* Don't worry.
no tener razón to be wrong
noche *f.* night
nombre *m.* name
nombre de usuario user name
Norte *m.* North
norteamericano/a *adj.* (North) American
nos *pl., d.o. pron.* us; *pl., i.o. pron.* to/for us
Nos divertimos mucho. We had a lot of fun.
Nos vemos. See you.
nosotros/as *sub. pron.* we; *ob. pron.* us
nostalgia *f.* nostalgia **6**
noticias (internacionales/locales/nacionales) *f., pl.* (international/local/national) news
noticiero *m.* newscast
novecientos/as *adj.* nine hundred
novedad *f.* new development
noveno/a *adj.* ninth
noventa *adj.* ninety
noviembre *m.* November
novio/a *m., f.* boyfriend/girlfriend
nube *f.* cloud
nublado/a *adj.* cloudy
Está (muy) nublado. It's (very) cloudy.
nuclear *adj.* nuclear
nuera *f.* daughter-in-law **3**
nuestro/a(s) *poss. adj.* our; (of ours)
nueve *adj.* nine
nuevo/a *adj.* new
número *m.* number; (shoe) size
nunca *adj.* never; not ever
nutrición *f.* nutrition
nutricionista *m., f.* nutritionist

O

o *conj.* or
o... o *conj.* either... or
obedecer *v.* to obey
obra *f.* work (*of art, literature, music, etc.*)
obra maestra masterpiece
obra de teatro theater play
obrero/a *m., f.* blue-collar worker **4**
obtener *v.* to obtain; to get
obvio/a *adj.* obvious
océano *m.* ocean
ochenta *adj.* eighty
ocho *adj.* eight
ochocientos/as *adj.* eight hundred
ocio *m.* leisure
octavo/a *adj.* eighth
octubre *m.* October
ocupación *f.* occupation
ocupado/a *adj.* busy
ocurrir *v.* to occur; to happen
odiar *v.* to hate **1**
Oeste *m.* West
oferta *f.* offer
oficina *f.* office
oficinista *m., f.* office worker
oficio *m.* trade
ofrecer *v.* to offer
oído *m.* (sense of) hearing; inner ear
oído/a *p.p.* heard
oír *v.* to hear
Oiga/Oigan. *form., sing./pl.* Listen. (*in conversation*)
Oye. *fam., sing.* Listen. (*in conversation*)
ojalá (que) *interj.* I hope (that); I wish (that)
ojo *m.* eye
olor *m.* smell
olvidar *v.* to forget
olvido *m.* forgetfulness; oblivion **1**
once *adj.* eleven
ópera *f.* opera
operación *f.* operation
opinar *v.* to express an opinion; to think
opresión *f.* oppression **3**
oprimido/a *adj.* oppressed **5**
ordenado/a *adj.* orderly
ordinal *adj.* ordinal (*number*)
oreja *f.* (outer) ear
orgullo *m.* pride **5**
orgulloso/a *adj.* proud **1**
orquesta *f.* orchestra
ortografía *f.* spelling
ortográfico/a *adj.* spelling
os *fam., pl. d.o. pron.* you; *fam., pl. i.o. pron.* to/for you
oso *m.* bear
otoño *m.* autumn
otro/a *adj.* other; another
otra vez again
oyente *m., f.* listener

P

paciencia *f.* patience **6**
paciente *m., f.* patient
pacífico/a *adj.* peaceful **5**
pacifista *adj.* pacifist **5**
padrastro *m.* stepfather **3**
padre *m.* father
padres *m., pl.* parents
pagar *v.* to pay
pagar a plazos to pay in installments
pagar al contado to pay in cash
pagar en efectivo to pay in cash
pagar la cuenta to pay the bill
página *f.* page
página principal *f.* home page
país *m.* country
paisaje *m.* landscape; scenery
pájaro *m.* bird
palabra *f.* word
pan *m.* bread
pan tostado *m.* toasted bread
panadería *f.* bakery
pancarta *f.* banner; sign **3**
pantalla *f.* screen
pantalones *m., pl.* pants
pantalones cortos *m., pl.* shorts
pantuflas *f.* slippers
pañuelo *m.* headscarf **5**
papa *f.* potato
papas fritas *f., pl.* fried potatoes; French fries
papá *m.* dad
papás *m., pl.* parents
papel *m.* paper; role
papelera *f.* wastebasket
paquete *m.* package
par *m.* pair
par de zapatos pair of shoes
para *prep.* for; in order to; by; used for; considering
para que so that
parabrisas *m., sing.* windshield
parada *f.* stop **2**
parada de autobús bus stop **2**
parada de metro subway stop **2**
parar *v.* to stop **2**
parcial *adj.* biased
parcialidad *f.* bias
parecer *v.* to seem
parecerse (c:zc) *v.* to look alike **3**; **parecerse (a)** to resemble, to look like **2**
pared *f.* wall **6**
pareja *f.* (married) couple; partner **1**
pariente *m., f.* relative **3, 6**
parientes *m., pl.* relatives
parque *m.* park
parque de atracciones amusement park
párrafo *m.* paragraph
parte: de parte de on behalf of
partido *m.* game; match (*sports*)
partido político *m.* political party **5**
partir *v.* to split
partirse de risa *v.* to split one's sides laughing
pasado/a *adj.* last, past
pasado *p.p.* passed
pasaje *m.* ticket
pasaje de ida y vuelta roundtrip ticket
pasajero/a *m., f.* passenger **2**; *adj.* fleeting **1**
pasamontañas *m.* ski mask

pasaporte *m.* passport
pasar *v.* to go through; to pass
pasar la aspiradora to vacuum
pasar por el banco to go by the bank
pasar por la aduana to go through customs
pasar tiempo to spend time
pasarlo/la bien/mal to have a good/bad time **2**
pasatiempo *m.* pastime; hobby
pasear *v.* to take a walk; to stroll; to go for a walk **2**
pasear en bicicleta to ride a bicycle
pasear por to walk around
pasillo *m.* hallway
pasta *f.* **de dientes** toothpaste
pastel *m.* cake; pie
pastel de chocolate chocolate cake
pastel de cumpleaños birthday cake
pastelería *f.* pastry shop
pastilla *f.* pill; tablet
pata *f.* **de conejo** rabbit's foot
patata *f.* potato
patatas fritas *f., pl.* fried potatoes; French fries
patear *v.* to kick
patente *f.* patent
patinar (en línea) *v.* to (in-line) skate
patineta *f.* skateboard
patio *m.* patio; yard
patria *f.* homeland **1, 3**
pavo *m.* turkey
paz *f.* peace **5**
peatón/peatona *m., f.* pedestrian **2**
pedazo *m.* piece
pedazo de lata piece of junk **4**
pedir (e:i) *v.* to ask for; to request; to order (*food*)
pedir prestado *v.* to borrow **4**
pedir un préstamo *v.* to apply for a loan
pegar *v.* to hit **4, 5**
peinarse *v.* to comb one's hair
pelear(se) *v.* to fight (with one another) **5, 3**
película *f.* movie
peligro *m.* danger
peligroso/a *adj.* dangerous
pelirrojo/a *adj.* red-haired
pelo *m.* hair
pelota *f.* ball
peluquería *f.* beauty salon
peluquero/a *m., f.* hairdresser
penicilina *f.* penicillin
pensar (e:ie) *v.* to think
pensar (+ *inf.*) to intend to; to plan to (do something)
pensar en to think about
pensión *f.* boardinghouse
peor *adj.* worse
el/la peor *adj.* the worst
pequeño/a *adj.* small
pera *f.* pear
perder (e:ie) *v.* to lose; to miss
perder las elecciones to lose elections **5**
perder un partido to lose a game
perder el tiempo *v.* to waste time
pérdida *f.* loss **3**
perdido/a *adj.* lost
Perdón. Pardon me.; Excuse me.
perezoso/a *adj.* lazy **4**
perfecto/a *adj.* perfect
periódico *m.* newspaper
periodismo *m.* journalism
periodista *m., f.* journalist
permiso *m.* permission
permitir *v.* to allow
pero *conj.* but
perro/a *m., f.* dog
persecución *f.* persecution
persona *f.* person
personaje *m.* character
personaje principal main character
pertenecer *v.* to belong **6**
pesas *f. pl.* weights
pesca *f.* fishing
pescadería *f.* fish market
pescado *m.* fish (*cooked*)
pescador(a) *m., f.* fisherman/fisherwoman
pescar *v.* to go fishing
peso *m.* weight
petróleo *m.* oil
pez *m.* fish (*live*)
pie *m.* foot
piedra (esculpida) *f.* (sculpted) stone **6**
pierna *f.* leg
pimienta *f.* black pepper
pintar *v.* to paint
pintor(a) *m., f.* painter
pintura *f.* painting; picture
piña *f.* pineapple
piscina *f.* swimming pool
piso *m.* floor (*of a building*)
pista de baile *f.* dance floor
pizarra *f.* blackboard
placer *m.* pleasure
Ha sido un placer. It's been a pleasure.
planchar la ropa *v.* to iron the clothes
planes *m., pl.* plans
planeta *m.* planet
planificar *v.* to plan **6**
plano *m.* blueprint; plan **6**
planta *f.* plant
planta baja *f.* ground floor
plantar *v.* to plant
plantilla *f.* staff **4**
plástico *m.* plastic
plata *f.* money (*in S. America*)
plato *m.* dish (*in a meal*); *m.* plate
plato principal *m.* main dish
playa *f.* beach
plaza *f.* city or town square **2**
plazos *m., pl.* periods; time
a corto/largo plazo *adj.* short-/long-term **4**
pluma *f.* pen
población *f.* population **6**
poblar *v.* to settle; to populate **2**
pobre *adj.* poor
pobreza *f.* poverty **4**
poco/a *adj.* little; few
podar *v.* to prune
poder (o:ue) *v.* to be able to; can
poder *m.* power **5**
poderoso/a *adj.* powerful **3**
poema *m.* poem
poesía *f.* poetry
poeta *m., f.* poet
polémica *f.* controversy **6**
policía *f.* police (force)
policía *m., f.* policeman/policewoman **2**
política *f.* politics **5**
político/a *m., f.* politician; *adj.* political **5**
pollo *m.* chicken
pollo asado roast chicken
ponchar *v.* to go flat
poner *v.* to put; to place; to turn on (*electrical appliances*)
poner la mesa *v.* to set the table
poner un disco compacto *v.* to play a CD
poner una inyección *v.* to give an injection
ponerse (+ *adj.*) *v.* to become; to put on
ponerse pesado/a to become annoying **1**
por *prep.* in exchange for; for; by; in; through; around; along; during; because of; on account of; on behalf of; in search of; by way of; by means of
por aquí around here
por delante ahead (of)
por ejemplo for example
por eso that's why; therefore
por favor please
por fin finally
por la mañana in the morning
por la noche at night
por la tarde in the afternoon
por lo menos at least
¿por qué? why?
Por supuesto. Of course.
por su cuenta on his/her own **1**
por teléfono by phone; on the phone
por último finally
porque *conj.* because
portada *f.* front page; cover
portátil *m.* portable
porvenir *m.* future
¡Por el porvenir! Here's to the future!
posesivo/a *adj.* possessive
posible *adj.* possible
(no) es posible it's (not) possible
postal *f.* postcard
portarse *v.* to behave
postre *m.* dessert
potable *adj.* drinkable
practicar *v.* to practice
practicar deportes to play sports
práctico/a *adj.* useful; practical
precio (fijo) *m.* (fixed; set) price
precioso/a *adj.* lovely **1**
predecir (e:i) *v.* to predict **6**
preferir (e:ie) *v.* to prefer
pregunta *f.* question
preguntar *v.* to ask (*a question*)
preguntar el camino to ask for directions **2**
prejucio social *m.* social prejudice **3**
premio *m.* prize; award
prender *v.* to turn on
prensa (sensacionalista) *f.* (sensationalist) press **4**
preocupación *f.* concern **6**
preocupado/a (por) *adj.* worried (about) **1**
preocuparse (por) *v.* to worry (about)
preparar *v.* to prepare
preposición *f.* preposition
presagio *m.* omen
prescindir (de) *v.* to do without **6**
presentación *f.* introduction
presentar *v.* to introduce; to present; to put on (*a performance*)
Le presento a... I would like to introduce (*name*) to you (*form.*)
Te presento a... I would like to introduce (name) to you (*fam.*)

presentimiento *m.* premonition
presidente/a *m., f.* president **5**
presiones *f., pl.* pressures
preso/a *m., f.* prisoner
prestaciones *f., pl.* social assistance **3**
prestado/a *adj.* borrowed
préstamo *m.* loan
prestar *v.* to lend; to loan **4**
presupuesto *m.* budget **4**
prevenir (e:ie) *v.* to prevent
previsto/a *adj.* foreseen **6**
primavera *f.* spring
primer, primero/a *adj.* first
primo/a *m., f.* cousin **3**
principal *adj.* main
prisa *f.* haste
darse prisa *v.* to hurry; to rush
probable *adj.* probable
(no) es probable it's (not) probable
probar (o:ue) *v.* to taste; to try
probarse (o:ue) *v.* to try on
problema *m.* problem
profesión *f.* profession
profesor(a) *m., f.* teacher
programa *m.* program
programa (de computación) software
programa de concursos game show
programa de entrevistas talk show
programa de telerrealidad reality show
programador(a) *m., f.* computer programmer
progreso *m.* progress **6**
prohibir *v.* to prohibit; to forbid
promocionarse *v.* to be promoted **4**
promulgar *v.* to enact (a law) **5**
pronombre *m.* pronoun
pronto *adv.* soon
propina *f.* tip
propio/a *adj.* own **3**
protagonista *m., f.* protagonist **1**
proteger *v.* to protect
protegido/a *adj.* protected
proteína *f.* protein
protestar *v.* to protest **6**
proveniente *adj.* (coming) from
próximo/a *adj.* next
prueba *f.* test; quiz; proof
psicología *f.* psychology
psicólogo/a *m., f.* psychologist
publicar *v.* to publish
publicidad *f.* advertising
público *m.* audience; public
pueblo *m.* town
puente *m.* bridge **2**
puerta *f.* door
Puerto Rico *m.* Puerto Rico
puertorriqueño/a *adj.* Puerto Rican
pues *conj.* well
puesto *m.* position; job **4**
puesto/a *p.p.* put
pulmón *m.* lung
puro/a *adj.* pure, clean

Q

que *pron.* that; which; who
¿En qué...? In which...?
¡Qué...! How...!
¡Qué dolor! What pain!
¡Qué ropa más bonita! What pretty clothes!
¡Qué sorpresa! What a surprise!
¿qué? what?
¿Qué día es hoy? What day is it?
¿Qué hay de nuevo? What's new?
¿Qué hora es? What time is it?
¿Qué les parece? What do you (*pl.*) think?
¿Qué pasa? What's happening? What's going on?
¿Qué pasó? What happened?
¿Qué precio tiene? What is the price?
¿Qué tal...? How are you?; How is it going?; How is/are...?
¿Qué talla lleva/usa? What size do you wear?
¿Qué tiempo hace? How's the weather?
quebrar *v.* to go bankrupt **4**
quedar *v.* to be left over; to fit (*clothing*); to be left behind; to be located **2**; to arrange to meet **2**
quedarse *v.* to stay; to remain **2**
quehaceres domésticos *m., pl.* household chores
quejarse (de) *v.* to complain (about) **3, 4**
quemado/a *adj.* burned (out)
quemar *v.* to burn
querer(se) (e:ie) *v.* to want; to love (each other) **1**
queso *m.* cheese
quien(es) *pron.* who; whom; that
¿quién(es)? who?; whom?
¿Quién es...? Who is...?
¿Quién habla? Who is speaking? (*telephone*)
química *f.* chemistry
químico/a *m., f.* chemist
quince *adj.* fifteen
menos quince quarter to (*time*)
y quince quarter after (*time*)
quinceañera *f.* fifteen-year-old girl
quinientos/as *adj.* five hundred
quinto/a *adj.* fifth
quisiera *v.* I would like
quitar *v.* to remove
quitar el polvo *v.* to dust
quitar la mesa *v.* to clear the table
quitarse *v.* to take off
quizás *adv.* maybe

R

racismo *m.* racism
radio *f.* radio
radioemisora *f.* radio station
radiografía *f.* X-ray
raíz *f.* root **3**
rancho *m.* ranch **6**
rápido/a *adv.* quickly
raro/a *adj.* weird **5**
rascacielos *m. sing.* skyscraper **2**
rasgo *m.* trait; feature
rato *m.* a while **5**
ratón *m.* mouse
ratos libres *m., pl.* free time
raya *f.* stripe
razón *f.* reason
realizar *v.* to carry out **6**
realizarse to become true; to fulfill **3**
rebaja *f.* sale
rebelde *adj.* rebellious **3**
rebeldía *f.* rebelliousness
recado *m.* (telephone) message
receta *f.* prescription; recipe
recetar *v.* to prescribe
rechazar *v.* to reject; to turn down **3, 6**
recibir *v.* to receive
reciclaje *m.* recycling
reciclar *v.* to recycle
recién casado/a *m., f.* newlywed
recoger *v.* to pick up
recomendar (e:ie) *v.* to recommend
reconocer (c:zc) *v.* to recognize **6**
recordar (o:ue) *v.* to remember
recorrer *v.* to travel (around a city) **2**
recorrido *m.* route; trip **2**
recreo *m.* recreation
recuerdo *m.* memento; souvenir
recursos *m., pl.* resources
recurso natural natural resource
red *f.* network; the Web
red de apoyo support network **1**
redactor(a) *m., f.* editor
reducir *v.* to reduce
reemplazar *v.* to replace **4**
refresco *m.* soft drink
refrigerador *m.* refrigerator
refugiado/a *m., f.* refugee **6**
refugiado/a de guerra *m., f.* war refugee **6**
refugiado/a político/a *m., f.* political refugee **6**
regalar *v.* to give (a gift)
regalo *m.* gift
regañar *v.* to scold **3**
regatear *v.* to bargain
región *f.* region; area
regla *f.* rule **5**
regresar *v.* to return
regreso *m.* return
regular *adj.* so-so; OK
reído *p.p.* laughed
reírse (e:i) *v.* to laugh
reja *f.* iron bar
relaciones *f., pl.* relationships
relaciones exteriores *f., pl.* foreign relations **5**
relajarse *v.* to relax **2**
religión *f.* religion **3**
reloj *m.* clock; watch
remodelar *v.* to remodel **6**
renovable *adj.* renewable
renovar *v.* to renew **4**
renunciar *v.* to quit **4**
repartir *v.* to distribute; to hand out **3**
repentino/a *adj.* sudden **2**
repetir (e:i) *v.* to repeat
reportaje *m.* (news) report
reportero/a *m., f.* reporter; journalist
represa *f.* dam **4**
representante *m., f.* representative
reproductor de DVD *m.* DVD player
reproductor de MP3 *m.* MP3 player
rescatado/a *adj.* rescued **5**
resfriado *m.* cold (*illness*)
residencia *f.* **estudiantil** dormitory
residente *m., f.* resident **3**
residir *v.* to reside **2**
resistir *v.* to resist
resolver (o:ue) *v.* to solve; to resolve
respetar *v.* to respect **3**

respirar *v.* to breathe **1**
respuesta *f.* answer
restaurante *m.* restaurant
resuelto/a *p.p.* resolved
reto *m.* challenge
reunión *f.* meeting **4**
reunirse (con) *v.* to get together (with)
revisar *v.* to check
  revisar el aceite *v.* to check the oil
revista *f.* magazine
revolucionario/a *adj.* revolutionary
rico/a *adj.* rich; *adj.* tasty; delicious
ridículo/a *adj.* ridiculous
riesgo *m.* risk **1**
río *m.* river
riqueza *f.* wealth **4**
riquezas *f., pl.* riches **4**
riquísimo/a *adj.* extremely delicious
ritmo *m.* rhythm
rito sagrado *m.* sacred ritual
rivalidad *f.* rivalry
robar *v.* to rob
robo *m.* robbery
rodar (o:ue) *v.* to shoot (a movie)
rodeado/a *adj.* surrounded **2**
rodear *v.* to surround **3**
rodilla *f.* knee
rogar (o:ue) *v.* to beg; to plead
rojo/a *adj.* red
romántico/a *adj.* romantic
romper *v.* to break
  romper con *v.* to break up with **1**
  romperse la pierna *v.* to break one's leg
ropa *f.* clothing; clothes
  ropa interior *f.* underwear
rosado/a *adj.* pink
roto/a *adj.* broken
rubio/a *adj.* blond(e)
ruido *m.* noise
ruidoso/a *adj.* noisy **2**
rumorear *v.* to be rumored **6**
ruso/a *adj.* Russian
rutina *f.* routine
  rutina diaria daily routine

S

sábado *m.* Saturday
saber *v.* to know; to know how; to taste
  saber a to taste like
sabio/a *adj.* wise **3**
sabrosísimo/a *adj.* extremely delicious
sabroso/a *adj.* tasty; delicious
sacar *v.* to take out
  sacar fotos to take photos
  sacar la basura to take out the trash
  sacar(se) un diente to have a tooth removed
sacerdote *m.* priest
sacrificar *v.* to sacrifice **3**
sacudir *v.* to dust
  sacudir los muebles to dust the furniture
sal *f.* salt
sala *f.* living room; room
  sala de emergencia(s) emergency room
salario *m.* salary
salchicha *f.* sausage
salida *f.* departure; exit
salir *v.* to leave; to go out
  salir (con) to go out (with); to date
  salir a comer algo to go out to eat
  salir a la venta to go on sale
  salir a tomar algo to go out to have a drink
  salir de to leave from
  salir para to leave for (*a place*)
salmón *m.* salmon
salón *m.* **de belleza** beauty salon
saltar *v.* to jump
salud *f.* health
saludable *adj.* healthy
saludar(se) *v.* to greet (each other)
saludo *m.* greeting
  saludos a... greetings to...
salvar *v.* to save **3**
sandalia *f.* sandal
sandía *f.* watermelon
sándwich *m.* sandwich
sangre *f.* blood
sano/a *adj.* healthy
se *ref. pron.* himself; herself; itself; *form.* yourself; themselves; yourselves
se *impersonal* one
  Se hizo... He/she/it became...
  Se nos dañó... The... broke down.
  Se nos pinchó una llanta. We had a flat tire.
secadora *f.* clothes dryer
secarse *v.* to dry oneself
sección *f.* **de (no) fumar** (non) smoking section
  sección de socieda lifestyle section
  sección deportiva sports section
seco/a *adj.* dry
secretario/a *m., f.* secretary
secuencia *f.* sequence
secuestrar *v.* to kidnap; to hijack **5**
secuestro *m.* kidnapping **5**
sed *f.* thirst
seda *f.* silk
sedentario/a *adj.* sedentary; related to sitting
seguir (e:i) *v.* to follow; to continue
según according to
segundo/a *adj.* second
seguridad *f.* security; safety **5**
seguro/a *adj.* sure; safe; secure; confident **1**
seis *adj.* six
seiscientos/as *adj.* six hundred
sellar *v.* to stamp
sello *m.* stamp
selva *f.* jungle; rainforest
  selva tropical tropical rainforest
semáforo *m.* traffic light **2**
semana *f.* week
  fin *m.* **de semana** weekend
  semana pasada last week
sembrar *v.* to plant **6**
semejante *adj.* similar
semestre *m.* semester
semilla *f.* seed
sendero *m.* trail; trailhead
sensible *adj.* sensitive **1**
sentarse (e:ie) *v.* to sit down
sentido *m.* sense
  sentido común common sense **6**
sentimiento *m.* feeling **1**
sentir(se) (e:ie) *v.* to feel; to be sorry; to regret **1**
  sentirse realizado/a to feel fulfilled **6**
señal *f.* sign
señor (Sr.); don *m.* Mr.; sir
señora (Sra.); doña *f.* Mrs.; ma'am
señorita (Srta.) *f.* Miss
separado/a *adj.* separated **1**
separarse (de) *v.* to separate (from)
septiembre *m.* September
séptimo/a *adj.* seventh
sequía *f.* drought
ser *v.* to be
  ser aficionado/a (a) to be a fan (of)
  ser alérgico/a (a) to be allergic (to)
  ser gratis to be free of charge
  ser parcial to be biased
ser humano *m.* human being
serio/a *adj.* serious
serpiente *f.* snake
serrar *v.* to saw
servilleta *f.* napkin
servir (e:i) *v.* to serve; to help
sesenta *adj.* sixty
setecientos/as *adj.* seven hundred
setenta *adj.* seventy
sexismo *m.* sexism
sexo *m.* gender **3**
sexto/a *adj.* sixth
sí *adv.* yes
si *conj.* if
sí mismo/a himself/herself **3**
SIDA *m.* AIDS
sido *p.p.* been
siempre *adv.* always
siete *adj.* seven
significar *v.* to mean
silbar (a) *v.* to whistle (at)
silla *f.* seat
sillón *m.* armchair
símbolo *m.* symbol
similar *adj.* similar
simpático/a *adj.* nice; likeable
sin *prep.* without
  sin duda without a doubt
  sin embargo however
  sin que *conj.* without
sindicato *m.* labor union **4**
sino *conj.* but (rather)
síntoma *m.* symptom
sitio *m.* **web** website
situado/a *p.p.* located
smog *m.* smog
sobre *m.* envelope; *prep.* on; over
sobrevivir *v.* to survive **3**
sobrino/a *m., f.* nephew/niece **3**
socio/a *m., f.* partner; member **4**
sociología *f.* sociology
sofá *m.* couch; sofa
sol *m.* sun
solar *adj.* solar
soldado *m., f.* soldier
soleado/a *adj.* sunny
soledad *f.* loneliness **2**
solicitar *v.* to apply **4**
solicitud (de trabajo) *f.* (job) application
sólo *adv.* only
solo/a *adj.* alone **6**
soltero/a *adj.* single **1**
solución *f.* solution
sombrero *m.* hat
Son las dos. It's two o'clock.
sonar (o:ue) *v.* to ring

sonreído *p.p.* smiled
sonreír (e:i) *v.* to smile
soñador(a) *m., f.* dreamer
soñar (o:ue) *v.* to dream
soñar con to dream about **1**
sopa *f.* soup
soportar *v.* to put up with
sorprender *v.* to surprise
sorpresa *f.* surprise
sospecha *f.* suspicion
sospechar *v.* to suspect **5**
sospechoso/a *adj.* suspicious **4**
sótano *m.* basement; cellar
soy I am
Soy de... I'm from...
Soy yo. That's me.
su(s) *poss. adj.* his; her; its; *form.* your; their
subir *v.* to go up **2**; to upload (on a computer)
subir(se) a *v.* to get on/into (a vehicle) **2**
subtítulos *m., pl.* subtitles
suburbio *m.* suburb **2**
suceder *v.* to happen
suceso *m.* incident
sucio/a *adj.* dirty
sucre *m.* former Ecuadorian currency
sudar *v.* to sweat
suegro/a *m., f.* father/mother-in law **3**
sueldo *m.* salary **4**
sueldo mínimo minimum wage **4**
suelo *m.* floor; ground
sueño *m.* dream **3**
suerte *f.* luck
suéter *m.* sweater
sufrir *v.* to suffer
sufrir muchas presiones to be under a lot of pressure
sufrir una enfermedad to suffer an illness
sugerir (e:ie) *v.* to suggest
sumiso/a *adj.* submissive **3**
superar(se) *v.* to overcome; to exceed **3**; to better oneself **6**
supermercado *m.* supermarket
superpoblación *f.* overpopulation **6**
supersticioso/a *m., f.* superstitious **6**
supervivencia *f.* survival
suponer *v.* to suppose
Sur *m.* South
surgir *v.* to emerge, to arise
suscribirse (a) *v.* to subscribe (to)
sustantivo *m.* noun
sustituir *v.* to substitute **4**
suyo(s)/a(s) *poss.* (of) his/her; (of) hers; (of) its; *form.* your; (of) yours; their

T

tacaño/a *adj.* cheap; stingy **1**
tal vez *adv.* maybe
talentoso/a *adj.* talented
talla *f.* size
talla grande large (*size*)
taller *m.* **mecánico** garage; mechanic's repairshop
tamaño *m.* size **6**
también *adv.* also; too
tambor *m.* drum
tampoco *adv.* neither; not either
tan *adv.* so
tan... como as... as
tan pronto como *conj.* as soon as
tanque *m.* tank
tanto *adv.* so much
tanto... como as much... as
tantos/as... como as many... as
tarde *adv.* late; *f.* afternoon; evening; P.M.
tarea *f.* homework
tarjeta *f.* card
tarjeta de crédito credit card **4**
tarjeta de débito debit card **4**
tarjeta postal postcard
taxi *m.* taxi
taza *f.* cup
te *sing., fam., d.o. pron.* you; *sing., fam., i.o. pron.* to/for you
Te presento a... *fam.* I would like to introduce... to you
¿Te gustaría? Would you like to?
¿Te gusta(n)... ? Do you like...?
té *m.* tea
té helado iced tea
teatro *m.* theater
techo *m.* ceiling
teclado *m.* keyboard
técnico/a *m., f.* technician
tejido *m.* weaving
teleadicto/a *m., f.* couch potato
(teléfono) celular *m.* cell (phone)
telenovela *f.* soap opera
telepatía *f.* telepathy
telescopio *m.* telescope
teletrabajo *m.* telecommuting
televidente *m., f.* television viewer
televisión *f.* television
televisión por cable cable television
televisor *m.* television set
temer *v.* to fear
temor *m.* fear **5**
temperatura *f.* temperature
tempestuoso/a *adj.* stormy **1**
temporada *f.* season
temprano *adv.* early
tendero/a *m., f.* storekeeper **5**
tenedor *m.* fork
tener *v.* to have
tener... años to be... years old
Tengo... años. I'm... years old.
tener buena fama to have a good reputation
tener (mucho) calor to be (very) hot
tener celos (de) to be jealous (of) **1**
tener conexiones *v.* to have connections; to have influence **4**
tener (mucho) cuidado to be (very) careful
tener derecho a to have the right to **5**
tener dolor to have a pain
tener éxito to be successful
tener fiebre to have a fever
tener (mucho) frío to be (very) cold
tener ganas de (+ *inf.*) to feel like (doing something)
tener (mucha) hambre to be (very) hungry
tener mala fama to have a bad reputation
tener (mucho) miedo (de) to be (very) afraid (of); to be (very) scared (of)
tener miedo (de) que to be afraid that
tener planes to have plans
tener (mucha) prisa to be in a (big) hurry
tener que (+ *inf.*) to have to (do something)
tener razón *f.* to be right
tener (mucha) sed *f.* to be (very) thirsty
tener (mucho) sueño to be (very) sleepy
tener (mucha) suerte to be (very) lucky
tener tiempo to have time
tener una cita to have a date; to have an appointment
tener vergüenza (de) to be ashamed (of) **1**
tenis *m.* tennis
tensión *f.* tension
teoría *f.* theory
tercer, tercero/a *adj.* third
terminar *v.* to end; to finish
terminar de (+ *inf.*) *v.* to finish (doing something)
terremoto *m.* earthquake
terreno *m.* terrain **6**
terrible *adj.* terrible
territorio *m.* territory **6**
terrorismo *m.* terrorism **5**
terrorista *m., f.* terrorist **5**
ti *prep., obj. of prep., fam.* you
tiempo *m.* time; weather
tiempo libre free time
tienda *f.* shop; store
tienda de campaña tent
tierra *f.* land; earth; soil
Tierra *f.* Earth
tigre *m.* tiger
timidez *f.* shyness **2**
tímido/a *adj.* shy **1**
tinta *f.* ink
tinto/a *adj.* red (wine)
tío/a *m., f.* uncle; aunt **3**
tío/a abuelo/a *m., f.* great uncle/aunt **3**
tíos *m., pl.* aunts and uncles
tira cómica *f.* comic strip
titular *m.* headline
título *m.* title
tiza *f.* chalk
toalla *f.* towel
tobillo *m.* ankle
tocadiscos compacto *m., sing.* compact disc player
tocar *v.* to play (*a musical instrument*); to touch
todavía *adv.* yet; still
todo *m.* everything
en todo el mundo throughout the world
Todo está bajo control. Everything is under control.
todo derecho straight (ahead)
todo/a(s) *adj.* all; whole
todos *m., pl.* all of us; *m., pl.* everybody; everyone
¡Todos a bordo! All aboard!
todos los días *adv.* every day
tomar *v.* to take; to drink
tomar clases *f., pl.* to take classes
tomar el sol to sunbathe
tomar el pelo to pull someone's leg **6**
tomar en cuenta to take into account/ consideration **3**
tomar fotos *f., pl.* to take photos
tomar la temperatura to take someone's temperature
tomate *m.* tomato
tonto/a *adj.* silly; fool; foolish **6**
torcerse (o:ue) (el tobillo) *v.* to sprain (one's ankle)
torcido/a *adj.* twisted; sprained
tormenta *f.* storm
tornado *m.* tornado

tortilla *f.* tortilla
tortilla de maíz corn tortilla
tortuga *f.* **(marina)** (sea) turtle
tos *f., sing.* cough
toser *v.* to cough
tostado/a *adj.* toasted
tostadora *f.* toaster
tóxico/a *adj.* toxic
trabajador(a) *adj.* hard-working **4**
trabajar *v.* to work
trabajo *m.* job; work
traducir *v.* to translate
traer *v.* to bring
tráfico *m.* traffic **2**
tragedia *f.* tragedy
traído/a *p.p.* brought
traje *m.* suit
traje de baño *m.* bathing suit
trampa *f.* trap **5**
tranquilo/a *adj.* calm; quiet **1**
Tranquilo. Don't worry.; Be cool.
transbordador espacial *m.* space shuttle
transmisión *f.* broadcast
transmitir *v.* to broadcast
transporte *m.* transportation **2**
transporte público public transportation **2**
tras *prep.* after
trasnochar *v.* to stay up late **2**
tratar de (+ *inf.*) *v.* to try (to do something)
Trato hecho. You've got a deal.
trece *adj.* thirteen
treinta *adj.* thirty
y treinta thirty minutes past the hour (*time*)
tren *m.* train
tres *adj.* three
trescientos/as *adj.* three hundred
tribunal *m.* court **5**
trimestre *m.* trimester; quarter
triste *adj.* sad
tronco *m.* trunk
tú *fam. sub. pron.* you
Tú eres... You are…
tu(s) *fam. poss. adj.* your
turbio/a *adj.* murky **1**
turismo *m.* tourism
turista *m., f.* tourist
turístico/a *adj.* touristic
tuyo/a(s) *fam. poss. pron.* your; (of) yours

U

ubicado/a *adj.* located **6**
último/a *adj.* last
un, uno/a *indef. art.* a; one
uno/a *m., f., sing. pron.* one
a la una at one o'clock
una vez once; one time
una vez más one more time
único/a *adj.* only
unido/a *adj.* close-knit **3**
universidad *f.* university; college
universo *m.* universe **6**
unos/as *m., f., pl., indef. art.* some
unos/as *pron.* some
urbanizar *v.* to urbanize
urgente *adj.* urgent
usar *v.* to wear; to use
usted (Ud.) *form., sing.* you
ustedes (Uds.) *form., pl.* you
útil *adj.* useful
utilidad *f.* usefulness
uva *f.* grape

V

vaca *f.* cow
vacaciones *f. pl.* vacation
vacío/a *adj.* empty **2**
vago/a *m., f.* slacker
valer la pena *v.* to be worth it
valle *m.* valley
valoración *f.* assessment **4**
valorar *v.* to value **2**
valores *m., pl.* values
vamos let's go
vanguardia *f.* vanguard **4**
vaquero *m.* cowboy
de vaqueros *m., pl.* western (genre)
varios/as *adj. m., f., pl.* various; several
vaso *m.* glass
veces *f., pl.* times
vecino/a *m., f.* neighbor
veinte *adj.* twenty
veinticinco *adj.* twenty-five
veinticuatro *adj.* twenty-four
veintidós *adj.* twenty-two
veintinueve *adj.* twenty-nine
veintiocho *adj.* twenty-eight
veintiséis *adj.* twenty-six
veintisiete *adj.* twenty-seven
veintitrés *adj.* twenty-three
veintiún, veintiuno/a *adj.* twenty-one
vejez *f.* old age **3**
velocidad *f.* speed
velocidad máxima *f.* speed limit
vencer *v.* to defeat
vendedor(a) *m., f.* salesman/saleswoman **4**
vender *v.* to sell
venir *v.* to come
venta *f.* sale **4**
ventana *f.* window
ver *v.* to see
a ver let's see
ver películas to see movies
verano *m.* summer
verbo *m.* verb
verdad *f.* truth
¿verdad? right?
verde *adj.* green
verduras *f., pl.* vegetables
vergüenza *f.* embarrassment **2**
vestido *m.* dress
vestirse (e:i) *v.* to get dressed
vez *f.* time
viajar *v.* to travel
viaje *m.* trip
viajero/a *m., f.* traveler
víctima *f.* victim **5**
victoria *f.* victory **5**
vida *f.* life
vida laboral *f.* working life **4**
vida nocturna *f.* nightlife **2**
video *m.* video
video musical music video
video(casete) video(cassette)
videocasetera *f.* VCR
videoconferencia *f.* videoconference
videojuego *m.* video game
vidrio *m.* glass
viejo/a *adj.* old
viento *m.* wind
viernes *m., sing.* Friday
vigilar *v.* to watch; keep an eye on; keep watch on
vinagre *m.* vinegar
vino *m.* wine
vino blanco white wine
vino tinto red wine
violencia *f.* violence **5**
violonchelo *m.* cello
virtual *adj.* virtual
visitar *v.* to visit
visitar monumentos *m., pl.* to visit monuments
visto/a *p.p.* seen
vitamina *f.* vitamin
viudo/a *adj.* widower/widow **1**
vivienda *f.* housing; home **2**
vivir *v.* to live
vivo/a *adj.* bright; lively; living
volante *m.* steering wheel
volar (o:ue) *v.* to fly
volcán *m.* volcano
vóleibol *m.* volleyball
voltear *v.* to turn back **5**
voluntad *f.* will **1**
volver (o:ue) *v.* to return
volver a ver(te, lo, la) *v.* to see (you, him, her) again
vos *pron.* you
vosotros/as *form., pl.* you
votar *v.* to vote **5**
vuelta *f.* return trip
vuelto/a *p.p.* returned
vuestro/a(s) *poss. adj.* your; *fam.* (of) yours

Y

y *conj.* and
y cuarto quarter after (*time*)
y media half-past (*time*)
y quince quarter after (*time*)
y treinta thirty (minutes past the hour)
¿Y tú? *fam.* And you?
¿Y usted? *form.* And you?
ya *adv.* already
yacimiento *m.* deposit **4**
yerno *m.* son-in-law **3**
yo *sub. pron.* I
Yo soy... I'm…
yogur *m.* yogurt

Z

zanahoria *f.* carrot
zapatería *f.* shoe store
zapatos *m., pl.* **de tenis** tennis shoes; sneakers

English-Spanish

A

a un/(a) *m., f., sing.; indef. art.*
@ (*symbol*) arroba *f.*
A.M. mañana *f.*
able: be able to poder (o:ue) *v.*
aboard a bordo
abolish derogar *v.* **5**
abuse abusar *v.* **5, 6**
abuse abuso *m.* **5**; maltrato *m.*
accent acento *m.*
accident accidente *m.*
accompany acompañar *v.*
account cuenta *f.*
on account of por *prep.*
accountant contador(a) *m., f.* **4**
accounting contabilidad *f.*
ache dolor *m.*
achieve lograr *v.* **6**
acid ácido/a *adj.*
acid rain lluvia ácida
acquainted: be acquainted with conocer *v.*
act actuar *v.*
action (genre) de acción *f.*
active activo/a *adj.*
activist activista *m., f.* **5**
actor actor *m.*
actress actriz *f.*
adapt acomodarse *v.*; adaptarse *v.* **6**
addict (drug) drogadicto/a *adj.*
additional adicional *adj.*
address dirección *f.* **2**; dirigirse a *v.* **5**
adjective adjetivo *m.*
administrative administrativo/a *adj.* **4**
adolescence adolescencia *f.* **3**
adolescent adolescente *m., f.* **3**
adult adulto/a *m., f.*
adulthood edad adulta *f.* **3**
advance avance *m.*
advanced avanzado/a *adj.*
adventure (genre) de aventura *f.*
advertise anunciar *v.*
advertisement anuncio *m.*
advertising publicidad *f.*
advice consejo *m.*
give advice dar consejos
advise aconsejar *v.*
advisor consejero/a *m., f.*; asesor(a) *m., f.* **4**
aerobic aeróbico/a *adj.*
aerobics class clase de (ejercicios) aeróbicos
to do aerobics hacer (ejercicios) aeróbicos
affected afectado/a *adj.*
be affected (by) estar *v.* afectado (por)
affectionate cariñoso/a *adj.* **1**
affirmative afirmativo/a *adj.*
afraid: be (very) afraid (of) tener (mucho) miedo (de)
be afraid that tener miedo (de) que
after después de *prep.*; después de que *conj.*; tras *prep.*
afternoon tarde *f.*
afterward después *adv.*
again otra vez
against en contra **3**
age edad *f.*
agree concordar *v.*
agree estar *v.* de acuerdo
I agree (completely). Estoy (completamente) de acuerdo.
I don't agree. No estoy de acuerdo.
agreement acuerdo *m.*
ahead (of) por delante *adv.*
AIDS SIDA *m.*
ailment dolencia *f.*
air aire *m.*
air pollution contaminación del aire
airplane avión *m.*
airport aeropuerto *m.*
alarm clock despertador *m.*
alcohol alcohol *m.*
alcoholic alcohólico/a *adj.*
alien extranjero/a *m., f.* **3**; extraterrestre *adj.*
all todo(s)/a(s) *adj.*
All aboard! ¡Todos a bordo!
all of us todos
all over the world en todo el mundo
allergic alérgico/a *adj.*
be allergic (to) ser alérgico/a
alleviate aliviar *v.*
allow permitir *v.*
almost casi *adv.*
alone solo/a *adj.* **6**
along por *prep.*
already ya *adv.*
also también *adv.*
alternator alternador *m.*
although aunque *conj.*
aluminum aluminio *m.*
(made) of aluminum de aluminio
always siempre *adv.*
American (North) norteamericano/a *adj.*
amnesty amnistía *f.* **6**
among entre *prep.*
amuse oneself entretenerse (e:ie) *v.*
amusement diversión *f.*
amusement park parque *m.* de atracciones
ancestor antepasado/a *m., f.* **3**
and y, e (*before words beginning with* ***i*** *or* ***hi***)
And you? ¿Y tú? *fam.*; ¿Y usted? *form.*
angel ángel *m.*
angry enojado/a *adj.* **1**
get angry (with) enojarse *v.* (con) **1**
animal animal *m.*
ankle tobillo *m.*
anniversary aniversario *m.*
(wedding) anniversary aniversario *m.* (de bodas)
announce anunciar *v.*
announcer (TV/radio) locutor(a) *m., f.* (de televisión/radio)
annoy molestar *v.*
annoying pesado/a *adj.* **1**
another otro/a *adj.*
answer contestar *v.*; respuesta *f.*
answering machine contestadora *f.*
antibiotic antibiótico *m.*
anticipate anticipar *v.* **6**
antidote antídoto *m.*
anxious ansioso/a *adj.* **1**
any algún, alguno/a(s) *adj.*
anyone alguien *pron*
anything algo *pron.*
apartment apartamento *m.*
apartment building edificio de apartamentos
appear aparecer *v.*
appetizers entremeses *m., pl.*
applaud aplaudir *v.*
apple manzana *f.*
appliance (electric) electrodoméstico *m.*
applicant aspirante *m., f.* **4**
application solicitud *f.*
job application solicitud de trabajo
apply (*for a job*) solicitar *v.* **4**
apply for a loan pedir (e:ie) *v.* un préstamo
appointment cita *f.*
have an appointment tener *v.* una cita
appreciate apreciar *v.*
April abril *m.*
aquatic acuático/a *adj.*
archaeologist arqueólogo/a *m., f.*
architect arquitecto/a *m., f.*
area región *f.*
argue discutir *v* **1**
arise surgir *v.*
arm brazo *m.*
armchair sillón *m.*
army ejército *m.* **5**
around por *prep.*
around here por aquí
arrange arreglar *v.*
arrange to meet quedar *v.* **2**
arrival llegada *f.*
arrive llegar *v.*
art arte *m.*
arts artes *f., pl.*
(fine) arts bellas artes *f., pl.*
article *m.* artículo
artist artista *m., f.*
artistic artístico/a *adj.*
as como
as a child de niño/a
as... as tan... como
as many... as tantos/as... como
as much... as tanto... como
as soon as en cuanto *conj.*; tan pronto como *conj.*
ask (*a question*) preguntar *v.*
ask for pedir (e:i) *v.*
ask for directions preguntar el camino *v.* **2**
asparagus espárragos *m., pl.*
aspirin aspirina *f.*
assessment valoración *f.* **4**
assimilate asimilar *v.* **6**
assimilation asimilación *f.* **6**
assistant asistente *m., f.* **3**
astronaut astronauta *m., f.*
astronomer astrónomo/a *m., f.*
asylum asilo *m.* **3**
at a *prep.*; en *prep.*
at + time a la(s) + *time*
at home en casa
at least por lo menos
at night por la noche
at the end (of) al fondo (de)
At what time...? ¿A qué hora...?
At your service. A sus órdenes.
athlete atleta *m., f.*; deportista *m., f.*
ATM cajero *m.* automático **4**
attach (a file) adjuntar (un archivo) *v.*
attain alcanzar *v.*; lograr *v.* **6**
attend asistir (a) *v.*
attic altillo *m.*
attitude actitud *f.* **6**
attract atraer *v.* **6**

audience público *m.*
August agosto *m.*
aunt tía *f.*
  aunts and uncles tíos *m., pl.*
authority autoridad *f.* **5**
automobile automóvil *m.*; carro *m.*; coche *m.*
autumn otoño *m.*
avenue avenida *f.* **2**
avoid evitar *v.*
award premio *m.*

B

backpack mochila *f.*
bad mal, malo/a *adj.*
  have a bad reputation tener (e:ie) mala fama *v.*
  It's bad that... Es malo que...
  It's not at all bad. No está nada mal.
bag bolsa *f.*
bakery panadería *f.*
balanced equilibrado/a *adj.*
balcony balcón *m.*
ball pelota *f.*; balón *m.*
banana banana *f.*
band banda *f.*; conjunto/grupo *m.* musical
bank banco *m.*
bankruptcy bancarrota *f.* **4**
banner pancarta *f.* **3**
bargain ganga *f.*; regatear *v.*
baseball (*game*) béisbol *m.*
basement sótano *m.*
basketball (*game*) baloncesto *m.*
bass bajo *m.*
bathe bañarse *v.*
bathing suit traje *m.* de baño
bathroom baño *m.;* cuarto *m.* de baño
be ser *v.*; estar *v.*
  be ashamed (of) tener vergüenza (de) **1**
  be biased ser parcial
  be contagious contagiar
  be distressed afligirse **6**
  be enough alcanzar **3**
  be located quedar **2**
  be lost estar perdido/a
  be necessary hacer falta
  be on sale estar a la venta **4**
  be paid cobrar **4**
  be pregnant estar embarazada **6**
  be promoted ascender **4**
  be rumored rumorear **6**
  be suspicious desconfiar **6**
  be under pressure estar bajo presión **4**
  be unemployed estar en paro **4**
  be worth it valer la pena
  be... years old tener... años
beach playa *f.*
beans frijoles *m., pl.*
bear oso *m.*
beat (*a drum*) golpear *v.*
beautiful hermoso/a *adj.*
beauty belleza *f.*
  beauty salon peluquería *f.*; salón *m.* de belleza
because porque *conj.*
  because of por *prep.*
become (+ *adj.*) ponerse; convertirse (e:ie) en *v.* **3**
  become annoying ponerse *v.* pesado/a **1**
  become extinct extinguirse *v.*
  become independent independizarse *v.* **3**
  become informed (about) enterarse (de) *v.*
  become part (of) integrarse (a) *v.* **6**
  become true realizarse *v.* **3**
bed cama *f.*
  go to bed acostarse (o:ue) *v.*
bedroom alcoba *f.*; dormitorio *m.*; recámara *f.*
beef carne de res *f.*
  beef soup caldo de patas
been sido *p.p.*
beer cerveza *f.*
before antes *adv.*; antes de *prep.*; antes (de) que *conj.*
beg rogar (o:ue) *v.*
begin comenzar (e:ie) *v.*; empezar (e:ie) *v.*
behalf: on behalf of de parte de
behave portarse *v.*
behind detrás de *prep.*
being (human) ser humano *m.*
belief creencia *f.* **5**
believe (in) creer *v.* (en); creer *v.*
believed creído/a *p.p.*
bellhop botones *m., f. sing.*
belong pertenecer *v.* **6**
below debajo de *prep.*
beloved amado/a *m., f.* **1**
belt cinturón *m.*
benefit beneficio *m.*
beside al lado de *prep.*
besides además (de) *adv.*
best mejor *adj.*
  the best el/la mejor *m., f.*; lo mejor *neuter*
bet apostar (o:ue) *v.*
better mejor *adj.*
  It's better that... Es mejor que...
  better oneself superarse *v.* **6**
between entre *prep.*
beverage bebida *f.*
  alcoholic beverage bebida alcohólica *f.*
bias parcialidad *f.*
biased parcial *adj.*
bicycle bicicleta *f.*
big gran, grande *adj.*
bilingual bilingüe *adj.* **6**
bill cuenta *f.*
billboard letrero *m.* **2**
billion mil millones
billiards billar *m.*
biology biología *f.*
biochemical bioquímico/a *adj.*
biochemist bioquímico/a *m., f.*
biologist biólogo/a *m., f.*
bird el ave *f.*; pájaro *m.*
birth nacimiento *m.* **3**
birthday cumpleaños *m., sing.*
  have a birthday cumplir *v.* años
birthrate natalidad *f.* **6**
black negro/a *adj.*
black hole agujero negro *m.*
blackberry mora *f.*
blackboard pizarra *f.*
blackmail chantajear *v.* **5**
blanket manta *f.*
blind ciego/a *adj.* **1**
block (city) cuadra *f.* **2**
blog blog *m.*
blond(e) rubio/a *adj.*
blood sangre *f.*
blouse blusa *f.*
blue azul *adj.*
blue-collar worker obrero/a *m., f.* **4**
blueprint plano *m.* **6**
blush enrojecer *v.* **2**
board game juego *m.* de mesa
boarding house pensión *f.*
boat barco *m.*
body cuerpo *m.*
bone hueso *m.*
book libro *m.*
bookcase estante *m.*; estantería *f.*
bookshelves estante *m.*
bookstore librería *f.*
boot bota *f.*
border frontera *f.* **6**
bore aburrir *v.*
bored aburrido/a *adj.*
  be bored estar *v.* aburrido/a
  get bored aburrirse *v.*
boring aburrido/a *adj.*
born: be born nacer *v.*
borrow pedir (e:ie) *v.* prestado **4**
borrowed prestado/a *adj.*
boss jefe/a *m., f.*
bossy mandón/mandona *adj* **3**
bother molestar *v.*
bottle botella *f.*
  bottle of wine botella de vino
  little bottle frasquito *m.*
bottom fondo *m.*
boulevard bulevar *m.*
bowling boliche *m.*
box caja *f.*
boy chico *m.*; muchacho *m.*
boyfriend novio *m.*
brakes frenos *m., pl.*
brave atrevido/a *adj.* **2**
bread pan *m.*
break romper *v.*
  break (into a conversation) meterse
  break (one's leg) romperse (la pierna)
  break down dañar *v.*
  The... broke down. Se nos dañó el/la...
  break up (with) romper (con) **1**
breakfast desayuno *m.*
  have breakfast desayunar *v.*
breakthrough avance *m.*
breathe respirar *v.* **1**
brick ladrillo *m.* **6**
bridge puente *m.* **2**
bring traer *v.*
broadcast transmisión *f.*; transmitir *v.*; emitir *v.*
brochure folleto *m.*
broken roto/a *adj.*
  be broken estar roto/a
brother hermano *m.*
  brother-in-law cuñado *m.* **3**
  brothers and sisters hermanos *m., pl.*
brought traído/a *p.p.*
brown café *adj.*; marrón *adj.*
brunet(te) moreno/a *adj.*
brush cepillar *v.*
  brush one's hair cepillarse el pelo
  brush one's teeth cepillarse los dientes
budget presupuesto *m.* **4**
build construir *v.* **2**
building edificio *m.* **2**
bump into (*something accidentally*) darse con; (*someone*) encontrarse *v.*

bureaucracy burocracia *f.*
burn (a CD) grabar (un CD) *v.*
burned (out) quemado/a *adj.*
buried enterrado/a *adj.*
bury enterrar (e:ie) *v.*
bus autobús *m.*
bus station estación *f.* de autobuses **2**
bus stop parada *f.* de autobús
business negocios *m. pl.*
Business Administration Comercio *m.* **5**
business-related comercial *adj.*
businessman hombre *m.* de negocios **4**
businesswoman mujer *f.* de negocios **4**
busy ocupado/a *adj.*
but pero *conj.*; **(rather)** sino *conj.* (*in negative sentences*)
butcher carnicero/a *m., f.* **6**
butcher shop carnicería *f.*
butter mantequilla *f.*
button botón *m.*
buy comprar *v.*
by por *prep.*; para *prep.*
by means of por
by phone por teléfono
by plane en avión
by way of por
bye chau *interj. fam.*

C

cabin cabaña *f.*
cable television televisión *f.* por cable *m.*
café café *m.*
cafeteria cafetería *f.*
caffeine cafeína *f.*
cake pastel *m.*
chocolate cake pastel de chocolate
calculator calculadora *f.*
call llamar *v.*
be called llamarse *v.*
call on invocar *v.*
call on the phone llamar por teléfono
calm tranquilo/a *adj.* **1**
calorie caloría *f.*
camera cámara *f.*
camp acampar *v.*
can (*tin*) lata *f.*
can poder (o:ue) *v.*
Canadian canadiense *adj.*
candidate aspirante *m., f.*; candidato/a *m., f.*
candy dulces *m., pl.*
capable capaz *adj.* **4**
capital city capital *f.*
car coche *m.*; carro *m.*; auto(móvil) *m.*
caramel caramelo *m.*
card tarjeta *f.; (playing)* carta *f.*
care cuidado *m.*
Take care! ¡Cuídense! *v.*
take care of cuidar *v.* **1**
career carrera *f.*
careful cuidadoso/a *adj.* **1**
be (very) careful tener *v.* (mucho) cuidado
caress acariciar *v.*
caretaker ama *m., f.* de casa
carpenter carpintero/a *m., f.*
carpet alfombra *f.*
carrot zanahoria *f.*
carry llevar *v.*
carry out realizar *v.* **6**
cartoons dibujos *m, pl.* animados

case: in case (that) en caso (de) que
cash (en) efectivo
cash guita *f.* (slang.)
cash register caja *f.*
pay in cash pagar *v.* al contado; pagar en efectivo
cash (a check) cobrar *v.*
cashier cajero/a *m., f.* **2**
cat gato *m.*
cause causa *f.* **6**
CD-ROM CD-ROM *m.*
ceiling techo *m.*
celebrate celebrar *v.*; festejar *v.*
celebration celebración *f.*
cell célula *f.;* celda *f.*
cell (phone) (teléfono) celular *m.*
cellar sótano *m.*
cello violonchelo *m.*
censorship censura *f.*
cereal cereales *m., pl.*
certain cierto *m.;* seguro *m.*
it's (not) certain (no) es cierto/seguro
certainty certeza *f.* **6**
chalk tiza *f.*
challenge reto *m.*; desafío *m.*; desafiar *v.*
champagne champán *m.*
championship campeonato *m.*
change cambiar *v.* (de)
channel (*TV*) canal *m.*
chaos caos *m.* **6**
chapel capilla *f.* **2**
character (*fictional*) personaje *m.;* carácter *m.* **3**
(main) character *m.* personaje (principal); protagonista *m., f.* **1**
characteristic característica *f.*
charge cobrar *v.* **4**
chat conversar *v.*; charlar *v.*
chauffeur conductor(a) *m., f.*
cheap (*inexpensive*) barato/a *adj.; (stingy)* tacaño/a *adj.* **1**
cheat engañar *v.* **1**
check comprobar (o:ue) *v.;* revisar *v.; (bank)* cheque *m.*
check the oil revisar el aceite
checking account cuenta *f.* corriente **4**
cheese queso *m.*
chef cocinero/a *m., f.*
chemist químico/a *m., f.*
chemistry química *f.*
chest of drawers cómoda *f.*
chicken pollo *m.*
child niño/a *m., f.* **3**
childhood niñez *f.* **3**
children hijos *m., pl.*
Chinese chino/a *adj.*
chocolate chocolate *m.*
chocolate cake pastel *m.* de chocolate
cholesterol colesterol *m.*
choose escoger *v.*
chop (*food*) chuleta *f.*
Christmas Navidad *f.*
church iglesia *f.*
cinema cine *m.*
citizen ciudadano/a *adj.* **2**
city ciudad *f.* **2**
city block cuadra *f.* **2**
city hall ayuntamiento *m.* **2**
civil civil *adj.*
civil disobedience desobediencia *f.* civil **5**
civil war guerra *f.* civil **5**

civilization civilización *f.* **3**
citizen ciudadano/a *m., f.*
clap aplaudir *v.*
class clase *f.*
take classes tomar *v.* clases
classical clásico/a *adj.*
classmate compañero/a *m., f.* de clase
claw garra *f.*
clay barro *m.* **6**
clean limpio/a *adj.*; puro/a *adj.*; limpiar *v.*
clean the house limpiar *v.* la casa
clear (*weather*) despejado/a *adj.*
clear the table quitar *v.* la mesa
It's (very) clear. (*weather*) Está (muy) despejado.
clerk dependiente/a *m., f.*
climb escalar
climb mountains escalar montañas
climbing: mountain climbing alpinismo *m.*; andinismo *m.*
clinic clínica *f.*
clock reloj *m.*
clone clon *m.*; clonar *v.*
close cerrar (e:ie) *v.*
close-knit unido/a *adj.* **3**
closed cerrado/a *adj.*
closet armario *m.*
clothes ropa *f.*
clothes dryer secadora *f.*
clothing ropa *f.*
cloud nube *f.*
cloudy nublado/a *adj.*
It's (very) cloudy. Está (muy) nublado.
coast costa *f.*
coat abrigo *m.*
coexist convivir *v.* **2**
coexistence convivencia *f.*
coffee café *m.*
coffee maker cafetera *f.*
cold frío *m.*; (*illness*) resfriado *m.*
be (*feel*) **(very) cold** tener (mucho) frío
It's (very) cold. (*weather*) Hace (mucho) frío.
collect coleccionar *v.*
college universidad *f.*
collision choque *m.*
color color *m.*
comb one's hair peinarse *v.*
come venir *v.*
comedy comedia *f.*
comfortable cómodo/a *adj.*
comic strip tira cómica *f.*
coming from proveniente *adj.*
commerce negocios *m., pl.*
commercial anuncio *m.;* comercial *adj.*
commit (a crime) cometer (un delito) *v.*
commitment compromiso *m.* **1**
common común *adj.*
common sense sentido *m.* común **6**
communicate (with) comunicarse *v.* (con)
communication comunicación *f.*
means of communication medios *m. pl.* de comunicación
communism comunismo *m.* **3**
community comunidad *f.*
compact disc (CD) disco *m.* compacto
compact disc player tocadiscos *m. sing.* compacto
company compañía *f.*; empresa *f.* **4**
comparison comparación *f.*
competent capaz *adj.* **4**

complain (about) quejarse (de) *v.* 3, 4
completely completamente *adv.*
composer compositor(a) *m., f.*
computer computadora *f.*
computer disc disco *m.*
computer monitor monitor *m.*
computer programmer programador(a) *m., f.*
computer science computación *f.*; informática *f.*
computerized computarizado/a *adj.*
conceal disimular *v.* 2
concern preocupación *f.* 6
concert concierto *m.*
conductor (musical) director(a) *m., f.*
confident seguro/a *adj.* 1
confirm confirmar *v.*; comprobar (o:ue) *v.*
confirm a reservation confirmar una reservación
conformist conformista *adj.* 6
confused confundido/a *adj.*
congested congestionado/a *adj.*
Congratulations! ¡Felicidades!; *f., pl.* ¡Felicitaciones!
conquest conquista *f.* 3
conservation conservación *f.*
conservative conservador(a) *adj.* 5
conserve conservar *v.*
consulate consulado *m.* 3
consultant asesor(a) *m., f.* 4
consume consumir *v.*
container envase *m.*
contamination contaminación *f.*
content contento/a *adj.*
to be contented (with) contentarse *v.* 1
contest concurso *m.*
continue seguir (e:i) *v.*
contribute contribuir *v.*
control control *m.*; controlar *v.*
be under control estar bajo control
controversial controvertido/a *adj.* 3
controversy polémica *f.* 6
conversation conversación *f.*
converse conversar *v.*
cook cocinar *v.*; cocinero/a *m., f.*
cookie galleta *f.*
cool fresco/a *adj.*
Be cool. Tranquilo.
It's cool. (*weather*) Hace fresco.
cooperate cooperar *v.*
corn maíz *m.*
corner esquina *f.* 2
cost costar (o:ue) *v.*
cotton algodón *f.*
(made of) cotton de algodón
couch sofá *m.*
couch potato teleadicto/a *m., f.*
cough tos *f.*; toser *v.*
counselor consejero/a *m., f.*
count (on) contar (o:ue) *v.* (con) 1
country (*nation*) país *m.*
countryside campo *m.*
coup d'état golpe de estado *m.* 5
(married) couple pareja *f.* 1
courage coraje *m.* 6
course curso *m.*; materia *f.*
court tribunal *m.* 5
courtesy cortesía *f.*
cousin primo/a *m., f.* 3
cover portada *f.*; cubrir *v.*
covered cubierto/a *p.p.*
cow vaca *f.*
crafts artesanía *f.*
craftsmanship artesanía *f.*
crash choque *m.* 2
crater cráter *m.*
craziness locura *f.*
crazy loco/a *adj.*
create crear *v.*
credit crédito *m.*
credit card tarjeta *f.* de crédito 4
crime crimen *m.*; delito *m.*
cross cruzar *v.* 2
crossroads encrucijada *f.*
cruelty crueldad *f.* 5
Cuban exile gusano/a *m., f.* 3
cultivate cultivar *v.*
cultivation cultivo *m.*
cultural cultural *adj.*
cultural heritage herencia cultural *f.* 6
culture cultura *f.*
cup taza *f.*
cure curar *v.*
currency exchange cambio *m.* de moneda
current events actualidad *f.*; actualidades *f., pl.*
curtains cortinas *f., pl.*
custard (baked) flan *m.*
custom costumbre *f.*
customer cliente/a *m., f.*
customs aduana *f.* 6
customs inspector inspector(a) *m., f.* de aduanas
cut cortar *v.*
cyber space ciberespacio *m.*
cybercafé cibercafé *m.*
cycling ciclismo *m.*

D

dad papá *m.*
daily diario/a *adj.*
daily routine rutina *f.* diaria
dam represa *f.* 4
damage dañar *v.*
dance bailar *v.*; danza *f.*; baile *m.*
dance club discoteca *f.* 2
dance floor pista *f.* de baile
dancer bailarín/bailarina *m., f.*
danger peligro *m.*
dangerous peligroso/a *adj.*
dare atreverse *v.* 2
daring atrevido/a *adj.* 2
darts dardos *m., pl.*
date (*appointment*) cita *f.* 1; (*calendar*) fecha *f.*; (*someone*) salir *v.* con (alguien) 1
blind date cita a ciegas 1
have a date tener una cita
daughter hija *f.*
daughter-in-law nuera *f.* 3
dawn amanecer *m.* 2
day día *m.*
day before yesterday anteayer *adv.*
deal trato *m.*
It's not a big deal. No es para tanto.
You've got a deal! ¡Trato hecho!
death muerte *f.* 3
debit card tarjeta *f.* de débito 4
debt deuda *f.* 3, 4
decaffeinated descafeinado/a *adj.*
deceased fallecido/a *adj.*
deceive engañar *v.* 1,
December diciembre *m.*
decide decidir *v.* (+ *inf.*)
decided decidido/a *adj., p.p.*
declare declarar *v.*
decrease disminuir *v.* 6
defeat derrotar *v.* 5; vencer *v.*
defend defender (e:ie) *v.* 5
deforestation deforestación *f.*
delete borrar *v.*
delicious delicioso/a *adj.*; rico/a *adj.*; sabroso/a *adj.*
delighted encantado/a *adj.*
demand exigir *v.* 4
demanding exigente *adj.* 3
democracy democracia *f.* 5
demonstrator manifestante *m., f.* 5
dentist dentista *m., f.*
deny negar (e:ie) *v.*
not to deny no dudar
department store almacén *m.* 4
departure salida *f.*
deposit depositar *v.* 4; yacimiento *m.* 4
depressed deprimido/a *adj.* 1
describe describir *v.*
described descrito/a *p.p.*
desert desierto *m.*
deserve merecer *v.* 1
design diseño *m.* 2
designer diseñador(a) *m., f.*
desire desear *v.*; deseo *m.* 1
desk escritorio *m.*
desperate desesperado/a *adj.* 5
desperation desesperación *f.*
dessert postre *m.*
destination destino *m.* 2
destroy destrozar, destruir *v.* 5
determined decidido/a *adj.*
develop desarrollar *v.*
devote oneself to dedicarse a *v.* 5
development desarrollo *m.*
devil Diablo *m.*
dialogue diálogo *m.* 6
diary diario *m.*
dictatorship dictadura *f.* 5
dictionary diccionario *m.*
die morir (o:ue) *v.*
died muerto/a *p.p.*
diet dieta *f.*; alimentación *f.*
balanced diet dieta equilibrada
be on a diet estar *v.* a dieta
difficult difícil *adj.*
digital camera cámara *f.* digital
diminish disminuir *v.* 6
dining room comedor *m.*
dinner cena *f.*
have dinner cenar *v.*
direct dirigir *v.*
director director(a) *m., f.*
dirty ensuciar *v.*; sucio/a *adj.*
get (something) dirty ensuciar *v.*
disagree no estar de acuerdo *v.*; disentir *v.* 5
disappear desaparecer *v.*
disappearance desaparición *f.*
disappointment decepción *f.*
disaster desastre *m.*
discover descubrir *v.* 6; (*find out*) averiguar *v.*
discovered descubierto/a *p.p.*
discovery hallazgo *m.*; descubrimiento *m.* 4

discrimination discriminación *f.*
disdain desdén *m.* **3**
dish plato *m.*
  main dish *m.* plato principal
dishwasher lavaplatos *m., sing.*
disk disco *m.*
dismiss expulsar *v.*
disorderly desordenado/a *adj.*
disposable desechable *adj.*
dissent disentir *v.* **5**
distress angustia *f.* **4**
distribute repartir *v.* **3**
dive bucear *v.*
diversity diversidad *f.* **5, 6**
divorce divorcio *m.* **1**
divorced divorciado/a *adj.* **1**
  get divorced (from) divorciarse (de) *v.* **1**
dizzy mareado/a *adj.*
DNA ADN *m.*
do hacer *v.*
  do aerobics hacer (ejercicios) aeróbicos
  do as a custom/habit acostumbrar *v.*
  do household chores hacer quehaceres domésticos
  do stretching exercises hacer ejercicios de estiramiento
  (I) don't want to. No quiero.
  do without prescindir (de) *v.* **6**
doctor doctor(a) *m., f.;* médico/a *m., f.*
documentary (*film*) documental *m.*
dog perro/a *m., f.*
domestic doméstico/a *adj.*
  domestic appliance electrodoméstico *m.*
dominate dominar *v.*
done hecho/a *p.p.*
door puerta *f.*
dormitory residencia *f.* estudiantil
double doble *adj.*
  double room habitación *f.* doble
  double standard doble moral *f.* **5**
doubt duda *f.* **6**; interrogante *m.*; dudar *v.*
  There is no doubt that... No cabe duda de... No hay duda de...
dough (slang) guita *f.*
Down with... ! ¡Abajo el/la...!
download descargar *v.*
downtown centro *m.*
drag out alargar *v.* **1**
drama drama *m.*
dramatic dramático/a *adj.*
draw dibujar *v.*
drawing dibujo *m.*
dream soñar (o:ue) *v.* **1**; sueño *m.* **3**
dreamer soñador(a) *m., f.*
dress vestido *m.*
  get dressed vestirse (e:i) *v.*
drink beber *v.;* bebida *f.;* tomar *v.*
drinkable potable *adj.*
drive conducir *v.;* manejar *v.*
driver conductor(a) *m., f.* **2**
drought sequía *f.*
drown ahogar(se) *v.*
drug droga *f.*
  drug addict drogadicto/a *adj.*
drum tambor *m.*
drunk borracho/a *adj.* **2**
dry seco/a *adj.*
  dry oneself secarse *v.*
dubbing doblaje *m.*
during durante *prep.;* por *prep.*

dust sacudir *v.;* quitar *v.* el polvo
  dust the furniture sacudir los muebles
DVD player reproductor *m.* de DVD

E

each cada *adj.*
eagle el águila *f.*
ear (outer) oreja *f.*
early temprano *adv.*
  early morning madrugada *f.* **2**
earn ganar *v.*
  earn a living ganarse la vida *v.* **4**
earth tierra *f.*
  Earth Tierra *f.*
earthquake terremoto *m.*
ease aliviar *v.*
east Este *m.*
  to the east al este
easy fácil *adj.*
eat comer *v.*
ecology ecología *f.*
economic económico/a *adj.*
  economic crisis crisis *f.* económica **4**
economics economía *f.*
ecotourism ecoturismo *m.*
Ecuador Ecuador *m.*
Ecuadorian ecuatoriano/a *adj.*
editor redactor(a) *m., f.*
effective eficaz *adj.*
effects (special) efectos *m.* especiales
effort esfuerzo *m.*
egg huevo *m.*
eight ocho *adj.*
eight hundred ochocientos/as *adj.*
eighteen dieciocho *adj.*
eighth octavo/a *adj.*
eighty ochenta *adj.*
either... or o... o *conj.*
eldest el/la mayor
elect elegir (e:i) *v.* **5**
election elecciones *f. pl.*
electric appliance electrodoméstico *m.*
electrician electricista *m., f.*
electricity luz *f.*
elegant elegante *adj.*
elevator ascensor *m.*
eleven once *adj.*
e-mail correo *m.* electrónico
  e-mail address dirección *f.* electrónica
  e-mail message mensaje *m.* electrónico
  read e-mail leer *v.* el correo electrónico
embarrassed avergonzado/a *adj.*
embarrassment vergüenza *f.* **2**
embrace (each other) abrazar(se) *v.*
embassy embajada *f.* **3**
emerge surgir *v.*
emergency emergencia *f.*
  emergency room sala *f.* de emergencia
emigrant emigrante *m., f.* **6**
emigrate emigrar *v.* **1**
employee empleado/a *m., f.* **4**
employment empleo *m.*
empty vacío/a *adj.* **2**
enact (a law) promulgar *v.* **5**
end fin *m.;* terminar *v.*
  end table mesita *f.*
ending desenlace *m.* **2**
energy energía *f.*

  energy consumption consumo *m.* de energía
  nuclear energy energía nuclear
  renewable energy energía renovable
  solar energy energía solar
  wind energy energía eólica
engaged: get engaged (to) comprometerse (con) *v.*
engagement compromiso *m.* **1**
engineer ingeniero/a *m., f.*
English (*language*) inglés *m.*; inglés, inglesa *adj.*
enigma enigma *f.* **6**
enjoy disfrutar (de) *v.* **2**; gozar (de) *v.* **6**
enough bastante *adv.*
entertain entretener *v.*
entertaining entretenido/a *adj.*
entertainment diversión *f.*
entrance entrada *f.*
envelope sobre *m.*
envious envidioso/a *adj.* **4**
environment medio ambiente *m.*
equal igual *adj.* **5**
equality igualdad *f.* **5**
equipped equipado/a *adj.*
erase borrar *v.*
eraser borrador *m.*
erosion erosión *f.*
errand diligencia *f.*
establish establecer *v.*
  establish oneself establecerse *v.* **6**
ethical ético/a *adj.*
ethnic cleansing limpieza étnica *f.*
  ethnic group etnia *f.*
evening tarde *f.*
event acontecimiento *m.*
every day todos los días
everybody todos *m., pl.*
everyday cotidiano/a *adj.* **2**
everything todo *m.*
  Everything is under control. Todo está bajo control.
exactly (*time*) en punto
exam examen *m.*
exceed superar *v.* **3**
excellent excelente *adj.*
excess exceso *m.*
  in excess en exceso
exchange intercambiar *v.*
  in exchange for por
excited emocionado/a *adj.* **1**
exciting emocionante *adj.*
excluded excluido/a *adj.* **6**
excursion excursión *f.*
excuse disculpar *v.*
  Excuse me. (*May I?*) Con permiso.; (*I beg your pardon.*) Perdón.
execution ejecución *m.* **5**
executive ejecutivo/a *m., f.* **4**
exhausted agotado/a *adj.* **4**
exercise ejercicio *m;* hacer *v.* ejercicio
  exercise (power) ejercer (el poder) *v.* **5**
exert (power) ejercer (el poder) *v.* **5**
exile exiliado/a *m., f.*
exit salida *f.*
expect anticipar *v.* **6**
expel expulsar *v.*
expensive caro/a *adj.*
experience experiencia *f.*
experiment experimento *m.*
explain explicar *v.*
explore explorar *v.*
express (an opinion) opinar *v.*

expression expresión *f.*
extinction extinción *f.*
extraterrestrial extraterrestre *adj.*
extreme sports deportes extremos *m., pl.*
extremely delicious riquísimo/a *adj.*
extremely serious gravísimo *adj.*
eye ojo *m.*
  keep an eye on vigilar *v.*

F

fabulous fabuloso/a *adj.*
face cara *f.*
facing enfrente de *prep.*
fact hecho *m.*
  in fact de hecho
failure fracaso *m.* **5**
faith fe *f.*
faithfulness fidelidad *f.* **1**
fair justo/a *adj.* **5**; feria *f.*
fall (down) caerse *v.*
  fall asleep dormirse (o:ue) *v.*
  fall in love (with) enamorarse *v.* (de) **1**
fall (season) otoño *m.*
fallen caído/a *p.p.*
fame fama *f.*
family familia *f.*
famous famoso/a *adj.*
fan aficionado/a *adj.*
  be a fan (of) ser aficionado/a (a)
fantastic chévere *adj.* **3**
fantasy fantasía *f.*
far from lejos de *prep.*
farewell despedida *f.*
farm cultivar *v.*
farming cultivo *m.*
fascinate fascinar *v.*
fashion moda *f.*
  be in fashion estar de moda
fast rápido/a *adj.*
fat gordo/a *adj.;* grasa *f.*
father padre *m.*
  father-in-law suegro *m.* **3**
fault culpa *f.*
favorite favorito/a *adj.*
fax (machine) fax *m.*
fear miedo *m.* **6**; temor *m.* **5**
fear temer *v.*
feature rasgo *m.*; facciones *f., pl.* **2**
February febrero *m.*
feed alimentar *v.*
feel sentir(se) (e:ie) *v.* **1**
  feel fulfilled sentirse realizado/a *v.* **6**
  feel like (doing something) tener ganas de (+ *inf.*)
feeling sentimiento *m.* **1**
festival festival *m.*
fever fiebre *f.*
  have a fever tener *v.* fiebre
few pocos/as *adj. pl.*
  fewer than menos de (+ *number*)
field cancha *f.*
  field: major field of study especialización *f.*
fifteen quince *adj.*
  fifteen-year-old girl quinceañera *f.*
fifth quinto/a *adj.*
fifty cincuenta *adj.*
fight luchar, pelear *v.* **5, 6**
  fight for/against luchar (por/contra) *v.*
  fight (with one another) pelear(se) *v.* **3**
fight lucha *f.* **5**
figure (*number*) cifra *f.*
file archivo *m.*
fill llenar *v.*
  fill in cumplimentar *v.* **4**
  fill out (a form) llenar (un formulario)
  fill the tank llenar el tanque
film critic crítico/a de cine *m., f.*
finally finalmente *adv.;* por último; por fin
financial financiero/a *adj.* **4**
find encontrar (o:ue) *v.*
  find (each other) encontrar(se)
  find out enterarse *v.* **1**, averiguar
fine multa *f.* **4**
  That's fine. Está bien.
  (fine) arts bellas artes *f., pl.*
finger dedo *m.*
finish terminar *v.*
  finish (doing something) terminar *v.* de (+ *inf.*)
fire incendio *m.*; despedir (e:i) *v.* **4**; botar *v.* **3**; fuego *m.*
  fire station estación *f.* de bomberos **2**
firefighter bombero/a *m., f.*
firm compañía *f.*; empresa *f.*
first primer *adj.*; primero/a *adj.*
fish (*food*) pescado *m.*; pescar *v.*; (*live*) pez *m.*
  fish market pescadería *f.*
fisherman pescador *m.*
fisherwoman pescadora *f.*
fishing pesca *f.*
fit (*clothing*) quedar *v.*
  fit in integrarse (a) *v.* **6**
five cinco *adj.*
five hundred quinientos/as *adj.*
fix arreglar *v.* **6**
fixed fijo/a *adj.*
flag bandera *f.* **5**
flank steak lomo *m.*
flat tire: We had a flat tire. Se nos pinchó una llanta.
flee huir *v.* **5**
fleeting pasajero/a *adj.* **1**
flexible flexible *adj.*
flirt coquetear *v.* **1**
float flotar *v.*
flood inundación *f.*
floor (of a building) piso *m.*; suelo *m.*
  dance floor pista *f.* de baile
  ground floor planta *f.* baja
  top floor planta *f.* alta
flower flor *f.*
flu gripe *f.*
flute flauta *f.*
fly volar *v.*
fog niebla *f.*
folk folklórico/a *adj.*
  folk healer curandero/a *m., f.*
follow seguir (e:i) *v.*
food comida *f.;* alimento
fool tonto/a *m., f.* **6**
foolish tonto/a *adj.*
foot pie *m.*
football fútbol *m.* americano
for para *prep.;* por *prep.*
  for example por ejemplo
  for me para mí
forbid prohibir *v.*
force fuerza *f.* **5**
foreign extranjero/a *adj.*
  foreign languages lenguas extranjeras *f., pl.*
  foreign relations relaciones exteriores *f., pl.* **5**
foreigner extranjero/a *m., f.* **3**
foreseen previsto/a *adj.* **6**
forest bosque *m.*
forget olvidar *v.*
forgetfulness olvido *m.* **1**
fork tenedor *m.*
form formulario *m.*
forty cuarenta *adj.*
forward (sports position) delantero/a *m., f.*
four cuatro *adj.*
four hundred cuatrocientos/as *adj.*
fourteen catorce *adj.*
fourth cuarto/a *adj.*
free libre *adj.*
  be free (of charge) ser gratis
  free time tiempo libre; ratos libres
freedom (of the press) libertad *f.* (de prensa) **5**
freeze (oneself) congelar(se) *v.*
freezer congelador *m.*
French francés, francesa *adj.*
  French fries papas *f., pl.* fritas; patatas *f., pl.* fritas
frequently frecuentemente *adv.*; con frecuencia *adv.*
friar (monk) fraile (fray) *m.* **3**
Friday viernes *m., sing.*
fried frito/a *adj.*
  fried potatoes papas *f., pl.* fritas; patatas *f., pl.* fritas
friend amigo/a *m., f.*
friendly amable *adj.*
friendship amistad *f.* **1**
from de *prep.,;* desde *prep.;* proveniente *adj.*
  from the United States estadounidense *adj.*
  from time to time de vez en cuando
  He/She/It is from... Es de... **I'm from...** Soy de...
front page portada *f.*
fruit fruta *f.*
  fruit juice jugo *m.* de fruta
  fruit store frutería *f.*
fuel combustible *m.*
fulfill (a dream) alcanzar (un sueño) *v.* **6**; realizarse *v.* **3**
full lleno/a *adj.* **2**
fun divertido/a *adj.*
  fun activity diversión *f.*
  have fun divertirse (e:ie) *v.*
function funcionar *v.*
funny gracioso/a *adj.* **1**
furniture muebles *m., pl.*
furthermore además (de) *adv.*
future futuro/a *adj.*; porvenir *m.*
  Here's to the future! ¡Por el porvenir!
  in the future en el futuro

G

gain weight aumentar *v.* de peso; engordar *v.*
galaxy galaxia *f.*
game juego *m.; (match)* partido *m.*
  game show programa *m.* de concursos
garage (*in a house*) garaje *m.;* taller (mecánico)
garden jardín *m.* **6**
garlic ajo *m.*
gas pipeline gasoducto *m.* **4**
gas station gasolinera *f.*
gasoline gasolina *f.*
gaze mirada *f.* **2**
gender sexo *m.* **3**
gene gen *m.*

generation gap brecha generacional *f.* 3
genetics genética *f.*
genre género *m.*
geography geografía *f.*
German alemán, alemana *adj.*
get conseguir (e:i) *v.*; obtener *v.*
get along well/badly/terribly (with) llevarse bien/mal/fatal (con) 1
get angry enojarse *v.* 1
get bored aburrirse *v.*
get off (a vehicle) bajar(se) de *v.* 2
get on/into (a vehicle) subir(se) a *v.* 2
get out of (a vehicle) bajar(se) de *v.*
get rich enriquecerse *v.* 6
get tickets conseguir (e:i) *v.* entradas
get together (with) reunirse (con) *v.*
get up levantarse *v.*
get upset afligirse *v.* 2
get worse empeorar *v.*
ghost fantasma *m.*
gift regalo *m.*
girl chica *f.*; muchacha *f.*
girlfriend novia *f.*
give dar *v.*; (*as a gift*) regalar *v.*
give directions indicar *v.* el camino 2
give up ceder *v.* 5
glass (*drinking*) vaso *m.*; vidrio *m.*
(made) of glass de vidrio
glasses gafas *f., pl.*
sunglasses gafas *f., pl.* de sol
gloves guantes *m., pl.*
go ir *v.*
go away irse
go bankrupt quebrar 4
go by boat ir en barco
go by bus ir en autobús
go by car ir en auto(móvil)
go by motorcycle ir en moto(cicleta)
go by taxi ir en taxi
go by the bank pasar por el banco
go down bajar(se) *v.* 2
go for a walk pasear *v.* 2
go on a hike (in the mountains) ir de excursión (a las montañas)
go on sale salir a la venta *v.*
go out salir *v.* 1
go out to eat salir a comer algo
go out to have a drink salir a tomar algo
go out (with) salir *v.* (con) 1
go up subir *v.* 2
go with acompañar *v.*
Let's go. Vamos.
goal meta *f.* 6
goblet copa *f.*
going to: be going to (do something) ir a (+ *inf.*)
golf golf *m.*
good buen, bueno/a *adj.*
Good afternoon. Buenas tardes.
Good evening. Buenas noches.
Good idea. Buena idea.
Good morning. Buenos días.
Good night. Buenas noches.
have a good reputation tener (e:ie) buena fama *v.*
It's good that... Es bueno que...
goodbye adiós *interj.*
say goodbye (to) despedirse (e:i) *v.* (de) 6
good-looking guapo/a *adj.*
goods bienes *m., pl.* 4
gossip chisme *m.* 1
govern gobernar (e:ie) *v.* 5
government gobierno *m.* 5
graduate (from/in) graduarse *v.* (de/en)

grains cereales *m., pl.*
granddaughter nieta *f.* 3
grandfather abuelo *m.*
grandmother abuela *f.*
grandparents abuelos *m., pl.*
grandson nieto *m.* 3
grant beca *f.*
grape uva *f.*
grass hierba *f.*
grave grave *adj.*
gravity gravedad *f.*
gray gris *adj.*
great fenomenal *adj.* chévere *adj.* 3
great aunt tía abuela *f.* 3
great-grandfather bisabuelo *m.* 3
great-grandmother bisabuela *f.* 3
great uncle tío abuelo *m.* 3
green verde *adj.*
greenhouse effect efecto invernadero *m.*
greet (each other) saludar(se) *v.*
greeting saludo *m.*
Greetings to... Saludos a...
grilled (*food*) a la plancha
grilled flank steak lomo a la plancha
ground suelo *m.*
ground floor planta baja *f.*
grow (up) aumentar; crecer *v.* 6
growth crecimiento *m.*
guess adivinar *v.* 6
guest *(at a house/hotel)* huésped *m., f. (invited to a function)* invitado/a *m., f.*
guide guía *m., f.*; guiar *v.* 6
gun arma *f.*
gun control control *m.* de armas 5
gymnasium gimnasio *m.*

H

habit costumbre *f.*
hair pelo *m.*
hairdresser peluquero/a *m., f.*
half medio/a *adj.*
half-brother/sister medio/a hermano/a *m., f.* 3
half-past... (*time*) ... y media
hallway pasillo *m.*
ham jamón *m.*
hamburger hamburguesa *f.*
hammer martillo *m.* 6
hand mano *f.*
hand out repartir *v.* 3
Hands up! ¡Manos arriba!
handsome guapo/a *adj.*
happen ocurrir *v.*; suceder *v*
happiness alegría *f.*; felicidad *f.*
happy alegre *adj.*; contento/a *adj.*; feliz *adj. m., f.*
be happy alegrarse *v.* (de)
Happy birthday! ¡Feliz cumpleaños!
harass acosar *v.* 4
hard difícil *adj.*
hard-working trabajador(a) *adj.* 4
hardly apenas *adv.*
harm daño *m.* 6
harmful dañino/a *adj.*
haste prisa *f.*
hat sombrero *m.*
hate odiar *v.* 1
have tener (e:ie) *v.*
have a bad reputation tener *v.* mala fama
have a bad time pasarlo/la mal *v.* 2

have a good reputation tener buena fama
have a good time divertirse (e:ie); pasarlo/la bien 2
Have a good trip! ¡Buen viaje!
have a tooth removed sacar(se) un diente
have connections tener *v.* conexiones 4
have influence tener conexiones 4
have the right to tener derecho a 5
have time tener tiempo
have to (do something) tener que (+ *inf.*); deber (+ *inf.*)
he él *m., sing., pron.*
head cabeza *f.*
headache dolor *m.* de cabeza
headline titular *m.*
headscarf pañuelo *m.* 5
health salud *f.*
healthy saludable *adj.*; sano/a *adj.*
lead a healthy lifestyle llevar *v.* una vida sana
hear oír *v.*
heard oído/a *p.p.*
hearing: sense of hearing oído *m.*
heart corazón *m.* 1
heat calor *m.*
height cima *f.* 3
Hello. Hola.; (*on the telephone*) Aló.; ¿Bueno?; Diga.
help ayudar *v.*; servir (e:i) *v.*
help one another ayudarse *v.* 1
her su(s) *poss. adj.*
(of) hers suyo(s)/a(s) *poss.*
her la *f., sing., d.o. pron.*
to/for her le *f., sing., i.o. pron.*
here aquí *adv.*
Here it is. Aquí está.
herself sí misma 3
heritage ascendencia *f.* 3
heterogeneous heterogéneo/a *adj.*
Hi. Hola. *interj.*
hide esconder *v.*; disimular *v.* 2
high alto/a *adj.*
high school instituto *m.* 5
highway autopista *f.*; carretera *f.*
hijack secuestrar *v.* 5
hike excursión *f.*
go on a hike hacer *v.* una excursión; ir *v.* de excursión
hiker excursionista *m., f.*
hiking de excursión
him: to/for him le *m., sing., i.o. pron.*
himself sí mismo 3
hire contratar *v.* 4
his su(s) *poss. adj.*
(of) his suyo(s)/a(s) *poss. pron.*
his lo *m., sing., d.o. pron.*
historian historiador(a) *m., f.*
history historia *f.*
hit pegar *v.* 4, 5
hobby pasatiempo *m.*, afición *f.* 4
hockey hockey *m.*
holiday día *m.* de fiesta
home casa *f.*; hogar *m.*; vivienda *f.* 2
home country patria *f.* 1
home page página *f.* principal
homeland patria *f.* 3
homesickness añoranza *f.* 6
homework tarea *f.*
homogeneity homogeneidad *f.*
honest honrado/a *adj.* 3
hood capó *m.*; cofre *m.*
hook up ligar *v.* 1

hope esperar *v.* (+ *inf.*); esperar *v.*; esperanza *f.*
I hope (that) ojalá (que)
horoscope horóscopo *m.*
horror (genre) de horror *m.*
hors d'oeuvres entremeses *m., pl.*
horse caballo *m.*
hospital hospital *m.*
host anfitrión *m.*
hostess anfitriona *f.*
hot: be (feel) (very) hot tener (mucho) calor
It's (very) hot. Hace (mucho) calor.
hotel hotel *m.*
hour hora *f.*
house casa *f.*
household chores quehaceres *m. pl.* domésticos
housekeeper ama *m., f.* de casa
housing vivienda *f.* 2
How...! ¡Qué...!
how ¿cómo? *adv.*
How are you? ¿Qué tal?
How are you?¿Cómo estás? *fam.*
How are you?¿Cómo está usted? *form.*
How can I help you? ¿En qué puedo servirle(s)?
How did it go for you...? ¿Cómo le/les fue...?
How is it going? ¿Qué tal?
How is/are...? ¿Qué tal...?
How is the weather? ¿Qué tiempo hace?
How much/many? ¿Cuánto/a(s)?
How much does... cost? ¿Cuánto cuesta...?
How old are you? ¿Cuántos años tienes? *fam.*
however sin embargo
hug (each other) abrazar(se) *v.*
human humano/a *adj.*
human being ser humano *m.*
human rights derechos humanos *m., pl.* 5
humanities humanidades *f., pl.*
humanity humanidad *f.* 6
humankind humanidad *f.* 6
hundred cien, ciento *adj; m.*
hunger hambre *f.* 5
hungry: be (very) hungry tener *v.* (mucha) hambre
hunt cazar *v.*
hurricane huracán *m.*
hurry apurarse *v.;* darse prisa *v.*
be in a (big) hurry tener *v.* (mucha) prisa
hurt doler (o:ue) *v.*
It hurts me a lot... Me duele mucho...
husband esposo *m.* 3
hybrid híbrido/a *adj.*
hypocrisy hipocresía *f.* 5

I

I yo *pron., m., sing.*
I am... Yo soy...
I hope (that) Ojalá (que) *interj.*
I wish (that) Ojalá (que) *interj.*
ice cream helado *m.*
ice cream shop heladería *f.*
iced helado/a *adj.*
iced tea té *m.* helado
idea idea *f.*
ideals ideales *m., pl.* 6
if si *conj.*
ill-mannered maleducado/a *adj.* 3
illiterate analfabeto/a *adj.* 5
illness enfermedad *f.*
imaginary fantástico/a *adj.*
immigrant inmigrante *m., f.* 1
immigration inmigración *f.* 6
impartial imparcial *adj.*
important importante *adj.*
be important to importar *v.*
It's important that... Es importante que...
impossible imposible *adj.*
it's impossible es imposible
imprison encarcelar *v.* 5
improbable improbable *adj.*
it's improbable es improbable
improve mejorar *v.*
improvement mejora *f.*
in en *prep.;* por *prep.*
in the afternoon de la tarde; por la tarde
in a bad mood de mal humor
in the direction of para *prep.*
in the early evening de la tarde
in the evening de la noche; por la noche
in fact de hecho *adv.*
in front of delante de *prep.*
in a good mood de buen humor
in the morning de la mañana; por la mañana
in love (with) enamorado/a (de) 1
in search of por *prep.*
incapable incapaz *adj.* 4
incompetent incapaz *adj.* 4
incident suceso *m.*
increase aumento *m.*
incredible increíble *adj.*
indifference indiferencia *f.* 5
inequality desigualdad *f.* 5
infect contagiar *v.*
infection infección *f.*
inflation inflación *f.* 5
influence influir *v.* 5; influencia *f.*
influential influyente *adj.*
inform informar *v.*
informed: become informed about enterarse (de) *v.*
inhabitant habitante *m., f.*
inherit heredar *v.* 3
injection inyección *f.*
give an injection poner *v.* una inyección
injure (oneself) lastimar(se) *v.*
injure (one's foot) lastimarse *v.* (el pie)
injustice injusticia *f.* 5
ink tinta *f.*
inner ear oído *m.*
innocence inocencia *f.*
innovative innovador(a) *adj.*
insecure inseguro/a *adj.* 1
insecurity inseguridad *f.* 5
inside dentro *adv.*
insincere falso/a *adj.* 1
insist (on) insistir (en) *v.*
instability inestabilidad *f.* 6
installments: pay in installments pagar *v.* a plazos
instrument: play an instrument tocar *v.* (un instrumento)
integration integración *f.* 6
intelligent inteligente *adj.*
intend to pensar *v.* (+ *inf.*)
interest interesar *v.*
interesting interesante *adj.*
be interesting to interesar *v.*
international internacional *adj.*
international news noticias *f.* internacionales
Internet Internet
interview entrevista *f.*
job interview entrevista laboral 4
interview entrevistar *v.*
interviewee entrevistado/a *adj.* 4
interviewer entrevistador(a) *m., f.* 4
introduction presentación *f.*
I would like to introduce (name) to you... Le/Les presento a... *form.;* Te presento a... *fam.*
intruder intruso/a *m., f.* 4
invent inventar *v.*
invention invento *m.*
invest invertir (e:ie) *v.* 4
investigate investigar *v.*
investor inversionista *m., f.* 4
invisible invisible *adj.*
invite invitar *v.*
invoke invocar *v.*
iron hierro *m.*
iron bar reja *f.*
iron (clothes) planchar *v.* (la ropa)
isolated aislado/a *adj.* 3
it lo/la *sing., d.o., pron.*
Italian italiano/a *adj.*
its su(s) *poss. adj;* suyo/a(s) *poss. pron.*
It's me. Soy yo.

J

jacket chaqueta *f.*
jail celda *f.*
(jail) cell celda *f.*
January enero *m.*
Japanese japonés, japonesa *adj.*
jealous celoso/a *adj.* 1; envidioso/a *adj.* 4
to be jealous (of) tener celos (de) 1
jealousy celos *m., pl.* 1
jeans bluejeans *m., pl.*
jewelry store joyería *f.*
job empleo *m.*; puesto *m.*; trabajo *m.* 4
job application solicitud *f.* de trabajo
jog correr *v.*
joke broma *f.*
journalism periodismo *m.*
journalist periodista *m., f.;* reportero/a *m., f.*
joy alegría *f.*
give joy dar *v.* alegría
joyful alegre *adj.*
judge juez(a) *m., f.* 3, 5; juzgar *v.* 5
judgment juicio *m.* 5
juice jugo *m.*
July julio *m.*
jump saltar *v.*
June junio *m.*
jungle selva, jungla *f.*
just apenas *adv.*; justo/a *adj.*
have just done something acabar de (+ *inf.*)
justice justicia *f.* 5

K

keep conservar *v.*
keep an eye on vigilar *v.*
keep watch on vigilar *v.*
key llave *f.*
keyboard teclado *m.*
kick patear *v.*
kid chaval(a) *m., f.* 5
kidnap secuestrar *v.* 5
kidnapping secuestro *m.* 5
kill matar *v.* 5
kill oneself matarse *v.* 5
kilometer kilómetro *m.*

kind: That's very kind of you. Muy amable.
kiss beso *m.*
kiss (each other) besar(se) *v.* **1**
kitchen cocina *f.*
knee rodilla *f.*
knife cuchillo *m.*
know saber *v.*; conocer *v.*
knowledge conocimiento *m.* **3**
know how saber *v.*

L

labor union sindicato *m.* **4**
laboratory laboratorio *m.*
lack faltar *v.*
lack (of) falta (de) *f.*
lack of interest desinterés *m.*
lack of safety inseguridad *f.* **5**
lazy perezoso/a *adj.* **4**
lake lago *m.*
lamp lámpara *f.*
land tierra *f.*; aterrizar *v.*
landlord dueño/a *m., f.*
landscape paisaje *m.*
language lengua *f.*
official language lengua *f.* oficial **6**
laptop (computer) computadora *f.* portátil
large grande *adj.*
large (*clothing size*) talla *f.* grande
last durar *v.*; pasado/a *adj.*; último/a *adj.*
last name apellido *m.*
last night anoche *adv.*
last week semana *f.* pasada
last year año *m.* pasado
late atrasado/a *adj.* **2**; tarde *adv.*
later (on) más tarde
See you later. Hasta la vista.; Hasta luego.
laugh reírse (e:i) *v.*
laughed reído *p.p.*
laundromat lavandería *f.*
law ley *f.* **5**
lawyer abogado/a *m., f.* **3, 5**
lay laico/a *adj.* **5**
lazy perezoso/a *adj.*
lead encabezar *v.* **5**
leaf hoja *f.*
learn aprender *v.* (a + *inf.*)
least, at por lo menos *adv.*
leave salir *v.*; irse *v.*; abandonar *v.* **1**; marcharse *v.*
leave a tip dejar una propina
leave behind dejar *v.* **6**
leave for (a place) salir para
leave from salir de
leave someone dejar a alguien *v.* **1**
left izquierdo/a *adj.*
be left over quedar *v.*
to the left of a la izquierda de
leg pierna *f.*
leisure ocio *m.*
lemon limón *m.*
lend prestar *v.* **4**
less menos *adv.*
less... than menos... que
less than menos de (+ *number*)
lesson lección *f.*
let dejar *v.*
let's see a ver
letter carta *f.*
lettuce lechuga *f.*
liar mentiroso/a *m., f.* **1**
liberal liberal *adj.* **5**
liberty libertad *f.*
library biblioteca *f.*
license (driver's) licencia *f.* de conducir
lie mentira *f.* **4**
life vida *f.*
of my life de mi vida
working life vida laboral **4**
lifestyle: lead a healthy lifestyle llevar una vida sana
lifestyle section sección *f.* de sociedad
lift levantar *v.*
lift weights levantar pesas
light luz *f.* **1**
traffic light semáforo *m.* **2**
like como *adv.*; gustar *v.*
Do you like...? ¿Te gusta(n)...?
I don't like them at all. No me gustan nada.
I like... Me gusta(n)...
like this así *adv.*
like very much encantar *v.*; fascinar *v.*
likeable simpático/a *adj.*
likewise igualmente *adv.*
line línea *f.*; cola (*queue*) *f.*; fila *f.* **2**
link enlace *m.*
lion león *m.*
listen (to) escuchar *v.*
Listen! (*command*) ¡Oye! *fam., sing.*; ¡Oiga/Oigan! *form., sing./pl.*
listen to music escuchar música
listen (to) the radio escuchar la radio
listener oyente *m., f.*
literature literatura *f.*
little (*quantity*) poco/a *adj.*; poco *adv.*
live vivir *v.*; en directo/vivo
live together convivir *v.* **2**
lively animado/a *adj.*
living room sala *f.*
lizard lagarto *m.*
loan préstamo *m.*; prestar *v.*
lobster langosta *f.*
local: local news noticias *f.* locales
located situado/a *adj.*; ubicado/a *adj.* **6**
be located quedar *v.* **2**
loneliness soledad *f.* **2**
long largo/a *adj.*
long-term a largo plazo *adj.* **4**
look facha *f.* **6**; mirada *f.* **2**
look (at) mirar *v.*
look alike parecerse (c:zc) *v.* **3**
look down on despreciar *v.* **3**
look for buscar *v.*
look like parecerse (a) (c:zc) *v.* **2**
lose perder (e:ie) *v.*
lose a game perder un partido
lose elections perder las elecciones **5**
lose weight adelgazar
loss pérdida *f.* **3**
lost perdido/a *adj.*
be lost estar perdido/a **2**
lot, a muchas veces *adv.*
lot of, a mucho/a *adj.*
lottery lotería *f.*
love (*another person*) querer (e:ie) *v.*; (*each other*) amarse **1**; quererse (e:ie) *v.* **1**; (*inanimate objects*) encantar *v.*; amor *m.*
in love enamorado/a *adj.* **1**
I loved it! ¡Me encantó!
lovely precioso/a *adj.* **1**
luck suerte *f.*
lucky: be (very) lucky tener (mucha) suerte
luggage equipaje *m.*
lunch almuerzo *m.*
have lunch almorzar (o:ue) *v.*
lung pulmón *m.*
luxury lujo *m.* **6**
lyrics letra *f.*
lying mentiroso/a *adj.* **1**

M

ma'am señora (Sra.); doña *f.*
machine máquina *f.* **4**
mad enojado/a *adj.* **1**
magazine revista *f.*
magnificent magnífico/a *adj.*
mail correo *m.*; enviar *v.*, mandar *v.*; echar una carta al buzón
mail carrier cartero *m.*
mailbox buzón *m.*
main principal *adj.*
maintain mantener *v.*
maintenance mantenimiento *m.* **6**
major especialización *f.*
make hacer *v.*
make an effort hacer un esfuerzo **6**
make the bed hacer la cama
makeup maquillaje *m.*
put on makeup maquillarse *v.*
mall centro comercial *m.* **2**
man hombre *m.*
manage administrar *v.* **4**
manager gerente *m., f.*
manner modo *m.* **6**
manufacture fabricar *v.*
many mucho/a *adj.*
many times muchas veces
map mapa *m.*
March marzo *m.*
margarine margarina *f.*
marinated fish ceviche *m.*
marital status estado *m.* civil
market mercado *m.* **4**
open-air market mercado al aire libre
marriage matrimonio *m.* **1**
married casado/a *adj.* **1**
get married (to) casarse (con) *v.* **1**
marry casar *v.*
marvelous maravilloso/a *adj.*
marvelously maravillosamente *adv.*
mask: ski mask pasamontañas *m., sing.*
mass misa *f.*
massage masaje *m.*
masterpiece obra maestra *f.*
match (*sports*) partido *m.*
match (with) hacer *v.* juego (con)
mathematician matemático/a *m., f.*
mathematics matemáticas *f., pl.*
matriarchy matriarcado *m.*
matter importar *v.*
mature maduro/a *adj.* **1**
maturity madurez *f.*
maximum máximo/a *adj.*
May mayo *m.*
maybe tal vez; quizás
mayonnaise mayonesa *f.*
mayor alcalde(sa) *m., f.* **2**
me me *sing., d.o. pron.*
to/for me me *sing., i.o. pron.*
meal comida *f.*
mean significar *v.*

means modo *m.* **6**
means of communication medios *m., pl.* de comunicación
meat carne *f.*
mechanic mecánico/a *m., f.*
mechanic's repair shop taller mecánico
media medios *m., pl.* (de comunicación)
medical médico/a *adj.*
medication medicamento *m.*
medicine medicina *f.*
medium mediano/a *adj.*
meet (each other) encontrar(se) *v.;* conocerse(se) *v.*
arrange to meet quedar *v.* **2**
meeting reunión *f.* **4**
melt derretir(se) (e:i) *v.*
member socio/a *m., f.* **4**
memento recuerdo *m.*
menu menú *m.*
mess lío *m.* **5**
message recado *m.*; mensaje *m.*
text message mensaje de texto
Mexican mexicano/a *adj.*
Mexico México *m.*
microwave microondas *f.*
microwave oven horno *m.* de microondas
middle age madurez *f.*
midnight medianoche *f.*
mile milla *f.*
milk leche *f.*
million millón *m.*
million of millón de
mind mente *f.*
mine mío/a(s) *poss.*
mineral mineral *m.*
mineral water agua *f.* mineral
minimum mínimo/a *adj.*
minimum wage sueldo *m.* mínimo **4**
minute minuto *m.*
mirror espejo *m.*
misfortune desgracia *f.* **6**
Miss señorita (Srta.) *f.*
miss perder (e:ie) *v*; echar *v.* de menos; extrañar *v.* **6**
mistaken equivocado/a *adj.*
mistreatment maltrato *m.* **6**
misuse desaprovechar *v.* **4**
mix mezclar *v.* **6**
mock burlarse (de) *v.* **6**
model maqueta *f.* **6**
modem módem *m.*
modern moderno/a *adj.*
mom mamá *f.*
Monday lunes *m., sing.*
money dinero *m.*; plata *f.* (in S. America)
monitor monitor *m.*
monkey mono/a *m., f.*
monolingual monolingüe *adj.* **6**
month mes *m.*
monument monumento *m.*
mood ánimo *m.* **1**
moon luna *f.*
more más
more... than más... que
more than más de (+ *number*)
morning mañana *f.*
mother madre *f.*
mother tongue lengua materna *f.* **6**
mother-in-law suegra *f.* **3**
motor motor *m.*
motorcycle motocicleta *f.*
mountain montaña *f.*
mountain range cordillera *f.*
mouse ratón *m.*
mouth boca *f.*
move (*from one house to another*) mudarse *v.* **1, 3**
move away alejarse *v.*
movie película *f.*
movie star estrella *f.* de cine
movie theater cine *m.* **2**
new movie estreno *m.*
shoot (a movie) rodar (o:ue) *v.*
movies cine *m.*
MP3 player reproductor *m.* de MP3
Mr. señor (Sr.)*;* don *m.*
Mrs. señora (Sra.)*;* doña *f.*
much mucho/a *adj.*
very much muchísimo/a *adj.*
mud barro *m.* **6**
multinational multinacional *adj.* **4**
multinational company empresa *f.* multinacional **4**
municipal municipal *adj.*
murder crimen *m.*
murky turbio/a *adj.* **1**
muscle músculo *m.*
museum museo *m.* **2**
mushroom champiñón *m.*
music música *f.*
music video video *m.* musical
musical musical *adj.*
musical group conjunto/grupo *m.* musical
musician músico/a *m., f.*
Muslim musulmán/musulmana *adj.* **5**
must deber *v.* (+ *inf.*)
It must be... Debe ser...
my mi(s) *poss. adj.*; mío/a(s) *poss pron.*
myth mito *m.*

N

naïve ingenuo/a *adj.* **2**
name nombre *m.*
be named llamarse *v.*
in the name of a nombre de
last name apellido *m.*
My name is... Me llamo...
user name nombre de usuario
napkin servilleta *f.*
national nacional *adj.*
national news noticias *f., pl.* nacionales
nationality nacionalidad *f.*
natural natural *adj.*
natural disaster desastre *m.* natural
natural resource recurso *m.* natural
nature naturaleza *f.*
nauseated mareado/a *adj.*
navy armada *f.* **5**
near cerca de *prep.*
neaten arreglar *v.*
necessary necesario/a *adj.*
It is necessary that... Hay que...
neck cuello *m.*
need faltar *v.;* necesitar *v.* (+ *inf.*)
negative negativo/a *adj.*
neglect desatender (e:ie) *v.*
neighbor vecino/a *m., f.*
neighborhood barrio *m.* **2**
neither tampoco *adv.*
neither... nor ni... ni *conj.*
nephew sobrino *m.* **3**
nervous nervioso/a *adj.*
network cadena *f.;* red *f.*
support network red *f.* de apoyo *m.* **1**
never nunca *adj.;* jamás
new nuevo/a *adj.*
new movie estreno *m.*
new development novedad *f.*
newlywed recién casado/a *m., f.*
news noticias *f., pl.;* actualidades *f., pl.*
international news noticias internacionales
local news noticias locales
national news noticias nacionales
news report reportaje *m.*
newscast noticiero *m.*
newspaper periódico *m.*; diario *m.*
next próximo/a *adj.*
next to al lado de *prep.*
nice simpático/a *adj.;* amable *adj.*
nickname apodo *m.* **3**
niece sobrina *f.* **3**
night noche *f.*
night stand mesita *f.* de noche
nightlife vida *f.* nocturna **2**
nine nueve *adj.*
nine hundred novecientos/as *adj.*
nineteen diecinueve *adj.*
ninety noventa *adj.*
ninth noveno/a *adj.*
no no; ningún, ninguno/a(s) *adj.*
no one nadie *pron.*
No problem. No hay problema.
no way de ninguna manera
nobody nadie *pron.*
noise ruido *m.*
noisy ruidoso/a *adj.* **2**
nonconformist inconformista *adj.* **6**
none ningún, ninguno/a(s) *adj., adv.*
nonsense disparate *m.* **3**
noon mediodía *m.*
nor ni *conj.*
north Norte *m.*
to the north al norte
nose nariz *f.*
nostalgia nostalgia *f.* **6**
not no *adv.*
not any ningún, ninguno/a(s) *adj., adv.*
not anyone nadie *pron.*
not anything nada *pron.*
not bad at all nada mal
not either tampoco *adv.*
not ever nunca *adv.*; jamás *adv.*
not trust desconfiar *v.* **6**
not very well no muy bien
not working descompuesto/a *adj.*
notebook cuaderno *m.*
nothing nada *pron.*
noun sustantivo *m.*
November noviembre *m.*
now ahora *adv.*
nowadays hoy día *adv.*
nuclear nuclear *adj. m., f.*
nuclear energy energía nuclear
number número *m.*
nurse enfermero/a *m., f.*
nutrition nutrición *f.*
nutritionist nutricionista *m., f.*

O

oblivion olvido *m.* 1
o'clock: It's... o'clock Son las...
It's one o'clock. Es la una.
obey obedecer *v.*
obligation deber *m.*
obtain conseguir (e:i) *v.;* obtener *v.*
obvious obvio/a *adj.*
it's obvious es obvio
occupation ocupación *f.*
occur ocurrir *v.*
October octubre *m.*
of de *prep.*
Of course. Claro que sí.; Por supuesto.
offer oferta *f.;* ofrecer (c:zc) *v.*
office oficina *f.*
office worker oficinista *m., f.*
doctor's office consultorio *m.*
official oficial *adj.*
official language lengua *f.* oficial 6
often a menudo *adv.*
Oh! ¡Ay!
oil aceite *m.*; petróleo *m.*
OK regular *adj.*
It's okay. Está bien.
old viejo/a *adj.*
old age vejez *f.* 3
older mayor *adj.*
older brother, sister hermano/a *m., f.* mayor
oldest el/la mayor
omen presagio *m.* 6
on en *prep.;* sobre *prep.*
go on sale salir *v.* a la venta
keep an eye on vigilar *v.*
on behalf of por *prep.*
on the dot en punto
on time a tiempo
on top of encima de
once una vez
one un, uno/a *adj.; m., f.; sing. pron.*
one hundred cien(to)
one million un millón
one more time una vez más
one thousand mil
one time una vez
onion cebolla *f.*
online en línea *adj.*
only sólo *adv.;* único/a *adj.*
only child hijo/a *m., f.* único/a 3
open abierto/a *adj.;* abrir *v.*
open-air al aire libre
opera ópera *f.*
soap opera telenovela *f.*
operation operación *f.*
opinion opinión *f.*
express an opinion opinar *v.*
opposite enfrente de *prep.*
oppression opresión *f.* 3
oppressed oprimido/a *adj.* 5
or o *conj.*
orange anaranjado/a *adj.;* naranja *f.*
orchestra orquesta *f.*
order mandar; (*food*) pedir (e:i) *v.*
in order to para *prep.*
orderly ordenado/a *adj.*
ordinal (*numbers*) ordinal *adj.*
other otro/a *adj.*
ought to deber *v.* (+ *inf.*) *adj.*
our nuestro/a(s) *poss. adj.; poss. pron.*
out of control descontrolado/a *adj.*
out of order descompuesto/a *adj.*
outcome desenlace *m.* 2
outdoors al aire libre
outskirts alrededores *m., pl.* 2
oven horno *m.*
over sobre *prep.*
overcome superar *v.* 3
overpopulation superpoblación *f.* 6
overthrow derrocar *v.* 5
overwhelmed agobiado/a *adj.* 1
owe (money) deber *v.* (dinero)
own propio/a *adj.* 3
on his/her own por su cuenta. 1
owner dueño/a *m., f.* 4
ozone layer capa *f.* de ozono

P

p.m. tarde *f.*
pacifist pacifista *adj.*
pack (one's suitcases) hacer *v.* las maletas
package paquete *m.*
page página *f.*
front page portada *f.*
pain dolor *m.*
have a pain tener *v.* dolor
paint pintar *v.*
painter pintor(a) *m., f.*
painting pintura *f.*
pair par *m.*
pair of shoes par *m.* de zapatos
pamper mimar *v.* 3
pants pantalones *m., pl.*
pantyhose medias *f., pl.*
paper papel *m.;* (*report*) informe *m.*
Pardon me. (*May I?*) Con permiso.; (*Excuse me.*) Perdón.
parents padres *m., pl.*; papás *m., pl.*
park estacionar *v.*; aparcar *v.*; parque *m.*
parking lot estacionamiento *m.* 2
parking space aparcamiento *m.*
partner (*one of a married couple*) pareja *f.* 1; socio/a *m., f.* 4
party fiesta *f.*
party pooper aguafiestas *m., f.*
pass pasar *v.*
pass a law aprobar (o:ue) *v.* una ley 5
passed pasado/a *p.p.*
passenger pasajero/a *m., f.* 2
passport pasaporte *m.*
password contraseña *f.*
past pasado/a *adj.*
pastime pasatiempo *m.*
pastry shop pastelería *f.*
patent patente *f.*
patience paciencia *f.* 6
patient paciente *m., f.*
patio patio *m.*
pay pagar *v.*
pay homage to the gods homenajear *v.* a los dioses
pay in cash pagar *v.* al contado; pagar en efectivo
pay in installments pagar *v.* a plazos
pay raise aumento *m.* de sueldo 4
pay the bill pagar *v.* la cuenta
pea arveja *f.*
peace paz *f.* 5
peaceful pacífico/a *adj.* 5
peach melocotón *m.*
pear pera *f.*
pedestrian peatón/peatona *m., f.* 2
pen pluma *f.*
pencil lápiz *m.*
penicillin penicilina *f.*
people gente *f.* 2
pepper (black) pimienta *f.*
per por *prep.*
perfect perfecto/a *adj.*
performance espectáculo *m.*
perhaps quizás; tal vez
permission permiso *m.*
persecution persecución *f.*
person persona *f.*
person in charge encargado/a *m., f.*
personality carácter *m.* 3
personification encarnación *f.* 3
pharmacy farmacia *f.*
phenomenal fenomenal *adj.*
phenomenon fenómeno *m.*
photograph foto(grafía) *f.*
photographer fotógrafo/a *m., f.*
physical (exam) examen *m.* médico
physician doctor(a), médico/a *m., f.*
physicist físico/a *m., f.*
physics física *f. sing.*
pick up recoger *v.*
picture cuadro *m.;* pintura *f.*
pie pastel *m.*
piece pedazo *m.*
piece of junk pedazo de lata 4
pill (tablet) pastilla *f.*
pillow almohada *f.*
pineapple piña *f.*
pink rosado/a *adj.*
place lugar *m.;* poner *v.*
plaid de cuadros
planet planeta *m.*
plan plano *m.* 6; planificar *v.* 6
plans planes *m., pl.*
have plans tener planes
plant planta *f.*; plantar *v.*; sembrar *v.* 6
plastic plástico *m.*
(made) of plastic de plástico
plate plato *m.*
platter of fried food fuente *f.* de fritada
play drama *m.;* comedia *f.;* jugar (u:ue) *v.;* (*a musical instrument*) tocar *v.*; (*a role*) hacer el papel de; (*cards*) jugar a (las cartas); (*sports*) practicar deportes
play a CD poner un disco compacto
play an instrument tocar *v.*
player jugador(a) *m., f.*
playwright dramaturgo/a *m., f.*
plead rogar (o:ue) *v.*
pleasant agradable *adj.;* gracioso/a *adj.* 1
please por favor
Pleased to meet you. Mucho gusto.; Encantado/a. *adj.*
pleasing: be pleasing to gustar *v.*
pleasure gusto *m.;* placer *m.*
It's a pleasure to... Gusto de (+ *inf.*)
It's been a pleasure. Ha sido un placer.
The pleasure is mine. El gusto es mío.
poem poema *m.*
poet poeta *m., f.*
poetry poesía *f.*
poison intoxicar *v.*
police (force) policía *f.*
police station comisaría *f.* 2

policeman policía *m.* 2
policewoman mujer *f.* policía 2
political político/a *adj.*
political exile exiliado/a *m., f.* político/a
political party partido *m.* político 5
political refugee refugiado/a *m., f.* político/a 6
politician político/a *m., f.* 5
politics política *f.* 5
polka-dotted de lunares
poll encuesta *f.*
pollute contaminar *v.*
polluted contaminado/a *adj.*
be polluted estar contaminado/a
pollution contaminación *f.*
pool piscina *f.*
poor pobre *adj.*
populate poblar *v.* 2
population población *f.* 6
pork cerdo *m.*
pork chop chuleta *f.* de cerdo
portable portátil *adj.*
portable computer computadora *f.* portátil
position puesto *m.* 4; cargo *m.* 3
possessive posesivo/a *adj.*
possible posible *adj.*
it's (not) possible (no) es posible
post office correo *m.*
postcard postal *f.*
poster cartel *m.*
potato papa *f.*; patata *f.*
pottery cerámica *f.*
poverty pobreza *f.* 4
power poder *m.* 5
powerful poderoso/a *adj.* 3
practical práctico/a *adj.*
practice entrenarse *v.*; practicar *v.*
predict predecir (e:i) *v.* 6
prefer preferir (e:ie) *v.*
pregnant embarazada *adj.*
premiere estreno *m.*
premonition presentimiento *m.* 6
prepare preparar *v.*; capacitar *v.* 4
preposition preposición *f.*
prescribe (*medicine*) recetar *v.*
prescription receta *f.*
present regalo *m.*; presentar *v.*
preserve conservar *v.*
president presidente/a *m., f.* 5
press prensa *f.* 4
freedom of the press libertad *f.* de prensa
sensationalist press prensa sensacionalista
pressure presión *f.*
be under a lot of pressure sufrir *v.* muchas presiones
pretty bonito/a *adj.*; bastante *adv.*
prevent prevenir (e:ie) *v.*
price precio *m.*
(fixed, set) price precio *m.* fijo
pride orgullo *m.* 5
priest sacerdote *m.*; cura *m.* 6
principles ideales *m., pl.* 6
print estampado/a *adj.*; imprimir *v.*
printer impresora *f.*
prison cárcel *f.*
(prison) cell celda *f.*
prisoner preso/a *m., f.*
private (*room*) individual *adj.*
prize premio *m.*
probable probable *adj.*
it's (not) probable (no) es probable
problem problema *m.*
profession profesión *f.*
professor profesor(a) *m., f.*
profit ganancia *f.* 3
program programa *m.*
programmer programador(a) *m., f.*
progress progreso *m.* 6
prohibit prohibir *v.*
prominent destacado/a *adj.*
promise jurar *v.* 6
promotion (*career*) ascenso *m.*
pronoun pronombre *m.*
proof prueba *f.*
protect proteger *v.*
protected protegido/a *adj.*
protein proteína *f.*
protest protestar *v.* 6; manifestación *f.* 3
proud orgulloso/a *adj.* 1
prove comprobar (o:ue) *v.*
provided (that) con tal (de) que *conj.*
prune podar *v.*
psychologist psicólogo/a *m., f.*
psychology psicología *f.*
public público *m.*
public transportation transporte *m.* público 2
publish publicar *v.*
Puerto Rican puertorriqueño/a *adj.*
Puerto Rico Puerto Rico *m.*
pull tirar; sacar *v.*
pull a tooth sacar una muela
pull someone's leg tomar el pelo 6
punish castigar *v.*
punishment castigo *m.*
pupil alumno/a *m., f.* 5
purchase compra *f.* 4
purchases compras *f., pl.*
pure puro/a *adj.*
purple morado/a *adj.*
purse bolsa *f.*
put poner *v.*; puesto/a *p.p.*
put (a letter) in the mailbox echar (una carta) al buzón
put on (a performance) presentar *v.*
put on (clothing) ponerse *v.*
put on makeup maquillarse *v.*
put up with aguantar *v.*; soportar *v.*

Q

qualified capacitado/a *adj.* 4
quality calidad *f.*
quarry cantera *f.* 4
quarter (*academic*) trimestre *m.*
quarter after (*time*) y cuarto; y quince
quarter to (*time*) menos cuarto; menos quince
question pregunta *f.*; interrogante *m.*
quickly rápido *adv.*
quiet tranquilo/a *adj.*
quit dejar *v.*; renunciar *v.* 4
quiz prueba *f.*

R

rabbit's foot pata de conejo *f.*
race carrera *f.*
racism racismo *m.*
radio (*medium*) radio *f.*
radio (set) radio *m.*
radio announcer locutor(a) *m., f.* de radio
radio station radioemisora *f.*
rain llover (o:ue) *v.*; lluvia *f.*
It's raining. Llueve.; Está lloviendo.
raincoat impermeable *m.*
rainforest bosque *m.* tropical; selva *f.*
tropical rainforest selva tropical *f.*
raise (*salary*) aumento *m.* de sueldo
raise (*children*) criar *v.* 3
ranch rancho *m.* 6
rather bastante *adv.*
reach alcanzar *v.* 3, 6
reach a goal alcanzar una meta *v.* 6
read leer *v.*; leído/a *p.p.*
read e-mail leer correo electrónico
read a magazine leer una revista
read a newspaper leer un periódico
reader lector(a) *m., f.* 1
ready listo/a *adj.*; dispuesto/a (a) *adj.* 4
(Are you) ready? ¿(Están) listos?
reality: reality show programa *m.* de telerrealidad
realize darse cuenta de *v.* 5
reap the benefits (of) disfrutar *v.* (de)
reason razón *f.*
rebellious rebelde *adj.* 3
rebelliousness rebeldía *f.*
receive recibir *v.*
recipe receta *f.*
recognize reconocer *v.* 6
recommend recomendar (e:ie) *v.*
record grabar *v.*
recreation diversión *f.*; recreo *m.*
recycle reciclar *v.*
recycling reciclaje *m.*
red rojo/a *adj.*
red-haired pelirrojo/a *adj.*
reduce reducir *v.*; disminuir *v.* 6
reduce stress/tension aliviar el estrés/la tensión
refrigerator refrigerador *m.*
refugee refugiado/a *m., f.* 6
political refugee refugiado/a político/a 6
war refugee refugiado/a de guerra 6
region región *f.*
regret arrepentirse *v.*; lamentar *v.*; (*to be sorry about*) 3; sentir (e:ie) *v.*
rehearse ensayar *v.*
reject rechazar *v.* 6
related to sitting sedentario/a *adj.*
relative pariente *m., f.* 3, 6
relatives familiares *m., pl.* 1; parientes *m., pl.*
relax relajarse *v.* 2
release (a movie) estrenar *v.* (una película)
relieve aliviar *v.*
religion religión *f.* 3
rely (on) contar (o:ue) (con) *v.*
remain quedarse *v.*
remember acordarse (o:ue) *v.* (de); recordar (o:ue) *v.*
remodel remodelar *v.* 6
remote control control *m.* remoto
remove quitar *v.*
renew renovar *v.* 4
renewable renovable *adj.*
rent alquilar *v.*; (*payment*) alquiler *m.*
repeat repetir (e:i) *v.*
replace reemplazar *v.* 4
report informe *m.* 5; reportaje *m.*
news report reportaje *m.*
reporter reportero/a *m., f.*
representative representante *m., f.*

reputation: have a good/bad
reputation tener *v.* buena/mala fama
request pedir (e:i) *v.*
rescued rescatado/a *adj.* **5**
research investigar *v.*
research grant beca *f.* de investigación
researcher investigador(a) *m., f.*
resemble parecerse (c:zc) *v.*
reservation reservación *f.*
reside residir *v.* **2**
resident residente *m., f.*
resign (from) renunciar (a) *v.*
resist resistir *v.*
resolve resolver (o:ue) *v.*
resolved resuelto/a *p.p.*
resources recursos *m., pl.*
respect respetar *v.* **3**
responsibility deber *m.*; responsabilidad *f.*; compromiso *m.* **1**
rest descansar *v.*
restaurant restaurante *m.*
restaurant serving arepas arepera *f.* **3**
résumé currículum *m.*
retire (from work) jubilarse *v.* **4**
return regreso *m.*; regresar *v.*; volver (o:ue) *v.*
returned vuelto/a *p.p.*
revolutionary revolucionario/a *adj.*
rhythm ritmo *m.*
rice arroz *m.*
rich rico/a *adj.*
get rich enriquecerse *v.* **6**
riches riquezas *f., pl.* **4**
ride a bicycle pasear *v.* en bicicleta
ride a horse montar *v.* a caballo
ridiculous ridículo/a *adj.*
it's ridiculous es ridículo
right derecha *f.*
be right tener razón
right? (*question tag*) ¿no?; ¿verdad?
right away enseguida *adv.*
right here aquí mismo
right now ahora mismo
right there allí mismo
to the right of a la derecha de
rights derechos *m.*
ring (*a doorbell*) sonar (o:ue) *v.*
rise ascender *v.* **4**
risk riesgo *m.* **1**
rivalry rivalidad *f.*
river río *m.*
road camino *m.*
roast asado/a *adj.*
roast chicken pollo *m.* asado
rob robar *v.*
robbery robo *m.*
rollerblade patinar *v.* en línea
romantic romántico/a *adj.*
room habitación *f.*; cuarto *m.*
living room sala *f.*
roommate compañero/a *m., f.* de cuarto
root raíz *f.* **3**
roundtrip de ida y vuelta
roundtrip ticket pasaje *m.* de ida y vuelta
route recorrido *m.* **2**
routine rutina *f.*
rug alfombra *f.*
ruin arruinar *v.* **4**
rule regla *f.* **5**
run correr *v.*; administrar *v.* **4**
run errands hacer diligencias **2**
run into (*have an accident*) chocar (con) *v.*; (*meet accidentally*) encontrar(se) (o:ue) *v.*; (*run into something*) darse (con) *v.*
run into (each other) encontrar(se) (o:ue) *v.*
rush apurarse, darse prisa *v.*
Russian ruso/a *adj.*

S

sacred ritual rito *m.* sagrado
sacrifice sacrificar *v.* **3**
sad triste *adj.*
it's sad es triste
safe seguro/a *adj.*
safety seguridad *f.* **5**
said dicho/a *p.p.*
salad ensalada *f.*
salary salario *m.*; sueldo *m.*
sale rebaja *f.*; venta *f.* **4**
go on sale salir *v.* a la venta
salesman vendedor *m.* **4**
saleswoman vendedora *f.* **4**
salmon salmón *m.*
salt sal *f.*
same mismo/a *adj.*
sandal sandalia *f.*
sandwich sándwich *m.*
Saturday sábado *m.*
sausage salchicha *f.*
save salvar *v.* **3**; (*on a computer*) guardar *v.*
save (money) ahorrar *v.* **4**
savings ahorros *m., pl.* **4**
savings account cuenta *f.* de ahorros **4**
saw serrar *v.*
say decir *v.*; declarar *v.*
say (that) decir (que) *v.*
say goodbye despedirse (e:i) *v.* **6**
say the answer decir la respuesta
scale escama *f.*
scandal escándalo *m.* **5**
scant escaso/a *adj.*
scarce escaso/a *adj.*
scarcely apenas *adv.*
scared: be (very) scared (of) tener *v.* (mucho) miedo (de)
scene escena *f.* **1**
scenery paisaje *m.*
schedule horario *m.*
school escuela *f.*
science ciencia *f.*
science fiction ciencia *f.* ficción
scientist científico/a *m., f.*
scold regañar *v.* **3**
score (a goal/a point) marcar *v.* (un gol/un punto); anotar *v.* un gol
screen pantalla *f.*
script guion *m.* **1**
scuba dive bucear *v.*
sculpt esculpir *v.*
sculptor escultor(a) *m., f.*
sculpture escultura *f.*
sea mar *m.*
seal foca *f.*
search engine buscador *m.*
season temporada *f.*; estación *f.*
seat silla *f.*
second segundo/a *adj.*; *m., f.*
secretary secretario/a *m., f.*
(lifestyle) section sección *f.* de sociedad
(sports) section sección *f.* deportiva
secure seguro/a *adj.* **1**
secular laico/a *adj.* **5**
security seguridad *f.* **5**
sedentary sedentario/a *adj.*
see ver *v.*
see (you, him, her) again volver a ver(te, lo, la)
see movies ver películas
See you. Nos vemos.
See you later. Hasta la vista.; Hasta luego.
See you soon. Hasta pronto.
See you tomorrow. Hasta mañana.
seed semilla *f.*
seem parecer *v.*
seen visto/a *p.p.*
seizure ataque *m.*
self-esteem autoestima *f.* **3**
selfish egoísta *adj.* **3**
sell vender *v.*
semester semestre *m.*
send enviar; mandar *v.*
sensationalist: sensationalist press prensa *f.* sensacionalista
sensitive sensible *adj.* **1**
separate (from) separarse *v.* (de)
separated separado/a *adj.* **1**
September septiembre *m.*
sequence secuencia *f.*
serious grave *adj.*
serve servir (e:i) *v.*
set (*fixed*) fijo *adj.*
set the table poner *v.* la mesa
settle poblar *v.* **2**
seven siete *adj.*
seven hundred setecientos/as *adj.*
seventeen diecisiete *adj.*
seventh séptimo/a *adj.*
seventy setenta *adj.*
several varios/as *adj. pl.*
sexism sexismo *m.*
shaman chamán *m.*
shame (*pity*) lástima *f.*; (*embarassment, remorse*) vergüenza *f.*
it's a shame es una lástima
shampoo champú *m.*
shape forma *f.*
be in good shape estar en buena forma
stay in shape mantenerse en forma
share compartir *v.* **1**
sharp (*time*) en punto
shave afeitarse *v.*
shaving cream crema *f.* de afeitar
she ella *f., sing. pron.*
shellfish mariscos *m., pl.*
ship barco *m.*
shirt camisa *f.*
shoe zapato *m.*
shoe size número *m.*
shoe store zapatería *f.*
tennis shoes zapatos *m., pl.* de tenis
shoot disparar *v.* **5**
shoot a movie rodar (o:ue) *v.*
shop tienda *f.*
shopping, to go ir *v.* de compras
shopping mall centro *m.* comercial **2**
short (*in height*) bajo/a *adj.*; (*in length*) corto/a *adj.*
short film cortometraje/corto *m.* **1**
short story cuento *m.*
short-term a corto plazo *adv.* **4**

shortage escasez *f.* 4
shorts pantalones cortos *m., pl.*
shot disparo *m.*
should (*do something*) deber *v.* (+ *inf.*)
shout gritar *v.*
show espectáculo *m.*; mostrar (o:ue) *v.*
  game show programa *m.* de concursos; concurso *m.*
  reality show programa *m.* de telerrealidad
shower ducha *f.*; ducharse *v.*
shrimp camarón *m.*
shy tímido/a *adj.* 1
shyness timidez *f.* 2
siblings hermanos/as *pl.*
sick enfermo/a *adj.*
  be sick estar *v.* enfermo/a
  get sick enfermarse *v.*
  get sick (of) (*be fed up*) estar *v.* harto 1
sidewalk acera *f.* 2
sign firmar *v.* 3; letrero *m.* 2; pancarta *f.* 3; señal *f.*
silence silencio *m.*; callar *v.*
silk seda *f.*
  (made of) silk de seda
silly tonto/a *adj.*
  silly remark/action disparate *m.* 3
similar semejante *adj.*
since desde *prep.*
sing cantar *v.*
singer cantante *m., f.*
single soltero/a *adj.* 1
  single room habitación *f.* individual
sink lavabo *m.*; hundir *v.*
sir señor (Sr.); don *m.*
sister hermana *f.*
  sister-in-law cuñada *f.* 3
sit down sentarse (e:ie) *v.*
six seis *adj.*
six hundred seiscientos/as *adj.*
sixteen dieciséis *adj.*
sixth sexto/a *adj.*
sixty sesenta *adj.*
size talla *f.*; tamaño *m.* 6
  shoe size número *m.*
(in-line) skate patinar *v.* (en línea)
skateboard andar *v.* en patineta
ski esquiar *v.*
  ski mask pasamontañas *m., sing.*
skiing esquí *m.*
  cross country skiing esquí de fondo
  downhill skiing esquí alpino
  water-skiing esquí acuático
skirt falda *f.*
sky cielo *m.*
skyscraper rascacielos *m., sing.* 2
slacker vago/a *m., f.*
sleep dormir (o:ue) *v.*; sueño *m.*
  go to sleep dormirse (o:ue) *v.*
sleepy: be (very) sleepy tener *v.* (mucho) sueño
slender delgado/a *adj.*
slim down adelgazar *v.*
slippers pantuflas *f.*
slow lento/a *adj.*
slowly despacio *adv.*
small pequeño/a *adj.*
smart listo/a *adj.*
smell olor *m.*
smile sonreír (e:i) *v.*
smiled sonreído *p.p.*
smog smog *m.*
smoggy: It's (very) smoggy. Hay (mucha) contaminación.
smoke fumar *v.*
smoking section sección *f.* de fumar
  (non) smoking section *f.* sección de (no) fumar
snack merendar *v.*
  afternoon snack merienda *f.*
  have a snack merendar *v.*
snake serpiente *f.*
sneakers zapatos *m.* de tenis
sneeze estornudar *v.*
snow nevar (e:ie) *v.*; nieve *f.*
snowing: It's snowing. Nieva.; Está nevando.
so (*in such a way*) así *adv.*; tan *adv.*
  so much tanto *adv.*
  so-so regular *adj.*
  so that para que *conj.*
soap jabón *m.*
  soap opera telenovela *f.*
soccer fútbol *m.*
social assistance prestaciones *f., pl.* 3
social prejudice prejuicio *m.* social 3
sociology sociología *f.*
sock(s) calcetín (calcetines) *m.*
sofa sofá *m.*
soft drink refresco *m.*
software programa *m.* (de computación)
soil tierra *f.*
solar solar *adj.*
  solar energy energía *f.* solar
sold out agotado/a *adj.*
soldier soldado *m., f.*
solution solución *f.*
solve resolver (o:ue) *v.*
some algún, alguno/a(s) *adj.*; unos/as *pron. m., f., pl; indef. art.*
somebody alguien *pron.*
someone alguien *pron.*
something algo *pron.*
sometimes a veces *adv.*
son hijo *m.*
song canción *f.*
son-in-law yerno *m.* 3
soon pronto *adv.*
  See you soon. Hasta pronto.
soothe aliviar *v.*
sorry: be sorry sentir (e:ie) *v.*
  I'm sorry. Lo siento.
  I'm so sorry. Mil perdones.; Lo siento muchísimo.
soul el alma *f.* (las almas) 1
  soulmate alma gemela 1
soundtrack banda *f.* sonora
soup caldo *m.*; sopa *f.*
source fuente *f.*
south Sur *m.*
  to the south al sur
souvenir recuerdo *m.*
space espacio *m.*
space shuttle transbordador *m.* espacial
spacecraft nave *f.* espacial
Spain España *f.*
Spanish (*language*) español *m.*; español(a) *adj.*
spare (free) time ratos *m.* libres
speak hablar *v.*
special: special effects efectos *m.* especiales
specialized especializado/a *adj.*
species especie *f.*
  endangered species especie en peligro (de extinción)
spectacular espectacular *adj.*
spectator espectador(a) *m., f.*
speech discurso *m.*
speed velocidad *f.*
  speed limit velocidad *f.* máxima
spell checker corrector *m.* ortográfico
spelling ortografía *f.*; ortográfico/a *adj.*
spend (*money*) gastar *v.* 4
spirit (*soul*) el alma *f.*; (*mood*) ánimo *m.* 1
splinter astilla *f.*
split one's sides laughing partirse *v.* de risa
spoil malcriar *v.* 3
spoon (*table or large*) cuchara *f.*
spoonful cucharada *f.*
  in spoonfuls a cucharadas
sport deporte *m.*
  sports club club *m.* deportivo
  sports-related deportivo/a *adj.*
  sports section sección *f.* deportiva
spouse esposo/a *m., f.*
sprain (one's ankle) torcerse (o:ue) *v.* (el tobillo)
sprained torcido/a *adj.*
  be sprained estar torcido/a
sprawl expansión *f.*
  urban sprawl expansión urbana
spread esparcir *v.* 6; difundir *v.*
  spread news difundir *v.*
  spread the word correr *v.* la voz
spring primavera *f.*
spy espiar *v.* 5
square plaza *f.* 2
  (city or town) square plaza *f.*
stadium estadio *m.* 2
staff plantilla *f.* 4
stage etapa *f.*
stairs escalera *f.*
stairway escalera *f.*
stamp sellar *v.*
stamp estampilla *f.*; sello *m.*
stand in line hacer *v.* cola
stand out destacar *v.*
stand (someone) up dejar *v.* plantado/a 1
standard of living nivel *m.* de vida *f.* 6; calidad *f.* de vida *f.* 1
star estrella *f.*
  movie star estrella de cine
  shooting star estrella fugaz
start (*a vehicle*) arrancar *v.*; (*establish*) establecer *v.*
station estación *f.*
  bus station estación *f.* de autobuses 2
  fire station estación *f.* de bomberos 2
  police station estación *f.* de policía 2
  radio station radioemisora *f.*
  subway station estación *f.* del metro
  train station estación *f.* de trenes 2
statue estatua *f.*
status: marital status estado *m.* civil
stay quedarse *v.* 2
  stay in shape mantenerse *v.* en forma
  stay up late trasnochar *v.* 2
steak bistec *m.*
steering wheel volante *m.*
step etapa *f.*
stepbrother hermanastro *m.* 3
stepdaughter hijastra *f.*
stepfather padrastro *m.* 3
stepmother madrastra *f.* 3
stepsister hermanastra *f.* 3
stepson hijastro *m.*
stereo estéreo *m.*

stifle ahogar *v.*
still todavía *adv.*
stingy tacaño/a *adj.* 1
stock market bolsa *f.* de valores 4
stockbroker corredor(a) *m., f.* de bolsa
stockings medias *f., pl.*
stomach estómago *m.*
stone piedra *f.*
sculpted stone piedra esculpida 6
stop parar *v.* 2; detenerse (e:ie) *v.*
stop (*doing something*) dejar de (+ *inf.*)
stop parada *f.* 2
bus stop parada *f.* de autobús 2
subway stop parada *f.* de metro 2
store tienda *f.*
storekeeper tendero/a *m., f.* 5
storm tormenta *f.*
stormy tempestuoso/a *adj.* 1
story cuento *m.;* historia *f.* 1
stove cocina *f.*, estufa *f.*
straight derecho *adj.*
straight (ahead) derecho
straighten up arreglar *v.*
strange extraño/a *adj.*
it's strange es extraño
stranger desconocido/a *m., f.* 2
strawberry fresa *f.*, frutilla *f.*
street calle *f.* 2
strengthen fortalecer *v.* 5
stress estrés *m.*
stressed (out) estresado/a *adj.* 4
stretching estiramiento *m.*
do stretching exercises hacer *v.* ejercicios *m. pl.* de estiramiento
strict estricto/a *adj.* 3
strike (*labor*) huelga *f.* 5
stripe raya *f.*
striped de rayas
stroll pasear *v.*
strong fuerte *adj.*
to grow stronger fortalecerse *v.* 1
story historia *f.*
struggle lucha *f.* 5; (*for/against*) luchar *v.* (por/contra)
student estudiante *m., f.;* estudiantil *adj.;* alumno/a *m., f.* 5
study estudiar *v.*
stuffed-up (*sinuses*) congestionado/a *adj.*
stupendous estupendo/a *adj.*
style estilo *m.*
submissive sumiso/a *adj.* 3
subscribe (to) suscribirse (a) *v.*
substitute sustituir *v.* 4
subtitles subtítulos *m., pl.*
suburb suburbio *m.* 2
suburbs afueras *f., pl.* 2
subway metro *m.*
subway station estación *f.* del metro
subway stop parada *f.* de metro 2
success éxito *m.*
successful exitoso/a *adj.* 4
be successful tener éxito
such as tales como
sudden repentino/a *adj.* 2
suddenly de repente *adv.*
suffer sufrir *v.*
suffer an illness sufrir una enfermedad
suffocate ahogarse *v.*
sugar azúcar *m.*
suggest sugerir (e:ie) *v.*
suit traje *m.*
suitable apto/a *adj.* 4
suitcase maleta *f.*
summer verano *m.*
summon convocar *v.* 5
sun sol *m.*
sunbathe tomar *v.* el sol
Sunday domingo *m.*
(sun)glasses gafas *f., pl.* (oscuras/de sol); lentes *m. pl.* (oscuros/de sol)
sunny: It's (very) sunny. Hace (mucho) sol.
supermarket supermercado *m.*
superstitious supersticioso/a *adj.* 6
supply abastecer *v.* 4
support apoyo *m.*
support (each other) apoyar(se) *v.* 3
support network red *f.* de apoyo 1
suppose suponer *v.*
sure seguro/a *adj.*
be sure estar seguro/a
surf (*the Internet/web*) navegar *v.* (en Internet/ en la red)
surprise sorprender *v.;* sorpresa *f.*
surround rodear *v.* 3
surrounded rodeado/a *adj.* 2
survey encuesta *f.*
survival supervivencia *f.*
survive sobrevivir *v.* 3
suspect sospechar *v.* 5
suspicion sospecha *f.*
suspicious sospechoso/a *adj.* 4
sweat sudar *v.*
sweater suéter *m.*
sweep the floor barrer *v.* el suelo
sweetheart amado/a *m., f.* 1
sweets dulces *m., pl.*
swim nadar *v.*
swimming natación *f.*
swimming pool piscina *f.*
symbol símbolo *m.*
symptom síntoma *m.*

T

table mesa *f.*
tablespoon cuchara *f.*
tablet (*pill*) pastilla *f.*
take tomar *v.;* llevar *v.*
(not) take advantage of (des)aprovechar *v.* 4
take a bath bañarse *v.*
take a bike/car/motorcycle ride dar *v.* una vuelta en bicicleta/carro/motocicleta 2
take care of cuidar *v.* 1
take into consideration tomar *v.* en cuenta 3
take off quitarse *v.*
take out the trash sacar *v.* la basura
take photos tomar *v.* fotos; sacar *v.* fotos
take a risk arriesgarse *v.* 6
take (*wear*) **a shoe size** calzar *v.*
take a shower ducharse *v.*
take someone's temperature tomar *v.* la temperatura
take a stroll dar *v.* un paseo 2
take a walk/ride dar *v.* una vuelta 2
talented talentoso/a *adj.*
talk hablar *v.*; conversar *v.* 2
small talk conversación informal 4
talk show programa *m.* de entrevistas
tall alto/a *adj.*
tango club/event milonga *f.* 2
tank tanque *m.*
tape cinta *f.* 1
tape recorder grabadora *f.*
taste probar (o:ue) *v.;* saber *v.*
taste like saber a
tasty rico/a *adj.;* sabroso/a *adj.*
tax impuesto *m.* 4
taxi taxi *m.*
tea té *m.*
teach enseñar *v.*
teacher profesor(a) *m., f.*; maestro/a *m., f.*
team equipo *m.*
technician técnico/a *m., f.*
telecommuting teletrabajo *m.*
telepathy telepatía *f.*
telephone teléfono
cellular telephone teléfono *m.* celular
telescope telescopio *m.*
television televisión *f.;*
television set televisor *m.*
television viewer televidente *m., f.*
tell contar *v.;* decir *v.*
tell (that) decir *v.* (que)
tell lies decir mentiras
tell the truth decir la verdad
temperature temperatura *f.*
ten diez *adj.*
tennis tenis *m.*
tennis shoes zapatos *m., pl.* de tenis
tension tensión *f.*
tent tienda *f.* de campaña
tenth décimo/a *adj.*
terrain terreno *m.* 6
terrible terrible *adj.*
it's terrible es terrible
terrific chévere *adj.*
territory territorio *m.* 6
terrorism terrorismo *m.* 5
terrorist terrorista *m., f.* 5
test prueba *f.;* examen *m.*
text message mensaje *m.* de texto
thank agradecer *v.* 3
Thank you. Gracias. *f., pl.*
Thank you (very much). (Muchas) gracias.
Thank you very, very much. Muchísimas gracias.
Thanks (a lot). (Muchas) gracias.
Thanks again. (*lit. Thanks one more time.*) Gracias una vez más/de nuevo.
Thanks for everything. Gracias por todo.
that que; quien(es); lo que *pron.*
that (one) ése; ésa; eso *pron.;* ese; esa; *adj.*
that (*over there*) aquél, aquélla, aquello *pron.;* aquel, aquella *adj.*
that which lo que *conj.*
that's me soy yo
That's not the way it is. No es así.
that's why por eso
thaw (oneself) descongelar(se) *v.*
the el *m.*, la *f. sing.;* los *m.*, las *f., pl.*
theater teatro *m.*
theater play obra *f.* de teatro
their su(s) *poss. adj.;* suyo/a(s) *poss. pron.*
them los/las *pl., d.o. pron.*
to/for them les *pl., i.o. pron.*
then (*afterward*) después *adv.;* (*as a result*) entonces *adv.;* (*next*) luego *adv.;* pues *adv.*
theory teoría *f.*
there allí *adv.*
There is/are... Hay...
There is/are not... No hay...

therefore por eso
these éstos; éstas *pron.;* estos; estas *adj.*
they ellos *m.,* ellas *f. pron.*
thief ladrón/ladrona *m., f.* **5**
thin delgado/a *adj.*
thing cosa *f.*
think opinar *v.;* pensar (e:ie) *v.;* (believe) creer *v.*
  think about pensar en *v.*
third tercero/a *adj.*
thirst sed *f.*
thirsty: be (very) thirsty tener *v.* (mucha) sed
thirteen trece *adj.*
thirty treinta *adj.*
thirty (*minutes past the hour*) *adj.* y treinta; y media
this este; esta *adj.;* éste, ésta, esto *pron.*
  This is... (*introduction*) Éste/a es...
  This is he/she. (*on telephone*) Con él/ella habla.
those ésos; ésas *pron.;* esos; esas *adj.*
those (over there) aquéllos; aquéllas *pron.;* aquellos; aquellas *adj.*
thousand mil *adj.*
threat amenaza *f.* **5**
threaten amenazar *v.*
three tres
three hundred trescientos/as *adj.*
throat garganta *f.*
through por *prep.*
throughout: throughout the world en todo el mundo
throw away echar *v.*
throw out botar *v.* **3**
Thursday jueves *m., sing.*
thus (*in such a way*) así *adj.*
ticket boleto *m.*; entrada *f.*; pasaje *m.*
tie (*clothing*) corbata *f.*; empate *m.;* (*link*) lazo *m.* **1**; (*a game*) empatar *v.*
tiger tigre *m.*
time vez *f.;* tiempo *m.*
  have a good/bad time pasarlo/la bien/mal **2**
  We had a great time. Lo pasamos de película.
  What time is it? ¿Qué hora es?
  (At) What time...? ¿A qué hora...?
times veces *f., pl.*
  many times muchas veces
  two times dos veces
tiny diminuto/a *adj.*
tip propina *f.*
tire llanta *f.*
tired cansado/a *adj.*
  be tired estar cansado/a
to a *prep.*
toast (*drink*) brindar *v.*
toast pan *m.* tostado
toasted tostado/a *adj.*
  toasted bread pan *m.* tostado
toaster tostadora *f.*
today hoy *adv.*
  Today is... Hoy es...
toe dedo *m.* del pie
together juntos/as *adj.*
toilet inodoro *m.*
tolerate aguantar *v.*
tomato tomate *m.*
tomorrow mañana *f.*
  See you tomorrow. Hasta mañana.
tongue lengua *f.*
  mother tongue lengua *f.* materna **6**
tonight esta noche *adv.*
too también *adv.;*
  too much demasiado *adv.;* en exceso
tool herramienta *f.*
tooth diente *m.*
toothpaste pasta *f.* de dientes
tornado tornado *m.*
tortilla tortilla *f.*
touch tocar *v.;*
tour an area recorrer *v;* excursión *f.*
tourism turismo *m.*
tourist turista *m., f.;* turístico/a *adj.*
toward hacia *prep.;* para *prep.*
towel toalla *f.*
town pueblo *m.*
toxic tóxico/a *adj.*
toy juguete *m.* **5**
trade oficio *m.*
traffic circulación *f.;* tráfico *m.* **2**
  traffic light semáforo *m.* **2**
tragedy desgracia *f.* **6**; tragedia *f.*
trail sendero *m.*
  trailhead sendero *m.*
train entrenarse *v.;* tren *m.*
  train station estación *f.* (de) tren *m.*
trainer entrenador(a) *m., f.*
trait rasgo *m.*
translate traducir *v.*
trampa trap *f.* **5**
transportation (public) transporte *m.* público **2**
trash basura *f.*
travel viajar *v.*
  travel agent agente *m., f.* de viajes
  travel (*around a city*) recorrer *v.* **2**
traveler viajero/a *m., f.*
  traveler's check cheque de viajero
treadmill cinta caminadora *f.*
tree árbol *m.*
trick engañar *v.*
trillion billón *m.*
trimester trimestre *m.*
trip viaje *m.*; recorrido *m.* **2**
  take a trip hacer un viaje
tropical forest bosque *m.* tropical
true verdad *adj.*
  it's (not) true (no) es verdad
trunk baúl *m.*; tronco *m.*
trust confianza *f.* **5**; (*in*) confiar (en) *v.* **1, 5**
truth verdad *f.*
try intentar *v.;* probar (o:ue) *v.*
  try (*to do something*) tratar de (+ *inf.*)
  try on probarse (o:ue) *v.*
t-shirt camiseta *f.*
Tuesday martes *m., sing.*
tuna atún *m.*
turkey pavo *m.*
turn doblar *v.* **2**
  turn back voltear *v.* **5**
  turn down rechazar *v.* **3**
  turn into (*something*) convertirse (e:ie) en (algo) *v.*
  turn off (*electricity/appliance*) apagar *v.*
  turn on (*electricity/appliance*) poner *v.;* prender *v.*
  turn red enrojecer *v.* **2**
turtle tortuga *f.*
  sea turtle tortuga marina
twelve doce *adj.*
twenty veinte *adj.*
twenty-eight veintiocho *adj.*
twenty-five veinticinco *adj.*
twenty-four veinticuatro *adj.*
twenty-nine veintinueve *adj.*
twenty-one veintiún *adj.*; veintiuno/a *adj.*
twenty-seven veintisiete *adj.*
twenty-six veintiséis *adj.*
twenty-three veintitrés *adj.*
twenty-two veintidós *adj.*
twice dos veces
twin gemelo/a *m., f.*
  twin brother hermano *m.* gemelo **3**
  twin sister hermana *f.* gemela **3**
twisted torcido/a *adj.*
  be twisted estar torcido/a
two dos *adj.*
  two hundred doscientos/as *adj.*
  two times dos veces

U

ugly feo/a *adj.*
unbearable insoportable *adj.* **3**
unbiased imparcial *adj.*
uncertainty incertidumbre *f.* **6**
uncle tío *m.*
under bajo *adv.*; debajo de *prep.*
understand comprender *v.;* entender (e:ie) *v.*
understanding comprensión *f.* **3**; entendimiento *m.* **6**; comprensivo/a *adj.*
underwear ropa *f.* interior
unemployed desempleado/a *adj.* **4**
unemployment desempleo *m.* **4**
unequal desigual *adj.* **5**
unethical poco ético/a *adj.*
unexpected inesperado/a *adj.* **2**
unfair injusto/a *adj.* **5**
unfaithfulness infidelidad *f.* **1**
unforgettable inolvidable *adj.* **1**
union unión *f.*
  labor union sindicato *m.* **4**
United States Estados Unidos (EE.UU.) *m. pl.*
universe universo *m.* **6**
university universidad *f.*
unless a menos que *adv.*
unmarried soltero/a *adj.*
unpleasant antipático/a *adj.*
unprecedented inaudito/a *adj.*
until hasta *prep.;* hasta que *conj.*
up arriba *adv.*
  up-to-date actualizado/a *adj.*
upload subir *v.*
upset disgustado/a *adj.* **1**
urbanize urbanizar *v.*
urgent urgente *adj.*
  It's urgent that... Es urgente que...
us nos *pl., d.o. pron.*
  to/for us nos *pl., i.o. pron.*
use usar *v.*
  use up agotar *v.*
used for para *prep.*
useful útil *adj.*; práctico/a *adj.*
usefulness utilidad *f.*
user name nombre *m.* de usuario

V

vacation vacaciones *f., pl.*
  be on vacation estar *v.* de vacaciones
  go on vacation ir *v.* de vacaciones
vacuum pasar *v.* la aspiradora
  vacuum cleaner aspiradora *f.*

valley valle *m.*
value valorar *v.* 2
values valores *m., pl.*
vanguard vanguardia *f.* 4
various varios/as *adj. pl.*
VCR videocasetera *f.*
vegetables verduras *pl., f.*
verb verbo *m.*
very muy *adv.*
  very much muchísimo *adv.*
  (Very) well, thank you. (Muy) bien, gracias.
victim víctima *f.* 5
victory victoria *f.* 5
video video *m.*
  music video video *m.* musical
  video camera cámara *f.* de video
  video(cassette) video(casete) *m.*
  videoconference videoconferencia *f.*
  video game videojuego *m.*
viewer: television viewer televidente *m., f.*
vinegar vinagre *m.*
violence violencia *f.* 5
virtual virtual *adj.*
visit visitar *v.*
  visit monuments visitar monumentos
vitamin vitamina *f.*
volcano volcán *m.*
volleyball vóleibol *m.*
vote votar *v.* 5

W

wage sueldo *m.* 4
wait (for) esperar *v.* (+ *inf.*)
  wait in line hacer *v.* cola
waiter/waitress camarero/a; mesero/a *m., f.* 2
wake up despertarse (e:ie) *v.*; amanecer *(someone) v.* 6
walk caminar *v.*
  take a walk pasear *v.*;
  walk around pasear por
wall pared *f.* 6
wallet cartera *f.*
want querer (e:ie) *v.* 1
war guerra *f.*
  war refugee refugiado/a *m., f.* de guerra 6
warehouse almacén *m.* 4
warm (oneself) up calentarse (e:ie) *v.*
warming calentamiento *m.*
wash lavar *v.*
  wash one's face/hands lavarse *v.* la cara/las manos
  wash (the floor, the dishes) lavar *v.* (el suelo, los platos)
  wash oneself lavarse *v.*
washing machine lavadora *f.*
waste malgastar *v.*, desaprovechar *v.* 4
  waste time perder (e:ie) *v.* el tiempo
wastebasket papelera *f.*
watch vigilar *v.*; mirar *v.*; reloj *m.*
  watch television mirar *v.* (la) televisión
water el agua *f.*
  water pollution contaminación del agua
  water-skiing esquí *m.* acuático
way manera *f.*
we nosotros(as) *m., f. pron.*
Web red *f.*
weak débil *adj.*
wealth riqueza *f.* 4
weapon el arma *f.* (*but:* las armas) 5
wear llevar *v.*; usar *v.*
weather tiempo *m.*
  The weather is bad. Hace mal tiempo.
  The weather is good. Hace buen tiempo.
weaving tejido *m.*
web red *f.*
  surf the web navegar *v.* en la red
website sitio *m.* web
wedding boda *f.*
Wednesday miércoles *m., sing.*
week semana *f.*
weekend fin *m.* de semana
weight peso *m.*
  lift weights levantar *v.* pesas *f., pl.*
weird raro/a *adj.* 5
welcome bienvenido(s)/a(s) *adj.*
well pues *adv.*; bueno *adv.*
  (Very) well, thanks. (Muy) bien, gracias.
  well-being bienestar *m.*
  well-mannered (bien) educado/a *adj.* 3
  well organized ordenado/a *adj.*
West Oeste *m.*
  to the west al oeste
western (*genre*) de vaqueros
whale ballena *f.*
what lo que *pron.*
what? ¿qué?
  At what time...? ¿A qué hora...?
  What a pleasure to...! ¡Qué gusto (+ *inf.*)...!
  What day is it? ¿Qué día es hoy?
  What do you guys think? ¿Qué les parece?
  What happened? ¿Qué pasó?
  What is today's date? ¿Cuál es la fecha de hoy?
  What nice clothes! ¡Qué ropa más bonita!
  What size do you take? ¿Qué talla lleva/usa?
  What time is it? ¿Qué hora es?
  What's going on? ¿Qué pasa?
  What's happening? ¿Qué pasa?
  What's... like? ¿Cómo es...?
  What's new? ¿Qué hay de nuevo?
  What's the weather like? ¿Qué tiempo hace?
  What's wrong? ¿Qué pasó?
  What's your name? ¿Cómo se llama usted? *form.*
  What's your name? ¿Cómo te llamas (tú)? *fam.*
when cuando *conj.*
When? ¿Cuándo?
where donde
where (to)? (*destination*) ¿adónde?; (*location*); ¿dónde?
  Where are you from? ¿De dónde eres (tú)? *fam.*; ¿De dónde es (usted)? *form.*
  Where is...? ¿Dónde está...?
  (to) where? ¿adónde?
which que *pron.*; lo que *pron.*
which? ¿cuál?; ¿qué?
  In which...? ¿En qué...?
  which one(s)? ¿cuál(es)?
while mientras *adv.*; rato *m.*
whistle (at) silbar (a) *v.*
white blanco/a *adj.*
  white wine vino *m.* blanco
who que *pron.*; quien(es) *pron.*
who? ¿quién(es)?
  Who is...? ¿Quién es...?
  Who is calling? (*on telephone*) ¿De parte de quién?
  Who is speaking? (*on telephone*) ¿Quién habla?
whole todo/a *adj.*
whom quien(es) *pron*
whose? ¿de quién(es)?
why? ¿por qué?
widow viuda *f.*
widowed viudo/a *adj.* 1
widower viudo *m.*
wife esposa *f.* 3
will voluntad *f.* 1
willing (to) dispuesto/a (a) *adj.* 4
win ganar *v.*
  win a game ganar un partido
  win elections ganar las elecciones 5
wind viento *m.*
window ventana *f.*
  ticket window ventanilla *f.*
windshield parabrisas *m., sing.*
windy: It's (very) windy. Hace (mucho) viento.
wine vino *m.*
  red wine vino tinto
  white wine vino blanco
wineglass copa *f.*
wing(s) el ala *f.* /las alas
winter invierno *m.*
wireless inalámbrico/a *adj.*
wise sabio/a adj. 3
wish desear *v.*; esperar *v.*
  I wish (that) ojalá (que)
with con *prep.*
  with me conmigo
  with you contigo *fam.*
within (ten years) dentro de (diez años) *prep.*
without sin *prep.*; sin que *conj.*
wolf lobo *m.*
woman mujer *f.*
womanizer mujeriego *m.*
wonderful genial *adj.* 1
wood madera *f.*
wool lana *f.*
  (made of) wool de lana
word palabra *f.*
work trabajar *v.*; funcionar *v.*; trabajo *m.*
  work (*of art, literature, music, etc.*) obra *f.*
  work out hacer *v.* gimnasia
  work schedule horario *m.* de trabajo 4
world mundo *m.*
  World Cup Mundial *m.*
worldwide mundial *adj.*
worried (about) preocupado/a (por) *adj.* 1
worry (about) preocuparse *v.* (por)
  Don't worry. No se preocupe. *form.*; Tranquilo.; No te preocupes. *fam.*
worse peor *adj.*
worst el/la peor, lo peor
worthy digno/a *adj.* 3
Would you like to...? ¿Te gustaría...? *fam.*
write escribir *v.*
  write a letter/post card/e-mail message escribir una carta/postal/mensaje electrónico
writer escritor(a) *m., f.*
written escrito/a *p.p.*
wrong equivocado/a *adj.*
  be wrong no tener *v.* razón

X

X-ray radiografía *f.*

Y

yard jardín *m.* 6; patio *m.*
year año *m.*
  be... years old tener... años
yellow amarillo/a *adj.*
yes sí *interj.*
yesterday ayer *adv.*

yet todavía *adv.*
yield enough to live on dar para vivir *v.* **5**
yogurt yogur *m.*
You tú *fam.*, usted (Ud.) *form. sing.;* vosotros/as *m., f. fam.* ustedes (Uds.) *form. pl.;*
  (to, for) you te *fam. sing;* os *fam. pl.;* le *form. sing.;* les *form. pl.*
  you te *fam., sing.;* lo/la *form., sing.;* os *fam., pl.;* los/las *form., pl, d.o. pron.*
  You don't say! ¡No me digas! *fam.;* ¡No me diga! *form.*
  You are... Tú eres...
  You're welcome. De nada.; No hay de qué.
young joven *adj.*
  young person joven *m., f.*
  young woman señorita (Srta.) *f.*
younger menor *adj.*
younger: younger brother, sister hermano/a *m., f.* menor
youngest el/la menor *m., f.*
youngster chaval(a) *m., f.* **5**
your su(s) *poss. adj. form.*
  your tu(s) *poss. adj. fam. sing.*
  your vuestro/a(s) *poss. adj. form. pl.*
  your(s) suyo(s)/a(s) *poss. pron. form.*
  your(s) tuyo(s)/a(s) *poss. fam. sing.*
  your(s) vuestro(s)/a(s) *poss. fam.*
youth juventud *f.* **3**

Z

zero cero *m.*

Index

Credits

Text Credits

36–37 "Poema 20" Pablo Neruda. "Poema 20", Veinte poemas de amor y una canción desesperada © Fundación Pablo Neruda, 2012
76–77 "Aqueronte" D.R. © José Emilio Pacheco, *El viento distante*, Ediciones Era, México, 1963.
116–117 "El eclipse" © Augusto Monterroso
156–157 "La intrusa" By permission of Susana Fitere.
194–195 "La mirada" © JUAN MADRID. "La mirada", Cuentos del asfalto © Juan Madrid, 1987.
232–233 "Algo muy grave…" Gabriel García Márquez, "Algo muy grave va a suceder en este pueblo" © Gabriel García Márquez, 2003.

Film Credits

9–10 "Di algo" By permission of Premium Films
47–48 "Adiós mamá" By permission of Instituto Mexicano de Cinematografía (IMCINE).
87–88 "Rincón de Venezuela" By permission of Reyther Ortega.
127–128 "Recursos humanos" By permission of Rafael Álvarez.
167–168 "Hiyab" By permission of Xavi Sala Camarena
205–206 "Un pedazo de tierra" By permission of Jorge Gaggero.

Television Credits

17 "Tradición en familia" By permission of Telemundo Network.
55 "Down Taxco" By permission of Univision.
95 "Abuelas raperas cubanas" NBC Universal Archives.
135 "De aventura por Mindo" By permission of Cámara Oscura.
175 "Indígenas guatemaltecos…" EFE News Services, Inc. / Imagen: Carlos Arrazola
213 "Lavapiés, un barrio…" By permission of Iberoamérica TV and Edwin González.

Photography Credits

All images © Vista Higher Learning unless otherwise noted.

Master Art: 4, 42, 82, 122, 162, 200 (t) © Randall Fung/Corbis; (m) Martín Bernetti; **9, 10, 47, 48, 87, 88, 127, 128, 167, 168, 205, 206** (full pg) © Randall Fung/Corbis.

Cover: (full pg) © Christopher Navin.

Lesson One: 2 (full pg) © Yuri_arcurs/Dreamstime.com; **4** (b) Carolina Villegas; **5** (t) Martín Bernetti; (emoticon) © DIDEM HIZAR/Fotolia.com; (m) Vanessa Bertozzi; (b) © Dja65/Dreamstime.com; **6** (tl) © Edyta Pawlowska/Fotolia.com; (tr) © Pixland/Jupiterimages; (ml) Anne Loubet; (mm) © ImageShop/Corbis; (mr) © FotoliaI/Fotolia.com; (b) © ant236/Fotolia.com; **12–13** © Colorblind/Corbis; **13** (t) © Deborah Feingold/Corbis; (mr) © Allstar Picture Library/Alamy; (ml) © Jeff Goldberg/Esto; (b) Courtesy of New Mexico governor's office; **14** (tl) © Frazer Harrison/Getty Images; (bl) © Fernanda Calfat/Getty Images; (m) Cover design by Lisa Fyfe. Cover images by Mark Owen/Arcangel Images. From IN THE TIME OF BUTTERFLIES by Julia Alvarez © 1994 by Julia Alvarez. Reprinted by permission of Algonquin Books of Chapel Hill. All rights reserved.; (r) Photo copyright © by Bill Eichner; **15** (t) *Earache Treatment.* 1989. Oil on canvas. 17 x 15 inches. © Carmen Lomas Garza. Hirshhorn Museum and Sculpture Garden, Smithsonian Institution, Museum Purchase, 1995. Photo credit: Lee Stalsworth.; (bl) © Gareth Cattermole/Getty Images; (br) © Photos 12/Alamy; **16** © Philip Gould/Corbis; **19** © Corbis; **20** (tl, tr, bl, br) Martín Bernetti; (tm) © PM Images/Getty Images; (bm) © Reed Kaestner/Corbis; **22** (l, r) Martín Bernetti; **24** (tl, tr, ml, mr, bl) Martín Bernetti; (br) Carlos Guadier; **28** © Jamie Grill/Getty Images; **32** © J. Emilio Flores/Corbis; **33** © Otna Ydur/Big Stock Photo; **35** © Mary Evans Picture Library/The Image Works; **36** (foreground) © Josh Westrich/Corbis; (background) © Image Source/Corbis.

Lesson Two: 40 José Blanco; **42** (b) © gary yim/Shutterstock.com; **43** (t) Martín Bernetti; (m) Oscar Artavia Solano; (b) Dario Eusse Tobon; **44** (tl) © David R. Frazier Photolibrary, Inc./Alamy; (tr) Martín Bernetti; (m) Carlos Gaudier; (bl) © Stock Connection Photos/Fotosearch; (bm) Ventus Pictures; (br) © Stockbyte/ Getty Images; **50** (bl) © Robert Fried/Alamy; (br) © Dave G. Houser/Corbis; **50–51** (t) © Wojtek Buss/Age Fotostock; **51** (t) © vario images GmbH & Co.KG/Alamy; (mr) © Kelly-Mooney Photography/Corbis; (ml) © andres balcazar/iStockphoto; (b) © wendy connett/Alamy; **52** (l) © Albright-Knox Art Gallery/Corbis; (r) © Susana Gonzalez/dpa/Corbis; **53** (t) © dpa/Landov; (b) Diego Rivera murals in the Secretaria de Educacion Publica. Mexico. Detail of Batalla de los Aztecas y Espanoles, fresco. Palace of Cortes, Cuernavaca, Mexico. © 2012 Banco de México Diego Rivera Frida Kahlo Museums Trust, Mexico, D.F./Artists Rights Society (ARS), New York. Photo credit: © Russell Gordon/Danita Delimont.; **54** © Buddy Mays/Corbis; **64** © Carlos Alvarez/ Getty Images; **72** (tl) © Bertrandb/Dreamstime.com; (tr, bl) María Eugenia Corbo; (br) Janet Dracksdorf; **75** Carlos Jasso/AP Photo; **76–77** © Tomek Sikora; **78** Martín Bernetti.

Lesson Three: 80 (full pg) © Norbert Schaefer/CORBIS; **82** (b) © Fotocolombia; **83** (t, b) © Andres Rodriguez/123RF; (emoticon) © DIDEM HIZAR/Fotolia.com; (m) © drbimages/iStockphoto; **84** Oscar Artavia Solano; **85** © Randy Faris/Corbis; **90–91** © Ocean/Corbis; **91** (t) © Peter Guttman/Corbis; (mr) © Richard Bickel/ Corbis; (ml) José Blanco; (b) © Bob Krist/Corbis; **92** (l) Wifredo Lam. *Vegetación Tropical.* 1948. Moderna Museet. Estocolmo, Suecia. © 2012 Artists Rights Society (ARS), New York/ADAGP, Paris; (tr) © ALBERTO CRISTOFARI/Contrasto/Redux; (br) Jacket cover from LA CASA DE LA LENGUNA by Rosario Ferré. Used by permission of Vintage Books, a division of Random House, Inc.; **93** (l) © Stuart Ramson/Stringer/ Getty Images; (tr) Courtesy of EDICIONES DE LA DISCRETA S.L.; (br) © Graham Tim/Corbis Sygma; **94** © Patrick Eden/Alamy; **99** Martín Bernetti; **109** Martín Bernetti; **111** © Win McNamee/Getty Images; **112** (t) © AFP/Getty Images; (b) © White House/Handout/CNP/Corbis; **113** © Jared Wickerham/Getty Images ; **115** © Toni Albir/epa/Corbis; **116** © Derke/O'Hara/Getty Images.

Lesson Four: 120 (full pg) © Klaus Tiedge/Getty Images; **122** (b) © Jordi Camí/Age Fotostock; **123** (t) Anne Loubet; (m) © Javier Larrea/Age Fotostock; (b) © Index Open/Photolibrary; **124** (tl) Ventus Pictures; (tr, bl, br) Martín Bernetti; **127** © RAGMA IMAGES/Shutterstock.com; **130** (b) Mauricio Osorio; **130–131** (t) Martín Bernetti; **131** (t) © Buddy Mays/Corbis; (m) Paola Rios-Schaaf; (b) © Daryl Benson/Masterfile; **132** (tl) © Mark Mainz/Getty Images; (bl) © Carlos Alvarez/Getty Images; (r) © Piero Pomponi/Liaison/Getty Images; **133** (tl) Escobar, Marisol (1930–). Art © Marisol Escobar/Licensed by VAGA, New York, NY. President Charles DeGaulle. 1967. Mixed media: wood, plaster and mirror. Dimensions: 107 1/4 x 86 1/4 x 31 7/8 in. Smithsonian American Art Museum, Washington, DC/Art Resource, NY.; (tr) © Oscar White/Corbis; (b) Guayasamín, Oswaldo. Ecuador. *Violinista.* Oil on canvas. 184 x 69 cm. 1967. Fundación Guayasamín. Photo credit: Bridgeman Art Library.; **134** Martín Bernetti; **144** © Javier Larrea/Age Fotostock; **145** (l) © Fridmar Damm/Corbis; (r) © Jon Arnold Images Ltd/Alamy; **150** (tl, bl, br) Martín Bernetti; (tm) Janet Dracksdorf; (tr) Rossy Llano; (bm) Dario Eusse Tobon; **152** © Age Fotostock/SuperStock; **155** Photo courtesy of Susana Fitere; **156–157** © Image Source/Corbis.

Lesson Five: 160 José Blanco; **162** (b) Janet Dracksdorf; **163** (t) Martín Bernetti; (m) © Juergen Priewe/123RF; (b) © Michelangelo Gratton/123RF; **164** (t) © Brooks Kraft/Corbis; (m) Martín Bernetti; (b) © Bloomberg via Getty Images; **170–171** (t) © Danny Lehman/Corbis; **171** (t) © Craig Lovell/Eagle Visions Photography/Alamy; (mr) © Kent Gilbert/Associated Press; (ml) © Alberto Lowe/Reuters/Corbis; (b) © Esteban Felix/Associated Press; **172** (t) © Alberto Cristofari A3/Contrasto/Redux; (b) *Dos peras en un paisaje.* 1973. Armando Morales. 2012 Artists Rights Society (ARS), New York/ADAGP, Paris; **173** (t) © Richard Bickel/Corbis; (m) © Danny Lehman/ Corbis; (b) *Caserio* by Mauricio Puente, El Salvador. Photo courtesy of Gloria Carrigg.; **174** © Joson/Corbis; **182** Janet Dracksdorf; **187** © SW Productions/Getty Images; **190** (l) © Bettmann/Corbis; (r) © Diego Goldberg/ Sygma/Corbis; **193** © Quim Llenas/Cover/Getty Images; **194** © JUPITERIMAGES/Brand X/Alamy.

Lesson Six: 198 (full pg) © Sandy Huffaker/Corbis; **200** (b) © Jordi Camí/Age Fotostock; **201** (t) © Andres Rodriguez/123RF; (m) © Roxana Gonzalez/123RF; (b) © RichVintage/iStockphoto; **202** (tl) © TOMAS BRAVO/ Reuters /Landov; (tr) Martín Bernetti; (m) © Tom Grill/Corbis; (b) Janet Dracksdorf; **208** (b) © José Ignacio Soto/Fotolia.com; **208–209** (t) © Marco Cristofori/Corbis; **209** (t) © Hamish Barrie/iStockphoto; (mr) © Hemis/ Alamy; (ml) © adrian beesley/iStockphoto; (b) Diego Velasquez. *Las Meninas.* 1656, The Art Archive/ Museo del Prado Madrid/Joseph Martin; **210** (t) © Jose Jordan/ AFP/Getty Images; (b) © Kurt Vinion/WireImage/Getty Images; **211** (t) © Bernat Armangue/AP; (b) © Colita/Corbis; **212** © DIOMEDIA/Alamy; **226** © Bloomberg/ Getty Images; **228** © Mick Roessler/Corbis; **229** © Bettmann/Corbis; **230** Martín Bernetti; **231** © Carlos Mario Lema Notimex/Newscom; **232** © SambaPhoto/Nelson Kon/Getty Images.